21世纪全国高等院校汽车类创新型应用人才培养规划教材

新能源汽车动力电池技术

麻友良 主 编

内容简介

本书在简要介绍电动汽车发展概况的基础上，总结了动力电池的特点与要求，并重点介绍了铅酸电池、镍氢电池、锂离子电池等蓄电池及辅助储能装置的工作原理、结构类型、关键部件构成、性能特点等；较为详细地介绍了燃料电池的原理、类型及在电动汽车上的使用情况；简单介绍了蓄电池的性能参数、检测方法、充电方法，以及蓄电池管理系统的功能与构成。本书力求文字表达通俗、简明，使读者能系统了解电动汽车用动力电池的工作原理、结构类型和技术关键。

本书可作为高等院校本科车辆工程及相关专业的教材，也可供汽车类专业的研究生及相关专业工程技术人员参考使用。

图书在版编目（CIP）数据

新能源汽车动力电池技术 / 麻友良主编. —北京：北京大学出版社，2016.3
（21世纪全国高等院校汽车类创新型应用人才培养规划教材）
ISBN 978-7-301-26866-7

Ⅰ. ①新… Ⅱ. ①麻… Ⅲ. ①电动汽车—蓄电池—高等学校—教材 Ⅳ. ① U469.720.3

中国版本图书馆 CIP 数据核字（2016）第 025115 号

书　　　名	新能源汽车动力电池技术 Xinnengyuan Qiche Dongli Dianchi Jishu
著作责任者	麻友良　主编
策划编辑	童君鑫
责任编辑	黄红珍
标准书号	ISBN 978-7-301-26866-7
出版发行	北京大学出版社
地　　　址	北京市海淀区成府路 205 号　100871
网　　　址	http://www.pup.cn　　新浪微博：@北京大学出版社
电子信箱	pup_6@163.com
电　　　话	邮购部 62752015　发行部 62750672　编辑部 62750667
印刷者	北京虎彩文化传播有限公司
经销者	新华书店
	787 毫米 ×1092 毫米　16 开本　18.75 印张　435 千字 2016 年 3 月第 1 版　2020 年 1 月第 5 次印刷
定　　　价	42.00 元

未经许可，不得以任何方式复制或抄袭本书之部分或全部内容。
版权所有，侵权必究
举报电话：010-62752024　电子信箱：fd@pup.pku.edu.cn
图书如有印装质量问题，请与出版部联系，电话：010-62756370

前　言

汽车是现代文明的象征，但同时给人类带来了环境污染和石油资源短缺等严峻的问题。因此，人们已把汽车发展的方向转到了新能源汽车，特别是采用电力驱动的电动汽车。电动汽车的突出优点是对环境的污染小，甚至无污染，可降低汽车对石油资源的依赖程度或完全摆脱对石油资源的依赖。电动汽车发展最为核心的问题是动力电池的性能与价格。在电动汽车一百多年的发展过程中，出现了各种类型的动力电池，其性能已逐渐接近人们的期望。这些动力电池在电动汽车上的应用，也促进了电动汽车的快速发展。纯电动汽车、混合动力电动汽车和燃料电池电动汽车的技术性能均已达到了很高的水平，并已部分实现了商用化。随着动力电池及其他关键技术难题的突破，电动汽车技术性能将进一步提高，制造和使用成本则会更低，电动汽车也必将得到迅速发展，并最终取代内燃机汽车。

本书通过介绍各种动力电池的工作原理、结构类型、部件构成、检测与充电、使用方式及管理系统等，使读者系统了解动力电池及辅助储能装置，为今后正确使用电动汽车或为电动汽车、动力电池的研究与开发工作打好基础。

全书共分9章，各章主要内容如下：

第1章介绍汽车对环境和能源的影响、电动汽车的优势及类型、动力电池的特点与类型。第2章介绍蓄电池的构成条件与类型、性能参数与专业术语、性能要求与发展概况。第3章介绍铅酸电池的工作原理与结构类型、正负极构成及性能特点。第4章介绍镍氢电池的工作原理与结构类型、正负极材料及特性和电池组构成、性能特点。第5章介绍锂离子电池的工作原理与结构类型、正负极材料及特性，以及其他部件的构成、性能特点。第6章介绍其他蓄电池的工作原理、结构及性能特点。第7章介绍超级电容和飞轮电池的工作原理、结构类型、性能特点。第8章介绍蓄电池的充电方法、性能检测方法，蓄电池管理系统的功能与构成。第9章介绍燃料电池的特点、类型及发电原理，质子交换膜燃料电池的工作原理、组成及特点，碱性燃料电池的工作原理、组成及特点，磷酸燃料电池的工作原理、组成及特点，直接甲醇燃料电池的结构与性能改善，燃料电池电动汽车的特点、结构类型、工作方式及发展概况。

本书由武汉科技大学麻友良教授担任主编，严运兵、郭健忠、游彩霞、陶军等老师参与了编写和其他相关工作。其中，麻友良编写了第1～5章，严运兵编写了第6章，郭健忠编写了第7章，陶军编写了第8章，游彩霞编写了第9章。

本书是编者根据多年的教学经验和相关科研经历，并参考大量资料编写而成的。在此，编者向这些资料的作者表示衷心的感谢。

由于编者水平所限，书中疏漏之处在所难免，恳请读者批评指正。

编　者
2015年12月

目 录

第1章 电动汽车与动力电池概述 ……… 1
1.1 发展电动汽车的意义 …………… 2
- 1.1.1 汽车的发展概况及在社会中的地位 …………… 2
- 1.1.2 汽车对环境和石油资源的影响 …………… 5
- 1.1.3 电动汽车的优势 …………… 8

1.2 电动汽车的发展概况 …………… 8
- 1.2.1 电动汽车的发展历史 …………… 8
- 1.2.2 电动汽车的开发计划与现状 …… 10
- 1.2.3 电动汽车的展望 …………… 18
- 1.2.4 电动汽车尚需解决的关键问题 …………… 19

1.3 电动汽车的类型与特点 …………… 20
- 1.3.1 纯电动汽车 …………… 20
- 1.3.2 混合动力电动汽车 …………… 25
- 1.3.3 燃料电池电动汽车 …………… 27

1.4 动力电池的特点与类型 …………… 29
- 1.4.1 动力电池的工作特点与要求 …………… 29
- 1.4.2 动力电池的类型 …………… 30

本章小结 …………… 31
思考题 …………… 31

第2章 蓄电池 …………… 32
2.1 化学电池概述 …………… 33
- 2.1.1 构成化学电池的必要条件 … 33
- 2.1.2 化学电池的组成 …………… 35
- 2.1.3 化学电池的种类 …………… 42
- 2.1.4 化学电池的发展概况 …… 43

2.2 蓄电池概述 …………… 45
- 2.2.1 蓄电池的不足 …………… 45
- 2.2.2 蓄电池的命名与分类 …… 46
- 2.2.3 蓄电池的性能参数 …………… 47
- 2.2.4 蓄电池的常用术语 …………… 49
- 2.2.5 电动汽车对蓄电池的性能要求 …………… 50
- 2.2.6 蓄电池的展望 …………… 52

本章小结 …………… 55
思考题 …………… 55

第3章 铅酸电池 …………… 56
3.1 铅酸电池概述 …………… 57
- 3.1.1 铅酸电池的基本原理 …… 57
- 3.1.2 铅酸电池的构造 …………… 60
- 3.1.3 铅酸电池的极板构成 …… 62
- 3.1.4 铅酸电池的类型 …………… 62
- 3.1.5 密封式铅酸电池的密封技术与特点 …………… 66

3.2 铅酸电池的正负极 …………… 71
- 3.2.1 铅酸电池的正极 …………… 71
- 3.2.2 铅酸电池的负极 …………… 78

3.3 铅酸电池的特性 …………… 82
- 3.3.1 铅酸电池的内阻 …………… 82
- 3.3.2 铅酸电池的充放电特性 …… 83
- 3.3.3 铅酸电池的容量及影响因素 …………… 86
- 3.3.4 铅酸电池硫酸盐化的影响及原因 …………… 87
- 3.3.5 铅酸电池的使用寿命与失效原因 …………… 88
- 3.3.6 铅酸电池的特点 …………… 89

本章小结 …………… 89
思考题 …………… 90

第 4 章 镍氢电池 …………………… 91

4.1 镍氢电池的基本原理与构成 …… 92
- 4.1.1 镍氢电池的基本原理 …… 92
- 4.1.2 镍氢电池的结构类型 …… 93
- 4.1.3 镍氢电池的组成部件 …… 94

4.2 镍氢电池的正极 ………………… 95
- 4.2.1 镍电极反应 ……………… 95
- 4.2.2 高密度球形 Ni(OH)$_2$ 正极材料 …………………… 98
- 4.2.3 纳米 Ni(OH)$_2$ ………… 102
- 4.2.4 α-Ni(OH)$_2$ 简介 ……… 105
- 4.2.5 镍电极小结 …………… 106

4.3 镍氢电池的负极 ……………… 106
- 4.3.1 储氢电极反应 ………… 107
- 4.3.2 储氢合金电极的要求与类型 …………………… 108
- 4.3.3 储氢合金的性能改善处理 …………………… 109
- 4.3.4 储氢合金的制备 ……… 111

4.4 镍氢电池组 …………………… 111
- 4.4.1 镍氢电池组的要求与类型 … 111
- 4.4.2 双极性镍氢电池组 …… 112

4.5 镍氢电池的特性 ……………… 113
- 4.5.1 镍氢电池的充电特性 … 113
- 4.5.2 镍氢电池的放电特性 … 114
- 4.5.3 镍氢电池的内压与内阻 … 115
- 4.5.4 镍氢电池的容量及影响因素 …………………… 117
- 4.5.5 镍氢电池的储存与自放电特性 …………………… 118
- 4.5.6 镍氢电池的特点 ……… 119

本章小结 …………………………… 120
思考题 ……………………………… 120

第 5 章 锂离子电池 ………………… 122

5.1 锂离子电池的基本原理与结构 … 123
- 5.1.1 锂离子电池的基本原理 … 123
- 5.1.2 锂离子电池的结构与类型 …………………… 124

5.2 锂离子电池的正极 …………… 126
- 5.2.1 锂离子电池对正极材料的要求 …………………… 126
- 5.2.2 氧化钴锂电极材料 …… 127
- 5.2.3 氧化锰锂电极材料 …… 128
- 5.2.4 磷酸（亚）铁锂电极材料 …………………… 128
- 5.2.5 正极材料的性能比较 … 129
- 5.2.6 氧化镍锂电极材料 …… 130
- 5.2.7 其他正极材料 ………… 130

5.3 锂离子电池的负极材料 ……… 132
- 5.3.1 锂离子电池对负极材料的要求 …………………… 133
- 5.3.2 碳负极材料 …………… 134
- 5.3.3 合金类负极材料 ……… 138
- 5.3.4 氮化物负极材料 ……… 140
- 5.3.5 氧化物负极材料 ……… 141
- 5.3.6 过渡金属磷族化合物负极材料 …………………… 142

5.4 锂离子电池的电解质 ………… 144
- 5.4.1 对电解质的要求 ……… 144
- 5.4.2 电解质的类型 ………… 144
- 5.4.3 液体电解质 …………… 145
- 5.4.4 聚合物电解质 ………… 148

5.5 隔膜与黏结剂 ………………… 151
- 5.5.1 隔膜 …………………… 151
- 5.5.2 黏结剂 ………………… 152

5.6 锂离子电池的特性 …………… 153
- 5.6.1 锂离子电池的充放电特性 …………………… 153
- 5.6.2 锂离子电池的容量及影响因素 …………………… 154
- 5.6.3 锂离子电池的内阻及影响因素 …………………… 156
- 5.6.4 锂离子电池自放电速率与电池储存性能 ………… 157

5.6.5　锂离子电池的特点 ……… 158
　本章小结 …………………………… 159
　思考题 ……………………………… 159

第6章　其他蓄电池简介 …………… 161
6.1　其他镍系蓄电池 ………………… 162
　　6.1.1　镍镉电池 ………………… 162
　　6.1.2　镍锌电池 ………………… 165
　　6.1.3　镍铁电池 ………………… 166
6.2　金属空气电池 …………………… 168
　　6.2.1　锌空气电池 ……………… 168
　　6.2.2　铝空气电池 ……………… 171
　　6.2.3　其他金属空气电池 ……… 173
6.3　ZEBRA电池 …………………… 177
　　6.3.1　ZEBRA电池的组成与充放电
　　　　　原理 ………………………… 177
　　6.3.2　ZEBRA电池的特点与使用
　　　　　情况 ………………………… 178
　本章小结 …………………………… 179
　思考题 ……………………………… 179

第7章　辅助储能装置 ……………… 181
7.1　概述 ……………………………… 182
　　7.1.1　蓄电池的性能特点与不足 … 182
　　7.1.2　应用于电动汽车的其他电源
　　　　　装置 ………………………… 183
7.2　超级电容 ………………………… 184
　　7.2.1　超级电容的充放电原理 …… 184
　　7.2.2　超级电容的结构类型 ……… 185
　　7.2.3　超级电容的发展现状 ……… 190
　　7.2.4　超级电容的性能特点与
　　　　　应用 ………………………… 191
7.3　飞轮电池 ………………………… 193
　　7.3.1　飞轮电池概述 …………… 193
　　7.3.2　飞轮电池的工作原理 …… 193
　　7.3.3　飞轮电池的结构 ………… 194
　　7.3.4　飞轮电池的发展过程及
　　　　　现状 ………………………… 196

　　7.3.5　飞轮电池的特点与应用 …… 198
　　7.3.6　飞轮电池的关键技术 ……… 199
　本章小结 …………………………… 199
　思考题 ……………………………… 200

第8章　蓄电池的使用 ……………… 201
8.1　蓄电池的充电 …………………… 202
　　8.1.1　蓄电池的基本充电方法 …… 202
　　8.1.2　蓄电池充电可接受电流与
　　　　　快速充电 …………………… 203
　　8.1.3　蓄电池的不一致性与均衡
　　　　　充电 ………………………… 206
　　8.1.4　蓄电池的浮充电 ………… 208
8.2　蓄电池性能与状态的测试 ……… 209
　　8.2.1　蓄电池性能检测的相关
　　　　　标准 ………………………… 209
　　8.2.2　蓄电池充放电性能测试 …… 210
　　8.2.3　蓄电池容量的测定 ……… 211
　　8.2.4　蓄电池寿命的测试 ……… 212
　　8.2.5　蓄电池的内阻及自放电
　　　　　测定 ………………………… 213
　　8.2.6　蓄电池安全性测试 ……… 215
　　8.2.7　蓄电池荷电状态的检测
　　　　　方法 ………………………… 217
8.3　蓄电池管理系统 ………………… 219
　　8.3.1　蓄电池管理系统概述 …… 219
　　8.3.2　蓄电池管理系统的基本功能与
　　　　　硬件构成 …………………… 221
　　8.3.3　蓄电池的热管理 ………… 223
　　8.3.4　蓄电池组的绝缘检测 …… 225
　　8.3.5　蓄电池组的充电管理 …… 228
　　8.3.6　制动能量回馈控制 ……… 230
　本章小结 …………………………… 233
　思考题 ……………………………… 233

第9章　燃料电池 …………………… 234
9.1　燃料电池概述 …………………… 235

新能源汽车动力电池技术

- 9.1.1 燃料电池的基本概念及特点 …… 235
- 9.1.2 燃料电池的发展概况 …… 238
- 9.1.3 燃料电池的分类 …… 240
- 9.1.4 燃料电池的发电原理 …… 243
- 9.2 质子交换膜燃料电池 …… 245
  - 9.2.1 质子交换膜燃料电池基本组成与工作原理 …… 245
  - 9.2.2 质子交换膜燃料电池单体的组成部件 …… 245
  - 9.2.3 质子交换膜燃料电池系统 …… 250
  - 9.2.4 质子交换膜燃料电池的工作特性及影响因素 …… 252
- 9.3 碱性燃料电池 …… 255
  - 9.3.1 碱性燃料电池概述 …… 255
  - 9.3.2 碱性燃料电池部件 …… 256
  - 9.3.3 碱性燃料电池的优点与不足 …… 261
- 9.4 磷酸燃料电池 …… 261
  - 9.4.1 磷酸燃料电池概述 …… 261
  - 9.4.2 磷酸燃料电池的结构与材料 …… 262
- 9.5 直接甲醇燃料电池 …… 265
  - 9.5.1 直接甲醇燃料电池概述 …… 265
  - 9.5.2 直接甲醇燃料电池的结构与性能改善 …… 268
- 9.6 燃料电池电动汽车概述 …… 270
  - 9.6.1 燃料电池电动汽车的发展概况 …… 270
  - 9.6.2 燃料电池电动汽车的构成 …… 274
  - 9.6.3 燃料电池电动汽车的储氢与工作方式 …… 279
  - 9.6.4 燃料电池电动汽车的性能与存在的问题 …… 282
- 本章小结 …… 287
- 思考题 …… 287

参考文献 …… 288

第1章
电动汽车与动力电池概述

本章教学目标

了解汽车的发展历史及其在社会中的地位；
深刻认识汽车对人类造成的负面影响；
了解电动汽车的优势和类型；
了解电动汽车发展过程和目前尚存在的关键问题；
熟悉动力电池的特点与类型。

本章教学要点

知识要点	能力要求	相关知识
电动汽车的优势	了解汽车发展历史及其负面影响，熟悉各类电动汽车的特点	石油矿产资源、汽车的排放与环境污染、汽车发展历史
电动汽车发展的关键问题	了解各类电动汽车对动力电池的要求，了解动力电池的特点及类型	电动汽车的定义、各类电动汽车的组成及特点

1.1 发展电动汽车的意义

1.1.1 汽车的发展概况及在社会中的地位

汽车已成为现代文明的重要标志,现代汽车已融入世界上最先进的科学技术,它作为一种道路交通工具,在国防建设和人们生活等各方面起着十分重要的作用。

1. 汽车的发展概况

"车"是一种有轮子的道路交通工具。最早的车辆是人力车和畜力车,此后经历了蒸汽机汽车、电动汽车、内燃机汽车。汽车经历了长达一百多年的发展历程。

1) 人力车和畜力车

人类最早使用的车辆是用人拉的人力车,以及用马、牛、驴、骆驼等拉的畜力车(图1.1)。在现代文明前,这种以人力或畜力为动力的车辆是人类生产和生活中的重要交通工具。即使是高度文明的当今社会,在一些边远的地区和某些场合,人力车和畜力车依然可见。

(a) 人力车

(b) 畜力车

图1.1 人力车和畜力车

2) 蒸汽机汽车

18世纪蒸汽机的发明使人类进入现代文明。蒸汽机作为驱动机器的动力装置,不但被应用于工业生产,还被用作车辆的动力源。这种以蒸汽机为动力的车辆是世界上最早的机动车辆(图1.2),被称为"汽车"。

蒸汽机是通过外部燃料燃烧产生水蒸气,再利用水蒸气的压力推动活塞产生机械功,其效率较低,并且车载燃料的储存量有限,车辆的操控也很不方便。正因为如此,这种以蒸汽机为动力的汽车并未得到广泛应用,但作为铁路机车的动力装置,直到20世纪70年代还有广泛应用。

3) 电动汽车

电力驱动的汽车在内燃机汽车之前就已经出现了。早在19世纪30年代,英、法等国就有人研究电动汽车,最初的电动汽车采用干电池作为电源,但这种电动汽车实用意义不大。1881年,在法国巴黎出现了世界上第一辆以可充电的蓄电池为动力电源的电动汽车。这辆三轮电动汽车是由法国工程师古斯塔夫·特鲁夫(Gustave Trouve)装配的,其电源是数之比为 1∶11，生产汽车与销售、使用汽车人数比为 1∶3.8。我国汽车产业直接和间接就业人数已达全国城镇就业总人数的 11% 以上。

3) 汽车工业的发展带动了相关产业的发展

汽车工业对相关产业的影响，不仅表现在生产过程中，也表现在使用过程中。它涉及原材料工业、设备制造业、配套产品业、公路建设业、能源工业、销售业、服务业和交通运输业等 34 个行业，波及范围很大。在美国，汽车工业消耗的原材料中，橡胶占全国橡胶销量的 10%，钢铁占全国钢铁销量的 20%。据统计，汽车工业每增值 1 元，可使汽车制造的上游产业增值 0.6 元，下游产业增值 2.67 元。

我国的汽车工业在国民经济中占据重要地位，汽车工业产值的增长可使相关产业的产值随之增长，波及效果为 3～5 倍。

4) 汽车产业推动了科学技术的发展

现代汽车采用了大量的新材料和新结构，特别是应用了现代电子技术，这些都极大地提升了汽车的性能。而在开发汽车新材料、新结构及新控制技术的过程中，需要集中一大批优秀的科技人才，开展上千项研究工作，应用最先进的理论、最精确的计算技术、最现代化的设计方法和最完善的测试手段。在制造汽车的过程中，应用了冶炼、铸造、锻压、机械加工、焊接、装配、涂装等领域的许多最新工艺技术成果，在工厂中采用数以百计的自动化生产线，并且应用了科学的生产管理手段。汽车毫无疑问是一种高科技产品，足以体现一个社会科学技术的水平。汽车工业的发展，又促进了科学技术的繁荣。

5) 汽车提高了人类的生活质量

汽车对人类的生活产生了重要的影响。汽车的应用明显地改变了人们的生活方式，使人们的生活空间更加广阔，交流更加便利，生活半径增大，同时在一定程度上影响了人们的思维方式，提升了人们的自尊心和自信心等，使人们心情愉快，工作效率提高。私人拥有汽车，从某种意义上也反映了人们的生活水平和社会地位，并且给人们生活带来如下一些便利。

(1) 汽车自由灵活，富有独立性。汽车能随时停留、任意选择目的地，从而使人们的活动范围从点扩大到面，提高了生活品质，扩大了生活空间。因此，汽车让人们的出行时间、方式和质量发生了改变。

(2) 汽车出行有其他交通工具无法比拟的方便性。汽车可以到达火车、轮船和飞机不能到的地方，同时也是其他交通方式的有效补充和连接。汽车车窗敞亮，视野开阔，可接近村庄、湖光山色和名胜古迹，更有利于旅游者游览沿途风光。

1.1.2 汽车对环境和石油资源的影响

当今世界，人类的生产与生活已经离不开汽车，汽车的保有量已达 8 亿多辆。毋庸置疑，汽车对现代文明做出了巨大的贡献，同时也有严重的负面影响，汽车使人类不得不面临环境污染、石油资源短缺、道路交通事故等方面的严峻挑战。

1. 汽车对环境的影响

汽车运行时发动机排放的废气和产生的噪声会对环境造成严重的污染，虽然现代科学技术的运用使得汽车发动机的废气排放量和工作噪声已降得很低，但由于城市街道上的车流过于密集，废气的排放和噪声对人类的生存环境还是造成了严重的影响。

1) 汽车废气排放污染

汽车废气排放污染物有一百多种,其中对人体危害较大的污染物是一氧化碳(CO)、碳氢化合物(HC)、氮氧化物(NO_x)、二氧化硫(SO_2)和碳(C)微粒等。

CO是一种无色无臭的有毒气体,是内燃机不完全燃烧的产物。CO被吸入后,能以比氧强240倍的亲和力同血液中的血红蛋白结合,形成碳氧血红蛋白,阻碍血液向肺、脑等器官输送氧气,从而使人产生头痛、恶心、头晕、无力、活动后呼吸困难等症状,严重时会发生昏迷,甚至死亡。

HC来自未燃和未完全燃烧的燃油、润滑油及其裂解产物和部分氧化产物,包含多环芳烃、醛、酮、酸等在内的200多种成分(简称未燃烃)。当人的体内吸入较多的未燃烃,其造血机能就会受到破坏,造成贫血和神经衰弱,并会降低肺的抵抗力。多环芳烃中的苯丙芘及硝基烃,则已经被确定为致癌物质。

NO_x是汽油机高温燃烧的产物,包括NO、NO_2、N_2O_4、N_2O、N_2O_3、N_2O_5等。内燃机排气中的NO_x绝大多数为NO,NO_2次之。NO是无色并具有轻度刺激性气味的气体,高浓度时能造成人和动物中枢神经系统障碍。尽管NO的直接危害性不大,但NO在大气中可与臭氧起氧化反应,生成具有毒性的NO_2。NO_2是一种赤褐色且带刺激性气味的气体,人吸入NO_2后,NO_2在人体内与血液中的血红蛋白结合,使血液的携氧能力下降。NO_2对人的心、肝、肾等也有影响。

SO_2是燃料中的硫燃烧的产物,是无色但有强烈气味的气体。在低浓度时,SO_2主要刺激上呼吸道黏膜,当人体吸入较高浓度的SO_2时,对呼吸道深部也有刺激作用,会使人呼吸困难、咽喉及胸部疼痛、肺部受损;当SO_2的浓度达到$(100\sim300)\times10^{-6}$时,会引发肺水肿,随时有生命危险;当$SO_2$的浓度高于$300\times10^{-6}$时,会使人立即窒息而死亡。

碳微粒是柴油机工作时柴油燃烧不完全的产物,它的直观表现是黑烟,黑烟中未燃烧的多孔性碳微粒直径为$0.1\sim10\mu m$,在微粒上通常附有苯丙芘等致癌物质,因此,对人体也会造成伤害。

汽车排出的大量二氧化碳(CO_2)虽然无毒,但会造成温室效应,使地球变暖。汽车废气中的NO_x和SO_x还会造成酸雨,污染土地、湖泊及河流。

内燃机汽车所排出的有害物质随着汽车的行驶散布于其经过的地方,并集中于离地面$20\sim30m$的空气层中不易散发,而这些空间正是人类生活的区域。因此,汽车排放污染已超过工业排放污染,成为城市中对人类造成危害的主要污染源。在我国,由于近几年汽车保有量的迅速上升,城市大气污染已经明显由煤烟型污染转向煤烟和汽车尾气混合型污染,而在一些大城市,则主要是汽车尾气污染。

2) 汽车噪声污染

汽车噪声是汽车的第二公害,它随着汽车发动机功率、汽车速度及汽车流量的增加而增大,汽车噪声约占城市噪声的75%。噪声对人的影响是一个很复杂的问题,它的影响程度不仅与噪声的性质有关,而且与每个人的心理、生理状态及社会生活等多方面的因素有关。

汽车噪声源大致可分为发动机噪声和整车噪声。发动机噪声与发动机转速有关,而整车噪声与车速有关。与发动机转速有关的噪声源主要有进气噪声、排气噪声、风扇噪声、发动机表面辐射噪声和由发动机驱动的附件(如发电机、空调压缩机、动力转向油泵等)运转噪声;与车速有关的噪声包括传动噪声、轮胎噪声、车体产生的空气动力噪声等。在城市街道两侧，由于汽车的行驶速度不高，汽车的噪声主要是发动机工作时发出的噪声。

汽车噪声对环境产生噪声污染，使人心绪不安、烦躁、疲倦、工作效率下降；汽车噪声还干扰了人与人之间的语言交流和通信联络，影响人们的工作和生活；汽车噪声污染严重时，还会降低人的听力，甚至可致人耳聋。此外，汽车噪声会使驾驶员反应时间加长，从而影响行车安全。

2. 汽车加剧了石油资源的短缺

内燃机汽车消耗的能源主要来自石油，而地球上的石油是有限且不可再生的资源。目前，全球已探明的石油储量约为12000亿桶，按现在的开采速度，现探明的石油储量将只够40余年，即使有新的石油储量发现，但随着石油消耗量的不断增加，石油资源必将有枯竭的一天。

我国虽然是石油生产大国，但也是石油消耗大国，总体来看，我国属于缺油的国家。我国已探明石油的储量仅占全球储量的2.3%左右，有工业开采价值的则更少。从1994年开始，我国已成为石油纯进口国。随着汽车保有量的迅速增加，我国的石油缺口将会越来越大。近几年，我国的石油产量基本维持在1.5亿吨左右，但石油的进口数量则以每年上千万吨的速度增加。我国已成为世界排名第二的石油消耗大国，现在60%的石油依赖进口，国家的能量安全已成为必须面对的问题。

目前世界汽车的保有量每年都在增加，预计到2030年全球汽车保有量将突破20亿辆，其增量主要来自发展中国家。国际能源机构（IEA）的统计数据表明，全球交通领域的石油消耗占总石油消耗的57%（美国达67%），预计到2020年，交通领域石油消耗所占比例将达到62%以上。我国目前的汽车保有量为8500多万辆，其耗油量却已接近全国成品油总量的60%。随着我国汽车保有量的持续增加，石油的需求量也将进一步加大。据有关部门统计，到2030年，我国80%以上的石油需要依赖进口。石油已成为影响我国长远经济发展的短缺矿产资源。因此，探求石油以外的汽车动力能源是21世纪人类迫切需要解决的问题。

3. 汽车带来了道路交通事故

汽车在运行过程中发生交通事故在所难免，这也是人类不得不面对的现实。大量的汽车运行造成交通拥挤，致使交通事故频发，导致每年约有数百万人遭受车祸的伤害。有关专家的统计数据表明，交通事故已成为"世界第一公害"。当今世界，每年死于道路交通事故的人数超过100万人，即每50s就会有一人死于交通事故。自1889年世界上第一起交通事故死人至今，全球死于道路交通事故的人数高达3200多万人，远远高于同期战争死亡的人数。

道路交通事故是在人、车、路及交通环境等诸多因素共同影响下发生的，针对车辆的影响因素，现代汽车在车身结构方面充分考虑了汽车发生碰撞时尽可能减小车内乘员的受伤程度，并采用防滑技术、安全气囊等电子控制技术，用以提高汽车的主动安全和被动安全性能，尽可能地减少道路交通事故或发生交通事故后尽可能降低车内乘员的伤害程度。除此之外，还必须将人、车、路及交通环境作为一个整体进行综合考虑。例如，加强行人和驾驶人员的安全意识，改善道路交通环境，加强车辆的安全检测与维护，完善交通管理措施等，这样才能更加有效地降低道路交通事故率。

1.1.3 电动汽车的优势

电动汽车是一种从车载电源获得电力,用电动机驱动行驶,且与内燃机汽车有同样使用功能,必须满足道路交通安全法规各项要求的电动车辆。我们这里所指明的电动汽车,有别于在机场、码头、车站、仓库用的电动车、残疾人用车、高尔夫球场用车、观光游览车、电动叉车等低速电动车,也不包含城市街道的有轨或无轨电车。与燃油汽车相比,电动汽车的优势如下。

1. 电动汽车可缓解汽车对城市环境污染问题

1) 电动汽车可减少汽车造成的排气污染

电动汽车所使用的车载电源有蓄电池、燃料电池、超级电容、飞轮电池等,这些电源在使用过程中不会排放有害气体。对蓄电池充电所用的电力可以来自对大气不造成污染的绿色能源(如水能、核能、风能、地热、潮汐等)的发电。即便是用煤发电,除 SO_2 及微粒外,其排放的 CO、HC、NO_x、CO_2 等均比汽车少,而且电厂大多建在远离人口密集的城市,对居民损害较少。此外,电厂煤燃烧是固定集中排放,燃烧过程较易控制,有害物质较易清除。正因为如此,电动汽车被称为绿色汽车。

2) 电动汽车可降低汽车对城市造成的噪声污染

与燃油汽车的内燃机相比,电动汽车的电动机工作噪声很低。因此,如果全部用电动汽车替代内燃机汽车,城市的噪声污染将会明显下降。

2. 电动汽车可解决汽车对石油资源的依赖

电动汽车用车载电源有蓄电池、燃料电池、飞轮电池、太阳能电池和车载发电机组等,蓄电池充电所需的电能可充分利用水能、核能、风能、地热、潮汐、太阳能等丰富的能源转化而来。也就是说,电动汽车可以不依赖石油资源,所节省的大量石油可缓解其他依赖石油的化工原料日益匮乏的压力。

3. 电动汽车可节约能源

电动汽车用蓄电池可利用晚间富余的电力对其进行充电,从而可避免大量富余电力的浪费,提高了电网电能的利用率。电动汽车在减速、制动和下坡时,电动机转换为发电机,实现能量回收,进一步提高能量的利用率。在城市道路交通拥堵的情况下,电动汽车停驶时不消耗电能,这不仅仅避免了密集的燃油汽车发动机怠速运行造成的废气污染,也节约了不少的能源。

1.2 电动汽车的发展概况

1.2.1 电动汽车的发展历史

电动汽车虽然比内燃机汽车出现得更早,但其发展过程几经起伏,在一百多年的发展历程中,有过 3 次发展的机遇。

1. 电动汽车的第一次发展机遇

1859 年,法国著名物理学家普兰特(Plante)发明了第一块铅酸蓄电池,为以后电动汽车的实用化创造了必要的条件。由于当时蓄电池和电动机的发展相比内燃机更为成熟，蒸汽机汽车的性能和操控也难以让人接受，因而电动汽车成为人们用来取代马车的首选。

自1881年法国工程师古斯塔夫·特鲁夫（Gustave Trouve）组装的第一辆电动三轮汽车在巴黎的街道上出现后，电动汽车很快进入发展高潮，英、美等国也先后制造出电动汽车，电动汽车的性能也逐渐提高。例如，1890年在美国的艾奥瓦州诞生的美国第一辆电动汽车，其车速可达23km/h；1899年法国人考门·吉纳驾驶一辆以44kW双电动机为动力的后轮驱动电动汽车，创造了车速106km/h的纪录。

19世纪末是电动汽车最盛时期，据资料记载，在1890年，电动大客车就已在法国和英国的街道上行驶。1890年，全世界共有4200辆汽车，其中有38%为电动汽车，40%为蒸汽车，22%为内燃机汽车。1899年，美国年生产电动汽车1575辆，而当时的内燃机汽车却只有936辆。1911年，在巴黎和伦敦的街头已经有运营的电动出租汽车出现。到了1912年，在美国至少有3.4万辆电动汽车在运行。1915年，美国的电动汽车年产量已达到了5000辆。

在20世纪30年代末，这种以蓄电池为电源，用直流电动机产生驱动力的电动汽车逐渐消失，其主要原因是当时的蓄电池性能较差，电动汽车的成本太高，而续驶里程太短。在这一时期，油田的大量开发，廉价的石油降低了汽车的使用成本，加上内燃机技术及汽车底盘技术的不断提高，用流水线生产方式大规模批量制造，使内燃机汽车在市场竞争中占据了绝对的优势，电动汽车被无情地淘汰。

2. 第二次发展机遇

20世纪70年代，世界性的能源危机和石油短缺使电动汽车重新获得生机，人们又想起了可不用石油资源的电动汽车。70年代初，一些汽车工业发达国家（美国、英国、法国、德国、意大利和日本等）都开始研发电动汽车。70年代后期，除上述国家外，澳大利亚、比利时、巴西、保加利亚、加拿大、中国、丹麦、荷兰、印度、墨西哥、芬兰、瑞士和苏联等许多国家都开始研发和生产电动汽车。但是石油价格在70年代末开始下跌，在电动汽车还未成为商业化产品之前，能源危机和石油短缺问题已不再严重。因此，电动汽车又遭遇了冷落，电动汽车的发展又走入了低谷。

3. 第三次发展机遇

20世纪80年代以来，由于汽车保有量的不断增加，燃油汽车排出的有害气体对人类健康的影响日益突出，而燃油汽车需要消耗大量有限且不可再生的石油资源。于是，人们又想起了无需消耗石油资源、也不会对空气造成污染的电动汽车。电动汽车又进入了较快的发展时期。

这一时期，世界各大汽车公司纷纷投入人力和资金，研究与开发新型电动机汽车，使得新的电动汽车不断涌现。除了以蓄电池为车载电源的纯电动汽车，还将混合动力电动汽车（采用发动机和电动机双动力）和燃料电池电动汽车列为研发的重点。虽然电动汽车还不足以与内燃机汽车相抗衡，但在各国政府政策的扶持下，电动汽车的保有量还是在不断增加。

随着电动汽车关键技术难题的解决、电动汽车技术性能的提高，以及电动汽车制造和使用成本的降低，电动汽车将会得到迅速发展，并将最终取代内燃机汽车。

1.2.2 电动汽车的开发计划与现状

1. 国内外电动汽车的开发计划

从国内外有关电动汽车的研发计划可以看出,电动汽车是当今汽车发展的热点。

1) 美国的电动汽车开发计划

美国是汽车工业最发达的国家,汽车产量和保有量均位居前列,每年的石油消耗和汽车的排放污染也都居世界首位。为增强汽车制造业的竞争力,美国政府提出了著名的 PNGV 计划和 FreedomCAR 计划。

(1) PNGV 计划。PNGV(The Partnership for a New Generation of Vehicles)计划于 1993 年由克林顿政府提出,其组织框架如图 1.6 所示。PNGV 计划主要由商务部(DOC)、国防部(DOD)、能源部(DOE)、运输部(DOT)、环保署(EPA)、宇航局(NASA)及国家科学基金会(NSF)等联邦政府机构和三大汽车公司(通用、克莱斯勒、福特)联合实施,美国商务部代表政府负责 PNGV 计划的组织协调,PNGV 计划的经费由联邦政府和三大汽车公司共同负担。

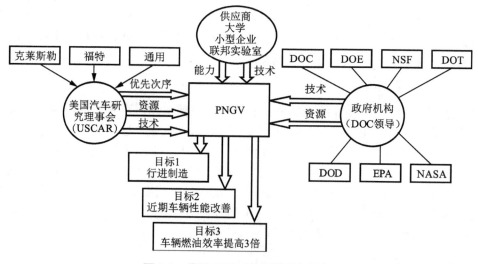

图 1.6 美国 PNGV 计划的组织框架

PNGV 计划明确提出了要显著改善和增加美国制造业的竞争力,尽快将商业可行性的技术创新成果应用于汽车生产中,开发出燃料效率高于现行汽车 3 倍的新一代汽车。

PNGV 计划的执行情况:1997 年完成了新一代汽车的技术选择,确定了轻质材料、混合动力、高性能发动机(四冲程直燃式)和燃料电池(PEMFC)等为 PNGV 计划的主要技术方向;2000 年三大汽车公司陆续推出了各自的概念车;2004 年生产出了电动汽车样车。

PNGV 计划虽已成为历史,但该计划所取得的成就对美国乃至全世界的电动汽车发展都具有深远的意义。

(2) FreedomCAR 计划。FreedomCAR(Freedom Cooperative Automotive Research)计划于 2002 年由布什政府提出,用于替代 PNGV 计划。FreedomCAR 计划的重点为:燃料电池动力系统;氢能储存系统;国家氢能的基础设施的技术开发;支持有关氢能基础设施的法规和标准的研究;用于燃料电池和内燃机/混合动力两类汽车的电驱动系统;新型电能储存装置；新型、轻型结构与材料的开发，以及内燃机用先进燃料和排放控制系统等。

FreedomCAR 计划由能源部门领导，汽车制造者协会协调，且有燃料供应商参与。FreedomCAR 计划的主要目标是：开发出无污染、燃料能量转换效率高、成本具有竞争力、燃料添加方便的燃料电池电动汽车；开发出排放达到或低于排放标准、成本具有竞争力的内燃机/电动机混合动力电动机汽车。

2）日本的电动汽车开发计划

日本也是汽车生产大国，但是日本的石油资源匮乏，石油几乎全部依赖进口。因此，日本政府及日本的各大汽车公司对电动汽车的开发十分重视，日本的混合动力电动汽车处于世界领先地位。日本的电动汽车研发计划主要有低公害车开发普及行动计划、JHFC 示范工程（计划）和专项研究计划等。

(1) 低公害车开发普及行动计划。在 2001 年 5 月，日本政府制定了低公害车开发普及行动计划，该计划包括已处于实用阶段的低公害汽车的普及和燃料电池电动汽车等下一代低公害汽车的开发。

处于实用阶段的低公害汽车包括压缩天然气汽车、纯电动汽车、混合动力电动汽车、甲醇汽车、低油耗且低排放的认证车 5 种，政府将通过实施各种措施进行普及，其目标是使处于实用阶段的低公害汽车在 2010 年前尽快普及，数量达到 1000 万辆以上。

燃料电池电动汽车等下一代低公害汽车是指燃料电池电动汽车和通过技术创新、采用新燃料或新技术而能减轻环境负荷的车辆。该行动计划的目标是通过努力，在 2010 年以前，燃料电池汽车普及 5 万辆。

(2) JHFC 示范工程（计划）。JHFC 示范工程（Japan Hydrogen & Fuel Cell Demonstration Project）由日本经济产业省负责实施，示范期间为 2002—2005 年，主要包括燃料电池电动汽车示范研究和燃料电池用氢供给设施示范研究两大工程。

燃料电池电动汽车示范研究：用 8 个汽车公司所制造的燃料电池电动轿车和公共汽车等进行道路试验，通过试验测得燃料电池电动汽车的运行、可靠性、环境、燃料消耗及燃料加注站等参数，分析评价燃料电池汽车的性能。

燃料电池用氢供给设施示范研究：对不同的燃料重整制氢的方法和氢气的储存方法进行比较分析，计划建造各种燃料（脱硫汽油、石脑油、LPG、甲醇、煤油和城市管道煤气）重整气的氢气站、碱水电解氢气站、液氢氢气站及高压氢气站等 9 个氢气站，用这些氢气站供给示范燃料电池电动汽车加氢气使用，以测得相关的应用数据，为燃料电池电动汽车用氢供给设施的推广提供经验。

(3) 专项研究计划。专项研究计划是针对电动汽车某项技术的研究计划，其主要项目有燃料电池电动汽车等电动汽车用锂电池技术开发（计划完成时间为 2002—2006 年）、氢能利用技术开发、质子交换膜燃料电池系统的验证研究、质子交换膜燃料电池系统的普及与基础工作（计划完成时间为 2004 年）、质子交换膜燃料电池系统的技术开发（计划完成时间为 2004 年）、氢气安全利用等基础技术开发（计划完成时间为 2007 年）。

3）欧盟计划

欧盟计划旨在增强欧盟各国工业的竞争力，充分调动欧盟各国科学技术力量，避免各国科研计划重复，有效利用各国的人力和物力资源。欧盟计划与电动汽车相关的发展计划主要有 FP 系列计划、欧盟燃料电池研究发展示范计划、欧盟燃料电池巴士示范计划和欧洲电动汽车城市运输系统计划等。

(1) FP5、FP6计划。20世纪80年代起,欧洲经济共同体(欧盟的前身)投入大量资金,组织多方力量,开展了多期FP(Framework Programme)计划,其中FP5的"能源、环境可持续发展"子项目,对燃料电池和其相关的技术进行广泛研究,项目实施的时间为1998—2002年;在2002—2006年,实施FP6计划,继续对能源、环境可持续发展进行更加深入的研究。

(2) 欧盟燃料电池研究发展示范计划。在欧盟燃料电池研究发展示范(Research Development and Design,R&DD)计划中,有关燃料电池方面的目标是:0.1～50MW的电力生产燃料电池、商用燃料电池,1～5kW的小型燃料电池;各种运输车辆和船舶用燃料电池;各种便携式燃料电池和偏远地区特殊用途燃料电池。

(3) 欧盟燃料电池巴士示范计划。欧盟燃料电池巴士示范计划围绕欧洲清洁城市运输(Clean Urban Transport for Europe,CUTE)和欧洲生态城市运输系统(Ecological City Transport System,ECTS)两大项目展开。CUTE项目由欧盟提供财政资助,采用奔驰公司EVOBUS子公司生产的Citaro牌低地板大巴改装的燃料电池大客车做示范运行车,选择了不同气候环境、不同使用条件的8个国家中的10个城市进行示范营运。

示范燃料电池大巴的氢源由各示范运营城市因地制宜制取,以进行不同制氢方案的试验,为推广燃料电池大客车和氢能源的可持续发展获取参考数据和经验。

(4) 欧洲电动汽车城市运输系统计划。欧洲电动汽车城市运输系统(Electric Vehicle City Distributing Systems,ELCIDIS)计划以法国雪铁龙Berlingo电动汽车为基本车型建立城市运输中心,进行货物和包裹的集散运输工作,并选择了欧洲国家的6个城市,使用63辆纯电动汽车和混合动力电动汽车进行此项评估工作,对电动汽车城市运输系统的效率和环境影响做出评估。

需要说明的是,欧盟计划对欧盟成员国并没有约束力,即欧盟各国可以自己制定相关的国家研究计划。

4) 我国电动汽车重大专项

我国也早已将电动汽车的研究与开发,以及电动汽车的产业化列为重点项目,并制定了电动汽车发展的规划。

(1) 我国863计划的EV、FCEV和HEV研发纲领。在中华人民共和国科学技术部(以下简称科技部)的国家高技术研究发展计划(863计划)中,设立了电动汽车重大专项,选择新一代电动汽车技术作为我国汽车工业自主创新和科技创新的主攻方向,组织汽车企业、高等院校和科研机构,以官(政府部门)、产(汽车企业)、学(高等院校)、研(科研院所)四位一体的方式进行联合攻关,以电动汽车的产业化技术平台为工作重点,力争在电动汽车关键技术、系统集成技术等方面取得重大突破,促进电动汽车符合现代企业制造和市场经济发展要求的研发体系和机制的形成。

电动汽车重大专项提出"三纵三横"的研究和开发布局,强调建立符合整车开发规律的开发程序,以燃料电池电动汽车(包括燃料电池专项)、混合动力电动汽车和纯电动汽车的整车为主导(三纵),带动关键零部件、多能源动力总成控制系统、电动机驱动系统、电池和电池管理系统(三横),并与相关材料研发紧密结合,基础设施协调发展,整车控制技术和电子控制技术的研究同步。电动汽车重大专项提出的"三纵三横"布局及其组织管理模式如图1.7所示。

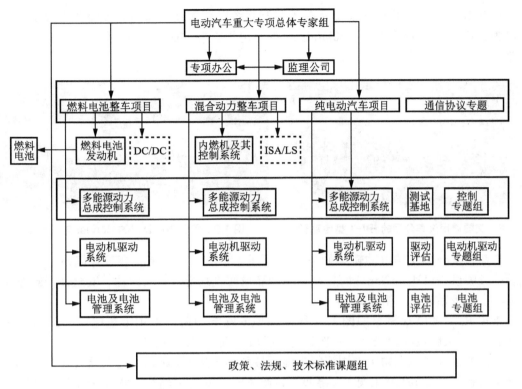

图 1.7 电动汽车重大专项 "三纵三横" 布局及其组织管理模式

(2) 我国 973 计划的电动汽车专项计划。由国家科技部组织实施的国家重点基础研究发展计划（973 计划）中，也设立了电动汽车专项。电动汽车专项包含在 973 计划的能源项目之中，主要涉及氢能的规模制备、储运及相关的燃料电池基础研究。实施专项计划的目标是开发自主知识产权的、可持续发展的、可规模化生产的车载制氢和储氢技术，降低燃料电池的成本，有效解决燃料电池电动汽车产业化的难题，以利于燃料电池的应用推广。

2．国内外电动汽车技术状况与应用现状

目前，世界各国开发出的电动汽车主要有纯电动汽车、混合动力电动汽车和燃料电池电动汽车。

1) 纯电动汽车

以可充电的蓄电池为车辆动力源，且由电动机产生唯一驱动力的电动汽车称为纯电动汽车。现以国内外典型纯电动汽车为例，通过其最高车速、加速能力、爬坡能力和一次充电后的续驶里程等重要参数，了解纯电动汽车的发展现状。

(1) 国外的纯电动汽车。以美国和日本的几款纯电动汽车为例，大概讲述国外纯电动汽车的发展现状。

美国通用汽车公司的 EV-1 型电动轿车如图 1.8 所示。EV-1 为全新设计的电动汽车，采用铅酸电池，车身采用纤维复合材料，外形更接近流线型，风阻系数仅为 0.19，后轮采用电动式制动器，每个车轮都有制动能量回收系统。该电动汽车最高车速可达 128km/h，一次充电可行驶 112km（在市区）或 144 km（高速公路）。

美国福特公司的 Ranger 电动汽车（图 1.9）以福特 Ranger 小型汽油车为样车，配备了以铅酸电池为电源的动力系统及电子控制系统。该电动汽车整备质量为2125kg,满载质量为2455kg,最高车速为120km/h,一次充电可行驶80km(在市区)或144 km(高速公路)。

图1.8 美国通用汽车公司的 EV-1 型电动轿车

图1.9 美国福特公司的 Ranger 电动汽车

特斯拉 Roadster 纯电动轿车如图1.10 所示。该车采用锂离子能量存储系统,一次充电后的续驶里程可达352km,而且配备制动能量回收系统,其动力性、安全性和舒适性配备可与中高级燃油汽车相媲美。

丰田RAV-4 电动轿车如图1.11 所示。该5座电动轿车采用镍氢电池,最高车速为125km/h,最大爬坡度为28%,一次充电可行驶215km(10工况)。

本田Plus 4座电动轿车采用镍氢电池,最高车速达130km/h,最大爬坡度为30%,一次充电可行驶220km(10工况)。再如,日产 Altra EV 电动轿车。该车为4座电动轿车,采用锂离子电池,最高车速为120km/h,最大爬坡度达38%,一次充电可行驶193km(10工况)。

图1.10 特斯拉 Roadster 纯电动轿车

图1.11 丰田 RAV-4 纯电动轿车

(2)国内纯电动汽车。近年来,国内纯电动汽车也有了较快发展,达到了较高的技术水平,典型实例如下。

比亚迪 e6 纯电动轿车(图1.12)采用自主研发生产的 ET-POWER 铁电池,最高车速可达160km/h,续驶里程在60km/h 等速的情况下达到400km,是目前世界上续驶里程较长的纯电动轿车。目前,比亚迪 e6 轿车在深圳、武汉等城市已被用作出租车。

荣威 E1(图1.13)是一款单厢3门4座A00级轿车,车身设计运用"OneBox"概念,最大限度地拓展车辆内部空间。该车搭载了性能可靠的磷酸铁锂电池系统,最高车速为120km/h,最大续驶里程为135km,0~100km/h 的加速时间为16s,可在30min 内充电80%。

图 1.12　比亚迪 e6 纯电动轿车　　　　　　图 1.13　荣威 E1

力帆 320 电动轿车（图 1.14）采用长寿命磷酸铁锂电池组为动力系统电源，并配备了高性能永磁无刷电动机及控制器，采用无级变速系统，最高车速可超过 100km/h。0～80 km 的加速时间少于 8s，充电后续驶里程超过 100km，单位里程能耗仅为 0.16kW·h/km。

图 1.14　力帆 320 纯电动轿车

奔奔 MINI 纯电动轿车采用永磁同步交流电动机，额定功率为 20kW，转速最高可达 9000r/min，最大转矩为 160N·m，最高车速可达 110km/h，续驶里程为 105km，快速充电 0.5h 即可，完全充电需要 7h。

由北京北方华德尼奥普兰客车股份有限公司制造的北方牌 BFC6110EV-1 纯电动大客车，采用 100A·h 锂离子电池为动力系统电源，最高车速可达 95km/h，可载客 23～36 人。由中通客车控股股份有限公司生产的中通纯电动豪华旅游车，采用 360V 交流异步电动机，电动机功率为 100/150kW（额定/峰值），电源采用 3.6V、90A·h 的锰酸锂离子电池，额定乘员数 24～47 人，最高车速达 95 km/h，续驶里程大于 200km。

2）混合动力电动汽车

目前，混合动力电动汽车所采用的原动机一般为柴油机、汽油机或燃气轮机。

（1）国外混合动力电动汽车。在混合动力电动汽车技术领域，日本走在最前列。目前，增程式混合动力电动汽车已成为混合动力电动汽车发展的主要方向。现举两例以示国外混合动力电动汽车的发展情况。

丰田普锐斯（Prius）混合动力轿车如图 1.15 所示。第一代 Prius 为混联式驱动，采用排量为 1.5L(45kW) 的汽油发动机、30kW 永磁无刷直流电动机和密封的镍氢电池。在 10～15 工况下油耗为 3.57 L/100km；CO、NO_x 和 HC 的排放水平仅相当于日本现行法规的 1/10，CO_2 的排放量相当于普通汽车的 1/2。这种 5 座轿车最高车速为 140km/h。Prius 在 1997 年投入商业化生产，2009 年推出第三代，目前丰田汽车公司已累计销售 120 万辆以上。我国一汽丰田也引进生产 Prius 混合动力轿车。

通用雪佛兰 Volt 插电式混合动力电动汽车如图 1.16 所示。该车由 120kW 的电动机驱动，电源为锂离子电池，并配备了 1L 的 3 缸发动机，发动机工作时主要用于驱动发电机对蓄电池进行充电，以增加电动汽车的续驶里程，因而也被称为增程式混合动力电动汽车。该电动汽车在不对其进行充电的情况下可行驶 64km，而当发动机持续工作时，其续驶里程则与其油箱的容量有关。

图 1.15　丰田普锐斯（Prius）混合动力轿车　　图 1.16　通用雪佛兰 Volt 插电式混合动力电动汽车

(2) 国内混合动力电动汽车。国内混合动力电动汽车的研究与开发比较早，现举两例以了解其发展情况。

奔腾 B50 混合动力轿车如图 1.17 所示。该混合动力轿车由一汽生产，配备 1.5L 发动机、20kW 永磁式电动机、288V 镍氢动力电池，最高车速可达 191km/h，0～100km/h 的加速时间为 12.5s，可节油 35%，整车排放减少 30%。

城市混合动力公交车 EQ6121 如图 1.18 所示。该车由东风电动汽车股份有限公司生产，已在武汉市公交线路营运多年。该车配备机械式自动变速器，CAN 总线通信，可载客 80 人，最高车速达 80km/h，最大爬坡度达 20%，排放达国家第三阶段机动车排放标准（简称国Ⅲ标准），可减少温室气体排放 30%，降低油耗 20%～30%。

图 1.17　奔腾 B50 混合动力轿车　　　　　图 1.18　城市混合动力公交车 EQ6121

3) 燃料电池电动汽车

燃料电池是通过电化学过程直接将燃料（氢、甲醇、汽油等）转换为电能，属于一次电池。相比于内燃机汽车，燃料电池电动车在效率和排污方面都具有较大的优势。由于车载制氢技术离实用化还有较远的距离，因此，目前开发的燃料电池电动汽车大多采用高压氢气罐或液氢罐向燃料电池供氢。

(1) 国外燃料电池电动汽车简介。美国、日本等许多国家都对燃料电池电动汽车十分重视，燃料电池及燃料电池电动汽车技术也已具有较高的水平，现举典型实例说明。

戴姆勒·克莱斯勒公司分别在 1999 年、2003 年推出了燃料电池大客车，该车采用质子交换膜燃料电池，燃料电池的功率为 205kW，采用车载高压储氢方式供氢，续驶里程为 250km，其中 2003 年推出的燃料电池大客车的储气罐最大工作压力为 35MPa。

奔驰 B-Class F-CELL 燃料电池电动汽车（图 1.19）采用新型燃料电池，电池容量为 1.4kW·h，最大功率为 100kW，峰值转矩达 291N·m。氢燃料储满的续驶里程可达

400km，城市路况则可行驶100km，行驶100km的成本仅仅相当于消耗3.3L燃油的水平。

福特汽车公司在2000年推出了4门燃料电池电动轿车（P2000），该车采用质子交换膜燃料电池，以储存压力为25MPa的氢气瓶作为燃料电池的氢源，其三相交流感应电动机的最大输出功率为67kW，最大输出转矩为190N·m，最高效率为91%。P2000的整车质量为1514kg，最高车速可达128km/h，续驶里程为160km。

日本丰田公司在2001年、2002年推出了燃料电池大客车，该系车均采用质子交换膜燃料电池，燃料电池的功率分别为160kW、180kW，采用车载氢气高压储存方法供氢，储气压力为35MPa，续驶里程为300km。

日本本田公司研发的FCX Clarity燃料电池电动车（图1.20），具有-30℃低温起动功能。目前FCX Clarity已在日本和美国市场租赁销售，是一款具有真正实用价值的终极环保车型。该电动汽车采用100kW永磁式交流电动机，高压气罐储气（350大气压），容量为171L。最高车速达160km/h，续驶里程为570km，辅助储能装置配备锂离子电池。

图1.19　奔驰B-Class F-CELL燃料电池电动汽车　　图1.20　本田FCX Clarity燃料电池电动车

（2）国内燃料电池电动汽车简介。国内对燃料电池电动汽车的研究与开发也较早，并已具有较高的技术水平，现列举典型实例予以说明。

上海大众PASSAT领驭燃料电池轿车如图1.21所示。该车采用40kW质子交换膜燃料电池（上海神力提供），车载高压氢气供氢，储气压力为35MPa，容量为154L(3.9kg)，配套的动力电池为7.5A·h 375V(2.812kW·h)锂离子电池，续驶里程为250km，最高车速达128km/h。

北京现代ix35紧凑型SUV的氢/电版车型，即ix35燃料电池电动车（图1.22），在2015年投放市场。ix35燃料电池电动汽车的电动机功率为100kW，其能量主要由两个储氢罐提供。续驶里程可达650km，行驶100km只耗油3.2L。

图1.21　上海大众PASSAT领驭燃料电池轿车　　图1.22　北京现代ix35燃料电池电动车

图1.23 福田欧V氢燃料客车

福田欧V氢燃料客车如图1.23所示。该车最高车速可达80km/h，一次加氢量为20kg，每天行驶5h，可持续行驶240km以上。而以高压氢气为车辆能源的上海燃料电池公交客车，最大乘员数66，最高车速达78km/h，最大爬坡度为16%，0～50km/h的加速时间为22s，续驶里程不小于200km。

我国在燃料电池电动汽车关键技术方面有所突破，故燃料电池电动汽车与国外的差距并不大。

1.2.3 电动汽车的展望

1. 电动汽车的前景

电动汽车发展至今，已经改变了内燃机汽车一统天下的局面，美、法、日、德、英、意、瑞等国家都已率先跨入电动汽车产业化、商品化的行列，并将逐步扩大电动汽车在整个汽车中的比例；其他国家也已将电动汽车的研发摆在极为重要的位置。在我国，电动汽车已经形成产业化，一些城市为推广使用电动汽车，纷纷推出优惠政策。例如，政府给予电动汽车生产企业经济补贴，减免新能源汽车购置税等。

根据我国汽车工业发展规划的要求，我国电动汽车产业合理且可行的目标是：2010年后，电动汽车保有量占汽车保有量的5%～10%，年生产销售电动汽车150万辆以上；到2030年，电动汽车保有量占汽车保有量的50%以上，年生产销售电动汽车1000万～1950万辆。

2. 电动汽车发展的方向

在纯电动、混合动力和燃料电池这3种类型的电动汽车中，由于纯电动汽车和燃料电池电动汽车均有关键难题在短期内不能得到很好解决，因而混合动力电动汽车作为纯电动汽车的一种过渡，得到了较快发展，也是目前产业化率较高的。但是，混合动力电动汽车通常使用内燃机作为汽车动力源之一，不能实现零排放，而且仍然需要消耗石油资源，因此，混合动力电动汽车不可能是长期和最终的发展目标。

实际上，美国、日本等汽车工业发达国家早已将纯电动汽车和燃料电池电动汽车作为产业化的重点。我国电动汽车的发展方向、技术路径是什么？在2010年中国国际新能源汽车发展高峰论坛上，领导和专家就已取得了较为一致的观点："新能源汽车是指采用新型动力系统，主要或全部使用新型能源的汽车。据此，新能源汽车主要包括纯电动汽车、插电式混合动力汽车和燃料电池电动汽车，而普通混合动力汽车已不算新能源汽车。"中华人民共和国财政部、中华人民共和国科学技术部、中华人民共和国工业和信息化部和国家发展和改革委员会（以下简称发改委）联合印发的《关于开展私人购买新能源汽车补贴试点的通知》，也仅补贴纯电动汽车和插电式混合动力电动汽车。这些均表明我国电动汽车的发展方向——以纯电动汽车作为我国汽车工业转型的主要战略趋向，重点推进纯电动汽车、插电式混合动力汽车的产业化，同时继续开展燃料电池技术的研究。

"普通混合动力电动汽车只是一种节能减排型汽车""中期发展插电式混合动力电动汽车"已经成为业界共识。插电式混合动力电动汽车配备车载充电器，将其所带的插头插入电网电源插座即可对车载蓄电池进行充电。插电式混合动力电动汽车还配备一台功率较小的内燃机，通常只用于带动发电机对蓄电池进行充电，以增加电动汽车的续驶里程（故而也被称为增程式混合动力电动汽车）。插电式混合动力电动汽车在城市街道行驶通常采用纯电动模式，当车辆做长途行驶时才进入混合动力模式。由于这种混合动力电动汽车的小功率发动机可持续在最佳状态下运行，油耗和排气污染都很低，配用的蓄电池容量可比纯电动汽车小30%左右，因此，在今后一段时间里还将得到发展。

电动汽车的发展趋势已越来越清晰，即纯电动汽车和燃料电池电动汽车是未来电动汽车的发展方向。

1.2.4 电动汽车尚需解决的关键问题

电动汽车要向前发展，还面临许多需要解决的关键问题，如车载电源、电动机及驱动控制系统及能量管理系统等。

1. 车载电源

车载电源的性能及成本是制约电动汽车发展最为关键的问题，它实际上已成为电动汽车产业化的瓶颈。

（1）蓄电池。目前，纯电动汽车产业化的最大问题是一次充电的续驶里程、汽车的价格和使用成本，而蓄电池则是这些问题的关键所在。要实现电动汽车的市场化，对蓄电池的比能量和能量密度、比功率和功率密度、快速和深放电的能力、自放电率、充电效率、使用寿命、安全性、成本、环保、可回收性等均有较高的要求。但是，到目前为止，现有的各类蓄电池没有一种可同时达到各项基本要求。

在电动汽车上使用最早的铅酸电池具有比功率高、价格低的优势，但其比能量低，一般为40W·h/kg左右，因此使用铅酸电池的电动汽车的车载能量少，续驶里程短，最高车速、最大加速能力、最大爬坡能力受限。鉴于铅酸电池性能继续提高的潜力不大，世界各国都在研究与开发新的蓄电池，如氢镍、钠硫、锂硫化二铁、锂聚合物和锂离子电池等。相比于铅酸电池，这些蓄电池具有比功率大、寿命长、充放电效率高、可快速充电等许多优点，已在一些电动汽车上得到应用。但是要使电动汽车市场化，蓄电池的研究与开发还有许多工作要做。

（2）燃料电池。燃料电池将燃料的化学能直接转换为电能。虽然质子交换膜燃料电池是未来最有前途的汽车动力源，但是目前在相关领域的许多关键技术尚未完全突破，例如：

① 至今尚未找到可以完全替代稀有贵金属——铂的催化剂。
② 由于技术不成熟，质子交换膜和极板尚不能大批量工业化生产。
③ 电堆的热管理系统还处于实验室阶段。
④ 氢燃料的制备、储存和运输的基础设施投资巨大，关键技术和成本等方面还存在着需要解决的难题。
⑤ 成本高依然是目前制约燃料电池电动汽车发展的最大障碍。

因此，燃料电池电动汽车要实现产业化，还有许多需要攻克的难关。

2. 电动机及其控制器

电动机的作用是将电源的电能转换为机械能，并通过传动机构驱动车轮转动。电动机及其控制器的性能高低对电动汽车的动力性能和经济性能均有较大的影响。对电动汽车电动机及其控制器的基本要求如下：

(1) 起动转矩大且具有较宽的恒功率范围。
(2) 功率密度高；具有较大的转速范围（足以覆盖恒转矩区和恒功率区）。
(3) 具有快速的转矩响应特性。
(4) 在转矩/转速特性的较宽范围内具有高的效率。
(5) 再生制动时的能量回收效率高。
(6) 在各种工作环境下的工作可靠性好，并且工作噪声小。
(7) 结构尺寸小、质量轻、成本低。

20世纪60年代到80年代初，电动汽车大都采用有刷直流串励电动机，这种电动机的控制较为简单，但由于有电刷的限制，转速不能太高，因而质量重、尺寸大、效率较低，电动机的故障率高。80年代后期和90年代，滑差控制、矢量控制、直接转矩控制等交流电动机的调速技术日趋成熟，交流电动机驱动系统在电动汽车上的应用逐渐增多。近年来，开关磁阻式电动机驱动系统开始在电动汽车中应用，它具有效率高、动态响应好、高起动转矩和低起动功率等特点，但在降低噪声和转矩波动、电动机模型和控制技术等方面还需进一步的探索。

研发更高效的电动机，匹配最优化的控制技术，使电动汽车的电驱动系统能达到最理想的工作状态，这也是电动汽车发展过程中必须解决的关键技术之一。

3. 电动汽车能量管理系统

电动汽车能量管理系统的作用是充分发挥电动汽车有限的车载能量，延长电动汽车的续驶里程和蓄电池的使用寿命。因此，要求能量管理系统所具有的功能主要如下：

(1) 对蓄电池组的电压与电流进行监测。
(2) 能对蓄电池的终止充放电进行控制。
(3) 对蓄电池组中单个蓄电池状态进行监测，并能进行蓄电池均衡充电控制。
(4) 能在减速与制动时进行能量回收控制等。

由于准确可靠的蓄电池模型的建立、蓄电池荷电状态（State of Charge，SOC）参数的监测技术等还有待进一步提高，因此，研究并开发出一个最理想的电动汽车能量管理系统，也是今后电动汽车产业化进程中需要攻克的技术难题。

1.3 电动汽车的类型与特点

从前面的相关内容中我们已经了解到，电动汽车可分为纯电动汽车、混合动力电动汽车和燃料电池电动汽车，且都有各自的特点和不同的类型。

1.3.1 纯电动汽车

纯电动汽车（Battery Electric Vehicle，BEV）是指以蓄电池为车载电源，以电动机为唯一驱动力的电动汽车，通常简称为EV。

1. 纯电动汽车的特点

与内燃机汽车和其他类型的电动汽车相比，纯电动汽车具有如下特点。

1) 工作时无污染且噪声低

纯电动汽车在工作时没有内燃机汽车工作时产生的废气,因此不产生排气污染,是真正意义上的零污染汽车。此外,纯电动汽车没有内燃机产生的噪声,其电动机的工作噪声比内燃机小很多,因而纯电动汽车在行驶过程中,噪声很小,大大提高了乘车的舒适性。

2) 能源效率高且多样化

总体上,纯电动汽车的能源效率要高于汽油机汽车,尤其是在城市街道运行、汽车走走停停、行驶工况变化频繁的情况下,纯电动汽车优势更加明显。因为低速状态下电动机的效率比小负荷下的发动机效率高,而且纯电动汽车停驶时不消耗电能,在车辆制动过程中还可以实现制动能量回收利用。

此外,纯电动汽车的车载电源为蓄电池,其充电的电力可由煤炭、天然气、水力、核能、太阳能、风力、潮汐等多种能源转换。因此,纯电动汽车的应用可有效地减少对石油资源的依赖,可将有限的石油用于更重要的地方。除此之外,还可以利用夜间电网用电的低谷向蓄电池充电,有利于电网均衡负荷,提高电力资源的利用率,降低汽车的使用成本。

3) 结构简单且使用维修方便

与内燃机汽车、混合动力电动汽车和燃料电池电动汽车相比,纯电动汽车的结构简单,而且驾驶操纵也较为简单。此外,纯电动汽车的动力传动部件较少,维护与保养工作量小,当电动机采用无刷的永磁直流电动机、交流感应电动机或开关磁阻电动机时,电动机本身无需维护与保养,而纯电动汽车的动力驱动系统、电子控制系统的故障检修也要比发动机及其电子控制系统简单得多。

4) 动力电源使用成本高,续驶里程短

目前,纯电动汽车所用蓄电池的多项技术性能指标还远未达到人们设想的目标,并且价格高、使用寿命短,不仅提高了纯电动汽车本身的价格,而且其使用成本也高。此外,由于蓄电池的能量密度低,储存的能量有限,一次充电后续驶里程还不理想,而且充电的时间太长。因此,从汽车价格、使用成本等方面看,目前的纯电动汽车还不能与燃油汽车相抗衡。

2. 纯电动汽车的构成

纯电动汽车的总体构成可分为主能源子系统、电力驱动子系统和辅助控制子系统3部分,如图1.24所示。

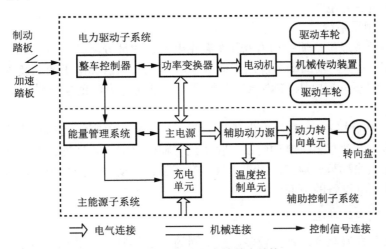

图1.24 纯电动汽车的基本结构

1）主能源子系统

主能源子系统包括主电源（蓄电池）和能量管理系统，带有车载充电设备的纯电动汽车还应包括充电单元。

(1) 主电源。蓄电池是纯电动汽车的能量来源，其主要作用是通过功率变换器向电动机提供电能。蓄电池也是能量管理系统和整车电子控制系统的电源，汽车上其他用电设备也都由蓄电池供电。目前纯电动汽车的主电源通常采用铅酸电池、镍氢电池、锂离子电池等蓄电池，有些纯电动汽车配备超级电容或飞轮电池等辅助储能装置，以提高能量源的瞬时供电能力和能量回收的效率。

(2) 能量管理系统。能量管理系统的主要作用是对蓄电池的监测与管理，包括对蓄电池荷电状态、电压、电流、温度等参数的监测和存电量显示、终止放电显示与报警、能量回收控制、充放电控制等。对于配备辅助储能装置的纯电动汽车，能量管理系统还具有能量协调控制的功能。

(3) 车载充电设备。车载充电设备用于向主电源充电，充电的电源为工业或民用电力电网的电源插座。因此，车载充电设备应具有变压、调压、整流、滤波等基本功能。功能较为完备的车载充电设备还接受能量管理系统的控制，可自动进行充电方式选择（定压、定流、均衡充电等），充电终了判别和自动停止充电控制，充电异常（温度、电压、电流异常）的判别和自动停充保护控制等。

2）电力驱动子系统

电力驱动子系统由整车控制器、功率变换器、电动机、机械传动装置和驱动车轮等部分组成，其中机械传动装置因纯电动汽车的结构类型不同而差别较大。

(1) 整车控制器。整车控制器根据从制动踏板和加速踏板输入的信号，发出相应的控制指令，以控制功率变换器中功率开关的通断，对电动机的转速和转矩进行控制。整车电子控制器通过对能量管理系统和功率变换器的协调控制，实现能量回馈控制和能量匹配控制。

(2) 功率变换器。功率变换器也称电动机驱动器，其主要功能是控制电动机和电源之间的功率流。当电动机工作在驱动工况时，功率变换器内部的功率开关在控制器输出的控制信号触发下适时地通断，以控制电动机的转矩、转速及转向；当电动汽车制动时，控制器控制功率变换器将功率流的方向反向，使电动机工作在发电状态，将车辆的动能转换为电能，并向主电源充电。

3）辅助控制子系统

辅助控制子系统包括辅助动力源和车载用电设备两部分。

(1) 辅助动力源。辅助动力源用于向电动汽车上的电器和电子控制装置提供电力。辅助动力源通常配备直流电压（DC/DC）转换器，以便将主电源的电压转换为车载用电设备所需的电压。

(2) 车载用电设备。车载用电设备除了照明、信号、仪表等汽车必须装备的电器外，还包括刮水器、电动车窗、电动门锁、收放机等辅助电器。现在的纯电动汽车其安全性和舒适性能可与燃油汽车相媲美，因此，汽车空调装置、动力转向系统、防抱死制动装置等也构成了车载用电设备的一部分。

3. 纯电动汽车的类型

纯电动汽车发展至今，种类较多，按不同的方法分类，如图1.25所示。

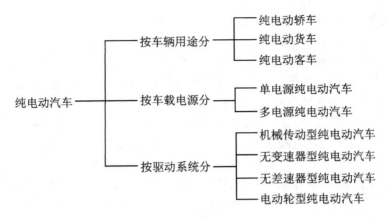

图 1.25　纯电动汽车的分类

1) 按纯电动汽车的用途不同分类

(1) 纯电动轿车。纯电动轿车是目前最多见的纯电动汽车，除了一些概念车，已经有了批量生产，并已进入汽车市场。

(2) 纯电动货车。用作公路运输的纯电动货车目前还比较少，在矿山、工地及一些特殊场地，则早已出现过一些大吨位的纯电动载货汽车。

(3) 纯电动客车。目前，纯电动的小型客车较少见，纯电动大客车多用作公共汽车，在一些城市的公交线路、世界博览会、世界性的运动会上等，纯电动大客车已经有了良好的表现。

2) 按纯电动汽车车载电源数不同分类

(1) 单电源纯电动汽车。单电源纯电动机汽车 [图 1.26(a)] 的主电源就是蓄电池，蓄电池可选择铅酸电池、镍氢电池、锂离子电池等不同类型。单电源纯电动汽车的结构较为简单，控制也较简便，主要缺点是主电源的瞬时输出功率易受蓄电池性能的影响，制动能量的回收效率也会受制约于蓄电池的最大可接受电流及蓄电池的荷电状态。

(2) 多电源纯电动汽车。多电源纯电动汽车 [图 1.26(b)] 采用蓄电池加辅助储能装置（超级电容或飞轮电池）的电源组合，在汽车起步、加速、爬坡等行驶工况下，利用超级电容或飞轮电池可短时间内输出大功率的特点，协助蓄电池供电，可使电动汽车的动力性大为提高，并且可以降低对蓄电池的容量、比能量、比功率等的要求。此外，在汽车制动时则利用辅助储能装置可接受大电流充电的特点，可提高制动能量回收的效率。

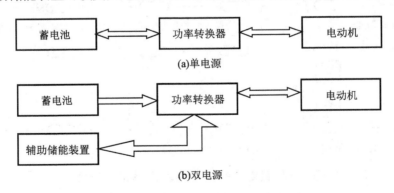

图 1.26　纯电动汽车电源数量与功率流

3) 按纯电动汽车的驱动系统组成和布置形式分类

(1) 机械传动型纯电动汽车。机械传动型纯电动汽车 [图 1.27(a)] 大都由发动机前置、后轮驱动的燃油车发展而来，这种纯电动汽车保留了内燃机汽车的传动系统，只是把内燃机换成了电动机。此种结构形式可以提高纯电动汽车的起动转矩及低速时的后备功率，对驱动电动机要求低，可选择功率较小的电动机。

(2) 无变速器型纯电动汽车。无变速器型纯电动汽车 [图 1.27(b)] 的驱动系统取消了离合器和变速器，采用固定速比的减速器，通过电动机的控制实现变速功能。这种结构形式的优点是机械传动装置的质量较轻、体积较小，但对电动机的要求较高，不仅要求有较高的起动转矩，而且要求较大的后备功率，以保证纯电动汽车在起步、爬坡、加速时的动力性能。

无变速器型纯电动汽车的另外一种结构如图 1.27(c) 所示。这种结构与发动机横向前置、前轮驱动的燃油汽车的布置方式类似，它把电动机、固定速比减速器和差速器集成为一个整体，两根半轴连接驱动车轮，这种结构在小型电动汽车上应用很普遍。

(3) 无差速器型纯电动汽车。无差速器型纯电动汽车如图 1.27(d) 所示。这种结构形式采用两个电动机，通过固定速比的减速器分别驱动两个车轮，每个电动机的转速可以独立调节，汽车转向时由电子控制系统实现电子差速，因而此类纯电动汽车的电动机控制系统比较复杂。

(4) 电动轮型纯电动汽车。电动轮型纯电动汽车如图 1.27(e) 所示。将电动机直接装在驱动轮内（也称轮毂电动机），可进一步缩短电动机到驱动车轮之间的动力传递路径，但需要增设减速比较大的行星齿轮减速器，以便将电动机转速降低到理想的车轮转速。这种结构形式对控制系统的控制精度和可靠性要求较高。

电动轮型纯电动汽车的另一种结构形式如图 1.27(f) 所示。这种结构形式采用低速外转子电动机，去掉了减速齿轮，电动机的外转子直接安装在车轮的轮缘上。该结构形式电动机与驱动车轮之间无任何机械传动装置，无机械传动损失，空间利用率最大。这种由电动机直接驱动车轮的纯电动汽车对电动机的性能要求最高，要求电动机有较高的起动转矩和较大的后备功率。

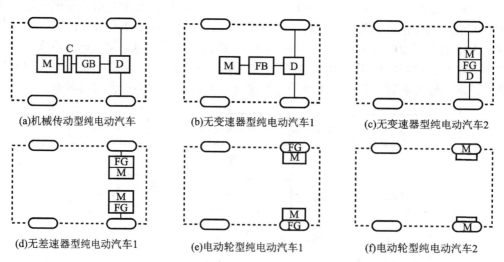

图 1.27　纯电动汽车电力驱动系统的结构形式

GB—变速器；M—电动机；FG—固定速比减速器；C—离合器；D—差速器

1.3.2 混合动力电动汽车

混合动力电动汽车（Hybrid Electric Vehicle，HEV）是在一辆汽车上同时配备电力驱动系统和辅助动力单元（Auxiliary Power Unit，APU），其中 APU 是燃烧某种燃料的原动机或由原动机驱动的发电机组。

1. 混合动力电动汽车的特点

混合动力电动汽车综合了传统内燃机汽车和纯电动汽车的优点，并最大限度地克服了它们的缺点。

1）相比于纯电动汽车

与纯电动汽车相比，混合动力电动汽车由于有辅助动力单元，使得电动汽车对蓄电池的容量、能量密度等的要求降低，可使电动汽车的续驶里程延长 2～4 倍，而且能快速添加汽油或柴油，避免了纯电动汽车充电时间长而影响正常使用的缺陷。

2）相比于传统燃油汽车

与传统燃油车相比，内燃机能以较高效的模式工作，在相同行驶里程的条件下，燃油消耗和排放减少，可以纯电动方式工作，实现零排放。总体上讲，混合动力电动汽车的热效率可提高 10% 以上，废气排放可减少 30% 以上。可见，混合动力电动汽车具有高性能、低能耗及低污染的特点，在技术、经济及环境等方面存在优势。

3）混合动力电动汽车的不足

由于同时装置了电力驱动系统和辅助动力单元，混合动力电动汽车的结构和控制均较为复杂。此外，在有燃油发动机参与工作的情况下，仍然存在废气排放，仍需要消耗石油资源。因此，混合动力电动汽车只是电动汽车发展过程中的"临时替代品"，待蓄电池和燃料电池的关键技术突破，成本大幅度下降之后，混合动力电动汽车必将被纯电动汽车和燃料电池电动汽车所取代。

2. 混合动力电动汽车的类型

混合动力电动汽车的类型有很多，按不同的方法分类，如图 1.28 所示。

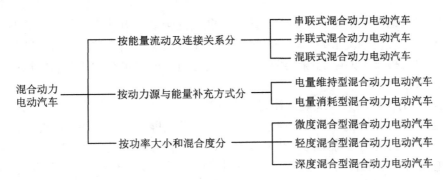

图 1.28 混合动力电动汽车的分类

1）按发动机和电动机的能量流动及连接关系分类

这是最常用的分类方法，可将混合动力电动汽车分为串联式混合动力电动汽车、并联式混合动力电动汽车和混联式混合动力电动汽车 3 类。

(1) 串联式混合动力电动汽车。串联式混合动力电动汽车（Series Hybrid Electric

Vehicle，SHEV）的驱动方式如图 1.29 所示，发动机带动发电机发电，其电能通过传输线路及控制器直接输送到电动机，由电动机产生驱动力矩驱动汽车。

（2）并联式混合动力电动汽车。并联式混合动力电动汽车（Parallel Hybrid Electric Vehicle，PHEV）的驱动方式如图 1.30 所示，汽车可由发动机和电动机共同驱动或各自单独驱动。当电动机只是作为辅助驱动系统时，功率可以比较小。

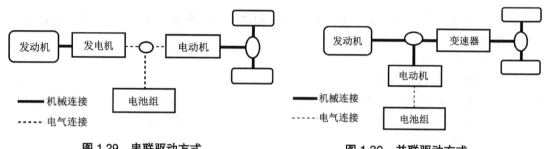

图 1.29　串联驱动方式　　　　　　　图 1.30　并联驱动方式

（3）混联式混合动力电动汽车。混联式混合动力电动汽车（Series and Parallel Hybrid Electric Vehicle，SPHEV）有时也称为复杂混合或复合混合动力电动汽车（Complex Hybrid Electric Vehicle，CHEV），其驱动方式如图 1.31 所示。

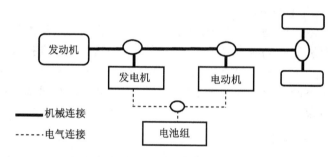

图 1.31　混联驱动方式

混联式混合动力电动汽车的驱动系统是串联式混合动力电动汽车与并联式混合动力电动汽车的综合。发动机发出的功率一部分通过机械传动输送给驱动桥，另一部分则驱动发电机发电。发电机发出的电能输送给电动机或电池组，电动机产生的驱动力矩通过动力合成装置传送给驱动桥。

2）按车辆的主要动力源及能量补充方式分类

根据主要动力源是发动机还是电动机、是自身补充能量还是使用电网充电，可将混合动力电动汽车分为电量维持型混合动力电动汽车和电量消耗型混合动力电动汽车两类。

（1）电量维持型混合动力电动汽车。电量维持型（或称内燃机主动型）混合动力电动汽车中，内燃机功率占整个系统功率的百分比较大，电动机功率占整个系统功率的百分比较小，电池组仅提供车辆行驶时的峰值功率。蓄电池组容量一般较小，车辆行驶前后的蓄电池组荷电状态主要依靠内燃机带动电动机发电或能量回馈来维持，一般不需外界能量源给蓄电池组补充充电。

（2）电量消耗型混合动力电动汽车。电量消耗型（或称电力主动型）混合动力电动汽车中，蓄电池容量较大，电动机功率占整个系统功率的百分比较大，内燃机功率占整个系统功率的百分比较小，不足以维持蓄电池组荷电状态。车辆行驶后的蓄电池组荷电状态低于初始值，需车外电源给蓄电池组补充充电。

第一种分类法中提到的串联混合动力与并联混合动力既可以是电量维持型也可以是电量消耗型的。

直接使用车载充电设备从电网补充能量的电量消耗型混合动力电动汽车又称为插电式混合动力汽车（Plug-in HEV 或 Vehicle-to-Grid）。

3）按内燃机和电动机的功率大小及混合程度分类

针对并联式混合动力电动汽车，可按照内燃机与电动机的额定功率及混合程度对混合动力电动汽车进行分类，有微度混合型混合动力电动汽车、轻度混合型混合动力电动汽车和深度混合型混合动力电动汽车3种类型。

（1）微度混合型混合动力电动汽车。微度混合型混合动力电动汽车（Micro Hybrids）也称起－停（Stop-Start）混合动力电动汽车，在微度混合型混合动力电动汽车中，电动机用作内燃机的起动机和发电机，不为汽车行驶提供持续的动力。通常是在传统内燃机的起动机（一般为12V）上加装带驱动起动机（Belt-alternator Starter Generator，BSG）。该电动机为发电/起动一体式电动机，用来控制发动机的起动和停止，从而可取消发动机的怠速，降低了油耗和排放。

（2）轻度混合型混合动力电动汽车。轻度混合型混合动力电动汽车（Mild Hybrids）也称辅助驱动混合动力电动汽车。这种混合动力电动汽车的电动机要为汽车行驶提供持续动力，但电池－电动机功率的比例较小，内燃机功率的比例相对较大。通常，此种混合动力系统采用集成起动机（Integrated Starter Generator，ISG；或 Integrated Motor Assist，IMA）。车辆以发动机为主要动力来源。辅助电动机安装在发动机和变速器之间，作为辅助动力源与主要动力相连，当行驶中需要更大驱动力时，被用作电动机；当需要重新起动发动机时，被用作起动机；减速制动进行能量回收时，被用作发电机。

（3）深度混合型混合动力电动汽车。深度混合型混合动力电动汽车也称全面混合（Full Hybrids）或强混合（Strong Hybrids）动力电动汽车。深度混合型混合动力电动汽车通常采用大容量电池以保障电动机以纯电动模式运行，同时还具有动力切换装置用以发动机、电动机各自动力的耦合和分离。在起步、倒车、起步－停车、低速行驶等情况下，车辆可以纯电动模式行驶；急加速时，电动机和内燃机一起驱动车辆，并具有制动能量回收的能力。与轻度混合型混合动力电动汽车相比，驱动车辆的两种动力源中，电动机的功率更大。

1.3.3 燃料电池电动汽车

燃料电池电动汽车（Fuel Cell Electric Vehicle，FCEV）采用燃料电池作为动力源，是一种很有发展前途的电动汽车。

1. 燃料电池电动汽车的特点

（1）燃料电池电动汽车的优点。相比于内燃机汽车，燃料电池电动汽车主要有如下优点：

① 因燃料直接通过电化学反应产生电能，无热能转换过程，故不受卡诺循环限制，能量转换效率高，实际能量转换效率高达50%～70%。

② 当燃料电池使用氢燃料时，排放的是水，无污染；使用甲醇、汽油等其他燃料时，排放的 CO_2 比汽油机排放的少1/2。

③ 燃料电池堆可由若干个单元电池串、并联而成,可根据质量分配均衡和空间有效利用的原则,机动灵活地配置。

④ 燃料电池无运动部件,振动小,噪声低,零部件对机械加工精度要求不高。

(2) 燃料电池电动汽车的不足。目前燃料电池电动汽车的主要不足如下:

① 燃料电池的关键技术还有待于突破,燃料电池的成本高。

② 燃料电池管理系统较为复杂。

③ 燃料电池氢燃料的储存较为困难,高压储氢必须要有相应安全措施。

2. 燃料电池电动汽车的类型

与纯电动汽车相比,燃料电池汽车无需依赖蓄电池技术性能的完善;与内燃机汽车相比,则具有环保、节能的优势。因此,燃料电池电动汽车已成为世界范围的新能源汽车开发热点,并不断涌现出不同结构形式的燃料电池汽车。按不同的分类方法,燃料电池电动汽车主要有如下几种形式(图1.32)。

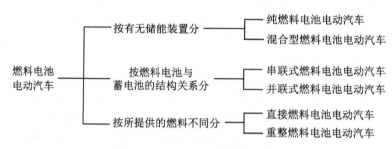

图1.32 燃料电池电动汽车分类

1) 按有无储能装置分类

(1) 纯燃料电池电动汽车。纯燃料电池电动汽车的燃料电池是电动汽车上的唯一电能来源,这种类型的燃料电池电动汽车,燃料电池的功率大,并且无法回收汽车制动能量。因此,纯燃料电池电动汽车目前应用较少。

(2) 混合型燃料电池电动汽车。混合型燃料电池电动汽车除燃料电池外,同时配备了储能装置(如蓄电池、超级电容和飞轮电池等)。由于储能装置可协助供电,因而可适当减小燃料电池的功率,而且储能装置还可用于汽车制动时的能量回收,可提高燃料电池电动汽车的能量利用率。因此,燃料电池电动汽车多采用混合型结构形式。

2) 按燃料电池与蓄电池的结构关系分类

(1) 串联式燃料电池电动汽车。串联式燃料电池电动汽车动力系统构成如图1.33(a)所示,燃料电池相当于车载发电装置,通过DC/DC转换器后对蓄电池充电,由蓄电池向电动机提供驱动车辆的全部电力。串联式燃料电池电动汽车的特点与串联式混合动力电动汽车相似,其优点是可采用小功率的燃料电池,但蓄电池需要足够大的容量和功率,而且燃料电池发出的电能需要经过蓄电池的电化学转换过程,其中有能量的转换损失。目前,串联式燃料电池电动汽车较为少见。

(2) 并联式燃料电池电动汽车。并联式燃料电池电动汽车动力系统的构成如图1.33(b)所示,由燃料电池和蓄电池共同向电动机提供电力。根据燃料电池与蓄电池能量大小的配置不同,又可分为大燃料电池型和小燃料电池型两种。大燃料电池型主要由燃料电池提供电力，蓄电池的容量较小，只是在电动汽车起步、加速、爬坡等行驶工况时协助供电，以及车辆减速与制动时的能量回收；小燃料电池型则必须采用大容量的蓄电池，由蓄电池提供主要的电力，而燃料电池只是协助供电。并联式是目前燃料电池电动汽车采用较多的形式。

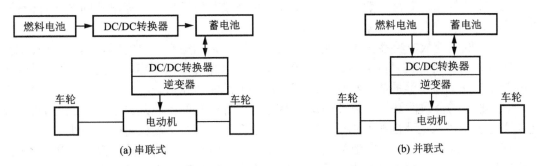

图1.33　串联式和并联式燃料电池汽车动力系统示意图

3）按所提供的燃料不同分类

（1）直接燃料电池电动汽车。直接燃料电池电动汽车的燃料主要是纯氢，也可以用甲醇等燃料。采用纯氢作燃料的燃料电池电动汽车，氢燃料的储存方式有压缩氢气、液态氢和合金（碳纳米管）吸附氢等几种。

（2）重整燃料电池电动汽车。重整燃料电池电动汽车的燃料主要有汽油、天然气、甲醇、甲烷、液化石油气等。重整燃料电池电动汽车的结构要比氢燃料电池电动汽车复杂得多，例如，甲醇重整燃料电池电动汽车需要对甲醇进行200℃左右的加热以分解出氢，汽油重整燃料电池汽车也需要对汽油进行1000℃左右的加热以分解出氢。无论采用什么燃料，重整燃料电池电动汽车均需设置重整装置，将其他燃料转化为燃料电池所需的氢。

1.4　动力电池的特点与类型

1.4.1　动力电池的工作特点与要求

动力电池是电动汽车的核心部件，动力电池技术能否突破，是电动汽车发展的关键。

1. 动力电池的工作特点

动力电池与燃油汽车用蓄电池不同，燃油汽车用蓄电池为起动型蓄电池，要求其瞬间能提供大电流，因此，起动型蓄电池的内阻很小。动力电池则要求其持续供电能力要强，而其内阻往往较起动型蓄电池大。

动力电池在工作时，主要以较长时间的中等电流持续放电，短时间（起动、加速时）以大电流放电，并以深循环（深度放电）使用为主。

2. 对动力电池的要求

为使电动汽车具有良好的使用特性，对动力电池（主要指蓄电池）的基本要求如下。

(1) 具有高的能量密度。因为高的能量密度可以使蓄电池的质量减轻，这样可降低电动汽车的自重，从而提高电动汽车的续驶里程。

(2) 具有高的功率密度。对于蓄电池来说，其功率密度高，所能够提供的瞬时功率就大，这可提高电动汽车的动力性。

(3) 较长的循环寿命。蓄电池以循环寿命来衡量其使用寿命。蓄电池的循环寿命长，就可降低电动汽车的使用成本。

(4) 较好的充放电特性。蓄电池的充电特性好，可缩短其充电时间，提高使用性能；在车辆制动时，则可提高制动能量回收的效率；充电特性好，不容易过充电，可延长蓄电池的使用寿命。蓄电池的放电特性好，其持续供电的能力就强。

(5) 电池的一致性好。一致性好是指蓄电池组各电池的性能差异性小，这可减轻电池组使用过程中进入电池性能差别迅速扩大的恶性循环，有益于延长蓄电池的使用寿命。

(6) 较低的价格。动力电池的成本高是造成电动汽车新车购车价格高，使用成本也高的主要原因。因此，降低动力电池成本，电动汽车的市场竞争力就可提高。

(7) 使用维护方便。电动汽车动力电池的维护工作占有很高的比例，因此，蓄电池维护方便，也即提高了电动汽车的使用性能。

1.4.2 动力电池的类型

动力电池除了蓄电池和燃料电池之外，还有超级电容、飞轮电池及太阳电池等多种。

1. 蓄电池

蓄电池也称二次电池，是可循环充放电的化学电池，即电池放电后，可通过充电的方式使其恢复电能。在各类电动汽车中，蓄电池应用最为广泛。蓄电池是纯电动汽车唯一或主要的电源，混合动力电动汽车和燃料电池电动汽车也需要蓄电池。

2. 超级电容

超级电容是介于普通电容器与化学电池之间的储能装置，通常用作辅助储能装置。它具有可大电流充放电的特点，在混合动力电动汽车和纯电动汽车中可提供瞬时大电流，以提高汽车的动力性，能接受大电流充电，可提高制动能量回收的效率。

超级电容是一种化学电容，兼具化学电池和传统物理电容的优点。

3. 飞轮电池

飞轮电池是 20 世纪 90 年代提出的新概念电池，它突破了化学电池的局限，用物理的形式实现了能量的储存。飞轮电池以飞轮旋转动能的方式储存能量，通过飞轮带动电机发电输出电能，充电则是发电的逆过程。

飞轮电池是一种机械电池，充放电电流大。因此，和超级电容一样，飞轮电池常被用作辅助储能装置，用以提高电动汽车的动力性及制动能量回收的效率。

4. 燃料电池

燃料电池是通过电极的氧化还原反应，直接将储存在燃料和氧化剂中的化学能量转换为电能的发电装置，属于一次电池。燃料电池的基本化学原理是水电解反应的逆过程，即氢和氧发生氧化还原反应而产生电、水和热。

燃料电池电动汽车以燃料电池作车载电源,具有绿色环保的特点,也是新能源汽车发展的方向。

5. 太阳电池

太阳电池实际上是将光能转换为电能的发电装置。由于太阳电池的光电转换效率、电池系统的配置复杂性、价格及车辆的特殊使用环境等因素,太阳电池在电动汽车上只能作为一种补充电源。

一些太阳能电动汽车实际上装有锂离子电池或其他类型的蓄电池,用太阳电池将太阳能转换成电能用于协助供电或对蓄电池进行充电。尤其是车辆在郊外停驶时,可利用太阳电池发电,及时有效地对蓄电池进行补充充电,因此可延长电动汽车的续驶里程。

本章小结

本章通过对汽车发展过程的简要介绍,突出了汽车在人类生产与生活中的重要地位;通过总结汽车所造成的负面影响,再结合电动汽车的特点,使读者较好地理解发展电动汽车的重要意义,真正认识到未来汽车的发展趋势方向是电动汽车。除此之外,本章还介绍了电动汽车的类型及各自的特点,并在此基础上,总结了动力电池的特点、要求及类型,使读者认识到动力电池对电动汽车的重要性,并对动力电池的类型及要求有较全面的了解。

思 考 题

1. 世界上最早出现的是内燃机汽车吗?
2. 电动汽车经历了哪些兴衰过程?
3. 汽车对人类的贡献体现在哪些方面?
4. 燃油汽车对人类有哪些负面影响?
5. 电动汽车的优势体现在哪几方面?
6. 电动汽车未来发展的趋势是什么?
7. 电动汽车发展尚需要解决的关键问题是什么?
8. 何谓纯电动汽车?纯电动汽车的特点是什么?
9. 纯电动汽车由哪几部分构成?各部分的作用是什么?
10. 按驱动系统组成与布置不同分,纯电动汽车有哪几种类型?
11. 何谓混合动力电动汽车?混合动力电动汽车具有哪些特点?
12. 按发动机和电动机的能量流动及连接关系分,混合动力电动汽车有哪几种类型?
13. 燃料电池电动汽车的特点是什么?燃料电池电动汽车有哪些类型?
14. 动力电池具有哪些特点?电动汽车对动力电池有什么要求?
15. 在电动汽车上使用的动力电池有哪几种?

第 2 章 蓄 电 池

 本章教学目标

熟悉化学电池的组成、类型；
掌握蓄电池的性能参数和专业术语；
了解蓄电池的不足和各类电动汽车对蓄电池的要求；
了解蓄电池的发展过程和展望。

 本章教学要点

知识要点	能力要求	相关知识
电极、电解质及隔膜的作用、类型	熟悉化学电池构成条件、电极活性物质、电解质作用与类型、隔膜的作用与类型，了解化学电池的类型	电化学原理、热力学、化学电源组成与原理
蓄电池的性能参数、蓄电池专业术语	熟悉蓄电池的性能参数和专业术语，了解蓄电池的不足、类型及发展趋势	蓄电池的类型、特性，电动汽车用蓄电池的工作环境

2.1 化学电池概述

蓄电池是一种以化学方式储存能量的电源装置,因此,也称为化学电源(电池)。蓄电池既可以通过电化学氧化还原反应将其内部物质的化学能直接转换成电能,也可以通过充电的方式恢复其化学能。

2.1.1 构成化学电池的必要条件

化学电池依靠其内部物质的化学反应放出电能或恢复化学能,但不是所有的化学反应都能产生电流。要使物质通过化学反应产生电流,并向外提供电能,必须具备以下几个条件。

1. 氧化还原反应在两个不同区域进行

电池内部化学反应中经历了氧化还原过程,并且在组成化学电源的正负两个电极上(两个互相分离的区域)进行氧化还原过程。电池的氧化还原反应实例如图2.1所示。

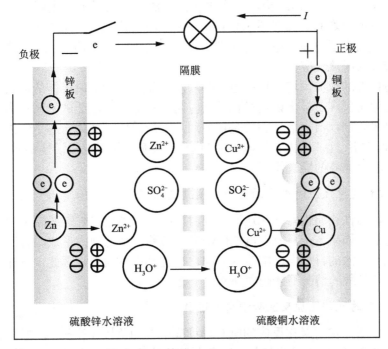

图 2.1 铜锌原电池的氧化还原反应

铜锌原电池的氧化还原反应如下:

$$Zn+CuSO_4=ZnSO_4+Cu \tag{2-1}$$

或

$$Zn+Cu^{2+}=Zn^{2+}+Cu \tag{2-2}$$

在此氧化还原反应中,还原剂 Zn 失去电子(发生氧化反应),生成 Zn^{2+} 并进入溶液中($Zn \rightarrow Zn^{2+}+2e^-$)。电子沿正负极板之间的导线移向铜板,使铜板附近溶液中的 Cu^{2+} 得到电子(发生还原反应)而生成 Cu,并沉积于正极板($Cu^{2+}+2e^- \rightarrow Cu$)。负极板经导线流向正极板的电子就是该电池通过其内部的氧化还原反应产生的电流。

如果直接将锌板浸入硫酸铜水溶液中，反应仍按式 (2-2) 自发进行，Zn 被硫酸铜氧化成 Zn^{2+} 而溶于电解液中；硫酸铜水溶液中的 Cu^{2+} 获得电子被还原，在锌片上析出 Cu。在 Zn 置换 Cu 的氧化还原反应中，氧化剂和还原剂相接触，直接进行电子的转移，电子只在体系内部流动，因而化学能只能转变为热能，外部电路无法获得电能。

实际上，电池用隔膜将两个电极反应分开，使得自发进行的氧化还原反应分别发生在正负电极上，负极产生的电子经导线流入正极，因此能从电池外部获得电能。

通常将发生氧化反应的电极称为阳极 (anode)，而将发生还原反应的电极称为阴极 (cathode)。当电池内部发生氧化还原反应时，阳极产生的电子经外电路流入阴极，同时在电池内电解质溶液中的阴离子向阳极迁移，阳离子向阴极迁移，这一过程称为放电。习惯上，放电电流由电势高的阴极流向电势低的阳极，并且把电势低的电极称为负极 (negative electrode)，电势高的电极称为正极 (positive electrode)。

在铜锌原电池中，负极（阳极）上发生氧化反应，强还原剂 Zn 失去电子变成与之共轭的弱氧化剂 Zn^{2+}，Zn 和 Zn^{2+} 构成一个电对；正极（阴极）上发生还原反应，强氧化剂 Cu^{2+} 得到电子变成与之共轭的弱还原剂 Cu，Cu 和 Cu^{2+} 构成另一个电对。氧化反应与还原反应同时进行，构成了电池反应。为区别于一般意义上的氧化还原反应，通常将电池中的氧化还原反应称为成流反应。

电池通过内部的成流反应，使电池中的物质（化学能量）以电能的形式释放到电池外部。通常将电池正极和负极上能通过化学反应而向外部输出电能的物质称为活性物质，正极活性物质是氧化剂，负极活性物质是还原剂。无论固体、液体、还是气体，只要能构成氧化还原电对，理论上都可以作为电池电极的活性物质。如果电极活性物质本身不是导体，就必须借助于其他物质的导电作用。

2. 电池氧化还原反应时电子的传递必须通过外部线路

当两电极的活性物质进行氧化还原反应时，电子只能通过外部线路传递，这样才能实现向外输出电能。如果电子只是在电池内部进行转移，则电池内形成闭合回路，变成短路状态。这类似于电池的自放电，电池内部的化学能量自行消失。因此，电池只是在正负极之间连接导线和负载的情况下才能向外输出电能。

3. 电池内部的氧化还原反应必须自发进行

理论上，只要把发生氧化反应的电对设计成电池的负极（阳极），把发生还原反应的电对设计成电池正极（阴极），任何一个氧化还原反应都可以构成电池。但电池反应能否进行，以及进行的趋势如何，还取决于反应体系的吉布斯自由能变化。

根据电化学和热力学知识，在等温等压下，电池工作时体系的吉布斯自由能的减少与电功之间的关系可表述为

$$\Delta G_{T,p} = -nEF$$

$$E = \frac{-\Delta G_{T,p}}{nF} \tag{2-3}$$

式中，$-\Delta G_{T,p}$ 为化学反应在等温等压下体系的吉布斯自由能降低值 (J/mol)；n 为电池反应输出基元电荷的物质的量 (mol)；E 为电池的可逆电动势 (V)；F 为法拉第常数，是 1mol

质子的电量（即 1mol 电子所带电量的绝对值），其值约为 96500C/mol。

只有反应体系的 $\Delta G_{T,p}$ 为负值时，反应才自发进行。减少的吉布斯自由能转换为电能，电池的电动势为正值，才能产生持续的电流。上述铜锌原电池的 $\Delta G_{T,p}$ 为 -212550J/mol，电动势 E 约为 1.1V。当电池正负极之间的电路接通时，电池对外输出电流，使电路中的灯泡发光，此时电池对外做电功。

由此可见，电池反应的 $-\Delta G_{T,p}$ 必须是正值，并且其值大，电池的电动势就高。从另一角度看，电池的电动势也取决正负电极的电极电势之差，阳极的电势越低，阴极的电势越高，电池的电动势就越大。因此，要提高电池的电动势，正极活性物质就要选择电子亲和势大的、氧化性强的物质，负极活性物质则要选择电子亲和势小的、还原性强的物质。

4. 两电极间必须有电解质

由于电池反应过程需要有阳离子和阴离子的迁移，因此，电池的两电极间必须有可使离子迁移的物质（即电解质），以提供电池内部离子迁移的通道（导电），使正负极活性物质能进行正常的氧化还原反应。

满足上述 4 个条件就能构成电池，但是，为满足实际使用的需要，除了必须具备上述条件外，对电池的性能还有更高的要求：电动势高；放电时的电压下降平缓；质量比容量或体积比容量大；维护方便；储存性及耐久性优异；价格低廉等。对于可充电的二次电池，还要求充放电反应可逆性好，充放电的能量效率高。

2.1.2 化学电池的组成

任何一种化学电源均是由正极、负极、电解质、隔膜和外壳 5 部分组成的，其中正负电极和电解液是化学电池的基本组成部分。

1. 电极

1）电极的构成

正负电极是电池的核心部件。电极的主要成分是活性物质，其次是导电骨架等辅助材料，一些电极在其活性物质中还含有添加剂。

（1）活性物质。正负极上的活性物质是参加成流反应的物质，决定了电池基本性能。对活性物质的具体要求如下：

① 在电解液中的化学稳定性好。
② 组成电池的电动势高。
③ 电化学活性高，即自发进行反应的能力强。
④ 具有高的电子导电性。
⑤ 质量比容量和体积比容量大。
⑥ 资源丰富，价格便宜。

以水溶液作电解质的电池，要求其正极活性物质的氧化性不能强于氧的氧化性；负极活性物质的还原性不能强于氢的还原性，以确保活性物质的稳定性。对于非水溶液电解质电池，活性物质的稳定性条件比较容易满足，因而其活性物质选择的范围相对较宽。

图 2.2 给出了各种电池比容量与电动势、理论能量密度的关系。理论上，图中右上方

的电池比容量、电动势及理论能量密度均高,具有优良的电性能,是具有发展前途的高能化学电池。

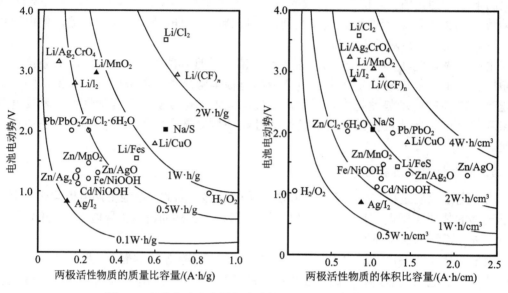

图 2.2　各种电池比容量与电动势、理论能量密度的关系

○—常温水溶液系列电池；△—常温非水溶液系列电池；▲—常温固体电解质系列电池；
□—高温熔融盐系列电池；■—高温固体电解质系列电池；◎—燃料电池

(2) 辅助材料。电极的辅助材料虽然不参与电化学反应,但也是不可或缺的。例如,用作支撑活性物质的导电网、极板栅架等,除了可提高极板的机械强度,还兼作集流体。

(3) 添加剂。在电极中添加剂的加入量虽然很少,但具有特定的作用。电池电极中常用的添加剂主要有阻化剂、去钝剂、电催化剂等。

阻化剂添加于负极活性物质中,可提高氢的超电势,减小电池的自放电或防止氧化,可制成干荷电极板,使电池极板在干燥状态下长时间保持荷电能力。

去钝剂也称膨胀剂,加于负极活性物质中,用于防止在充放电过程中电极表面积收缩,以避免在低温、大电流放电时负极钝化。

电催化剂的作用是促进电极反应,以减轻极化。例如,气体扩散电极中所使用的催化剂有铂、钯、氧化物、复合氧化物等。

2) 电极的类型

根据电极反应的性质不同,通常将电极分为第一类电极、第二类电极、氧化还原电极、气体电极及某些特殊类型电极。

(1) 第一类电极。此类电极由金属浸入含有金属离子的溶液中构成,如 Zn^{2+}/Zn、Cu^{2+}/Cu 等。其电极反应为

$$Zn^{2+}+2e^- \rightarrow Zn$$
$$Cu^{2+}+2e^- \rightarrow Cu$$

若为非金属,则由非金属浸入该非金属负离子的溶液中构成,如 Se^{2-}/Se,其电极反应为

$$Se+2e^- \rightarrow Se^{2-}$$

第一类电极的电势只与相应离子的活度有关。对于金属电极，金属正离子的活度决定电极电势；对于非金属电极，非金属负离子的活度决定电极电势。

(2) 第二类电极。此类电极由金属上覆盖一薄层该金属的难溶化合物（盐、氧化物和氢氧化物），再浸入含有该难溶化合物相同阴离子的溶液中构成，如银氯化银电极和甘汞电极等，其电极反应为

$$AgCl+e^- \rightarrow Ag+Cl^-$$
$$Hg_2Cl_2+2e^- \rightarrow 2Hg+2Cl^-$$

此类电极的电势与金属难溶盐的阴离子的活度有关。换言之，这类电极的电势相对于难溶化合物的负离子是可逆的。由于此类电极的电势稳定、易于重现，因而常代替氢电极作为参比电极。

金属/难溶金属氧化物电极也属此类电极，由金属表面覆盖一薄层该金属的氧化物，再浸入含有 H^+ 或 OH^- 的溶液中构成，如电极 $OH^-|Ag+Ag_2O$，其电极反应为

$$Ag_2O+H_2O+2e^- \rightarrow 2Ag+2OH^-$$

而电极 $H^+|Ag+Ag_2O$ 的电极反应为

$$Ag_2O+2H^++2e^- \rightarrow 2Ag+H_2O$$

(3) 氧化还原电极。氧化还原电极又称第三类电极，此类电极由惰性金属（如铂片）插入含有某种离子的不同氧化态的溶液中构成。其中，金属只起导电作用，而氧化还原反应在溶液中进行，如 Fe^{3+}、$Fe^{2+}|Pt$ 等，其电极反应为

$$Fe^{3+}+e^- \rightarrow Fe^{2+}$$

第三类电极的电势与离子不同氧化态的活度有关。类似的还有 Sn^{4+}/Sn^{2+}、Tl^{3+}/Tl^+、$[Fe(CN)_6]^{3-}/[Fe(CN)_6]^{4-}$ 电极等。

(4) 气体电极。此类电极由气体和含有其离子的溶液构成，由于气体是非导体，因而需借助于铂、石墨等第一类导体作为气体的载体。气体载体不仅提供了气体与含有其离子溶液间的电接触，同时对电极反应起着催化剂的作用，但其本身不参加电极反应，并对其他可能发生的反应呈惰性。气体电极有氢电极、氧电极及氯电极等，其电极反应分别为

$$2H^++2e^- \rightarrow H_2$$
$$O_2+2H_2O+4e^- \rightarrow 4OH^-$$
$$Cl_2+2e^- \rightarrow 2Cl^-$$

此类电极的电势不仅与其离子活度有关，而且依赖于气体的压力。此外，如果选用的电极载体不具备优良的催化性能，则反应很难达到平衡，实际的气体电极可能达不到其平衡电极电势值。这一点对于氧电极特别突出，因此，氧电极催化剂的选择十分重要。

3) 电池和电解池中电极的命名

电池和电解池是两种不同的电化学装置。电池是通过电极上的活性物质自发进行电化学反应而对外电路做电功的化学装置；电解池则是借助外电源使电极上发生电化学反应的电化学装置，电镀槽就属于电解池。

根据上述定义，电池是一种直接将化学能转换为电能，并通过外电路的放电输出电能的电化学装置；而电解池则是一种将电能转换为化学能的装置。可见，通过充电可恢复电极活性物质的二次电池在放电过程中为电池，而在充电过程中则可以看作电解池。

无论是电池还是电解池,都有正极和负极两个电极,但电极命名的方法有两种不同的习惯。

(1) 以电流方向命名。这种命名电极的方法是以电流方向为依据,将电势较高的电极称为正极,将电势较低的电极称为负极,也就是说,电流总是从正极流向负极。

(2) 以电极反应的性质命名。这种命名电极的方法是以电极反应的性质来定义电极的名称,电极上发生氧化反应而放出电子的称为阳极,电极上获得电子而发生还原反应的称为阴极。

通常对电池采用正负极命名法,而在电解池和电镀槽中常采用阴阳极命名法。此外,在讨论电极过程或金属腐蚀时往往与电极反应相联系,也经常采用阴阳极命名法。表 2-1 列出了电池和电解池中电极的名称和电极反应的性质。

表 2-1 电池和电解池中电极的名称和电极反应的性质

项目	电极名称	电子得失	电极反应性质	应用实例
电池(放电)	正极	获得电子	还原反应	$PbO_2+3H^++HSO_4^-+2e^- \rightarrow PbSO_4+2H_2O$
	负极	失去电子	氧化反应	$Pb+HSO_4^- \rightarrow H^++PbSO_4+2e^-$
电池(充电)	阳极	失去电子	氧化反应	$PbSO_4+2H_2O \rightarrow PbO_2+3H^++HSO_4^-+2e^-$
	阴极	获得电子	还原反应	$H^++PbSO_4+2e^- \rightarrow Pb+HSO_4^-$
电解池(电解槽)	阴极	获得电子	还原反应	$ZnO_2^{2-}+2H_2O+2e^- \rightarrow Zn+4OH^-$
	阳极	失去电子	氧化反应	$Zn+4OH^- \rightarrow ZnO_2^{2-}+2H_2O+2e^-$

2. 电解质

1) 电解质的作用与要求

电解质是电池基本组成部分之一,起着正负极之间传递电荷的作用,因此,电解质通常选用离子导电性好的物质。电解质不参加电极反应,在电池内可长期保存,有的电池其电解质也参加电极反应而被消耗。

电池电极反应对电解质的要求如下:

(1) 稳定性好。由于电解质长期保存在电池内部,因而必须具有稳定的化学性质,使储存期间电解质与活性物质界面的电化学反应速度足够小,从而使电池的自放电容量损失减小。

(2) 电解质电导率高,电压降小,以改善电池的放电特性。

(3) 对于固体电解质,则要求它只具有离子导电性,而不具有电子导电性。

2) 电解质的类型

目前使用的电解质大多数为无机水溶液电解质、非水溶液电解质、固体电解质和熔融盐电解质。

(1) 水溶液电解质。这是目前大多数化学电池所采用的电解质,水溶液电解质的优点如下:

① 水与其他溶剂相比具有较大的介电常数,溶解和离解电解质的能力强。

② 水溶液的黏度小,离子迁移受到的阻力较小,因而其电导率高。

③ 由于不必考虑大气中水的影响，电池可以在非完全密闭、常温下工作，成本较低。

④ 对于可充电的二次电池来说，充电时的副反应常常使电解质分解，但用水作为溶剂时，其分解的产物是氢和氧，对电池和环境无污染，充电时消耗的溶剂也容易补充。

在水溶液中，电解质离解后的离子与水形成水合离子，离子运动快慢可用极限摩尔电导率来度量。不同离子在水溶液中的极限摩尔电导率见表2-2。

表2-2　不同离子在水溶液中的极限摩尔电导率 λ^{∞}（25℃）　　　[单位：S/(cm·mol^{-1})]

阳离子	$\lambda_+^{\infty}/z+$	阴离子	$\lambda_-^{\infty}/z-$	阳离子	$\lambda_+^{\infty}/z+$	阴离子	$\lambda_-^{\infty}/z-$
H_3O^+	350	OH^-	198	NH_4^+	74	$\frac{1}{2}SO_4^{2-}$	80
Li^+	39	F^-	55	$\frac{1}{2}Ca^{2+}$	60	$\frac{1}{2}CO_3^{2-}$	69
Na^+	50	Cl^-	76	$\frac{1}{2}Zn^{2+}$	50	$\frac{1}{2}PO_4^{3-}$	69
K^+	74	Br^-	78				
Rb^+	76	ClO_4^-	67				

由表2-2可知，H_3O^+ 和 OH^- 的运动速度最快，而其他离子的运动速度相对较慢。一般来说，在外界条件相同情况下，离子的运动速度取决于离子半径、离子水合程度及离子所带电荷数等。离子半径越小，水合程度越大，所带电荷数越多，其运动时的阻力就越大，运动速度也就越慢。

电解液的阳离子和阴离子的运动速度快，其电导率就大，而且溶解的离子数越多（浓度越大），电导率也越大。但是，当溶解的离子数非常大时，由于符号相反的离子在其周围集聚而形成离子氛，对离子的运动造成阻碍，从而影响了离子的运动速度。因此，随着电解液离子浓度的增大，其电导率也随之上升，但有一个最大的电解液离子浓度，当浓度达到最大值时，随电解液浓度的增大，其电导率会随之下降。

许多碱性动力电池采用氢氧化钾（KOH）水溶液作电解液，KOH水溶液含有摩尔电导率大的 K^+，因而比氢氧化钠（NaOH）、氢氧化锂（LiOH）等水溶液有更大的电导率。一些一次电池和二次电池通常采用浓度为30%（质量分数）左右的KOH水溶液作电解液。由于KOH水溶液对金属浸润，电解液容易沿着金属表面蔓延而泄漏到电池外部，因此，一些一次电池为抑制电解液外泄，采用NaOH为电解液。

相比于其他类型的电解质，水溶液电解质的主要不足如下：

① 水溶液电解质含有水，水会在0℃时结冰，100℃时沸腾，因此，用水溶液作电解液的电池在极为寒冷的极地和宇宙空间等环境下不能使用。此外，在几十摄氏度的高温下电解液的水分也会蒸发，因而水溶液电解质的电池储存性较差。

② 以水溶液为电解质的电池，原则上负极活性物质不能采用比氢还原性更强的，正极活性物质则不能选择比氧的氧化性更强的，因而其电极活性物质的选择受到限制。

③ 如果选用氢和氧范围之外的材料作为正负极材料，则电池在储存期间电极活性物质会与水发生反应而被消耗掉，对于二次电池而言，由于在充电时只生成氢和氧，不能使活性物质再生。

④ 水溶液电解质电池其单体电池所能提供的电压，以氢和氧组成的燃料电池的电压为极限，最高为2.0V；对储存性能要求高的电池，电压只能限定在1.0V。

除了氢以外，实际使用的电池负极活性物质只限于比氢还原性强，但与水反应生成氢的速度很低，即析氢过电动势高的材料，如Pb、Cd、Zn等。同样，正极活性物质可采用析氧过电动势较高、在水溶液中稳定且溶解度小的金属氧化物，如MnO_2、Ag_2O、$NiOOH$、PbO_2等。使用这些物质，可以组成电动势在1.0～2.0V之间的电池。

(2) 非水溶液电解质。采用比水更不容易氧化还原的溶剂溶解电解质，拓宽了活性物质的选择范围，并可使电池工作时的极化减小。电池使用了非质子性溶剂后，可使用比氢还原性强的负极活性物质，使得电池的电动势更高。

溶质在溶剂中的溶解性与溶剂的介电常数及离解后的阳离子和阴离子的性质有关。在相对介电常数为ε_r的溶剂中，如果存在两种符号相反的静电荷q^+、q^-，其距离为r，则两静电荷间的库仑力为

$$F = \frac{q^+ q^-}{4\pi\varepsilon_0\varepsilon_r r^2} \tag{2-4}$$

式中，ε_0为真空介电常数。

由式(2-4)可知，当溶剂的相对介电常数较大时，阳离子和阴离子之间的库仑力较小。一般来说，如果溶剂的相对介电常数小于10，电解质则难以在该溶剂中离解为离子。水的相对介电常数在25℃时为78.3，因而很容易使大多数电解质离解。

溶剂的黏度会以黏性阻抗的形式影响溶剂中离子的移动。对于黏度相对较低的溶剂，其中的离子易运动，电导率较大。因此，要使电解质容易离解为离子，离解后的离子又容易运动，对溶剂的要求是其相对介电常数要大，黏度要小。

溶质的溶解度还和溶剂的偶极矩等有关。溶剂对溶解在其中的电解质的作用大小可用溶剂给出电子（施主）数和接受电子（受主）数来衡量。施主数与阳离子的溶剂化有关，即与溶剂化阳离子的大小有关；同样，受主数则与溶剂化阴离子的大小有关。溶剂化离子的大小与离解成离子的难易及离子的运动有关。

不同种类的非质子性的有机化合物和无机化合物溶剂很多，但可用作电池电解质溶剂，不含水合H^+的稳定溶剂却不多。与水相比，这些有机化合物的熔点低、沸点高，所以可在较大的温度范围内使用。但是由于有机溶剂的相对介电常数一般比水小且黏度大，因而溶解电解质盐的能力和调节电解质电导的能力相对较弱。

在有机化合物中，具有羰基结合的酯类化合物要比醚类化合物的相对介电常数大，而醚类化合物的黏度要比酯类化合物的小。为此，将二者按适当比例组成混合溶剂时，可得到电导率大的电解液。由于相对介电常数和黏度对溶液电导率的影响相反，只有当相对介电常数大而黏度小时，溶液的电导率才最大。通常，酯类与醚类的体积比为1:3左右时，溶液的电导率最大。

在非质子性有机溶剂中，电池的负极活性物质主要使用还原性强且在溶剂中稳定的锂，通常使用锂盐作电解质，要选溶剂化程度小的阴离子（即离子半径大的，其离子中的电荷密度较小，溶剂化程度小），常见的阴离子有ClO_4^-、BF_4^-、PF_6^-和AsF_6^-等。这种有机电解质可制得单体电池电压为3.0～4.0V的锂电池。

无机化合物SO_2和$SOCl_2$也可作为电解质溶剂，或正极活性物质。在负极活性物质锂上容易生成表面保护膜，故可使用具有氧化活性的电解液。例如，可使用SO_2与乙腈（AN）的混合溶剂，电解质使用$LiAlCl_4$。

非质子性电解液应当具有大的电导率，且与电池活性物质不发生反应，在较广的电势范围内氧化还原性能稳定。在以锂作负极活性物质的一次电池中，由于在锂的表面会形成

保护膜，故溶剂的选择比较容易。但是，在二次电池中，要求溶剂在强的还原气氛中也能保持其稳定性。具有羰基结构的 PC 和 γ- 丁丙酯（γ-BL）与锂的反应性大，因而不能用，必须使用 THF 或 Diox 这些醚类有机化合物。采用这些溶剂，在以 $LiAsF_6$ 为电解质时，会在锂表面生成保护性吸附膜，能阻止溶剂分解。

（3）固体电解质。在水溶液和有机非质子性电解液中，均是离子在液态溶液中迁移，而固体电解质指的是离子在固体中的迁移。一般来说，离子在固体中的运动速度要比在液体中慢得多，所以固体电解质中的离子电导率通常要比液体电解质小很多，因而实用性电池很少采用固体电解质。

近年来，发现了许多只让特定离子选择透过而不呈电子导电性的无机固体电解质，其电导率为 $10^{-3} \sim 10^{-1} S/cm$。固体电解质电池的特点如下：

① 固体电解质不必担心漏液问题，因而电池可以向更加小型化、微型化方向发展。

② 高离子导电性固体的开发，使得电池材料的全部固体化成为可能。

③ 固体电解质本身可作为防止两极活性物质混合的隔膜，随着耐蚀性、离子选择透过性能好的固体电解质的发现，直接使用气体和液体作活性物质也已成为可能。

④ 进一步研究可在高温下利用，使用不与强还原性或强氧化性物质发生反应的电解质，就可开发出直接使用强氧化剂和强还原剂作活性物质的新型化学电池，这可使化学电池的输出功率和能量密度都有显著提高。

（4）熔融盐电解质。熔融盐的电导率大，并且可在高温下工作，用熔融盐作电解质的电池输出功率大、能量转换效率高。

采用稳定、分解电压大的碱金属卤化物（熔融盐）制成的电池，其电动势高、能量密度也高。但是，由于高温下活性物质或电解质的腐蚀性大，使得寻找到适宜的隔膜、电极和容器等电池材料较为困难。近年来，随着材料科学的发展，为熔融盐电解质在化学电池和燃料电池中的应用开辟了广阔的前景。

实用的熔融盐电解质电池应选用低熔点、液态稳定、难以汽化、不被氧化还原的熔融盐。通常选用几种稳定的、难以被还原的碱金属盐或碱土金属盐做成混合熔融盐。此外，实用型熔融盐电解质电池中，电解质层要尽可能薄。

3．隔膜

隔膜置于电池两极之间，其作用是防止正负极活性物质直接接触而造成电池内部短路，并使正负极之间尽可能保持小的距离，使电池具有较小内阻。隔膜也称隔离物，根据实际需要，其形状有薄膜、板材、棒材等不同形式。

为确保电池正常工作和良好的性能，对隔膜的要求如下：

（1）在电解液中应具有良好的化学稳定性和一定的机械强度，并能耐受电极活性物质的氧化或还原作用。

（2）应有足够的孔隙率和吸收电解质溶液的能力，以保证隔膜具有足够强的离子通过能力，也就是说隔膜对电解质离子运动的阻力要小，以减小电池内阻。

（3）应是电子的良好绝缘体，以防止正负极间的电子传递，并能阻挡从电极上脱落的活性物质微粒和枝晶的生长。

（4）材料来源丰富，价格低廉。

在各种电池中实际使用的隔膜材料有棉纸、微孔橡胶、微孔塑料、玻璃纤维、接枝膜、尼龙、水化纤维素、石棉、聚丙烯、聚氯乙烯等，不同种类的电池可根据其不同要求而选取相应的材料制成隔膜。

4. 壳体及电池附件

（1）电池壳体。电池壳体既是电池的外壳，也是电池中电解液的容器。对于运用于电动汽车的动力电池，通常要求其外壳具有良好的机械强度，抗振动与冲击、耐酸碱性腐蚀、耐高温和低温等。

在现有的化学电池中，除锌锰干电池可用其锌电极作壳体外，其他各类化学电池均根据电池的实际情况选择相应的材料作外壳。铅酸蓄电池通常用硬橡胶作外壳，碱性蓄电池的壳体常用镀镍钢材。近年来，各种工程塑料也常被用作动力电池壳体的材料，如尼龙、丙烯腈-丁二烯-苯乙烯共聚物（ABS）、聚丙烯（PP）、聚苯乙烯（PS）等。

（2）其他附件。除上述各主要组成外，一些电池中通常还需要导电栅、汇流体、端子等零件。动力电池通常用多个单体电池（一对正负极板构成的电池）串联起来，以满足所需的电压输出。因此，这些电池通常还有联条（串联各单体电池）和极桩（连接外电路）等附件。

根据实际应用的需要，电池的形状和结构可以是多种多样的，并用各种不同方式进行密封，以防漏液和干涸。图2.3和图2.4所示为常见干电池（一次电池）和蓄电池（二次电池）的外形。

图2.3　常见干电池（一次电池）外形

图2.4　常见蓄电池（二次电池）外形

2.1.3　化学电池的种类

化学电池按其工作性质和使用特征的不同，可分为一次电池、二次电池、储备电池和燃料电池等。实际上，储备电池和燃料电池属于特殊的一次电池。

1. 一次电池

一次电池也称为原电池（Primary Battery）。一次电池在使用中，其化学变化体系的自由能会逐渐减少,是一个将减少的自由能直接转换成电能输出的装置。电池经过连续放电或间歇放电后,不能用充电的方法使两电极的活性物质恢复到初始状态,即一次电池发生的是不可逆反应,电极活性物质只能利用一次,用完即废弃,故称为一次电池。电解液不流动的一次电池也称为干电池。

广泛应用的一次电池有锌锰电池、锌银电池、锌空气电池、锂二氧化锰电池和锂亚硫酰氯电池等。20世纪60年代以来,人们开发出锂一次电池,其负极活性物质为锂,正极活性物质有二氧化锰、聚氟化石墨、氧化铜或亚硫酰氯等,相应的电池称为锂二氧化锰电池、锂聚氟化石墨电池、锂氧化铜电池和锂亚硫酰氯电池等。

一次电池的特点是电动势高、内部阻抗小、单位质量(或体积)能量密度大、价格低;在电池不用时自放电小、活性物质的消耗小、保存性能好;制造简单、形状多样、耐漏液性能高、容器的密封性能好。一次电池的不足是不能用于大电流放电。

2. 二次电池

二次电池也称蓄电池或储能电池,电池工作时其内部的电化学反应为可逆反应,因此,可通过充电的方式恢复活性物质的初始(化学能量)状态。二次电池的放电和充电可反复进行多次,在各种电动汽车上使用的就是二次电池。

二次电池的种类很多,比较常见的有铅酸电池、镍氢电池、镍镉电池、锂离子电池、锌空气电池、铝空气电池、铜镍电池、锌银电池等。第3章将主要针对在电动汽车上使用的二次电池进行介绍。

3. 储备电池

储备电池是特殊的一次电池,与普通一次电池不同的是,储备电池在储存期间其正负极活性物质与电解质不直接接触,直到使用时,才借助动力源作用于电解质,以激活电池。因此,储备电池也称为激活电池。使用时注入清水、电解液或海水来激活电池,故而也称为注水电池(或注液式电池、水激活电池);使用时将电解质加热至熔融态的称为热激活电池(或热电池)。

典型的储备电池有海水激活的镁银电池、用KOH溶液激活的锌银电池、用$HClO_4$激活的铅高氯酸电池、热激活的热电池等。由于储备电池在使用前处于惰性状态,因而可以储存较长的时间(几年甚至十几年)。

4. 燃料电池

燃料电池也是一次电池,它与普通化学电池不同的是,其正负极本身不包含活性物质,而是储存在电池本体之外,因此需要将活性物质连续地注入电池才能够使电池持续不断地放电。燃料电池的工作方式是,不间断地向电池内输入燃料和氧化剂,同时排出反应产物,从电极输出电能。因此,从工作形式上看,它类似于燃油发动机与发电机组,但工作原理和特性则有很大差别。

燃料电池属于一种特殊的化学电池,其特性和工作方式与普通的化学电池有很大的不同。第9章将对燃料电池的结构类型、工作原理、系统的构成、特点及应用等进行系统介绍。

2.1.4 化学电池的发展概况

1800年,物理学者伏特(Volta)发明了世界上第一个电池。Volta发现,当两种不同金属相对叠放，并且其间置以用盐水浸过的纸和草时，就会产生电，为了取得一定的电压，Volta将两种金属与用盐水浸过的草组成了电池的多层重叠，即电堆。进而对金属的组合进行研究，即依次按锌、锡、铅、铁、黄铜（Cu-Zn）、青铜（Cu-Sn）、铜、铂、金、银、石墨（C）的顺序将其两两组合，相距越远的两种金属的组合，其电动势越大。根据该发现，Volta在1800年发明了如图2.5所示的电堆，该电池被称为伏打电池，这是世界科技史上最早出现的化学电池。在伏打电池中，氢在正极的铜表面上析出，其逸散速度较为缓慢，当电池向外输出电流时，电池正极的极化增大，其电压下降较快。为使电池具有实际的使用意义，人们开始研究长时间放电过后，仍能保持电压稳定的电池。

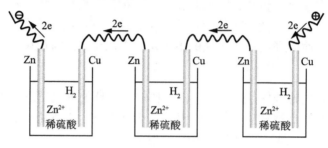

图 2.5 伏打电池

1836年，丹尼尔（Daniel）对伏打电池进行了改良，用酸性的硫酸锌水溶液与硫酸铜水溶液替代稀硫酸溶液，以硫酸铜作正极的去极化剂，并在其间加入一个多孔性隔板将正负极板隔开。丹尼尔电池是最早的能进行长时间工作的实用电池。

1844年雅克比（Jacobi）提出了以中性氯化铵水溶液拌砂作电解液的方案。法国的勒兰社（Leclanche）巧妙地采用了这些提案，并于1868年以锌为负极活性物质，二氧化锰为正极活性物质，氯化铵水溶液为电解质，并拌以细砂或木屑做成糊状，制出锌二氧化锰电池。电池的电解液糊化后，便于携带，应用更加方便。这种以发明者的名字命名的勒兰社电池，结构与今天的干电池构造相同。

1888年，加斯纳（Gassner）对电池做进一步的改进，制出了携带方便的锌二氧化锰干电池，其用途更加广泛。此后的200多年以来，生产和使用的主要是这种形式的干电池。

1859年，法国著名物理学家普兰特（Plante）发明了第一块铅酸电池。自伏打电池发明之后，人们就已开始研究能反复使用的二次电池。在1854年，辛斯特登（Sinsteden）将两块铅板浸入稀硫酸中，通以直流电后发现，该电池可充电。Plante又进行了进一步实验，并在1859年成功地制出了实用的蓄电池。最初的可充电铅酸电池是在两块铅板的中间夹上一层布，将其卷起放入容器中，再注入10%的稀硫酸制成的。在此期间还出现了以多块平板状的铅板并列组成的蓄电池，电池的正极为二氧化铅，负极为海绵状纯铅。这种铅酸电池是最早应用于电动汽车的蓄电池，直到内燃机汽车上开始使用起动机时，这种内阻小，可提供稳定大电流的铅酸电池才被用作汽车发动机的起动电源。铅酸电池不仅在内燃机汽车上得到普遍应用，而且由于其使用安全、耐用、价格相对较低的特点，在将近一个世纪的时间里，都是电动车辆动力电池的首选。

1889—1901年，瑞典人容纳（Jungner）和美国人爱迪生（Edison）先后研制出了镍铁电池和镍镉电池。这种蓄电池在各种不同用途的实际应用中，其结构、工艺、材料等方面都经历了多次改进，因此其性能有了大幅度提高。在20世纪，先后出现了数十种不同类型的蓄电池，其中镍锌电池、镍镉电池、镍铁电池、锌空气电池、铝空气电池等都作为大容量的动力电池，在各种电动车上得到了应用。

20世纪80年代，出现了镍氢电池，其性能和使用寿命都优于铅酸电池及原先已应用于电动车上的其他碱性电池。因此，镍氢电池逐渐替代了铅酸电池和其他碱性电池，在电动汽车上得到了广泛的应用。

锂电池是以金属锂或含锂物质作为负极材料的化学电池的总称，包括一次电池和金属锂、锂离子二次电池。锂电池的研制始于20世纪60年代，最先提出锂电池研究计划的目的是发展高比能量的锂蓄电池，然而当时选择的高电势正极活性物质，如 CuF_2、NiF_2 和 $AgCl$ 等无机物会在有机电解质中发生溶解，故而无法构成能长期储存和长循环寿命的实用化二次电池。1970年前后，随着对嵌入化合物的研究，人们发现锂离子可在 TiS_2 和 MoS_2 等嵌入化合物的晶格中嵌入或脱嵌。在1971年，日本松下电器公司的福田雅太郎首先发明了锂氟化碳电池并获得应用。从此，锂电池开始走向实用化和商品化。

1990年前后，在前期锂蓄电池研发的基础上，发明了实用的锂离子电池，1991年锂离子电池实现商品化。在1995年，又出现了采用凝胶聚合物电解质为隔膜和电解质的聚合物锂离子电池，并在1999年开始商用化。其中日本索尼能源技术公司发明并推出的高比能量、长寿命锂离子电池，使锂电池得到了长足的发展。锂离子电池开始逐渐取代常用的铜镍电池和金属氢化物镍电池。这种性能更好的锂离子电池很快就被用作手机、数码照相机及其他便携式设备的电源，而大容量的锂离子电池也被用在了电动汽车上。

目前，在各种类型的电动汽车上，应用较多的动力电池主要有铅酸电池、镍氢电池和锂离子电池等。

2.2 蓄电池概述

2.2.1 蓄电池的不足

从1859年第一块铅酸蓄电池问世以来的200多年间，不断有新型蓄电池出现，各种电池的结构、材料等也不断得到完善，相比初期的蓄电池，现在的蓄电池整体性能已达到了较高的水平，但应用于电动汽车上的蓄电池，还存在如下不足。

1. 能量密度低

目前，电动汽车用蓄电池的质量能量密度和体积能量密度均很低，例如，铅酸电池的质量能量密度只有35～40W·h/kg；锂离子电池的质量能量密度可达150 W·h/kg，但与汽油的10000～12000 W·h/kg能量密度相比还是相差了许多。

由于蓄电池的能量密度低，车辆自身质量重，所以电动汽车的续驶里程短。例如，一辆普通小汽车携带50kg汽油可行驶600km以上，而同类型的电动汽车所配备铅酸电池的质量达400kg，充足电后只能行驶100km左右。可见，要使电动汽车能达到一定的续驶里程，就不得不配备大量的蓄电池，而配备过多的蓄电池，又会使电动汽车自身过重，这不但要消耗掉一部分蓄电池的电能，也使车辆的动力性能、运行效率及制动性能等下降。此外，蓄电池组的质量和所占的体积，也给整车的设计增加了难度。

2. 充电时间长

无论哪一种蓄电池,充电时可接受的最大电流均有限,因此,要将放完电的蓄电池重新充足电,需要较长的时间。即使采用对蓄电池寿命有一定影响的快速充电方法,其充电时间与燃油汽车给油箱加油的时间相比也要长很多。蓄电池的充电时间长,也间接影响了电动汽车的使用性能。

3. 价格高且使用寿命短

铅酸电池是相对较为便宜的蓄电池,但一辆续驶里程为100km左右的纯电动客车所配备的蓄电池组的价格约2万元。如果使用锂离子电池,其续驶里程可比铅酸电池提高不少,但其价格要高出几倍。

无论哪一种蓄电池,其使用寿命均低于电动汽车其他的总成部件。也就是说,一辆电动汽车在其使用寿命期限内,需要更换几次蓄电池。因此,电动汽车不仅其车辆本身的成本高,其使用过程中更换蓄电池还需付出很高的费用。

4. 汽车附件的使用受到限制

由于蓄电池的能量有限,一些能量消耗较大的辅助装置(如空调、动力转向、制动助力等)的选用必须充分考虑对蓄电池电能消耗的影响。

总之,蓄电池的上述不足,导致了电动汽车的使用性能和价格不能与燃油汽车相抗衡,使电动汽车的产业化困难重重。但是,随着科学技术的不断发展,电动汽车用蓄电池的技术难关必将有所突破,蓄电池的性能和价格问题必将会得到解决。

2.2.2 蓄电池的命名与分类

1. 蓄电池的命名

蓄电池有很多种,但各种蓄电池的基本组成均是正极、负极和电解质。为了表示和阅读方便,各种电池通常采用下列书写方式来表示一个电池的电化学体系。

$$(-) \text{ 负极 } | \text{ 电解质 } | \text{ 正极 } (+)$$

上式从左向右依次为负极、电解质和正极,电解质两侧的"|"不仅表示电极与电解质的接触界面,也表示电池正极和负极之间必须隔开。

例如,正负极板分别为二氧化铅和纯铅,电解液为硫酸水溶液的蓄电池可表示为

$$(-) \text{ Pb } | \text{ H}_2\text{SO}_4 | \text{ PbO}_2 (+)$$

正负极板为氧化银和锌,电解液为氢氧化钾水溶液的蓄电池可表示为

$$(-) \text{Zn} | \text{ KOH } | \text{ AgO}(+)$$

任何一种化学电池均可以上述形式表示。而化学电池的名称,目前统一的规定是负极在前,正极在后。例如,上述两种蓄电池的名称为铅酸电池和锌银电池。实际上,一些习惯电池称谓并没有按此规定,如镍氢电池、镍镉电池等。

2. 蓄电池的分类

前面已按电池的工作性质和使用特征的不同,将化学电池分成了4种类型。在此,根据蓄电池电解质和电极材料的不同,对电动汽车上使用的蓄电池再进行分类。

1) 按蓄电池电解质分类

按照蓄电池电解质不同分类，可将电动汽车上使用的蓄电池分为酸性电池、碱性电池、中性电池和有机电解液电池 4 类。

酸性电池：主要以硫酸水溶液（$H_2SO_4+H_2O$）为电解质，电动汽车用蓄电池属酸性电池的主要是铅酸电池。

碱性电池：主要以氢氧化钾水溶液（$KOH+H_2O$）为电解质，电动汽车用动力电池中的锌锰电池、镍镉电池、镍氢电池等均属此类电池。

中性电池：以盐溶液为电解质，这种蓄电池由于其稳定性较差，目前在电动汽车上还很少使用。

有机电解液电池：主要以有机溶液为电解质，这种蓄电池有锂电池、锂离子电池等。

2) 按蓄电池所用正、负极材料不同分类

按照蓄电池正极和负极材料的不同分类，可将蓄电池分为锌系电池、镍系电池、铅系电池、锂系电池及金属空气（氧气）系列电池等。

锌系电池：负电极材料为锌的蓄电池，如锌锰电池、锌银电池等。

镍系电池：电极材料有镍的蓄电池，如镍镉电池、镍锌电池、镍氢电池等。

铅系电池：电极材料为铅的蓄电池，如铅酸电池。

锂系电池：电极材料有锂的蓄电池，如锂离子电池、锂聚合物电池、磷酸铁锂电池等。

金属空气电池：有空气电极的蓄电池，如锌空气电池、铝空气电池等。

2.2.3 蓄电池的性能参数

蓄电池性能参数主要包括电池的电压、内阻、容量与比容量、能量与比能量、功率与比功率、储存性能和循环寿命等。

1．电压

蓄电池的电压（端电压）指其正极与负极之间的电位差，单位为 V（伏特），是表示蓄电池性能与状态的重要参数之一。

（1）开路电压。开路电压指蓄电池未向外电路输出电流时正极与负极之间的电位差，开路电压与蓄电池的静止电动势相等。开路电压须用高输入阻抗的电压表测量，如果电压表的输入阻抗不足够大，测得的开路电压会偏小。

蓄电池的开路电压与电池正负极材料的本性、电解质和温度条件等有关，而与蓄电池的几何结构及尺寸大小无关。蓄电池的开路电压还与其放电程度有关，蓄电池在充足电状态下其开路电压最高，随着蓄电池放电程度的增加，其开路电压会相应降低。

（2）额定电压。额定电压也称公称电压或标称电压，额定电压指某蓄电池开路电压的最低值（保证值），或在规定条件下电池工作的标准电压。不同类型的蓄电池，其额定电压有所不同，例如，铅酸电池的额定电压为 2.0V，镍氢电池的额定电压为 1.2V，锂离子电池的额定电压为 3.6V。

（3）放电电压。放电电压也称工作电压，指蓄电池向外输出电流时的端电压。由于蓄电池存在内阻，因而蓄电池的放电电流越大，放电电压就越低；同样的放电电流下，随着蓄电池放电程度的增加，其放电电压也会相应降低。

（4）充电电压。充电电压指充电电源对蓄电池进行充电时的蓄电池端电压。充电电流越大，蓄电池内的极化（欧姆极化、浓差极化、电化学极化）就越大，充电电压就越高；同样的充电电流下，蓄电池充电初期的充电电压较低，当蓄电池充足电时充电电压达到最高。

2. 内阻

蓄电池有电流输出时，电流在电池内部受到阻力，使电池的电压降低，此阻力称为蓄电池的内阻。蓄电池的内阻也是表示蓄电池性能与状态的重要参数，其单位为 Ω（欧姆）。蓄电池的内阻包括欧姆电阻和极化内阻两部分。

（1）欧姆内阻。欧姆内阻主要与蓄电池电极的材质、结构及装配工艺等有关，不同电解质呈现的电阻也不同。因此，不同类型的蓄电池，其内阻是不同的。无论是哪种类型的蓄电池，随着放电程度的增加，其内阻都会相应增大。

（2）极化内阻。极化内阻指化学电源的正极与负极在电化学反应进行时由于极化（电化学极化和浓差极化）所引起的内阻。极化内阻除了与活性物质的本性、电极的结构、电池的制造工艺等有关外，影响尤为明显的是蓄电池工作条件与状态，因此，极化内阻也是动态变化的。在大电流充放电时，电化学极化和浓差极化均较大，故而极化内阻增大；温度降低对电化学极化、离子的扩散均有不利影响，因而在低温条件下蓄电池的内阻也会增大。

蓄电池的内阻直接影响着蓄电池的工作电压、输出电流、输出能量和功率等，蓄电池的内阻越小，其充放电性能就越好。

3. 容量

蓄电池的容量是指在允许放电范围内所能输出的电量，单位为 A·h（安时）。容量用来表示蓄电池的放电能力，在不同条件下蓄电池所能输出的电量（容量）是不同的。

（1）理论容量。理论容量是假设蓄电池极板上的活性物质全部参加电化学反应而输出电流，根据法拉第定律计算出的电量。理论容量通常用质量容量（A·h/kg）或体积容量（A·h/L）表示。

（2）实际容量。实际容量是指充足电的蓄电池在一定条件下所能输出的电量，其值是在允许放电范围内，放电电流与放电时间的乘积。蓄电池的实际容量小于理论容量，当放电电流和温度不同时，其实际容量也会有所不同。

（3）i 小时放电率容量。充足电的蓄电池以某一恒定电流放电 i 小时，将蓄电池放电至终止电压，蓄电池所输出的电量称为 i 小时放电率容量，通常用 C_i 表示。

（4）额定容量。额定容量是指充足电的蓄电池在规定的条件下所能输出的电量。额定容量是制造厂标明的蓄电池容量，作为蓄电池性能的重要技术指标。我国国家标准中，用 3h 放电率容量（C_3）定义电动汽车用蓄电池的额定容量，用 20h 放电率容量（C_{20}）定义汽车用起动型蓄电池的额定容量。

4. 能量

蓄电池的能量指在一定的放电条件下，蓄电池所输出的电能，单位为 W·h（瓦时）或 kW·h（千瓦时）。蓄电池的能量表示其供电能力，是反映蓄电池综合性能的重要参数。

（1）标称能量。标称能量指在规定的放电条件下蓄电池所输出的电能。蓄电池的标称能量是其额定容量与额定电压的乘积。

（2）实际能量。实际能量指在一定的放电条件下蓄电池所输出的电能。蓄电池的实际能量是其实际容量与放电过程的平均电压的乘积。

(3) 比能量。比能量即质量比能量，指蓄电池单位质量所能输出的电能，单位为 W·h/kg 或 kW·h/kg。蓄电池的比能量高，充足电后电动汽车的行驶里程就长。

(4) 能量密度。能量密度即体积比能量，指蓄电池单位体积所能输出的电能，单位为 W·h/L 或 kW·h/L。蓄电池的能量密度高，电动汽车的载重量和车内的空间就大。

5. 功率

蓄电池的功率指在规定的放电条件下，蓄电池单位时间所输出的电能，单位为 W 或 kW。蓄电池的功率高低会影响电动汽车的加速度和最高车速。

(1) 比功率。比功率即质量比功率，指蓄电池单位质量所能输出的功率，单位为 W/kg 或 kW/kg。蓄电池的比功率大，汽车的加速和爬坡性能就好，最高车速也高。

(2) 功率密度。功率密度即体积比功率，指蓄电池单位体积所能输出的功率，单位为 W/L 或 kW/L。蓄电池的功率密度高，电动汽车的载质量和车内的空间就大。

6. 寿命

蓄电池的寿命通常用使用时间或循环寿命来表示。蓄电池经历一次充电和放电过程称为一个循环或一个周期。在一定的放电条件下，蓄电池的容量下降到规定的低限时，蓄电池所能经历的充放电循环次数称为蓄电池的循环寿命。

不同类型的蓄电池，其循环寿命有所不同。对于某种类型的蓄电池，其循环寿命与充放电电流的大小、蓄电池的温度、放电的深度等均有关系。

2.2.4 蓄电池的常用术语

蓄电池在使用过程中，通常采用一些专业术语来描述其状态和工作条件，常用的术语简介如下。

1. 终止电压

终止电压指充电或放电应该结束时的电压，分为充电终止电压和放电终止电压。

(1) 充电终止电压。蓄电池在充电结束（充足电）时，其充电电压已上升至极限，继续充电就将使蓄电池处于过充电状态，这个高限电压称为充电终止电压。当蓄电池的充电电流较大时，在蓄电池充电的过程中（蓄电池还未充足）就有可能达到充电终止电压，而且充电电流越大，达到充电终止电压就越提前。

(2) 放电终止电压。蓄电池在放完电时，其放电电压已下降至极限，继续放电将导致蓄电池过度放电，这个低限电压称为放电终止电压。放电电流越大，放电终止电压也越低。

2. i 小时放电率

i 小时放电率指蓄电池以恒定的电流放电，以该恒定电流放电 i 小时，正好使蓄电池放电至终止电压（放完电）。因此，i 小时放电率的放电电流 I_i 大小为

$$I_i = \frac{C_i}{i} \tag{2-5}$$

式中，C_i 为 i 小时放电率容量。

3. i 小时充电率

i 小时充电率指蓄电池以恒定电流充电，i 小时充电率的恒流值与 i 小时放电率的恒流

值相等。

4. 过充电与过放电

蓄电池的过充电与过放电指充电过度或放电过度。

(1) 过充电。蓄电池已充足电后的充电即为过充电。此外，充电电流大于蓄电池充电可接受电流时，继续以该电流充电也属于过充电。

(2) 过放电。蓄电池已放电至终止电压（已放完电）时，继续放电即为过放电。

5. 荷电状态

蓄电池的荷电状态（State of Charge，SOC）数值上等于蓄电池剩余的容量与蓄电池额定容量的比值，用于描述蓄电池在充放过程中的存电状态。

6. 放电深度

蓄电池的放电深度（Depth of Discharge，DOD）数值上等于蓄电池已放出的电量与蓄电池额定容量的比值，用于描述蓄电池在放电过程中所达到的放电深度。

7. 不一致性与均衡充电

(1) 不一致性。不一致性指蓄电池组中的各个蓄电池的电压、容量、内阻等存在差异，蓄电池组存在不一致性，在使用过程中会使其不一致性扩大，并导致性能较差的蓄电池迅速损坏，最终导致整个蓄电池组报废。

(2) 均衡充电。均衡充电是针对存在不一致性的蓄电池组所进行的特殊充电方法，旨在减小或消除蓄电池组的不一致性。

2.2.5 电动汽车对蓄电池的性能要求

不同类型的电动汽车，对蓄电池的性能要求也有所不同。

1. 纯电动汽车对蓄电池的要求

纯电动汽车电能的唯一来源就是蓄电池，为增加其续驶里程，蓄电池的容量要足够大。但是，增大蓄电池的容量，蓄电池组的体积增大，质量也会增加，会影响车辆的动力性和整车布局。因此，纯电动汽车需要根据电动汽车的设计目标、道路行驶工况的不同来选配蓄电池。具体要求归纳如下：

(1) 蓄电池的容量要足够大，以满足电动汽车续驶里程的设计目标。此外，蓄电池的容量与能量应能确保汽车特定工况供电能力，例如，能保证典型连续放电不超过$1C$（C表示蓄电池容量），典型的峰值放电不超过$3C$。

(2) 蓄电池可实现深度放电（如DOD达80%），并且不会影响其寿命。要求蓄电池在必要时能在满负荷功率状态下工作和实现全放电。

(3) 蓄电池的比能量和能量密度要尽可能大，以减小蓄电池组的结构尺寸，减轻蓄电池组的质量，方便车辆的整体结构设计，确保电动汽车的动力性和乘用空间。

(4) 蓄电池的可接受充电电流要大。对于有制动能量回收系统的电动汽车，还要求蓄电池的可接受电流要大，短时间内可接受高达$5C$的脉冲电流充电，这有助于提高汽车制动能量回收的效率。蓄电池可接受的充电电流大，还可有效地缩短充电时间。

由美国能源部、电能研究所、三大汽车公司及蓄电池生产商联合成立的美国先进电池联合会（USABC）曾制定过一个针对纯电动汽车用蓄电池性能的中期和长期目标，其具体的蓄电池性能指标见表2-3，从中可了解纯电动汽车对蓄电池性能的具体要求。

表2-3 USABC纯电动汽车用蓄电池的性能指标

主要指标	长期目标（2005—2008年）
能量密度（$C/3$放电率）/(W·h/L)	230
比能量（$C/3$放电率）/(W·h/kg)	150
功率密度/(W/L)	450
比功率（80%DOD/30s）/(W/kg)	300
寿命/年	10
循环寿命/循环次数	1000(80%DOD)/1600(50%DOD)
功率能力和容量衰减（额定值的比例）/(%)	20
最终价格（量产1万套的40kg·h电池组）/[美元/(kg·h)]	<100（期望达到75）
工作温度范围/℃	-40～+80
充电时间/h	<6
次要指标	长期目标（2005—2008年）
效率（$C/3$放电，$C/6$充电）/(%)	80
自放电（包含热损失）	12天内<20%
维护	免维护

2. 混合动力电动汽车对蓄电池的要求

混合动力电动汽车对蓄电池容量的要求相对较低，但要求蓄电池在有需要时能提供更大的瞬时功率，即短时间内能输出大电流的能力要强。具体要求归纳如下：

(1) 蓄电池的峰值功率要大，可实现短时间的大功率充放电。
(2) 循环寿命要长，能达到1000次以上（深度放电）和40万次以上（浅度放电）。
(3) 蓄电池在工作时，其荷电状态应尽可能保持在50%～85%。

美国能源部的FreedomCAR项目所制定的功率辅助型混合动力电动汽车用蓄电池的指标要求见表2-4，从中可了解混合动力电动汽车对蓄电池性能的具体要求。

表2-4 功率辅助型混合动力电动汽车用蓄电池的性能目标

特性	单位	最小值	最大值
脉冲放电功率（10s）	kW	25	40
最大回馈脉冲功率（10s）	kW	20(50W·h脉冲)	35(97W·h脉冲)
总可用能量（$1C$放电）	kW·h	0.3	0.5
循环能量效率	%	90(25W·h循环)	90(50W·h循环)
-30℃冷起动功率（3个2s脉冲，脉冲间隔为10s搁置）	kW	5	7

续表

特性	单位	最小值	最大值
寿命（在确定的SOC变化范围）	循环次数（放电总功率）	300000（7.5MW·h）	300000（15MW·h）
寿命	年	15	15
质量	kg	40	60
体积	L	32	45
允许自放电率（一天）	W·h	50	50
正常工作温度范围	℃	$-30\sim+52$	$-30\sim+52$
安全工作温度范围	℃	$-46\sim+66$	$-46\sim+66$
年产10万套时的价格	美元	500	800

3. 插电式混合动力电动汽车对蓄电池的要求

插电式混合动力电动汽车可在城市街道以纯电动方式行驶，在高速公路长途行驶时采用混合动力方式，因而对其蓄电池的要求需要兼顾纯电动汽车和混合动力电动汽车两种模式。具体要求归纳如下：

(1) 在深度放电情况下，仍然有较长的循环寿命。

(2) 在低荷电状态下，能实现大功率电能输出，以使电动汽车在蓄电池深度放电时仍能保持良好的加速性能。

(3) 在高荷电状态下，能接受大电流充电，以确保其制动能量回馈的效率不受荷电状态的影响。

(4) 保持高荷电状态的情况下，可延长其使用寿命。

(5) 比能量及能量密度高，以减小电池组的质量和体积。

(6) 安全性能好。

2.2.6 蓄电池的展望

1. 蓄电池发展的条件与必然性

回顾化学电池200多年的发展史，新型化学电池不断出现，化学电池的性能也不断完善。鉴于蓄电池在工业生产、交通运输、国防及人们生活中的实际应用情况，可以相信，蓄电池将会有更好的发展前景。

1) 新型电器与电子设备的开发和应用促进蓄电池的发展

从化学电池发展过程可以看出，二次电池的不断发展与新型电器及电子设备的开发和应用密切相关。例如，20世纪50年代后各种低压电器的普及，特别是半导体收音机的出现带动了干电池的发展；60年代半导体的广泛应用，促进了纸板电池的发展；70年代以后，LED、ICD和CMOSIC计算机的出现，促进了蓄电池的微型化。为了适应重负荷用途，碱性锌锰电池的完善、锂氟化碳和锂二氧化锰电池体系的商品化，完成了由单一的水溶液电解液电池到非水溶剂电解液电池的飞跃。90年代以后，移动电话的出现，促使了镍氢电池的逐渐完善和商品化，并出现了高能量密度锂离子电池。

随着笔记本式计算机、手机、摄像机、无线电动工具等便携性电子设备的广泛应用，蓄电池的需求量飞速增长，同时要求蓄电池的综合性能更加完善。再如，集成线路的发展，要求蓄电池必须小型化；电子器械、医疗器械和家用电器的普及，不仅要求蓄电池体积小，而且要求其能量密度高、储存性能好、电压精度高。这些都需要人们对现有的蓄电池加以改进，或开发出性能优异的新型蓄电池。这些都是促进高性能蓄电池发展的原动力。

2) 电动汽车发展是蓄电池发展的最强推动力

为解决能源危机和排气污染问题，电动汽车替代燃油汽车是必然的趋势。然而现有大容量蓄电池的性能还不能满足电动汽车的要求，完善并开发出性能优良、价格低廉的大容量蓄电池是电动汽车能否进一步发展的关键。因此，当今电动汽车（尤其是纯电动汽车）的发展，已成为动力电池进一步研究与开发的最强推动力。

3) 蓄电池本身的环保问题也为电池的发展提出了新的要求

一次电池的大量使用造成了资源的浪费，为了节约资源，20世纪80—90年代研究的重点转向了可重复使用的二次电池。为了保护环境及人类的健康，今后蓄电池研究与开发的重点之一是绿色环保，而且使用安全可靠。

4) 新型材料的开发利用为蓄电池发展提供了必要条件

碱性锰电池的改进得益于电解二氧化锰，而吸氢材料促进了镍氢电池兴起，锂离子电池的开发有赖于碳素的研究，而导电聚合物材料的研究很有可能会大大提高固态电解质蓄电池的性能。随着科学技术的不断进步，科技工作者不断研究与开发出新的材料，这为蓄电池性能的完善和新型蓄电池的开发提供了必要的条件。

2. 蓄电池发展的趋势

随着新材料的开发和应用、新理论的提出和一些技术问题的突破，未来必将会有更多性能优异的新型电池出现。发展性能更优的蓄电池体现在如下几个方面。

1) 从理论能量密度挖掘现有蓄电池的潜力

现有蓄电池可根据其反应式，并通过公式估算出其理论能量密度。从理论能量密度挖掘现有蓄电池的潜力基于两点：一是当数据来源不同时，理论计算结果相差颇大，而这与反应中物质状态有关，也与是否考虑到反应所处条件有关；二是在实用化的蓄电池中，其实际能量密度最多只有理论值的 $1/4.5 \sim 1/3$，仍然留下 $1/10 \sim 1/5$ 的计算值的潜在能量。

因此，根据蓄电池能量密度的理论计算公式，寻求提高蓄电池能量密度的方法与措施，是蓄电池进一步发展的一条有效途径。

2) 从电池活性材料看蓄电池的发展前景

电极活性物质是影响蓄电池性能最关键的因素，因此，未来蓄电池的发展离不开对电池活性物质的研究。自然元素是有限的，因此，合成材料的广泛应用将是未来电池技术发展的必由之路。今后蓄电池的研究可能会从分子工程出发，开发出合成导电聚合物材料。除化学合成外，材料的电化学制备、电化学表面处理、导电聚合物、新型电极材料、新型电解液的开发等，都将使蓄电池具有广阔的发展前景。

此外，纳米材料所具有的独特性质和全新的规律，使其成为科学研究的热点。钱学森在1991年就曾预言："纳米左右和纳米以下的结构将是下一阶段科技发展的重点，会是一次技术革命，从而将是21世纪又一次产业革命。"纳米微粒作为蓄电池正负极材料的可能性是存在的，越来越多的研究显示了它的各种特性，人们已经对纳米级金属氧化物的电化学行为进行了研究。目前，作为锂离子电池负极材料的碳纳米管，其管壁厚度、管径、管腔、长度都可通过改变合成条件进行调控，以提高蓄电池的性能。而且，纳米材料的催化性质已得到证实，这为构成燃料电池电极的催化性质提供了新的选择，如果纳米材料在电池中得到实用，蓄电池的性能有可能达到一个前所未有的新高度。

3) 非可燃性有机电解液将解决锂离子电池安全问题

锂离子电池性能好，其使用已十分广泛，但尚存在使用安全隐患。虽然使用碳素代替锂使安全性有了很大的提高，但锂离子电池的安全性问题并没有完全解决。锂离子电池采用的液体有机溶剂电解液具有燃烧的可能性，即使是使用聚合物电解质，只要掺入可燃性液体就会丧失聚合物电解液的优点。因此，开发非可燃性有机电解液可能是提高锂离子电池安全性的重要措施。

到目前为止，人们对有机电解液性质的了解还远不如水溶液电解液那样深入，而电极材料与电解液的匹配性和兼容性对电池的性能有着直接的影响，因此，人们通过对有机电解液的更深入研究，以期提高电池的性能。例如，对于各种有机溶剂，除了其基本物理性质外，有的电池研究者还提出了施主数（Donor Number，DN）的概念。它并非一个物理常数，在某种意义上是一个与焓变有关的化学常数。为了增大锂盐的溶解度，就需要高DN的溶剂，使锂离子能溶剂化，以此来调节电解液的电导率。

采用高离子电导率的固体电解质作为隔膜，制备全固态电池，将大大提高大容量锂离子电池的安全性。研究开发新型固态电解质可能是解决一系列问题、开创蓄电池新阶段的关键。由于锂二次电池性能的改进和提高与有机电解液的关系密切，因而近年来在这方面的研究迅速增多。可以预料，未来锂二次电池的发展将很大程度上依赖于非水电解质应用基础研究的突破。

4) 电动汽车的发展将促进蓄电池技术的全面发展

电动汽车未来发展的方向主要是纯电动汽车和燃料电池电动汽车，混合动力电动汽车的发展只是为缓解动力电池技术难题的一个中间过程。对于纯电动汽车，蓄电池仍然是其发展的瓶颈。为使电动汽车在动力性、经济性（续驶里程）、安全性、成本等方面能与燃油汽车相抗衡，需要解决的最为关键的问题就是蓄电池。蓄电池性能的提高具有多方面：要求蓄电池的比功率与比能量有突破性的提高、循环寿命更长、充电时间短、使用安全环保。

要提高纯电动汽车的动力性、续驶里程和缩短充电时间，除了蓄电池本身性能的提高外，蓄电池的充电方法、蓄电池的性能测试与管理等也至关重要。因此，有关蓄电池快速充电方法及均衡充电方法的研究、蓄电池运行中的动态性能参数监测及能量管理的研究等，均是电动汽车未来发展所需的关键性研究项目。

由此可见，电动汽车的发展将会促使蓄电池性能、蓄电池充电技术、蓄电池测试与管理的全面提高。

电动汽车电源的另一个发展方向是燃料电池。与传统能源相比，燃料电池高效、对环境友好、安静且可靠性高，因而被认为是21世纪首选的高效清洁能源。

本章小结

本章通过对构成化学电池的必要条件及化学电池基本组成部件的简要介绍，使读者对化学电池的构成、原理及类型等有了较为全面的了解；通过对蓄电池的不足及电动汽车对蓄电池要求的介绍，使读者初步了解作为电动汽车用动力电池，蓄电池尚需解决的技术问题；通过对蓄电池的性能参数、常用术语的简要介绍，为读者以后的学习做好必要的基础知识准备。

思 考 题

1. 构成化学电池的必要条件是什么？化学电池的基本组成有哪些？
2. 化学电池电极的活性物质起何作用？对电极活性物质的要求有哪些？
3. 化学电池电极有哪几种类型？
4. 电池与电解池有何不同？
5. 电解质的作用是什么？对电解质有哪些要求？
6. 什么是水溶液电解质？水溶液电解质的特点是什么？
7. 什么是非水溶液电解质？非水溶液电解质的特点是什么？
8. 什么是固体电解质？固体电解质的特点是什么？
9. 隔膜的作用是什么？对隔膜有何要求？
10. 化学电池有哪几种？什么是一次电池和二次电池？
11. 应用于电动汽车上的蓄电池主要有哪些不足？
12. 蓄电池有哪些性能参数？这些性能参数的作用及意义是什么？
13. 蓄电池有哪些常用术语？这些术语各表示什么含义？
14. 纯电动汽车对蓄电池有哪些要求？
15. 混合动力电动汽车对蓄电池有哪些要求？
16. 插电式混合动力电动汽车对蓄电池有哪些要求？
17. 未来蓄电池将迅速发展，主要体现在哪几方面？

第3章 铅酸电池

　本章教学目标

熟悉铅酸电池的组成、工作原理及结构类型；
了解铅酸电池正负极板的构成、结构与工艺及性能的改善；
理解铅酸电池的特性及性能影响因素。

　本章教学要点

知识要点	能力要求	相关知识
铅酸电池的构成、电动势的建立、成流反应	熟悉铅酸电池的基本组成，了解电池正负电极反应	组成化学电池的必要条件、电化学原理
密封式铅酸电池的密封原理与技术特点	了解富液和贫液铅酸电池的结构差异与性能特点，熟悉贫液式铅酸电池的密封原理	电池隔膜的作用与类型，电解液的作用
铅酸电池的特性及性能影响因素	理解铅酸电池的性能特点及影响因素	化学电池内阻、容量及寿命等

铅酸电池是最早在电动汽车上使用的蓄电池,与其他二次电池一样,其内部化学能和直流电能相互转换,即电池在放电后能够经过充电复原而重复使用,其必要条件如下:

(1) 电极反应可逆。电池的两电极在放电时的电极反应结果是将化学能转换成电能,放电后的电极产物可借助于充电电源力的作用而通入反向电流,电极形成与逆向反应,将电极放电生成物恢复为可放电的活性物质。

(2) 只能采用一种电解质溶液。电池内有不同的电解质,容易造成电解质之间的不可逆扩散。因此,二次电池只能采用一种电解质溶液。

(3) 放电生成难溶于电解液的固体物质。电池放电后生成难溶于电解液的物质,就可避免充电时过早生成枝晶和两极产物的相互转移。

3.1 铅酸电池概述

3.1.1 铅酸电池的基本原理

铅酸电池的基本组成为正极板(PbO_2)、负极板(Pb)及电解液($H_2SO_4 + H_2O$)。因此,铅酸电池的化学体系可表示为

$$(-)Pb \mid H_2SO_4 \mid PbO_2(+)$$

1. 蓄电池电动势的建立

铅酸电池正极板上的活性物质为二氧化铅(PbO_2),负极板上的活性物质为纯铅(Pb),电解液为硫酸的水溶液($H_2SO_4 + H_2O$)。PbO_2和Pb均为难溶的物质,当极板浸入电解液后,正负极板上的活性物质均有少量被溶解电离(图3.1)。

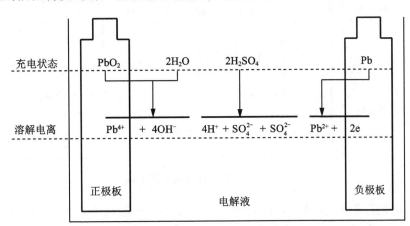

图3.1 蓄电池电动势建立过程示意图

正极板处PbO_2溶解电离过程为

$$PbO_2 + 2H_2O \rightarrow Pb(OH)_4$$

$$Pb(OH)_4 \rightarrow Pb^{4+} + OH^-$$

氢氧根离子(OH^-)溶入电解液,带正电的四价铅离子(Pb^{4+})沉附于正极板,使正极

板的电位升高(标准电极电势 $E_+^0 = 1.685\text{V}$)。

负极板处 Pb 溶解过程为

$$Pb \rightarrow Pb^{2+} + 2e^-$$

二价铅离子(Pb^{2+})溶入电解液中,带负电的电子(e)留在负极板,使负极板的电位下降(标准电极电势 $E_-^0 = 0.315\text{V}$)。

铅酸电池通过极板上少量活性物质的溶解电离,使正极板上集聚了正电荷(Pb^{4+}),负极板留下负电荷(e),正负极之间就形成了电位差,该电位差即为铅酸电池的电动势。极板上活性物质的溶解电离过程是可逆的,当溶解电离的速率与其逆过程速率达到动态平衡时,正负极板上的电荷(Pb^{4+} 和 e)数量就处于动态稳定状态。充足电的蓄电池在静止状态下,铅酸电池的标准电动势为

$$E = E_+^0 - E_-^0 = 2.000\text{V}$$

2. 蓄电池的放电过程

当蓄电池的正负极板之间接上负载后,在蓄电池电动势的作用下,外电路就会形成放电电流,其放电过程如图 3.2 所示。

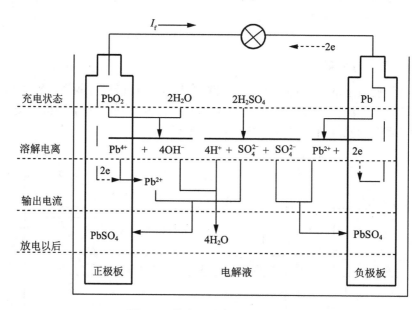

图 3.2 蓄电池放电过程示意图

放电电流使正极板上的 Pb^{4+} 得到 2 个电子,变成二价铅离子(Pb^{2+}),并溶于电解液中。正、负极板上 Pb^{4+} 和电子数量的减少,使正负极板活性物质原有的溶解电离动态平衡被破坏,正、负极板上的 PbO_2、Pb 就会继续溶解电离,以补充正负极板上的 Pb^{4+} 和电子。在电解液中,当 Pb^{2+} 增加至一定的浓度时,就会与 SO_4^{2-} 生成硫酸铅($PbSO_4$),并沉附于正、负极板表面。铅酸电池放电过程的电化学反应如下:

正极板:$Pb^{4+} + 2e^- \rightarrow Pb^{2+}$

$Pb^{2+} + SO_4^{2-} \rightarrow PbSO_4$

$PbO_2 + 2H_2SO_4 \rightarrow Pb^{4+} + 2SO_4^{2-} + 2H_2O$

负极板：$Pb^{2+}+SO_4^{2-} \rightarrow PbSO_4$

$Pb \rightarrow Pb^{2+}+2e^-$

铅酸电池的放电过程可总结为，正负极板上的活性物质 PbO_2 和 Pb 通过不断地溶解电离来维持电动势，并逐渐转变为 $PbSO_4$；在电解液中，H_2SO_4 减少，H_2O 增加，其密度下降。

由于放电过程沉附于正负极板表面的 $PbSO_4$ 会阻碍电解液与极板内层的活性物质接触，从而极板内层的活性物质不能溶解电离。因此，铅酸电池放电过程中其极板内层的活性物质不能都被利用。通常情况下的"蓄电池放完电"实际上也只是利用了极板活性物质的表层部分。

3．蓄电池的充电过程

蓄电池放电后，其正、负极板上有少量的 $PbSO_4$ 呈离子状态。当接通充电电源后，在电源力的作用下形成充电电流，电子从正极板经充电电路流向负极板。蓄电池的充电过程如图 3.3 所示。

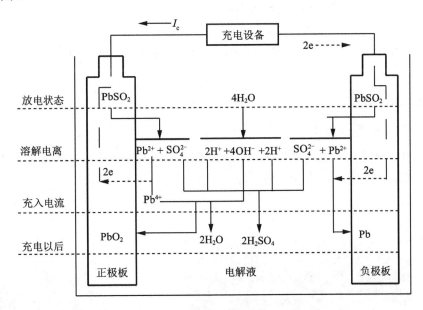

图 3.3 蓄电池充电过程示意图

正极板处的 Pb^{2+} 在电源力作用下被夺走 2 个电子而变为 Pb^{4+}，Pb^{4+} 与电解液中水解出来的 OH^- 结合，生成 $Pb(OH)_4$，$Pb(OH)_4$ 又分解为 PbO_2 和 H_2O，PbO_2 沉附于正极板上。充电电流使负极板附近的 Pb^{2+} 得到 2 个电子而变为 Pb，并沉附于负极板表面。正负极板附近的 SO_4^{2-} 与电解液中的 H^+ 生成 H_2SO_4。充电电流使电解液中的 Pb^{2+}、SO_4^{2-} 减少，极板上的 $PbSO_4$ 就会继续溶解电离。充电过程的电化学反应如下。

正极板：$PbSO_4 \rightarrow Pb^{2+}+SO_4^{2-}$

$Pb^{2+}-2e^- \rightarrow Pb^{4+}$

$Pb^{4+}+H_2O+SO_4^{2-} \rightarrow PbO_2 \downarrow +H_2SO_4$

负极板：$PbSO_4 \rightarrow Pb^{2+}+SO_4^{2-}$

$Pb^{2+}+2e^- \rightarrow Pb \downarrow$

充电过程可总结为，正负极板上的 $PbSO_4$ 逐渐溶解电离，转化为正极板上的 PbO_2 和负极板上的 Pb，电解液中的 H_2O 减少，H_2SO_4 增加，其密度增大。

当充电接近终了时，由于极板上的 $PbSO_4$ 已较少，正负极板处的 Pb^{2+} 数量少，部分充电电流会使水分解，变成氧气（O_2）和氢气（H_2），并从电解液中逸出。

$$2H_2SO_4 + 2H_2O \rightarrow 2H_2SO_4 + 2H_2 \uparrow + O_2 \uparrow$$

因此，当充电至蓄电池电解液开始有气泡冒出时，说明充电已接近终了。

铅酸电池在充、放电时，其总的电化学反应如下：

$$PbO_2 + Pb + 2H_2SO_4 \underset{充电}{\overset{放电}{\rightleftharpoons}} PbSO_4 + PbSO_4 + 2H_2O \tag{3-1}$$

正极板　负极板　电解液　　　　正极板　负极板　电解液

铅酸电池放电和充电过程的电化学反应形成了电子的转移过程，该电化学反应（成流反应）过程中，参加电池成流反应的是 HSO_4^-，而不是 SO_4^{2-}，这是因为 H_2SO_4 的二级解离常数 K_1 相差很大：

$$H_2SO_4 \rightarrow H^+ + HSO_4^- \quad K_1 = 10^3$$

$$HSO_4^- \rightarrow H^+ + SO_4^{2-} \quad K_1 = 1.02 \times 10^{-2}$$

因此，在铅酸电池常用的 H_2SO_4 浓度范围（5～6mol/L）内，可以认为参加成流反应的是 HSO_4^-。

3.1.2 铅酸电池的构造

1. 铅酸电池的总体构造

普通铅酸电池的基本结构如图 3.4 所示。铅酸电池除了正极板、负极板和电解液外，还有隔板、连条、极桩、壳体等其他附件。

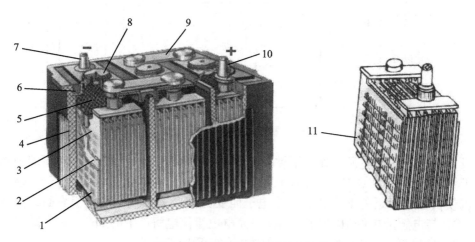

图 3.4　普通铅酸电池的基本结构

1—负极板；2—隔板；3—正极板；4—壳体；5—护板；6—封料；7—负极桩；
8—加液盖；9—连条；10—正极桩；11—极板组

2. 正负极板

(1) 正极板。正极板上的活性物质是呈棕红色的 PbO_2，PbO_2 在电解液中溶解电离后在极板上留下Pb^{4+}，因而使正极板相对于电解液有正电位。

(2) 负极板。负极板上的活性物质是呈青灰色的 Pb，Pb 在电解液中溶解电离后极板上留下一定数量的电子，因而使负极板相对于电解液有负电位。

3．隔板

正负极板之间均有一块绝缘的隔板，隔板的作用就是为了避免正负极板彼此接触而造成短路，并可使电池装配紧密，缩小电池体积，还可防止极板变形、弯曲和活性物质脱落。

隔板具有多孔性，以便电解液渗透和流通，减小电池的内阻。此外，隔板材料还应具有良好的耐酸性和抗氧化性。常用的隔板材料有木质、微孔橡胶、微孔塑料（聚氯乙烯、酚醛树脂）、玻璃纤维等，以微孔塑料隔板使用最为普遍。有些铅酸电池的隔板是呈袋状的微孔塑料隔板，这种隔板可将正极板紧紧地套在里面，很好地防止了正极板活性物质脱落。

4．电解液

铅酸电池的电解液是硫酸的水溶液，是铅酸电池的重要组成部分。铅酸电池的正负极板都必须浸在电解液中，电解液可使极板上的活性物质溶解和电离，除承担正、负极间离子导电作用外，还参加电化学反应。

为避免蓄电池内部自放电，并利于提高电极的电压、降低内阻、提高电池的容量和寿命，对电解液的纯度和密度要求比较严格，因此，铅酸电池的电解液是由纯净的硫酸与蒸馏水按一定的比例配制而成的，电解液的密度一般为 $1.24 \sim 1.30 g/cm^3$。

5．壳体及其他附件

(1) 壳体。壳体用于盛放电解液和极板组，壳内用间壁分成多个互不相通单格，底部有突棱，用以搁置极板组，而突棱间的凹槽可积存极板上脱落下来的活性物质，以避免沉积物造成正负极板短路。铅酸电池壳体大多用耐酸、耐热、耐振的硬橡胶制成。如今，工程塑料（聚丙烯）已在韧性、强度、耐酸、耐热等性能方面优于硬橡胶，且可以制成壁薄透明的壳体，其质量轻、便于观察电解液的液面高度，因而塑料壳体的铅酸电池在汽车上也有应用。

(2) 连条。铅制的连条用于串联各单格电池，图 3.4 所示的蓄电池连条露在蓄电池盖表面，这种传统的连接方式连条较长，耗材较多，电阻也较大，因此，已逐渐被穿壁式连条（图 3.5）所取代。

(3) 极桩。铅酸电池各单格电池串联后，两端单格的正极桩和负极桩分别穿出蓄电池盖，形成蓄电池极桩。正极桩标"+"号或涂红色，负极桩标"-"号涂蓝色或绿色等。

图 3.5 整体盖板式蓄电池的穿壁式连条

1—负极桩；2—正极桩；3—极板组；4—穿壁式连条

(4) 加液盖。单格电池的加液孔盖都有一通气小孔，用于在蓄电池充电时及时排出因电解水而产生的氢气和氧气，以防止气体集聚而使其内部压力升高，造成涨破容器甚至产生爆炸事故。

3.1.3 铅酸电池的极板构成

1. 正负极板的构成

运用于电动汽车上的铅酸电池,其正负电极通常为板状结构,故而称为极板。铅酸电池的正负极板采用涂膏式,由板栅和活性物质构成。板栅除固定和支撑活性物质外,还起导电作用。板栅一般使用铅锑合金,有时也使用纯铅或其他铅合金。板栅常见的结构形式如图3.6所示,板栅上部的突起与横板焊接,用于将多片正极板或负极板并联,以增加蓄电池的容量。在板栅上填充铅膏(铅粉、稀硫酸及少量添加剂的混合物),经化成工艺处理后形成正极板(PbO_2)和负极板(Pb)。

正极活性物质为PbO_2,负极为海绵状Pb,而在放电状态下正极和负极的活性物质均为$PbSO_4$。为使正负极板上内层的活性物质能与电解液接触,以提高正负极板活性物质的利用率,化成后的PbO_2和Pb较为疏松。正负极板活性物质的孔率会直接影响蓄电池的容量。

2. 极板组的组成

将多片正极板和负极板分别用横板焊接并联,就组成了正极板组和负极板组(图3.7)。由于正极板的活性物质比负极板更为疏松,如果单面放电极板容易拱曲而造成活性物质脱落。因此,负极板组要比正极板组多一块极板,这就可使正极板组嵌合组装后,每块正极板的两面都有负极板。工作时,正极板组的每块极板都是两面均匀放电而不容易拱曲。

图3.6 铅酸电池的板栅

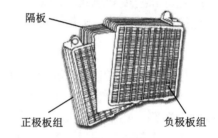

图3.7 正负极板组

3. 单格电池的构成

将正负极板组嵌合,并在其中间用隔板隔开,置于存有电解液的容器中,就构成了一个单格电池(参见图3.4)。单格电池的标称电压为2V,因此,一个从正负极桩输出12V电压的蓄电池,需要有6个单格电池串联而成。

3.1.4 铅酸电池的类型

铅酸电池发展至今已有多种结构类型,其用途也十分广泛。现以不同的分类方法对不同类型的铅酸电池加以概括。

1. 按铅酸电池的用途分类

铅酸电池的主要产品已成系列,按其用途分为起动型、动力型、固定型、铁路客车用、船舶用、摩托车用、航标用及其他用途8种。

(1)起动型。此种类型铅酸电池主要应用于各种汽车、拖拉机、柴油机、船舶等的起动和照明等。起动型蓄电池需要能提供大的起动电流,要求其内阻小,正、负极板要薄,通常采用涂膏式极板。

(2) 动力型。此种类型铅酸电池用于各种电动汽车、叉车、铲车、矿用电机车、码头起重车、电动自行车等,作为动力牵引及照明电源。此类铅酸电池的极板较厚,容量较大,持续放电能力强。

(3) 固定型。此类铅酸电池用作发电厂、变电所、电报电话局、大会堂、医院、试验室等通信、开关控制、继电保护等设备的直流电源。固定型铅酸电池的正极板常用管式,电解液较稀,使用寿命较长,通常在浮充状态下使用。

(4) 铁路客车用。此类铅酸电池用作铁路客车车辆照明及车内电器设备的电源,其正极板多为管式结构。

(5) 船舶用。此类铅酸电池用作小型船只、渔船等的照明和通信设备的电源。

(6) 摩托车用。此类铅酸电池用于摩托车的起动和照明,要求其坚固耐振,不漏电解液。

(7) 航标用。此类铅酸电池用作港湾和内河航道夜间航标照明,要求其连续工作半年以上,无需维护。

(8) 其他用途。其他用途的铅酸电池的大小容量不等、放电率多样,如摄录像机、闪光灯、应急灯等。

2. 按铅酸电池的极板结构分类

蓄电池的使用与性能要求不同,其极板的结构形式也不同。按极板的结构不同分类,铅酸电池主要有涂膏式、管式和形成式3种。

(1) 涂膏式。此类铅酸电池将铅氧化物用硫酸水溶液和其他添加剂调成糊状铅膏,然后将铅膏涂在用铅合金铸成的板栅上,经过干燥,再浸入硫酸水溶液中通入直流电(化成处理),正、负极板分别形成能放电的活性物质 PbO_2 和 Pb,这种极板称为涂膏式极板。

(2) 管式。此类铅酸电池在铅合金导电骨架上套以编织的纤维管,管中装入活性物质,在管的保护下活性物质不致脱落,因此这种极板也称为铠甲式极板。管式极板的蓄电池通常只是正极板采用管式,而负极板仍为普通涂膏式极板。

(3) 形成式。此类铅酸电池正极板用纯铅制成,其活性物质是由铅本身在化成液中经反复充放电而形成的 PbO_2 薄层,负极板则配以涂膏式极板。形成式铅酸电池也称为普兰特式,是一种最原始的极板。形成式极板根据其结构形式又可分为脱特(Tudor)型和曼彻斯特(Manchester)型两种。脱特型是用纯铅铸成带有穿透棱片的极板,曼彻斯特型则是将纯铅制成的带有凹凸的板条卷成卷,嵌在由耐腐蚀合金制成的支撑板的圆孔中而成。

3. 按极板荷电状态、电解液和维护情况分类

按蓄电池极板的荷电状态、电解液和维护情况分类,铅酸电池可分为干放电式、干荷电式、湿荷电式、带液充电式、胶体式、免维护式或少维护式等不同形式。

(1) 干放电式。干放电式也称干封蓄电池,出厂的蓄电池极板处于干燥的放电状态,放在无电解液的蓄电池槽中。使用时,加入密度适当的电解液后,需要进行较长时间的初充电后方可使用。干放电式铅酸电池的比能量低、维护工作量大、使用寿命短,而且需要通过长时间的初充电才能投入使用,因而这种铅酸电池现已很少采用。

(2) 干荷电式。此类电池的极板组处于干燥状态下较长时间能保持制造中所得的

电荷（充电状态），在放置时间不超过 2 年的情况下，加入适当密度的电解液，静置 20～30min 即可投入使用；如果存放时间超过 2 年，由于极板会有部分氧化，需要补充充电后再使用。

干荷电铅酸电池主要是在制造过程中对负极板采取了能提高活性物质化学稳定性的工艺措施，从而提高了其极板在干燥状态下长期保持荷电的能力。

(3) 湿荷电式。此类电池的极板组呈湿润状态下可较长时间（6 个月）保持其制造中所得的电荷。湿荷电蓄电池在制造厂充好电后倒出电解液，但蓄电池内还剩少量的电解液，其中大部分吸收在极板和隔板内。在储存期内，加入适当密度的电解液即可使用。

湿荷电铅酸电池在制造中采用的工艺与干荷电蓄电池有所不同，保持荷电能力的储存期也相对短一些。

(4) 带液充电式。带液充电式铅酸电池在出厂时蓄电池已充足电，并且保留着电解液，用户拿到蓄电池后即可投入使用。带液充电式铅酸电池不宜长时间搁置不用，因为出厂时蓄电池就已经处于激活状态，若长时间不用，蓄电池的自放电会使蓄电池处于亏电状态，并最终导致极板硫化而影响其容量和使用寿命。

(5) 胶体式。胶体式蓄电池的电解液呈胶体状，是通过在电解液中渗入硅酸溶胶形成的。其主要优点是电解液不会溅出，在使用、维护、保管和运输过程中设备和人可免受被腐蚀的危险；胶状电解液可使极板活性物质不易脱落，可延长蓄电池的使用寿命约 20%。其缺点是胶体电解质的电阻较大，使蓄电池的内阻增大、容量降低；由于胶体电解质的均匀性相对较差，其自放电相对较大。

(6) 免维护或少维护式。厂商提供给用户的此类蓄电池也是带液充电态，但这种蓄电池在其规定的使用寿命期间内，不需要日常的维护，而且在长期搁置状态下，自放电极小。

富液式免维护蓄电池在结构、工艺和材料等方面均进行了改良，采用的措施如下：

① 加液盖通气孔采用安全通气装置，用于阻止水蒸气和硫酸气体排出，以减少电解液的消耗，并可避免气体与外部火花接触而产生爆炸，也减少了极桩的腐蚀。有的免维护蓄电池在通气塞中装有催化剂钯，可帮助水解的 OH^- 结合成水后再回到蓄电池中去，以进一步减少电解液的消耗。

② 采用袋式微孔塑料隔板，将正极板包住，可以免去容器底部的凸筋，从而降低了极板组的高度，使极板上部的容积增大，增加了电解液的储存量。

③ 极板栅架采用铅－钙－锡合金或低锑合金，可减少析气量，使电解液中水的消耗降低，并使自放电大为减少。

除了这种传统的富液式免维护蓄电池外，还有全封闭式和阀控密封贫液式免维护铅酸电池。这些蓄电池在结构、材料及工艺等方面采取了改进措施，不仅使铅酸电池在使用寿命期内免维护，而且其性能也有所提高。

4. 按蓄电池通气方式和排气栓结构分类

按蓄电池通气方式及排气栓的结构形式不同分类，可将铅酸电池分为开口式、排气式、防酸隔爆式、防酸消氢式、阀控密封式等几种形式。

(1) 开口式。这种蓄电池无永久性的盖子，产生的气体可以自由逸出，只装有与壳体不固定的盖板，以减少酸雾。此形式蓄电池维护工作繁杂且污染环境，现基本已被淘汰。

(2) 排气式。这种蓄电池的壳体与盖通过热接或胶粘固定在一起，盖子的加液口上装有排气栓。此形式的铅酸电池，使用过程中的氢气、氧气及酸气均可自由排出，因此会导致电解液消耗和环境污染，因而已逐渐被阀控密封式等蓄电池取代。

(3) 防酸隔爆式。这种蓄电池盖上装有防酸阻火栓，只允许蓄电池排气，可防止酸雾逸出，且在遇到火源时，其内部也不会燃烧和爆炸。设置防酸阻火栓虽然使铅酸电池有了较大改进，但在使用中仍会有酸雾逸出，环保与安全性能仍不能满足要求。因而也将被逐渐淘汰。

(4) 防酸消氢式。这种蓄电池盖上装有催化栓，可使蓄电池析出的氢气和氧气重新生成水返回电池槽，同时又具有防酸隔爆性能。

(5) 阀控密封式。这种蓄电池盖上装有单向安全阀，当蓄电池内压力过大时，安全阀门才打开排气，这就减少或避免了气体的排出，而且外部气体也不会进入蓄电池内部。因此，阀控密封式蓄电池可以做到免维护或少维护，并且无环境污染。阀控密封式蓄电池是目前应用较为广泛的铅酸电池。

5. 按蓄电池盖结构及习惯分类

按蓄电池盖结构形式及习惯分类，电动汽车用铅酸电池可分为分体盖板式、带加液孔整体盖板式、全封闭式、阀控式、铅布式等。

(1) 分体盖板式。此类蓄电池的每一个单格上都有一小盖，盖与壳体间的缝隙用沥青封料密封（图3.4）。这种连条外露的铅酸电池，连条的耗材较多、电阻也较大。此外，加液盖的通气小孔可自由排出氧气、氢气及酸气。分体盖板式铅酸电池的不足如下：

① 蓄电池的内阻相对较大，使得蓄电池充放电时的效率有所下降。

② 使用中需要经常检查蓄电池电解液的液面高低，当电解液的液面过低（电解液不足）时，需及时补充蒸馏水。在电动汽车上成组使用的蓄电池组不仅数量多，而且安装位置通常也不便于检查，因而蓄电池的日常维护较为复杂且工作量较大。

③ 从加液盖小孔排出的氢气和氧气因通风不良而集聚时，若遇到明火，很容易造成火灾风险。

④ 蓄电池在搬移和使用过程中，如果加液盖关闭不严，就会有电解液外漏的可能，有对人或其他部件造成腐蚀的风险。

⑤ 蓄电池在较高的温度下有酸气逸出时，有对周围物件造成腐蚀的风险。

正因为有上述不足，这种分体盖板式铅酸电池基本已被淘汰。

(2) 带加液孔整体盖板式。带加液孔整体盖板式铅酸电池如图3.8所示。这种蓄电池的盖板通过热接或胶粘工艺与壳体粘合，每个单格处仍有一个加液孔，用带通气小孔的加液盖封盖。这种蓄电池在使用和搁置过程中会有氧气和氢气及酸气从加液盖通气小孔排出，因此，需要对其进行日常维护。目前，此类铅酸电池只在一些低速电动车上还有使用，而电动汽车上通常使用的是密封式免维护铅酸电池。

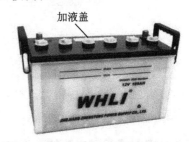

图3.8 带加液孔整体盖板式铅酸蓄电池

(3) 全封闭式。全封闭式免维护铅酸电池（图3.9）盖上无加液孔，这种铅酸电池在使用过程中不排氢气和氧气，也不逸酸气，因而在使用寿命期内无需对其进行日常检查与维护。由于全封闭式蓄电池无氢气和氧气及酸气的排出，避免了可燃氢气和氧气与外部火花接触而产生火灾的危险，也减小了极桩被腐蚀的可能性。

图 3.9 全封闭式免维护铅酸电池

由于全封闭式免维护蓄电池无加液孔,当需要检测蓄电池的性能状态时,不能用常规方法检查蓄电池电解液的液面和密度。因此,有的全封闭式蓄电池在其盖板处装有小密度计,从其顶端的检视孔通过观察其颜色来判断蓄电池的技术状况。检视孔的颜色有如下 3 种情况。

① 绿色,表示蓄电池状况良好,可继续使用。

② 深绿色或黑色,表示电解液密度偏低,需要对蓄电池进行补充充电后再使用。

③ 浅黄色或无色,表示电解液液面过低,蓄电池已不能继续使用。

(4) 阀控式。阀控式铅酸电池(Valve Regulated Lead Acid Battery,VRLAB)如图 3.10 所示。阀控式铅酸电池在蓄电池盖上设有一个排气阀(安全阀),当其内部气压达到限定值时,阀打开将气体排出,排气后则会自动关闭,防止空气进入。

阀控式铅酸电池为密封结构,不漏酸,不排酸雾,减少了氢气和氧气的逸散,在使用过程中无需检查和补充电解液,因此也是一种免维护蓄电池,在电动汽车上应用较多。

(5) 铅布式。铅布式铅酸电池(图 3.11)也是一种阀控蓄电池,但其正负极板和隔板采用卧式层叠组合,极板用高强度玻璃纤维和铅丝编织成的网状铅布作基体,在铅布上涂 PbO_2 和 Pb,构成"双层格网板",用作电池的正极和负极。

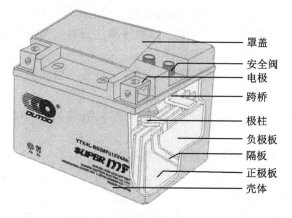

图 3.10 阀控式铅酸蓄电池

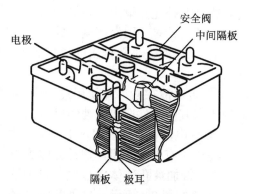

图 3.11 铅布铅酸蓄电池

铅布电池的比能量、比功率、使用寿命和快速充电性能等均优于普通铅酸电池。由于铅布蓄电池也采用阀控密封式结构,蓄电池在使用过程中不排氢气和氧气及酸气,因而也无需进行日常维护。

3.1.5 密封式铅酸电池的密封技术与特点

1. 密封式铅酸电池的密封原理

(1) 阴极吸收式密封原理。阀控密封式蓄电池采用阴极吸收式密封技术,密封的机理是使充电过程中因电解水而产生的氢气和氧气重新复原为水。例如,贫液设计的阴极吸收式密封原理如下。

电池内部的隔板采用具有良好吸液能力的多孔玻璃毡,用于电池反应和导电的电解液完全被吸附在正负电极及玻璃毡的孔隙中。这种贫液设计可使玻璃毡隔板中仍有部分未充满液体的气体通道。于是,在充电后期或过充电时产生的氧气就可通过玻璃毡中的气体通道扩散到负极表面,并与海绵状金属 Pb 进行化学反应或电化学反应而被吸收。到达负极表面的氧一部分通过氧化还原反应而生成水,并回到电解液中;另一部分则与负极的 Pb 起反应生成 PbO,PbO 又立即与 H_2SO_4 反应生成 $PbSO_4$,接着又还原为 Pb,实现了电池内部的氧循环,具体反应为

正极:$H_2O - 2e^- \rightarrow 2H^+ + \frac{1}{2}O_2$

负极:$\frac{1}{2}O_2 + Pb \rightarrow PbO$

$PbO + H^+ + HSO_4^- \rightarrow PbSO_4 + H_2O$

$PbSO_4 + H^+ + 2e^- \rightarrow Pb + HSO_4^-$

$\frac{1}{2}O_2 + 2H^+ \rightarrow H_2O$

由于生成的氧气在负极还原为水,使得电池内部压力不再增加,电池中的水则不再消耗或者消耗很少,使蓄电池得以密封,且在工作中不会发生压力过高的情况。

(2)排气阀催化还原水。在排气阀处使用催化剂,利用催化剂促使氢和氧化合成水,回到电池槽,从而避免了电解液中水的析出。

(3)设置安全阀避免电池内部超压。由于铅的平衡电势比氢负 350mV,充电态超过 90% 就会有氢气析出的可能。为了安全,不让氢在电池内积累,同时考虑到有机物在正极氧化产生 CO_2,因而在密封式铅酸电池中设置安全阀。当电池内积累的气体使电池内压高至设定的限定值时,阀即打开排出气体,确保电池内部压力不致过大;电池内压力低于设定的限定值时,阀关闭以防止空气进入电池内部。设置安全阀的密封式铅酸电池可使蓄电池不再出现传统蓄电池的析氢现象。

2. 阀控式密封蓄电池的两种密封技术

阀控式密封蓄电池实现密封设计的主要部件之一是隔膜,这种隔膜能使电解液不流动,从而不溢酸,又具有使正极析出的氧能到达负极得以重新复合的功能。超细玻璃纤维膜、胶状电解质、颗粒状二氧化硅等均具有上述两个功能。目前阀控式密封蓄电池中所应用的密封技术有 AGM 和 GEL 两种。

(1)AGM 技术。此技术采用玻璃纤维隔板(AGM)及贫液设计,通过隔膜"气孔"通道实现电池内部氧循环。使用 AGM 技术的铅酸电池结构如图 3.12 所示。

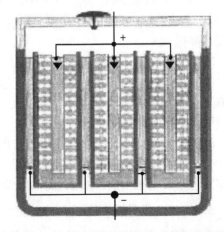

图 3.12 使用 AGM 技术的铅酸蓄电池结构

采用 AGM 技术的铅酸电池，由其超细玻璃纤维隔板提供气体通道，这种隔板具有 93% 以上的孔隙率，可以吸收满足电池反应所需的电解液。因此，电池内部没有流动的电解液，吸收了足够电解液的隔板仍保持 10% 左右的孔隙作为氧气的复合通道，使正极析出的氧气能到达负极完成复合，以实现氧的循环（$H_2O \rightarrow 1/2 O_2 \rightarrow H_2O$），使电池得以密封。与富液式铅酸电池相比，这种贫液设计的 AGM 蓄电池其电解液的密度较高，并具有以下优点：

① 采用无锑的 Pb-Ca 合金板栅和高纯度原材料，蓄电池的自放电小，25℃下可储存 3 个月，自放电率小于 2.0%。

② 采用 AGM 技术的铅酸电池有较高的充电效率。

③ 极板组采用紧密装配，内阻较小（$0.2 \sim 0.4 m\Omega$），适合大电流放电。

④ 由于采用贫液式设计，气体复合效率较高（大于 98%），因而无酸雾逸出。

⑤ 蓄电池使用初期的容量较高，第 3 个循环周期即可达到 100% 的额定容量。

⑥ 有较好的低温放电性能。

正是由于以上优点，使得采用 AGM 技术的阀控式密封蓄电池发展很快，国内外多数阀控式密封蓄电池制造厂家都采用 AGM 技术。

(2) GEL 技术。胶状电解质密封技术（GEL）其密封原理与 AGM 技术相似，也是通过氧的循环实现电池密封，但正极产生的氧气是通过胶体电解质的裂纹传输到负极，胶体的裂纹是胶体形成时收缩产生的。胶体电池使用初期，由于胶体的裂纹较少，氧的复合效率较低，因而电池内的气压较高，安全阀较易开启，致使电池有较多酸雾逸出。蓄电池使用中随着胶体裂纹的增加，氧的复合效率会随之提高，安全阀容易开启排气的现象会逐渐消失。

胶体电解质的制备方法有 3 种：中和法、硅溶胶法和气相二氧化硅法。其中，气相二氧化硅法制备的胶体电解质其稳定性较好，在国外采用较多。

采用 GEL 技术的阀控式密封蓄电池有以下优点：

① 胶体电池采用富液设计，因此深放电的恢复特性较好，而且电解液不容易干涸。

② 由于胶体的固定作用，胶体电池几乎不存在电解液的分层现象。

③ 在较高的环境温度下，胶体电池有比 AGM 电池更长的使用寿命。

采用 GEL 技术的阀控式密封蓄电池有以下不足之处：

① 采用胶体和 PVC 隔板，其胶体容易堵塞隔板及活性物质中的孔，使得电池内阻较大。因此，与 AGM 电池相比，GEL 电池在常温下 C_{20} 要低 15% 左右，-18℃起动放电时的端电压约降低 20%。

② 在使用初期，胶体的裂纹较少，氧的复合效率较低，酸雾排出较多。

③ 胶体电池对过充电较为敏感，容易导致电池过热失效，如果电池倾斜或卧放，则还有可能使电池内胶体外漏。因此，GEL 电池不适合快充和高倍率放电，特别是在低温环境下，这些不适尤为突出。

④ 胶体电池不适合于薄型极板设计。

与 AGM 技术的优缺点相比，导致 GEL 技术发展相对较慢。总的来说，AGM 电池的气体复合率要高于 GEL 电池，而 GEL 电池的失水率要低于 AGM 电池。

3. 阀控式密封蓄电池极板的新型结构

为提高阀控式密封蓄电池的比能量和深循环寿命，一些新型结构的极板被陆续推出。

(1) 连续铸造辊压板栅结构。阀控式密封蓄电池采用 Pb-Ca 合金板栅后，在蓄电池使用过程中，板栅的伸长膨胀是蓄电池失效的一个重要原因。虽然 Pb-Ca 合金的极限抗拉强度 (UTS) 高，但屈服强度 (YS) 较低，而对于 Pb-Ca 合金来说，YS 是比 UTS 更重要的参数。连续辊压板栅是铸造的板栅再经连续辊压而成的。YS 的显著提高，降低了 UTS，因而在蓄电池工作期间极板很少伸长膨胀，从而可延长蓄电池的使用寿命。

(2) 薄片电极。薄片正极比普通的铸造板栅或拉网板栅的正极有更均匀的充放电性能，通过这种电极表面的充放电电流是很均匀的。另外，由于板栅具有很高的表面积，因而比普通板栅有较低的腐蚀电流密度，降低了极板的腐蚀速度。

(3) 箔式卷状电极。美国 BOLDER 公司开发了薄如纸的电极，箔式卷状电极由很薄的箔式电极卷成，板栅厚度仅为 $0.05 \sim 0.08$ mm，活性物质层的厚度也大致相同。这种蓄电池具有很均匀的充放电性能，蓄电池的正极在一端引出，负极在另一端引出，与碱锰电池类似，有效地改善了电极的高倍率放电性能。BOLDER 铅酸电池具有极高的比功率和优良的可再充性能，特别适用于要求高功率输出、快速充电的混合电动汽车。

(4) 平面式管状电极。由汤浅公司制造的平面式管状电极铅酸电池已经应用于纯电动汽车、混合动力电动汽车等要求频繁充放电循环的使用场合。这种极板的板栅可通过铸造或挤压生产，采用 Pb-Ca-Sn 合金。汤浅公司的板栅是用 Pb-0.07%Ca-1.5%Sn 合金经辊压制造的，有很高的强度。因其厚度仅为 0.75mm，易折弯，改进为管状电极，其质量轻，比能量高。由于活性物质在板栅周围分布均匀，因而电极断面有均匀的充放电性能，这种结构也提高了活性物质的利用率。

(5) 水平电池。美国爱达荷大学的 D. B. Edwards 开发了涂膏式电极的水平铅酸电池，并已应用于纯电动汽车和混合动力电动汽车。这种铅酸电池采用双极耳极板，极板水平放置，采用多孔 AGM 隔板，正极含 30% 左右的玻璃微珠添加剂，板栅薄并镀铅。这种水平电池的比功率可提高到 155W/kg，比能量最高到 56W·h/kg。

美国 Electrosource 开发了铅布水平电池。铅布水平电池用玻璃纤维丝上挤压镀覆 Pb-Sn 合金，拉成铅线，再用铅线织成铅布，用铅布代替板栅；采用双极结构，铅布的一端涂正极铅膏，另一端涂负极铅膏，中间留有铅丝相连，大大缩短了正负极间电子导电途径，因而蓄电池的内阻很小；为了防止两极中间铅丝被电解液润湿后短路和自放电，铅丝的表面涂覆有绝缘的高分子涂料。铅布水平电池的优点如下：

① 具有极高的比功率和比能量，比能量高达 $45 \sim 50$ W·h/kg，80%DOD 时的比功率大于 225W/kg。

② 可快速充电，纯铅的高导电性铅布，在 30min 内可充足电。

③ 质量比普通铅酸电池减轻 $25\% \sim 50\%$；极板水平布置，故无电解液分层现象和活性物质脱落。

(6) 密封双极性铅酸电池 (SBLA)。美国 Arias 公司开发了双极性极板。富液式铅酸电池和 AGM 式密封铅酸电池的正负极板是各自独立的，而密封双极性铅酸电池采用的是一块双面极板。双面极板一面是负极活性物质，另一面是正极活性物质，两片双极性极板之间用玻璃棉隔板隔开，如图 3.13 所示。双极性结构使电流从一个单体到另一个单体的距离缩小到最短，消除了普通蓄电池在汇流排的电动势消耗。密封双极性铅酸电池的优点是高比能量、长的深循环寿命、结构简单，特别是组合 100V 以上的高电压电池组时，比普通结构更为简单。

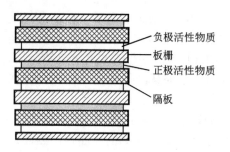

图 3.13 双极性极板电池示意图

板栅即双极性极板的导电基板,是制造的关键技术。合格的板栅必须满足以下条件:

① 板栅的导电性要好。
② 耐酸且耐 PbO_2 的氧化。
③ 在电池中不参与电化学反应。
④ 不透酸,以免引起电池内部短路。
⑤ 与正极和负极活性物质的结合性好,在电池充放电过程中活性物质不会脱落。
⑥ 有足够的机械强度。

这种铅酸电池适合于在高电压、低电流的状态下工作。由于其结构紧凑,比能量很高。密封双极性铅酸电池的充电方式与一般的密封式铅酸电池相似,但其内阻更小,故而可用大电流充电。

(7) 螺旋卷状电极的圆筒式蓄电池。1999 年美国 EXIDE 公司在世界上首次推出了采用螺旋卷状电极的圆筒式阀控密封蓄电池,称为 Orbital Select。这种蓄电池有很大的电极表面积,活性物质用机械方式挤压到薄板栅上,采用新的连续制造技术,允许有大的压缩比,降低了电极的厚度(1.3~1.4mm),因而这种蓄电池有较高的比能量(达 34W·h/kg),深循环寿命达 500 次以上。

4. 内催化排气阀结构

阀控式密封蓄电池之所以能密封的关键,在于正极析出的氧气到负极复合,形成氧的循环反应,但同时又带来一个大的问题是氧气对负极的去极化,析氢电势大大地向负方向移动。此时整个电池的过电压全部由正极来承担,在浮充电压恒定的情况下,这会使正极电势升高,氧气的析出更加严重,正极板栅腐蚀加速,电池失水加速,引起了恶性循环,促使蓄电池寿命缩短。

为解决这一难题,美国费城科技公司 (Philadelphia Scientific Co.) 的 Will Jones 发明了内催化技术,在阀控式密封蓄电池顶部安全阀上放置一个小的铂催化剂,使负极局部反应产生的氢气与正极电解水产生的氧气化合成水再回到电解液中去。这种氢的直接催化复合不仅使失水减少,更重要的是一部分正极析出的氧被直接催化复合,这部分氧不必到负极复合,使负极的去极化减轻,正极的过电势得以下降,减轻了正极的腐蚀和氧的析出。

内催化结构可明显改善蓄电池长时间浮充运行的性能,可更好地防止大多数阀控式密封蓄电池因正极腐蚀、失水等原因而过早地失效。

5. 阀控密封式铅酸电池的简称与特点

(1) 阀控密封式铅酸电池的称谓。阀控式密封蓄电池指可实现免维护的阀控密封式铅酸电池。在免维护蓄电池上,有的标注 VRLA,也有的标注 MF 或 SLA。MF(Maintenance Free) 是免维护蓄电池的简称,SLA(Sealed Lead-acid Battery) 是密封蓄电池的称谓,而 VRLA 为阀控式蓄电池的简称,也是阀控密封式免维护蓄电池当今最常用的名称。

(2) 阀控密封式铅酸电池的特点。阀控式密封蓄电池的出现和不断成熟,使铅酸电池在镍氢电池、锂离子电池等性能优良的新型出现并不断成熟的今天,仍然有着其用武之地。总结阀控式密封蓄电池的特点如下:

① 密封程度高，电解液像凝胶一样被吸收在高孔隙率的隔板内，不会轻易流动，所以电池可以横放，这给蓄电池在电动汽车上的布置提供了更大的自由度。

② 阀控式密封铅酸电池的极板板栅采用铅钙合金系列和低锑合金系列，再加以其他措施，电池的自放电系数很小，明显地减少了电池的自放电和析气，加之采用 AGM 技术，实现了氧的内部循环，使蓄电池在使用寿命内不需要加水，从而实现了蓄电池的免维护。

③ 在使用铅钙合金系列时，加入锡后可改善蓄电池在进行深循环充放电时容量快速下降的问题。低锑合金中少量锑对极板活性物质与板栅结合牢固性有很大益处，使用低锑合金进行电池深循环放电时，容量也不会很快降低。

④ 蓄电池的正负极板完全被隔板包围，活性物质不易脱落，延长了蓄电池的使用寿命。

⑤ 阀控式密封铅酸电池采用薄的极板，并与隔板紧密布置，因而其体积小，而容量却较高。

⑥ 由于采用阀控密封形式，并采用排气栓催化剂催化氢气和氧化还原水的技术，使得蓄电池在长期运行中无需补充任何液体，同时在使用过程中不会产生酸雾，对环境不会产生任何影响。

⑦ 蓄电池的内阻较小，大电流放电的特性好，充电的效率也相对较高。

⑧ 相比于普通铅酸电池，阀控式密封蓄电池的比功率、比能量及循环寿命都有明显的提高。

3.2 铅酸电池的正负极

铅酸电池极板的结构、隔板及电解质等对蓄电池的性能有很大的影响，而极板的活性物质对蓄电池的性能起着关键的作用。本节简要介绍铅酸电池正负极板活性物质的结构与性能特点，以及正负极的反应机理，以便于更好地认识铅酸电池。

3.2.1 铅酸电池的正极

1. 正极活性物质的晶型结构及其性能

(1) 正极活性物质的晶型。铅酸电池正极活性物质是 PbO_2。PbO_2 是多晶型化合物，有 4 种形态：斜方晶系 $\alpha\text{-}PbO_2$（铌铁矿型）、正方晶系 $\beta\text{-}PbO_2$（金红石型）、无定形的 PbO_2 和不稳定的假正方晶系。PbO_2 的各种晶型形态在不同的条件下形成和转变，由于晶型结构不同，其物理、化学性质也不尽相同。$\alpha\text{-}PbO_2$、$\beta\text{-}PbO_2$ 与 $PbSO_4$ 晶格参数的差别见表 3-1。

表 3-1 $\alpha\text{-}PbO_2$、$\beta\text{-}PbO_2$ 与 $PbSO_4$ 的晶格参数

化学式	所属晶系	晶格参数 /nm		
		a	b	c
$\alpha\text{-}PbO_2$	单胞斜方晶系	0.4937	0.5939	0.5486
$\beta\text{-}PbO_2$	单胞正方晶系	0.4945		0.3378
$PbSO_4$	单胞斜方晶系	0.8516	0.5389	0.6989

化成结束后的正极活性物质经化学分析含有 90% 的 PbO_2，X 射线分析得到结晶成分为 $\alpha\text{-}PbO_2$ 占 23%，$\beta\text{-}PbO_2$ 占 43%，其余 34% 被认为是无定形的 PbO_2。

(2) PbO_2 两种晶型的密度。结晶变体的密度也不尽相同，从表 3-2 中可以看出，$\alpha\text{-}PbO_2$ 的密度略高于 $\beta\text{-}PbO_2$，相对于 $\beta\text{-}PbO_2$，$\alpha\text{-}PbO_2$ 晶粒间连接紧密，机械强度较好。此外，$\alpha\text{-}PbO_2$ 和 $\beta\text{-}PbO_2$ 的结晶形貌也不同。$\alpha\text{-}PbO_2$ 的晶粒尺寸较大，晶粒表面光滑，而 $\beta\text{-}PbO_2$ 晶粒细小。

表 3-2　$\alpha\text{-}PbO_2$、$\beta\text{-}PbO_2$ 的密度　　　　　　　　（单位：g/cm^3）

序号	$\alpha\text{-}PbO_2$	$\beta\text{-}PbO_2$	序号	$\alpha\text{-}PbO_2$	$\beta\text{-}PbO_2$
1	9.530	9.375	3	9.760	9.648
2	9.876	9.695	4	9.866	9.523

(3) PbO_2 两种晶型的平衡电势。$\alpha\text{-}PbO_2/PbSO_4\text{-}H_2SO_4$ 和 $\beta\text{-}PbO_2/PbSO_4\text{-}H_2SO_4$ 体系的平衡电势（vs.SHE）也略有不同：

$$\alpha\text{-}PbO_2 \quad E_a = 1.697V - 0.118V\ pH + 0.0295V\lg\alpha_{SO_4^{2-}}$$

$$\beta\text{-}PbO_2 \quad E_a = 1.687V - 0.118V\ pH + 0.0295V\lg\alpha_{SO_4^{2-}}$$

从上述方程式可知，在硫酸溶液中，$\alpha\text{-}PbO_2$ 的平衡电势比 $\beta\text{-}PbO_2$ 正 10mV，表明 $\beta\text{-}PbO_2$ 的热力学稳定性略高于 $\alpha\text{-}PbO_2$。两种晶型电极电势的温度系数也不相同，在 4.62mol/L 的 H_2SO_4 中，$\alpha\text{-}PbO_2$ 电极电势的温度系数比 $\beta\text{-}PbO_2$ 的大。

$$\left(\frac{dE_\beta}{dT}\right)_p = -0.2mV/℃$$

$$\left(\frac{dE_\alpha}{dT}\right)_p = -0.36mV/℃$$

由此可知，随着温度的升高，$\alpha\text{-}PbO_2$ 的电极电势比 $\beta\text{-}PbO_2$ 下降得更快。

(4) PbO_2 两种晶型的化学活性。尽管两种晶型的化学组成相同，但由于其晶型结构不同，使得它们的氧化还原能力不同，即它们的电化学活性不同。

$\alpha\text{-}PbO_2$ 和 $\beta\text{-}PbO_2$ 的电化学活性的差异可以用其放电特性来表征。对于相同数量的 PbO_2，β 晶型较 α 晶型放电容量高。图 3.14～图 3.16 分别表示了 $\alpha\text{-}PbO_2$ 和 $\beta\text{-}PbO_2$ 的比容量与硫酸密度、放电电流密度、放电温度的关系曲线。

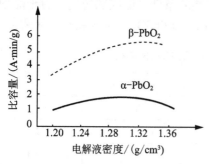

图 3.14　$\alpha\text{-}PbO_2$、$\beta\text{-}PbO_2$ 比容量与电解液密度的关系

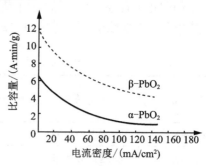

图 3.15　$\alpha\text{-}PbO_2$、$\beta\text{-}PbO_2$ 比容量与放电电流密度的关系

从这些特性曲线图可以看出，随着电解液密度的升高，β-PbO₂ 的容量增加幅度比 α-PbO₂ 大，并且两者都出现容量最高点。容量最高点对应的电解液密度也正是电导率最高的密度范围。相同数量的 PbO₂ 在不同电流密度下放电时，β 晶型比 α 晶型的放电容量高 1.5～3 倍；随着温度的升高，β-PbO₂ 的容量增加很快，α-PbO₂ 容量在 20～30℃ 间出现容量最高点，而且比 β-PbO₂ 的容量低得多。

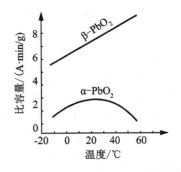

图 3.16　α-PbO₂、β-PbO₂ 比容量与放电时温度的关系

β-PbO₂ 之所以比 α-PbO₂ 具有较好的电化学活性，是由于 β-PbO₂ 结晶相对于 α-PbO₂ 要细小，因此 β-PbO₂ 结晶要比 α-PbO₂ 有更大的实际表面积。例如，用 BET 方法测定的 β-PbO₂ 比表面积为 9.53m²/g，而 α-PbO₂ 的比表面积只有 0.48 m²/g。此外，α-PbO₂ 为斜方晶型，与 PbSO₄ 的晶格参数近似，二者属于同种晶型。因此，在放电时，α-PbO₂ 就可以作为 PbSO₄ 的晶种，细小的硫酸铅层沿着 α-PbO₂ 生成，遮盖住了 α-PbO₂ 晶体的表面，这给 H₂SO₄ 向活性物质的深处渗透造成了障碍，从而使电化学反应仅仅在活性物质的有限深度发生，内层深处的活性物质不能被利用，输出的容量自然就小。β-PbO₂ 为四方晶型，与 PbSO₄ 的晶格参数差别较大。因而放电产物 PbSO₄ 就不可能沿着 β-PbO₂ 晶格生长，或是形成新的晶种，或是在电极中残存的 PbSO₄ 上长大。这样，PbSO₄ 就留有缝隙，使得 H₂SO₄ 通过缝隙到达活性物质内层，因而 β-PbO₂ 的利用率要高于 α-PbO₂。

2．两种晶型的形成条件和转变

制备 PbO₂ 的方法有化学法和电化学法两种。但大量的实验证明，化学方法制备的 PbO₂ 缺乏电化学活性，不适于在铅酸电池中或研究的正极活性物质中使用。因此，只能采用电化学方法。正极中 PbO₂ 不同变体的形成和含量多少，会因生产厂家的工艺不同而变化，一般认为溶液的 pH 会影响形成变体的类型。

(1) α-PbO₂ 的制备。α-PbO₂ 是在碱性或中性溶液中制备的。例如，在饱和醋酸铅的醋酸铵溶液中，以 0.1～10mA/cm² 的电流密度电解，或在饱和有 PbO 的浓度为 2mol/L 过氯酸溶液中，以 1 mA/cm² 的电流密度电解，均可获得纯 α-PbO₂。

(2) β-PbO₂ 的制备。β-PbO₂ 主要在酸性溶液中形成。例如，在 0.7mol/L 的 Pb(NO₃)₂ 与 2mol/L 的 HNO₃ 混合溶液中，以 5～10mA/cm² 的电流密度电解，或 100g 醋酸铅溶于 0.5mol/L 的醋酸中，以 1mA/cm² 电流密度电解，均可获得纯 β-PbO₂。

(3) 铅膏中的 H₂SO₄ 含量对产生 PbO₂ 晶型的影响。铅膏中的铅和各种碱式硫酸铅直接氧化时形成 α-PbO₂。高的 pH、较高的 Pb²⁺ 离子浓度和较低的电流密度均是促使生成 α-PbO₂ 的条件，而 PbSO₄ 的氧化则形成 β-PbO₂。

提高正极铅膏中的 H₂SO₄ 含量，可使正极的初始容量有所提高。因为铅膏中 H₂SO₄ 含量高，则 PbSO₄ 含量就高，从而增加了化成后正极中 β-PbO₂ 含量。另外，随着铅膏中 H₂SO₄ 含量的增加，化成后极板孔隙率增加，放电时有利于 H₂SO₄ 进入活性物质内部，从而提高了活性物质的利用率。

(4) 化成条件对产生 PbO₂ 晶型的影响。化成条件对变体含量有直接的影响，特别是 pH。在开始化成的 7～8h 内，反应主要在极板的内部发生，形成产物主要是 α-PbO₂，随

后由于 H_2SO_4 浓度的提高、化成槽压的增加，$PbSO_4$ 开始氧化，在极板的表面生成 $β-PbO_2$。在化成过程中，H_2SO_4 浓度的变化是化学反应速度和电化学反应速度相对大小的综合结果。当提高化成的电流密度时，H_2SO_4 的生成速度加快，使化成中由于化学反应而使 H_2SO_4 浓度降低的延续时间缩短，从而增加化成后正极活性物质中 $β-PbO_2$ 的含量。

(5) 充放电时 PbO_2 晶型的转化。在正极 PbO_2 中 $α-PbO_2$ 和 $β-PbO_2$ 的相对量不是固定不变的，随着蓄电池循环次数的增加，$α-PbO_2$ 会逐渐转化为 $β-PbO_2$。在酸性较强的溶液中由 $PbSO_4$ 氧化可生成 $β-PbO_2$，而蓄电池充电时溶液中的 H_2SO_4 增加，正好满足 $β-PbO_2$ 的生成条件。蓄电池在放电时正极的 $α-PbO_2$ 转化为 $PbSO_4$，而在充电时将 $PbSO_4$ 转化为 $β-PbO_2$。

3. 正极充放电机理

在充电状态下，铅酸电池正极活性物质是 PbO_2。蓄电池在充放电过程中，正极的氧化还原反应是比较复杂的过程，总的充放电反应可以写成

$$PbO_2 + 3H^+ + HSO_4^- + 2e^- \underset{充电}{\overset{放电}{\rightleftharpoons}} PbSO_4 + 2H_2O \qquad (3-2)$$

此反应式只表示了铅酸电池充放电时正极的充电和放电物质，并不能表示充放电过程正极氧化还原反应的历程。至于铅酸电池正极反应机理，目前主要有以下 3 种观点。

(1) 液相反应机理。液相反应机理也称为溶解沉淀机理，液相反应机理认为反应通过电解液中的 Pb^{2+} 所进行的氧化还原反应为中间步骤。

放电时，PbO_2 晶体中的 Pb^{4+} 接受外电路送来的两个电子而还原为 Pb^{2+} 且溶于电解液，并遇到 HSO_4^-，当溶液中的离子浓度达到饱和（$PbSO_4$ 浓度积常数）时，就会有 $PbSO_4$ 析出并附着于极板上。PbO_2 中的 O^{2-} 与溶液中的 H^+ 结合为 H_2O。随着放电的进行不断有 $PbSO_4$ 沉附于正极板表面。

充电时，溶液中的 Pb^{2+} 氧化，将电子传给外电路，同时溶液中的 H_2O 将 H^+ 留在溶液中，O^{2-} 和 Pb^{4+} 进入 PbO_2 晶格。由于溶液中 Pb^{2+} 被消耗，于是极板上的 $PbSO_4$ 不断溶解，使 Pb^{2+} 的氧化过程能继续进行。显然，$PbSO_4$ 溶解度的大小、溶解速度的快慢及其结晶过程对正极充放电均有直接的影响。

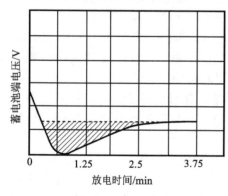

图 3.17 铅酸蓄电池放电初期放电电压曲线

铅酸电池放电曲线如图 3.17 所示，从该放电曲线可看出，在放电初期蓄电池电压值出现一个最低点。对此，可用液相反应机理解释：在放电时，Pb^{2+} 要形成 $PbSO_4$ 结晶，需要有 $PbSO_4$ 结晶的晶种形成时间，即所谓诱导时间。在放电初期，由于正极没有足够的残余 $PbSO_4$ 用作新生相 $PbSO_4$ 的晶种，因而放电反应生成的 Pb^{2+} 要在电极表面附近的液层中累积。只有当 Pb^{2+} 的浓度与 HSO_4^- 浓度乘积超过 $PbSO_4$ 溶度积常数，并且有相当的过饱和度时，才能促进 $PbSO_4$ 晶种的形成。这时，过饱和的 Pb^{2+} 在电极表面附近液层中，使正极产生很大的浓差极化，再加上反应消耗了 H_2SO_4 并生成 H_2O，进一步扩大了正极的浓差极化，使动态电势下降，导致蓄电池端电压降低。一旦有 $PbSO_4$ 晶种形成，$PbSO_4$ 晶体就开始长

大，Pb^{2+} 的过饱和度随即下降，浓差极化减少，使正极电势有所恢复，蓄电池的端电压也就会回升，这就是蓄电池放电初期放电曲线上有电压最低点的原因。

(2) 固相反应机理。固相反应机理认为 PbO_2 的还原是通过固相生成一系列中间氧化物来实现的。在放电过程中，PbO_2 中的含氧量逐渐降低，在充放电过程的每一瞬间均可把电极看作含有不同比例的 Pb^{4+}、Pb^{2+} 及 O^{2-} 的固体物质，而 $PbSO_4$ 的生成被解释为中间氧化物在电极表面与 H_2SO_4 发生化学反应的结果，电解液中的离子不参加氧化还原过程。

固相反应机理并未得到广泛认同，有些学者认为，对于固相反应，O^{2-} 必须通过扩散，跨越过 $PbSO_4$ 层，这似乎是不可能的。

(3) 非化学计量的 PbO_2 充放电机理。该充放电机理是将 PbO_2 看成半导体，其中铅与氧的比例并非 1：2，而是一种缺氧结构，可以表示为 PbO_n($n \neq 2$)。

在晶体中氧不足，但晶格中又必须保持电中性，在 PbO_2 的晶体中就会出现 O^{2-} 的空位和自由电子。在电场作用下，电子可以在晶体内流动，从而使晶体具有电子导电性。同时 O^{2-} 空位旁的 O^{2-} 也可以在电场作用下跳跃到 O^{2-} 的空位中，这种 O^{2-} 迁移称为空穴导电，也能使晶体导电。由于电子体积小，易在电场作用运动，而 O^{2-} 在空位间迁移则要慢得多。因此，PbO_2 导电主要靠晶体内电子运动，故而将 PbO_2 看成 N 型半导体。

由于 PbO_2 具有半导体性质，故而可以通过掺杂的途径改变其电导性。

4. 正极活性物质的性能变化

正极活性物质 PbO_2 的性能对铅酸电池的容量及寿命影响极大。随着充放电循环次数的增加，正极活性物质的机械强度和反应活性会逐渐降低，蓄电池的容量也会随之下降。导致正极活性物质性能下降的主要原因有：

(1) PbO_2 两种晶态的转换。前面已经说过，α-PbO_2 和 β-PbO_2 两种晶型的放电特性有差异，α-PbO_2 晶型颗粒较大，比表面积较小，故而其利用率低，只有 16%。但是，α-PbO_2 晶型颗粒之间结合较紧密，使用期限较长，所形成的多晶网络可以作为活性物质的骨架。β-PbO_2 晶型由于具有较小的颗粒尺寸和大的比表面积，故其利用率可达 70%～95%，但颗粒之间的结合较差，因而容易脱落。

α-PbO_2 和 β-PbO_2 的相对含量会随充放电循环次数的增加而发生变化。通常情况下，新制备的正极中 α-PbO_2 含量较高，在循环过程中会逐渐转化为 β-PbO_2。在最初的循环中，随着正极活性物质中 β-PbO_2 含量的增加，其孔隙率增加，这有利于 H_2SO_4 的渗透，可使蓄电池初期的容量随充放电循环的进行而逐渐增加。但是，随着蓄电池充放电循环次数的增加，β-PbO_2 比例的增大，活性物质之间的结合力逐渐减弱。由于充放电循环中 α-PbO_2 逐渐转变为 β-PbO_2，使得多晶网络受到削弱和破坏，并最终导致活性物质软化和脱落。

正极 α-PbO_2 和 β-PbO_2 存在一个最优的比例，当其质量比为 0.8 时，具有最好的深放电性能。

(2) 充放电时 PbO_2 与 $PbSO_4$ 之间频繁转换。蓄电池放电时 PbO_2 转化为 $PbSO_4$，由于 $PbSO_4$ 的比容比 PbO_2 大，因而随着放电程度的增加，整个正极物质体积会随之增大。如果板栅格子容积不变，则 $PbSO_4$ 的增加只能使极板的孔隙率降低，表观体积则不会变化。但在板栅变形增大时，整个正极的体积会随之增加，从而促成正极的膨胀。这样，在下次充电时，$PbSO_4$ 又转化为 PbO_2，孔隙率又有所增加。于是，随着充放电循环的进行，正极严重膨胀，正极的孔隙率也随着循环次数的增加而增加。孔隙率过分增加，活性物质颗粒之间结合力降低，电接触被破坏，电阻随之增加，活性物质也容易脱落。

此外，在每次充电的后期，在正极活性物质的孔隙内有氧析出，在析氧的冲击下，更促进了活性物质之间结合力的减弱，造成活性物质的脱落。

(3) 充放电条件及杂质的影响。充电时，正极在 $PbSO_4$ 上形成多孔的 PbO_2，而充电的真实电流密度取决于 $PbSO_4$ 的真实面积。在较小的真实电流密度下充电，可以获得致密的 PbO_2 层而不易脱落。如果充电的真实电流密度很大，就有可能达到或超过 PbO_2 氧化的极限电流，形成疏松的 PbO_2 层，因而容易脱落。颗粒细小致密的 $PbSO_4$ 层容易氧化形成疏松的 PbO_2 层；而颗粒粗大、结构多孔的 $PbSO_4$ 层，在充电时将获得结合牢固的 PbO_2 层。

$PbSO_4$ 的晶粒大小、孔隙率多少与蓄电池的放电条件有关。放电时的温度、电流密度、电解液的密度、放电深度都会影响 $PbSO_4$ 的结晶。放电时电流密度低、电解液密度低和温度较高均有利于生成多孔的 $PbSO_4$，有助于延缓正极的脱落，从而可延长蓄电池的循环寿命；大电流放电、低温状态下放电、深度放电，这些则均容易导致正极活性物质脱落，致使蓄电池的循环寿命缩短。

$PbSO_4$ 的同晶化合物 $BaSO_4$ 和 $SrSO_4$ 是蓄电池正极的有害杂质，这些杂质的存在会极大地促进活性物质的脱落。

5. 正极活性物质添加剂

将适当的添加剂添加于正极活性物质中，用以改善正极活性物质的电导率、孔隙率、电化学活性、与板栅的结合力及 PbO_2 颗粒间的结合力，或是抑制板栅的腐蚀，从而提高活性物质的利用率或寿命。一些添加剂还可以影响氧气在 PbO_2 电极上的析出电势及 $PbSO_4$ 氧化成 PbO_2 的能力，因而也可以改变铅酸电池的自放电和充放电性能。因此，研究正极活性物质的添加剂，也是提高铅酸电池性能和使用寿命的一项重要课题。

某种物质的添加剂可能对改善正极的某些方面有作用，但不可能对各项性能指标均有改善的作用，有的甚至还会有不良的副作用。因此，添加剂的选择受到了种种限制。

到目前为止，铅酸电池正极活性物质的添加剂有多种，按添加剂自身的性质可分为导电添加剂、无机添加剂、有机和有机高分子添加剂 3 类。

1) 导电添加剂

在正极铅膏中酸的含量增加会提高活性物质的利用率，但正极的使用寿命则会随铅膏中酸的含量增加而降低。为了解决这个矛盾，同时又能克服放电产物 $PbSO_4$ 的隔离作用，在正极中加入导电材料，用它来连接隔离的 PbO_2 区和邻近的反应区及板栅，使放电反应能继续进行，以达到提高活性物质利用率的目的。

(1) 碳素材料。在各种碳素材料中，石墨具有最佳的耐氧化能力。将天然石墨进行热处理，形成各向异性的石墨。将直径为 $250\sim1250\mu m$、质量分数为 $0.1\%\sim1.0\%$ 的高纯各向异性石墨添加在铅粉中。石墨在硫酸中进行阳极氧化时，生成石墨层间化合物并膨胀。在阀控式密封蓄电池中起到了紧装配的作用，并使正极能保持高的孔隙率，从而提高了活性物质的利用率。在任何放电倍率下，放电容量随石墨添加量的增加而增加。放电倍率越高，放电容量增加的系数就越大，尤其在低温高倍率放电时，放电容量的增加会更加显著。

(2) 镀 SnO_2 导电玻璃小片。将数量为 2%，厚度为 $0.3\sim0.5\mu m$ 且镀有 SnO_2 的玻璃小片添加于正极铅膏中，其主要作用是加速化成过程，以增加极板中 β-PbO_2 的含量，提高化成活性物质的比表面及活性物质的利用率。

2) 无机添加剂

无机添加剂多为金属氧化物和硫酸盐,在正极添加剂中占有较大比例,添加的方式有:直接在和铅膏时加入、加在电解液中、加在板栅合金中,添加剂或转入溶液或渗入正极活性物质中,以改善正极性能。

(1) 铋(Bi)。由于合金的阳极氧化,铋可溶解在电解液中或渗透到腐蚀层和活性物质中,从而对活性物质起到掺杂作用。这种掺杂有利于活性物质在充放电过程中的结构恢复。例如,在管式电极中,管芯合金中铋的含量为 $0.2\% \sim 0.8\%$,可以改善 PbO_2 颗粒之间的接触,从而提高正电极的循环寿命。此外,铋的掺入,也提高了电极的导电率,减少了腐蚀层电阻对电极容量的限制作用。

必须注意的是,含铋合金加速了电解液-铅芯-空气交界处的腐蚀,提高了板栅的腐蚀速率。鉴于此,板栅(Pb-Sn 合金)中 Bi 的含量不能大于 0.1%,而连条、端子合金中 Bi 的含量应小于 0.02%,以防止空气腐蚀。

(2) $CaSO_4$。在正极活性物质中添加 2% 的 $CaSO_4$,并用硝酸钙对正极进行处理,可极大地改善蓄电池大电流放电特性,尤其是低温大电流放电特性的改善更为明显。掺入正极活性物质的 $CaSO_4$ 可起晶核的作用,使 Pb^{2+} 能迅速生成 $PbSO_4$,避免了 Pb^{2+} 在正极表面附近过多的集聚,从而可降低结晶超电势和浓差超电势。由于 $CaSO_4$ 和 $PbSO_4$ 是不同的晶型,因此与同晶的 $BaSO_4$ 和 $SrSO_4$ 不同,$CaSO_4$ 不会对电极寿命有严重的负面影响。

(3) $Al_2(SO_4)_3$。在正极活性物质中添加 2% 的 $Al_2(SO_4)_3$,主要作用是增加电池初期的充放电循环容量,而对蓄电池的循环寿命没有明显影响。添加 $Al_2(SO_4)_3$ 能起到成孔作用,在极板化成和蓄电池使用过程中,$Al_2(SO_4)_3$ 溶入电解液,可增加活性物质的孔隙率。

(4) 沸石。沸石具有多孔结构,而且有吸附 H_2SO_4 的作用,可以对阳离子进行交换,是很好的离子导体。在正极活性物质中添加 0.05% 左右、粒度为 $20 \sim 75\mu m$ 的沸石,增加了活性物质的利用率,可提高蓄电池的容量和使用寿命。

(5) 磷酸及硫酸盐。在正极铅膏中添加磷酸及硫酸盐的主要作用如下:

① 减轻蓄电池的自放电,抑制下面的反应过程。

$$PbO_2 + H_2SO_4 \rightarrow PbSO_4 + H_2O + \frac{1}{2}O_2$$

② 改善板栅材料与腐蚀产物的结合力,以减轻板栅合金的腐蚀,阻止 $PbSO_4$ 阻挡层的形成。

③ 减缓正极活性物质的软化过程,以减少活性物质的脱落。

④ 减轻深度放电后搁置时极板的硫酸盐化。

⑤ 在胶体蓄电池中,磷酸盐可使胶体稳定。

但该添加剂也有不利的影响,例如,当添加剂的含量超过 2% 时,会使初期容量下降,低温性能降低。

3) 有机和有机高分子材料添加剂

在正极活性物质中加入聚二氯乙烯、聚酯纤维、聚乙烯醇、聚丙烯酸、聚苯乙烯酸、氟塑料等有机高分子材料,作为黏结剂和支持网络的增强剂,增加活性物质强度,用以提高蓄电池寿命。此类添加剂很少用来提高正极活性物质的利用率。

6. 正极板栅的腐蚀

铅酸电池的正极板栅要比负极板栅厚，原因是蓄电池在充电和静置时，正极板栅会受到腐蚀，使板栅逐渐变细变薄而失去板栅的作用。因此，正极板栅必须加粗加厚。

1) 板栅腐蚀的原因

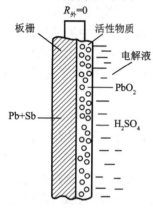

图 3.18 正极板栅腐蚀示意图

（1）蓄电池在开路时正极板栅与活性物质 PbO_2 直接接触，并且共同浸在电解液中（图 3.18），它们各自与电解液建立不同的平衡电极电势。由于电势高低有差别，又共同与活性物质 PbO_2 接触（$R_{外}=0$），就自然形成了短路微电池。短路微电池以活性物质 PbO_2 为正极，Pb 和 Sb 为负极。由于板栅上 Pb、Sb 分布和表面状态的不均匀性，因而这种短路微电池是极其复杂的，但总的结果是导致正极板栅的 Pb、Sb 不断溶解，而正极活性物质 PbO_2 不断被还原。很显然，铅酸电池在开路状态下，正极板栅的腐蚀是不可避免的。这种腐蚀不仅使板栅变薄，还使蓄电池的容量也降低了。

（2）蓄电池在充电时正极板栅所能承受的电势值比 Pb、Sb 的平衡电势正很多，使得正极板栅上的 Pb、Sb 均处于阳极极化状态，而且超电势很大，Pb、Sb 将以很大的电流被腐蚀溶解。

总之，正极板栅无论是在搁置时，还是充电时，始终处于不稳定状态，总存在着被氧化的趋势。当充电时，尤其是过充电时，铅锑合金正极板栅的腐蚀则会更为严重。

2) 影响板栅腐蚀速率的因素

用金相显微镜可观察到，铅及铅锑合金在阳极极化过程中，腐蚀基本是沿着晶粒的边界进行的，晶粒之间的腐蚀速率比晶粒的腐蚀速率要大很多。由于晶间夹层中杂质较多，组织复杂，它的耐腐蚀能力最差，发生腐蚀的可能性也最大。如果晶间夹层较薄，则腐蚀产物容易把晶间夹层盖住，如果腐蚀产物致密完整，板栅就会得到腐蚀产物的保护，这会使板栅的腐蚀速率大为降低。如果晶间夹层较厚，腐蚀产物就难以将晶间夹层全部覆盖，因此在外电流的阳极极化时，就从没有被覆盖的晶间夹层部位开始，使板栅继续受到腐蚀。大量实验已经证实了正极板栅的金相结构与晶粒尺寸对板栅腐蚀速率均有影响。

3) 减缓板栅腐蚀速率的措施

从影响板栅腐蚀速率的因素可知，要减缓板栅的腐蚀，就要用金相组织细密的合金制成板栅。要制成这样的合金，一方面从铸造工艺上要掌握冷却速率，既要保证铸满型，又要使冷却速率尽量快，以获得晶粒细小、致密的合金金相组织；另一方面是采用添加变晶剂的方法来获得细小结晶。变晶剂的加入，可以增加合金晶体结构的分散度，保证晶间夹层形成致密的耐腐蚀的惰性相，以抑制板栅的腐蚀速率。

通常所采用的变晶剂有银、砷、碲、钙、钴、钛、硫等，而碱金属钠、锂、钾及镁、锌、铋等则会加速腐蚀。在铅锑合金中添加银、砷、钴可大大降低腐蚀速率，但银还会降低氢和氧的析出超电势，而且也能转移到负极板，从而加大电池的自放电，因此银不能用于全密封电池或免维护电池，而且银的价格昂贵，因而银很少被用作变晶剂。

3.2.2 铅酸电池的负极

铅酸电池的负极活性物质在充电状态下是海绵状金属铅，负极的充放电反应可写成为

$$Pb + HSO_4^- \underset{充电}{\overset{放电}{\rightleftharpoons}} PbSO_4 + 2e^- + H^+ \tag{3-3}$$

上述充放电反应式只给出铅酸电池负极放电和充电过程中活性物质的状态,而不能说明其反应机理。目前比较公认的负极反应机理是溶解沉淀与固相反应共存。

1. 负电极溶解沉淀机理

负电极放电是 Pb 的阳极氧化,并伴随化学反应生成物沉淀的过程。放电时,负极板上的 Pb 在硫酸溶液中发生阳极氧化反应,在电势低于某临界值时,溶解为 Pb^{2+} 或可溶的质点 Pb(Ⅱ),并借助于扩散方式离开电极表面,当遇到 HSO_4^- 且离子浓度超过其溶度积时,就会有 $PbSO_4$ 沉淀,沉淀过程在扩散层内发生。当电极电势正向移动达到某数值,超过固相成核的超电势时,发生固相反应,SO_4^{2-} 与 Pb 表面碰撞而直接形成固态 $PbSO_4$。

充电时,负极 $PbSO_4$ 先溶解成 Pb^{2+} 和 SO_4^{2-},Pb^{2+} 接受外电路送来的电子而还原为 Pb。这是一个伴随 $PbSO_4$ 溶解前置反应的还原过程。

铅电极进行阳极氧化反应时,$PbSO_4$ 沉淀前,其离子需要有一定的过饱和度才能生成 $PbSO_4$ 晶种,即需要晶核形成的时间。从负极的充放电过程可以看出,负极的电极反应主要是 $PbSO_4$ 的溶解和结晶过程。

2. 铅电极的钝化

由于阳极氧化反应受到阻碍,Pb 的溶解速度急剧下降甚至趋于停止,电极电势急剧变正的现象,称为金属的阳极钝化。导致铅电极钝化的原因是其表面生成了 $PbSO_4$ 层。

(1) 铅电极钝化的起因。铅电极放电产物 $PbSO_4$ 较 Pb 的比容大,因而放电使得负极板的孔隙率减少,放电生成的 $PbSO_4$ 沉附在海绵状铅电极表面,形成一层绝缘压实的 $PbSO_4$ 盐层,将电解液与 Pb 隔离开来。当生成的盐层全部覆盖于 Pb 表面时,硫酸溶液只能通过盐层小孔到达电极表面,使得电化学反应的电极面积大大下降,电流密度急剧增加,负极的电极电势向正向明显偏移,以至电极反应几乎停止,使负极钝化。在电极上覆盖的 $PbSO_4$ 盐层通常称为钝化层。

(2) 影响钝化程度的因素。铅电极的钝化程度与覆盖在电极表面 $PbSO_4$ 层的致密程度有关,而致密程度取决于 $PbSO_4$ 沉淀时在电解液中的过饱和度,过饱和度越大,$PbSO_4$ 沉淀晶粒就越细,形成的 $PbSO_4$ 层也就越致密。可见,影响 $PbSO_4$ 在硫酸中过饱和度的因素也是影响钝化的因素。因此,铅电极的钝化与放电电流密度、放电温度、电解液密度均有关。

可用过饱和度的观点来解释铅电极钝化程度的影响因素。当放电电流密度高、放电温度较低、电解液密度较高时,溶液过饱和度较大,这时 $PbSO_4$ 晶体主要是平行于电极表面生成,而且是形成晶粒小、孔径小、孔隙率低的钝化层。在低温下 $PbSO_4$ 平衡溶解度下降,所以提高了过饱和程度,形成数量较多、尺寸较小的晶核,造成了致密的钝化层。

3. 铅电极的自放电

(1) 铅的自溶共轭反应。铅酸电池在开路状态下,负极上的铅会产生自溶解,这导致了容量损失。与铅溶解的共轭反应通常是溶液中 H^+ 的还原过程,即

$$Pb + H_2SO_4 \rightarrow PbSO_4 + H_2 \uparrow$$

该还原过程的速度与电解液密度、储存温度、所含杂质和膨胀剂的类型均有关。

溶解于硫酸中的氧也可引起铅的自溶,其化学过程如下

$$Pb + \frac{1}{2}O_2 + H_2SO_4 \rightarrow PbSO_4 + H_2O$$

该过程受控于氧气的扩散,一般情况下,自放电主要是由负极的析氢反应引起的。

(2) 铅电极中的杂质对自放电的影响。杂质对以析氢为主的铅自溶共轭反应影响很大。氢在铅上析出的超电势很高,而铅在 4～5mol/L 的硫酸溶液中是高度可逆的体系,它的交换电流密度很大,氢在铅上的析出反应是一个超电势很高的过程,铅的阳极溶解是一个极化很小的过程。因此,在铅的溶解与析氢这一对共轭反应中,铅的自溶速度完全受析氢过程控制,析氢超电势的大小起着决定性的作用。

一些杂质沉积在铅电极表面,与铅组成微电池,在这个短路电池中铅被溶解,氢在超电势小的杂质上析出,因而加速了自放电。

可见,提高氢析出的超电势,避免加速析氢的杂质存在,就可减少铅电极的自放电。氢超电势大小的顺序如下:

锡、铋、银、锑、铜、铁、钴、镍、金、铂
← 氢超电势增加

4. 铅电极添加剂

在铅电极中加入占铅膏千分之几的添加剂,用以改善铅电极的性能。这些添加剂包括纯有机物质、表面活性物质和无机物质,按其作用分类,可分为膨胀剂和阻化剂两大类。

1) 膨胀剂

(1) 膨胀剂的作用。在铅电极活性物质中加入膨胀剂,用以提高电池的循环寿命和输出功率,特别是低温条件下的输出功率。

负极活性物质具有非常高的比表面积 ($0.5～0.8m^2/g$)、50% 的孔隙率(故称为"海绵状")和很高的表面能量。在热力学上,这种高能量体系是不稳定的,有向能量减小方向自发变化的趋势。

当金属、溶液体系不变时,负极表面张力是一定的,只能是颗粒合并以降低表面积来减小体系的能量。充电时,负极上的 $PbSO_4$ 溶解,是 Pb^{2+} 还原进行金属电沉积的过程,这提供了体系向能量减小方向变化的条件,使得负极真实表面积收缩。加入膨胀剂,可防止在充放电循环过程中负极活性物质表面积的收缩。这些物质可吸附在电极表面,以降低表面张力,从而减小体系的能量,使活性物质的真实表面积不收缩,使得负极活性物质能保持大的比表面积。

膨胀剂的另一个功能是去钝化作用,即影响负极在放电过程中形成的 $PbSO_4$ 结构或影响 Pb 氧化成 $PbSO_4$ 的动力学过程。

(2) 膨胀剂的类型。目前,铅酸电池负极中常用的膨胀剂分为无机膨胀剂和有机膨胀剂两大类。前者是某些无机盐等无机物质,后者包括纯有机物质及表面活性物质。

经常使用的无机膨胀剂是硫酸钡、炭黑、木炭粉等。与无机膨胀剂相比,有机膨胀剂的作用更明显,概括起来如下。

① 促使细晶铅的产生,并降低表面张力,防止铅颗粒间的合并,保持其表面发达和多孔结构的海绵状铅。

② 推迟铅电极的钝化，提高活性物质利用率，提高放电容量。

③ 起阻化作用，减少充电过程中氢气析出，降低铅的自溶，以减少水的消耗和电池容量的损耗。

总的来说，有机膨胀剂能改善负极的循环性能，提高输出电流及低温条件下的放电容量。但它对铅酸蓄电池的充电过程有不利的影响。到目前为止，有效的有机膨胀剂有腐殖酸、栲胶、合成鞣、甲基橙、生物碱等。

2) 阻化剂

(1) 阻化剂的作用。阻化剂主要用于抑制铅电极在化成后干燥、储存过程中的氧化及氢气析出。作为膨胀剂加入到负极活性物质中的腐殖酸和木素磺酸盐等添加剂，在负极中能提高析氢超电势，对负极氢的析出有一定的阻化作用。析氢阻化剂吸附在负极的表面，但主要应优先吸附在析氢超电势低的质点（如锑、银、铜等）上，以抑制氢在这些质点上的析出。理想的析氢阻化剂应能对氢的析出有阻滞作用，而对 $PbSO_4$ 的还原过程及 Pb 的溶解则无有害影响。

(2) 干荷电蓄电池的形成。在干荷电蓄电池生产过程中通常要用到阻化剂，因为涂膏后的负极板主要成分是 Pb、$PbSO_4$ 和 PbO 及膨胀剂等，这种没有电化学活性的铅膏经过化成后，就转化为多孔的海绵状铅，这种具有很高活性的 Pb 遇有空气就会被氧化。在干燥和组装等工序中，负极板与空气接触，由于负电极表面仅有一层薄的稀硫酸液膜，氧很容易与 Pb 接触而使 Pb 迅速被氧化。在这种状态下注入电解液，负极 Pb 的氧化物转化为 $PbSO_4$，导致部分负极容量损失，且须进行初充电后方可使用。

在负极活性物质中加入抗氧化物质，可防止负极 Pb 发生氧化过程。这种负极板组装成铅酸电池后，由于铅负极板表面未被氧化，Pb 仍然保留化成后的活性，因而加液后不必进行初充电，就能放出额定的容量。这种蓄电池被称为干荷电蓄电池，所加的抗氧化物质就是阻化剂。目前干荷电蓄电池生产过程中添加的阻化剂有松香、α-羟基-β-萘酸（简称 1,2-酸）、硼酸、甘油、木糖醇等。

3) 膨胀剂和阻化剂对蓄电池伏安特性的影响

应该清楚的是，添加膨胀剂和阻化剂虽然能改善蓄电池的性能，但是负极的充电往往会变得更加困难，从而减弱了负极低温下的荷电能力。一些膨胀剂的这种影响可以从铅电极充放电循环的伏安特性曲线（图 3.19）上看出。图中横坐标以上为 Pb 阳极氧化时的电流，横坐标以下为 $PbSO_4$ 等的还原电流，上部曲线所包围的面积就是 Pb 阳极氧化过程所放出的电量，下部曲线所包围的面积则是 $PbSO_4$ 还原时的电量。

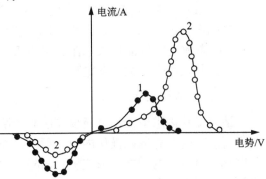

图 3.19　铅电极充放电循环的伏安特性曲线

1—无膨胀剂伏安曲线；2—加膨胀剂伏安曲线

从图 3.19 可以算出，添加某些膨胀剂虽然促进了负极活性物质的阳极氧化过程，但阻碍了 $PbSO_4$ 的阴极还原过程。因此，当负极联合使用膨胀剂和阻化剂时，要注意合理选择，以适应不同的生产条件和使用要求，达到较理想的添加剂辅助效果。

3.3 铅酸电池的特性

3.3.1 铅酸电池的内阻

铅酸电池的内阻较小,在小电流放电时,其内阻上的电压降可忽略不计,但当充放电电流较大时,就必须考虑蓄电池内阻对充放电性能的影响。

当蓄电池有电流输出时,其端电压比开路电压要低,这表明蓄电池有内阻。如果蓄电池的开路电压为 U_0,放电电流为 I 时的端电压为 U,则蓄电池的内阻 R_0 为

$$R_0 = \frac{U_0 - U}{I}$$

蓄电池的内阻并不是一个常数,不同的工作状态和环境条件下,蓄电池的内阻会有所不同,用不同的测试方法、不同的测试持续时间测得的内阻也会有所不同。实际上,蓄电池的内阻成因复杂且是变化着的。宏观上测得的蓄电池内阻(稳态内阻)R_0 包含欧姆内阻、浓差极化内阻和活化极化内阻 3 部分。

1. 欧姆内阻

欧姆内阻包括极板电阻、隔板电阻、电解液电阻和连条电阻等。隔板电阻主要取决于隔板的材料、厚度及多孔性,在通常使用的隔板中,微孔塑料隔板的电阻较小。连条电阻主要与连条长度有关,穿壁式连条因其较短而电阻较小。蓄电池在使用过程中,隔板和连条的电阻不会改变,极板电阻和电解液电阻则会随蓄电池的放电程度、电解液的温度和密度的不同而改变。

放电过程中在极板上形成的 $PbSO_4$ 的导电性很差,会增加极板的电阻。极板电阻在充足电状态下最小,随着蓄电池放电程度的增加,覆盖在极板表面的 $PbSO_4$ 相应增多,极板电阻会随之增大。放电初期极板的电阻增加缓慢,但接近放电终期时,则会急剧增加。蓄电池放电终了时极板的电阻要比充足电状态大 2~3 倍。

电解液的电阻与其温度和密度有关。温度低或电解液的密度高,则电解液的黏度较大,影响离子的运动速率,因而呈现出较大的电阻。电解液的密度过高或过低,还会因为 H_2SO_4 的离解度降低而增大电阻。当电解液密度为 1.208 g/cm³(25℃)时,电解液的离解度最高,其黏度也不大,其电阻最小。

2. 浓差极化内阻

浓差极化内阻由参加电极反应的离子浓度变化引起,因此,只要蓄电池内部进行着电化学反应,就会有浓差极化内阻。蓄电池充放电的电流较小时,其浓差极化内阻也较小,随着充放电电流的增加,浓差极化内阻会随之增大,表现为需要更高的充电电压,放电时则端电压下降更多。

3. 活化极化内阻

活化极化内阻是由电化学反应体系的性质决定的,其数值很小。一个确定了的电池体系和结构,其活化极化内阻也就确定了,只有在电池寿命后期或放电后期,电极结构和状态发生了变化而引起反应电流密度改变时,活化极化内阻才会有所改变,但其数值仍然很小。

3.3.2 铅酸电池的充放电特性

1. 放电特性

蓄电池的放电特性是指以恒定的电流 I_f 放电时，蓄电池端电压 U_f、电动势 E 和电解液密度 ρ 随放电时间的变化规律。以 20h 放电率（$I_f=0.05C_{20}$）的恒流放电特性如图 3.20 所示。

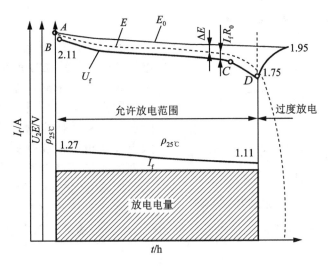

图 3.20　铅酸蓄电池放电特性

放电时，由于蓄电池内阻 R_0 有电压降，因此，蓄电池端电压 U_f 低于其电动势 E，即

$$U_f = E - I_f R_0$$

而 E 又低于静态电动势 E_0，即

$$E = E_0 - \Delta E$$

蓄电池放电时的电化学反应在极板的孔隙内进行，蓄电池放电时电动势 E 下降 ΔE 的原因是极板孔隙内的密度低于容器中的电解液密度，形成了浓差极化内阻。

从蓄电池的恒流放电特性曲线可知，蓄电池在刚开始放电和放电接近终了时电压迅速下降，而在中间较长的一段时间内 U_f 下降则比较缓慢。

开始放电时 U_f 迅速下降（AB 段）是因为放电之初极板孔隙内电解液 H_2SO_4 迅速消耗，其密度随之迅速下降（ΔE 迅速上升）所致。极板孔隙内外的电解液有了 H_2SO_4 浓度差后，极板孔隙外的 H_2SO_4 会向孔隙内渗透，使孔隙内的电解液密度下降至与整个容器的电解液密度下降趋于一致（ΔE 基本稳定），因而 U_f 下降比较缓慢（BC 段）。放电接近终了时，化学反应深入极板内层，加之放电后生成的 $PbSO_4$ 使孔隙变得越来越小，电解液渗透困难，造成极板孔隙内的电解液密度迅速下降（ΔE 又迅速上升），U_f 随之迅速下降（CD 段）。

1.75 V 是 20h 放电率的终止电压（D 点），若继续放电则为过度放电，端电压会急剧下降。停止放电后，电解液的渗透使孔隙内外的电解液密度趋于一致，蓄电池单格电池电动势会回升至 1.95 V 的静止电动势（ΔE 消失）。

铅酸电池过度放电会导致极板形成粗晶体 $PbSO_4$，在充电时不易还原成活性物质而使蓄电池容量下降，缩短使用寿命。

在恒电流放电时,每单位时间里 H_2SO_4 转变为 H_2O 的数量是一定的,故电解液的密度 ρ 呈直线下降。一般电解液密度每下降 $0.04g/cm^3$,蓄电池放电约为额定容量的 25%。因此,通过检测蓄电池电解液的密度,可大致估计蓄电池的放电程度。

从放电特性曲线可知,蓄电池放电终了可由两个参数判断:

① 单格电池电压下降至放电终止电压;

② 电解液密度下降至最小的许可值。

2. 放电电流对放电特性的影响

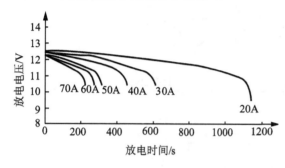

当以不同的恒流放电时,蓄电池的放电特性曲线如图 3.21 所示。

大电流放电时,由于硫酸浓度变化大和内阻造成的电压降,放电开始后电压下降明显,曲线的平缓部分短,倾斜较大。大电流放电时电压倾斜度较大,主要是电解液的扩散不能补充放电的消耗,引起较大的浓差极化电阻所致。

图 3.21 放电电流大小对放电特性的影响

终止电压与放电电流的大小有关,放电电流越大,放电的时间就越短,允许放电的终止电压也越低。放电电流与终止电压的关系见表 3-3。

表 3-3 放电电流与终止电压的关系

放电电流 /A	$0.05C_{20}$	$0.1C_{20}$	$0.25C_{20}$	$1C_{20}$	$3C_{20}$
连续放电时间	20h	10h	3h	30min	5.5min
单格电池终止电压 /V	1.75	1.70	1.65	1.55	1.5

3. 充电特性

蓄电池的充电特性是指以恒定电流 I_C 充电时,蓄电池充电电压 U_C、电动势 E 及电解液密度 ρ 随充电时间变化的规律。以 20h 充电率 ($I_C=0.05C_{20}$) 的恒流充电特性如图 3.22 所示。

充电电源要克服蓄电池内阻电压降,其充电电压 U_C 需高于蓄电池的电动势 E,即

$$U_C = E + I_C R_0$$

而

$$E = E_0 + \Delta E$$

充电时蓄电池电动势 E 升高 ΔE 的原因:一是蓄电池充电时极板孔隙内电解液密度高于容器中的电解液密度,即形成了浓差极化;二是充电终期负极板附近集聚的 H^+ 所引起的附加电位差,即电化学极化。

充电开始时(AB 段),蓄电池的充电电压 U_C 迅速上升是因为孔隙内进行的电化学反应所生成的 H_2SO_4 使孔隙内电解液密度迅速上升(ΔE 迅速上升)所至。当极板孔隙内外电解液的 H_2SO_4 浓度差产生后,极板孔隙内的 H_2SO_4 将向孔隙外扩散,此时,U_C 随着整个容器内的电解液密度的缓慢增大而逐渐上升(ΔE 基本稳定,即 BC 段)。当 U_C 上升至 2.4V

左右时，电解液开始有气泡冒出，这是极板上的 $PbSO_4$ 基本已被还原成活性物质、充电电流已开始电解水的标志。继续充电，水的电解速度会不断上升，气泡也逐渐增多，使电解液呈"沸腾"状。由于 H^+ 在极板上得到电子变成 H_2 的速度较水的电解慢，因而在接近充足电时，负极板附近会集聚越来越多的 H^+，使负极板与电解液之间产生一个迅速上升的附加电位差（电化学极化，CD 段），导致 U_C 迅速上升。附加电位差最高约为 0.33V，因此，充电电压上升至 2.7V 后就不再升高。

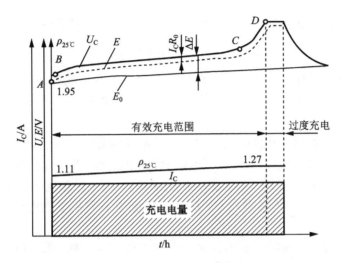

图 3.22　铅酸蓄电池充电特性

理论上 U_C 达到 2.7V 时（D 点）应终止充电，否则将造成过充电。但在实际使用中，往往在充电电压达到最高电压后，继续充电 2～3h，以确保蓄电池能完全充足。

铅酸电池过充电所产生的大量气体会在极板孔隙内造成压力，这会加速极板活性物质脱落，导致蓄电池容量下降，缩短使用寿命。

由于是恒定电流充电，蓄电池电解液的密度 ρ 呈直线上升。

蓄电池充足电的特征如下：

(1) 蓄电池的端电压上升至最高值（单格电池电压为 2.7V）且 2h 内不再变化。
(2) 电解液的密度上升至最大值且 2h 内基本不变。
(3) 电解液大量冒气泡，呈现"沸腾"。

4．充电电流对充电特性的影响

铅酸电池以不同的充电率进行恒流充电时，其充电特性如图 3.23 所示。

大电流充电时，充电过程中单位时间内生成的硫酸和消耗水量较多，电池的动态电势上升快，充电电压上升也较快。由于充电电流大，电池内部极化电阻增加，以及克服内阻的电压降也增大了，因而不仅充电电压上升快，充电终期需要保持的充电电压也较高。

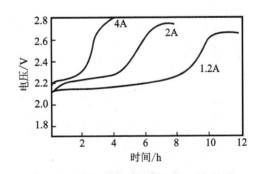

图 3.23　充电电流大小对充电特性影响

可见，用较大电流充电可以加快充电过程，缩短充电时间，但充电的效率较低。充电终期大部分能量用于产生焦耳热和分解水，$PbSO_4$ 不能充分转化为活性物质，所以一般在充电终期应适当减小充电电流。

3.3.3 铅酸电池的容量及影响因素

1. 铅酸电池的容量

蓄电池的容量是其在允许放电的范围内所输出的电量，可用下式表示：

$$C = \int_0^t i \, dt$$

式中，C 为蓄电池的容量（A·h）；i 为放电电流（A）；t 为放电时间（h）。

如果蓄电池以恒定的电流 I_f 放电，则其容量的表达式为

$$C = I_f t$$

铅酸电池的容量表示了其供电的能力，由于蓄电池实际能放出的电量与放电电流、温度及电解液的密度等因素有关，因此，标称的蓄电池容量具有一定的标准规范。例如，起动型铅酸电池通常以额定容量 C_{20} 来表示其放电能力，C_{20} 是指完全充足电的蓄电池，在电解液温度为 25℃时，以 20 h 放电率（$I_f = 0.05C$）连续放电到单格电池电压降至 1.75V 蓄电池所输出的电量。

蓄电池的额定容量是检验起动型新蓄电池的质量，以及衡量旧蓄电池能否继续使用的重要指标。新蓄电池达不到额定容量则为不合格产品，旧蓄电池的实际容量低于额定容量或超过某一限值时则应报废。

动力电池通常用 C_5 表示其放电能力，C_5 就是 5h 放电率蓄电池所具有的容量。需要注意的是，同一块蓄电池，不同的放电率下其容量大小是不同的。

2. 影响蓄电池容量的因素

蓄电池实际容量的大小取决于在允许放电的范围内，其极板上所能参与电化学反应的活性物质的多少，因此影响蓄电池容量的因素主要有如下 4 个方面。

（1）极板的构造。极板上活性物质与电解液接触的表面积大，在允许放电范围内能参与电化学反应的活性物质就多，其容量也就大。普通蓄电池一般只利用了极板上 20%～30% 的活性物质，因而采用薄形极板、增加极板的片数及提高活性物质的孔率，均能有效提高蓄电池的容量。

（2）放电电流。放电电流越大，单位时间里所消耗的 H_2SO_4 就越多，加之对极板孔隙起阻塞作用的 $PbSO_4$ 产生速率高，造成孔隙内的电解液密度急剧下降，使蓄电池端电压很快下降至终止电压，缩短了允许放电的时间，使得极板孔隙内的一些活性物质未能参加电化学反应，从而导致了蓄电池容量的下降。蓄电池容量与放电电流的关系如图 3.24 所示。

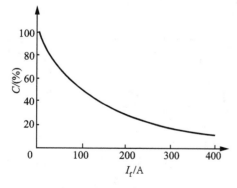

图 3.24 蓄电池容量与放电电流的关系

(3) 蓄电池的温度。蓄电池电解液温度低,则黏度大,渗透能力下降,使极板内层的活性物质不能充分利用而造成容量降低。此外,温度越低,电解液的溶解度和电离度也越低,这又加剧了容量的下降。蓄电池容量与温度的关系如图 3.25 所示。

温度每下降 1℃,蓄电池的容量下降约为 1%(小电流放电)或 2%(大电流放电)。因此,使用中使蓄电池保持在适当的温度,有利于提高蓄电池的实际容量。

(4) 电解液的密度。电解液的密度过低时会因为 H^+、HSO_4^- 数量少而导致容量下降;电解液密度过高则又会因为其黏度增大、渗透能力降低、内阻增大、极板容易硫化而导致容量下降。蓄电池容量与电解液密度的关系如图 3.26 所示。

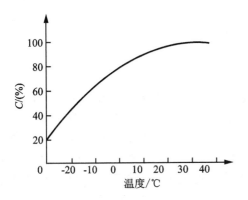

图 3.25 蓄电池容量与温度的关系

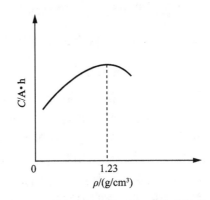

图 3.26 蓄电池容量与电解液密度的关系

3.3.4 铅酸电池硫酸盐化的影响及原因

1. 铅酸电池极板硫化的影响

铅酸电池硫酸不可逆盐化也称为极板硫化,是指极板上产生了白色、坚硬不易溶解的粗晶粒 $PbSO_4$。铅酸电池极板硫化对其性能的影响如下:

(1) 由于粗晶粒 $PbSO_4$ 很难溶解电离,因而在充电时 $PbSO_4$ 不易被还原为活性物质,使得充足电后的活性物质减少。因此,极板硫化会导致蓄电池的容量下降。

(2) 生成的 $PbSO_4$ 沉附于极板的表面对极板的孔隙有阻塞作用,因而会造成蓄电池的内阻增大,放电时蓄电池端电压降低,从而影响蓄电池的放电性能。

(3) 极板上硬化的 $PbSO_4$ 的存在,使蓄电池充电时可接受电流减小,并提高了充电电压,使充电效率下降,并容易出现蓄电池温度过高的现象。

实际上,铅酸电池极板硫化是导致蓄电池使用寿命缩短的主要原因之一。

2. 铅酸电池极板硫化的原因及处理措施

(1) 极板硫化的原因。$PbSO_4$ 硬化被认为是由 $PbSO_4$ 重结晶引起的,因为重结晶易生成大颗粒 $PbSO_4$,使其溶解度减小。由于多晶体系总是向减小表面自由能的方向进行,因而重结晶过程会使晶体颗粒变大。因此,如下情况容易造成蓄电池极板硫化。

① 蓄电池长时间处于亏电状态,致使极板上的 $PbSO_4$ 未能及时还原为活性物质,由于 $PbSO_4$ 的溶解度随温度而变,当温度降低时,电解液中的 $PbSO_4$ 就会过饱和而析出。$PbSO_4$ 析出时会再结晶,形成粗晶体并沉附在极板表面,造成极板硫化。

② 电解液的液面过低，使得极板外露而氧化，汽车行驶颠簸时，会使电解液不时地与极板上部已被氧化了的部分接触而使 $PbSO_4$ 再结晶，形成极板硫化。

③ 小电流下的长时间过放电，使极板深层的活性物质转变为 $PbSO_4$，在汽车运行中，发电机向蓄电池充电不可能使这部分 $PbSO_4$ 复原，久而久之就会变为粗晶体 $PbSO_4$。

此外，电解液密度过高、不纯、环境温度变化很大等，也会使极板容易硫化。

(2) 极板硫化的处理措施。在蓄电池极板硫化还不严重时，可以用去硫化充电法消除硫化：用水或较稀的电解液，在比正常充电电流小一半或更小的电流下进行充电，之后放电，再充电，如此反复多次，达到应有容量后，再将电解液密度调整到适当值即可使用。极板硫化严重的蓄电池则只能报废。

3.3.5 铅酸电池的使用寿命与失效原因

1. 铅酸电池的使用寿命

铅酸电池在使用初期，随着充放电循环次数的增加，其容量有所上升，逐渐达到最大值。此后，则会随着充放电循环次数的增加，容量逐渐减少。例如，铅酸电池在使用过程中，极板活性物质的自然老化和脱落、极板的腐化和变形、$PbSO_4$ 的硫化等，均会使蓄电池的放电能力下降。牵引用蓄电池当容量下降至额定容量的 80% 以下时，就认为达到了该蓄电池的使用寿命极限。不同国家、不同类型的蓄电池都有相应的标准，对蓄电池性能评定方法和使用期限有明确的规定。

2. 铅酸电池失效模式及原因

由于极板种类、材质和制造条件、使用环境和方式等都会有差异，最终导致蓄电池失效的原因也会有所不同。归纳起来主要有以下几种。

(1) 正极板栅的腐蚀变形。铅酸电池的正极板栅在充电过程中会被氧化成 $PbSO_4$ 和 PbO_2，最后导致丧失支撑活性物质的作用而使蓄电池失效；或是因为正极板上的 PbO_2 形成了腐蚀层而使板栅铅合金产生应力，引起板栅线性长大变形，致使活性物质与板栅接触不良而脱落。

(2) 正极活性物质软化脱落。除了正极板栅变形长大会引起活性物质脱落，随着充放电反复进行，正极 PbO_2 的结合会松弛、软化，并从板栅上脱落下来。

(3) 极板产生不可逆硫酸盐化。极板上生成了粗晶粒 $PbSO_4$，导致蓄电池充不进电，容量下降至寿命的极限。

(4) 锑在活性物质上的积累。正极板栅上的锑随着充放电循环的进行，部分迁移到负极活性物质表面，由于氢在锑上的超电势比铅上低约 200mV，锑的积累使蓄电池充电电压降低，大部分电流用于分解水，使电池因不能正常充电而失效。

(5) 热失控。由于调压装置失控，导致充电电压过高，使充电电流过大，致使蓄电池电解液温度升高，这又导致蓄电池内阻下降，内阻的下降又会使充电电流进一步提高。于是，进入了"蓄电池充电电流大→升温→充电电流增大"这样一个恶性循环，致使蓄电池因温度过高而变形、开裂，并最终导致蓄电池失效。

(6) 容量过早损失。当用低锑或铅钙合金板栅时，在蓄电池使用初期（约 20 个循环）出现容量突然下降的现象，致使蓄电池失效。

(7) 负极汇流排的腐蚀。在阀控式密封蓄电池中，当建立氧循环时，电池上部空间基本充满了氧气，电解液沿极耳上爬至汇流排，汇流排的合金氧化进一步形成 $PbSO_4$，腐蚀严重时导致极耳与汇流排脱开，负极板失效。

(8) 隔膜穿孔造成短路。有些蓄电池的隔膜，如聚丙烯隔膜，孔径较大，在使用过程中聚丙烯丝会发生位移而形成大孔，活性物质在充放电过程中穿过大孔，造成微短路，导致蓄电池失效。

(9) 蓄电池漏液。在蓄电池极柱或安全阀四周出现爬酸现象，主要原因有蓄电池密封不良、安全阀失效（阀控式免维护型）、充电电压太高等。

(10) 蓄电池的不一致性。蓄电池组各电池的内阻、容量、充电可接受电流等性能参数存在差异，致使在充放电时，性能差的蓄电池更容易过充电和过放电，导致其进入性能迅速下降、蓄电池组各电池不一致性进一步扩大的恶性循环，最终使该电池失效，并造成整个蓄电池组报废。

导致铅酸电池失效往往是许多因素综合作用的结果，既取决于极板的内在因素，如活性物质的组成、晶型、孔隙率、板栅材料和结构等，也取决于一系列外在因素，如充放电电流的大小、电解液的密度和温度、放电深度、维护状况和储存时间等。

3.3.6 铅酸电池的特点

相比于其他类型的蓄电池，铅酸电池的最大优点是内阻小，可输出大电流，故被用作发动机的起动电源。作为电动汽车的动力电池，铅酸电池的优点如下：

(1) 价格低廉，这是铅酸电池用作动力电池的最突出优势。

(2) 单格电池的电压较高（可达 2.0V），相同输出电压的蓄电池组，铅酸电池所需串联的单格电池数较少。

(3) 适用性宽，可逆性较好。

(4) 电能效率较高，可达 60%。

(5) 易于浮充使用，没有"记忆"效应。

(6) 对温度适应性较强，可在 -40～+60℃工作。

(7) 蓄电池在工作中，其荷电状态较容易识别。

(8) 可制成密封结构，实现免维护。

铅酸电池的缺点也是显而易见的，主要如下：

(1) 比能量及能量密度较低，在电动汽车上使用所占的质量和体积较大。

(2) 使用寿命短，成本较高。

(3) 充电时间较长。

(4) 对于非密封式铅酸电池，维护较麻烦，充放电时析出的酸雾会腐蚀设备并对环境造成污染。

本 章 小 结

本章通过对铅酸电池的基本组成、成流反应、电池构成与类型等的介绍，使读者对铅酸电池的基本结构与工作原理有较为深入全面的了解；通过对阀控式密封铅酸电池的构成、密封原理及相关技术的介绍，使读者理解全密封式和阀控式铅酸电池能实现免维护的原因；

通过对铅酸电池正、负极板的构成及技术特性的介绍，使读者能较好地理解铅酸电池的特点及失效原因。在此基础上，本章总结了铅酸电池的特性，以便于读者对动力电池的选用和管理。

思 考 题

1. 铅酸电池的基本组成是什么？其电动势是如何建立的？
2. 铅酸电池放电和充电时正负电极有何反应？极板和电解液有何变化？
3. 铅酸电池充电后期为什么会电解水？
4. 铅酸电池有哪些部件构成？这些部件各起什么作用？
5. 涂膏式极板是如何制成的？单格电池是如何形成的？
6. 按蓄电池极板的荷电状态、电解液和维护情况分类，铅酸电池有哪些类型？
7. 全封闭式铅酸电池如何通过盖处的检视孔检查其性能状态？
8. 密封式铅酸电池为什么能够密封？有哪些密封方式？
9. 阀控式密封铅酸电池的极板有哪几种结构类型？各有什么性能特点？
10. 阀控式铅酸电池加安全阀起何作用？这种类型的铅酸电池有何特点？
11. 正极活性物质的 $\alpha\text{-}PbO_2$、$\beta\text{-}PbO_2$ 晶型有何不同？两种晶型如何形成和转变？
12. 正极活性物质通常采用哪些添加剂？这些添加剂的作用是什么？
13. 何谓铅电极的钝化？铅电极的自放电是如何形成的？
14. 铅电极活性物质通常采用哪些添加剂？这些添加剂的作用是什么？
15. 铅酸电池的内阻包括哪几部分？内阻对蓄电池的充放电特性有何影响？
16. 充放电电流大小对充放电特性有何影响？
17. 影响铅酸电池容量的因素有哪些？各是如何影响的？
18. 何谓极板硫化？铅酸电池极板硫化的影响和成因各是什么？
19. 如何确定铅酸电池的使用寿命极限？铅酸电池失效的主要原因有哪些？
20. 相比于其他类型的蓄电池，铅酸电池的优点和缺点分别有哪些？

第 4 章 镍氢电池

本章教学目标

熟悉镍氢电池的组成、工作原理及结构类型;
了解镍氢电池正负极的构成、充放电机理与性能改善;
理解镍氢电池特性。

本章教学要点

知识要点	能力要求	相关知识
镍氢电池的构成、成流反应	熟悉镍氢电池的基本组成,理解镍氢电池成流反应	组成化学电池的必要条件、电化学原理
镍氢电池正负电极反应、构成、性能改善	了解正电极的充放电反应及电极的构成、类型、制备及性能改善;了解负电极的充放电反应、储氢合金的类型及特性	氢氧化镍的晶型及电化学特性,储氢合金的储氢原理及特性
镍氢电池的特性	了解镍氢电池的特性、成因及优缺点	化学电池内阻、容量及寿命等

镍氢电池自 1988 年进入实用化阶段，1990 年在日本开始规模化生产以来，已是一种非常成熟的产品。镍氢电池作为动力电池，在低速电动车及电动汽车上已得到了广泛应用。

4.1 镍氢电池的基本原理与构成

4.1.1 镍氢电池的基本原理

镍氢（Ni-MH）电池也称镍金属氧化物电池，其基本组成有氢氧化镍正极、储氢合金负极及碱性电解液（氢氧化钾水溶液）。镍氢电池的化学体系可表示为

$$(-)MH\ |\ KOH\ |\ NiOOH(+)$$

1. 镍氢电池的充放电原理

镍氢电池正极的活性物质为 NiOOH（放电时）和 $Ni(OH)_2$（充电时），负极的活性物质是 H_2（放电时）和 H_2O（充电时），在电解液 KOH 水溶液的作用下进行电化学反应，完成充电和放电过程。镍氢电池的充放电原理如图 4.1 所示，其反应式如下。

$$MH + NiOOH \underset{充电}{\overset{放电}{\rightleftharpoons}} M + Ni(OH)_2 \tag{4-1}$$

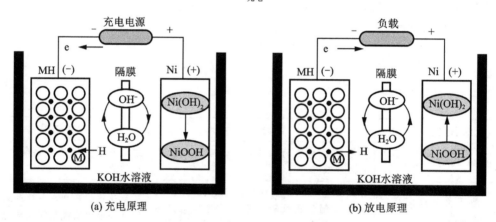

(a) 充电原理　　　　　　　　　　　(b) 放电原理

图 4.1　镍氢电池的充放电原理

（1）充电。镍氢电池充电过程中正、负极的电化学反应为

正极：$\quad Ni(OH)_2 + OH^- \rightarrow NiOOH + H_2O + e^-$

负极：$\quad M + H_2O + e^- \rightarrow MH + OH^-$

在充电时，电解液中的水被分解为 H^+ 和 OH^- 离子，H^+ 被负极吸收，负极的金属转化为金属氧化物。

（2）放电。镍氢电池放电时其正负极的电化学反应为

正极：$\quad NiOOH + H_2O + e^- \rightarrow Ni(OH)_2 + OH^-$

负极：$\quad MH + OH^- \rightarrow M + H_2O + e^-$

在放电时，H^+ 离开负极，OH^- 离开正极，H^+ 和 OH^- 在电解液中结合生成水，而在正负电极之间通过外电路释放电能。

2. 镍氢电池过充电、过放电反应

镍氢电池过充电时,正负极有如下反应:

正极(析氧)　　　　　$4OH^- \to 2H_2O+O_2+4e^-$

负极(耗氧)　　　　　$2H_2O+O_2+4e^- \to 4OH^-$

总反应　　　　　　　0

镍氢电池过放电时,正负极有如下反应:

正极(析氢)　　　　　$2H_2O+2e^- \to H_2+2OH^-$

负极(耗氢)　　　　　$H_2+2OH^- \to 2H_2O+2e^-$

总反应　　　　　　　0

从镍氢电池过充放电反应可看出,过充电时,正极会析出氧气,但负极消耗了氧气;过放电时正极析出氢气,而负极则消耗氢气。因此,镍氢电池具有长期过放电和过充电自我保护能力。

密封的镍氢电池容量一般按正极容量的限制设计,而负极容量超过正极容量的1.3倍甚至更高。这样,当正极已达到全充电状态后,析出的氧气可通过隔膜在负极表面还原成水,使负极不会达到完全充电状态而析出氢气,因此,避免或减缓了蓄电池内部压力积累升高。

由于设计时将负极的容量制成足够大,当过充电时由正极放出的氧气可被负极中的氢气还原,因而无需担心充电时蓄电池电极产生析气而引起内部压力过高,也就是说,密封的镍氢电池不会发生内部压力过高的危险。

4.1.2 镍氢电池的结构类型

目前商品镍氢电池的形状有方形、圆柱形和扣形等多种类型,如图4.2所示。

方形　　　　　　　圆柱形　　　　　　　扣形

图4.2 常见的镍氢电池结构形式

根据国际电工委员会(IEC)标准,用HF表示方形镍氢电池,用HR表示圆柱形镍氢电池。电池尺寸资料包括圆形电池的直径和高度,以及方形电池的高度、宽度和厚度,数值之间用斜杠隔开,单位为mm。例如,HF18/07/49表示该镍氢电池为方形,其宽为18mm,厚度为7mm,高度为49mm。

圆柱形和方形镍氢电池的结构示意图如图4.3所示。镍氢电池的正极、隔膜、电解液、壳体、盖子等与镉镍(Cd-Ni)电池相同,从外观上看也无明显区别,只是负极有所不同,镍氢电池用金属氢化物作负极,而镍镉电池用金属镉作负极。此外,因电池的内压特点和综合性能要求不同,镍氢电池在电池参数设计(如安全阀动作压力、正负极活性物质的比例等)、材料选择、电极的工艺等方面都与镍镉电池等有很大不同。镍氢电池由活性物质构成电极极片的工艺方式有多种,主要有烧结式、拉浆式、泡沫镍式、纤维镍式、嵌渗式等。采用不同工艺制备的电极,其容量、大电流放电性能等均会有较大差异。通常是依据蓄电池的使用条件不同,采用相应的工艺构成电池。

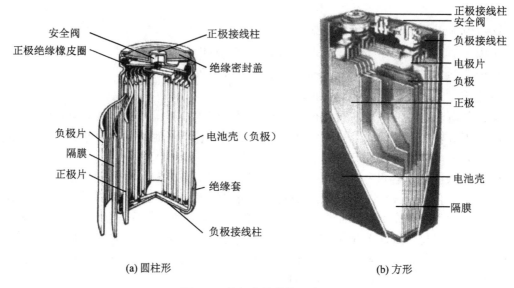

图 4.3 镍氢电池结构示意图

4.1.3 镍氢电池的组成部件

1. 正极的构成

镍氢电池的正极采用高孔率泡沫镍或纤维镍做导电骨架,涂敷高密度氢氧化镍粉末而成,其制造工艺可分为烧结式和泡沫镍式两大类型。目前适用于镍氢电池正极的泡沫镍电极的厚度有 1.7mm、2.0mm、2.4mm 三种规格,其中 2.0mm 的较为多见。纤维式镍电极以活性物质、导电剂、添加剂为原材料,再经电化学浸渍处理或涂膏处理而制成。

正极活性物质氢氧化镍的制造方法很多,其中以球形结构的高容量氢氧化镍品质最佳。镍电极的制作已从镍镉电池的烧结式电极转变为泡沫镍式电极。

制取正极片需要胶黏剂,通常采用聚四氟乙烯(PTFE)加少量羧甲基纤维素(CMC)制成胶黏剂。将一定量的胶黏剂与正极活性物质混合,再加入导电剂调成膏状,涂敷于泡沫镍或充孔镀镍铜带上形成正极片。

2. 负极的构成

镍氢电池的负极主要由骨架和储氢合金两部分组成,通过储氢合金粉末与胶黏剂混合成膏状物质,涂敷于泡沫镍基体与骨架组合为一体,再经烘干、滚压而成。储氢合金主要由两大类金属共同熔炼制得,大致分为稀土-镍系(AB_5)型、钛镍系(AB_2)型、稀土-镁系(A_2B)型及稀土-钛铁系(AB)型 4 类,其中最常见的是 AB_5 系列和 AB_2 系列合金。

制取负极片也需要胶黏剂,用一定量由 PTFE 加少量 CMC 制成的胶黏剂与负极活性物质混合,再加入导电剂调成膏状,涂敷于充孔镀镍铜带上形成负极片。

3. 隔膜与电解液

镍氢电池的隔膜可采用尼龙无纺布或聚丙烯（PP）无纺布等材料，但由于尼龙无纺布在碱性电解液中会发生解离，故约 90% 的隔膜采用 PP 无纺布。也有些隔膜采用表面改性的聚乙烯（PE）无纺布或薄而致密的微纤维织物。镍氢电池的 PP 无纺布隔膜厚度必须在 0.1mm 以上（常用的为 0.12～0.13mm），以确保隔膜有一定的强度，这使镍氢电池的隔膜厚度比锂离子电池的厚很多。因此，隔膜的薄化也是提高镍氢电池容量的重要研究课题。目前，应用超细纤维技术开发出了超细纤维无纺布，已作为镍氢电池隔膜的选用材料。

电解液吸附于各极片及隔膜中间，镍氢电池一般以 KOH 水溶液为电解液，有的镍氢电池在电解液中加入少量 LiOH 或 NaOH。

4. 安全阀和外壳

安全阀安装在镍氢电池的顶部，在通常情况下，因过充放电而在正极析出的气体可以在负极消耗，电池内部自行保持压力平衡。然而，在充电电流过大或出现不正确操作的情况下，如果氧气或氢气生成的速率大于自行消耗的速率，电池内部的压力也会过高。安全阀的作用就是在电池内部气压升至高限值时打开，通过排气孔排气，使电池内部压力降低，以防止电池爆裂。当电池内压力减小后，安全阀则自动关闭。

镍氢电池的外壳多采用镀镍薄钢板，在优质低碳钢外表层镀 3～5μm 的镍，内表面镀镍层厚不小于 0.2μm，并且要求镀层均匀、致密，无锈点、擦伤、划痕等机械缺陷。塑料外壳多用于电动汽车用的方形电池。

一些镍氢电池没有负极极耳，单靠负极与外壳内部及底部接触而导电，其导电性比有极耳的负极差。因此，需要大电流放电的镍氢电池通常有电极耳，用以确保电池良好的放电性能。此外，正极帽中的排气阀多采用橡皮球式，这种排气阀可达到与弹簧式排气阀同样的作用。根据电池外形的不同，电池外壳、顶盖、密封片等会有相应的改变。

4.2 镍氢电池的正极

4.2.1 镍电极反应

镍氢电池的正极为氧化镍电极。在碱性溶液中，充电态为 NiOOH，放电态为 $Ni(OH)_2$。$Ni(OH)_2$ 是不导电物质，阳极氧化后 NiOOH 具有半导体性质，氧化镍电极为 P 型半导体，通过电子及电子缺陷（即空穴）进行导电。

$Ni(OH)_2$ 浸于电解液中，在两相界面上产生双电层，如图 4.4 所示。

P 型半导体晶格中的 Ni^{3+} 相对于 Ni^{2+} 少一个电子，称为电子缺陷；O^{2-} 相对 OH^- 少一个质子，称为质子缺陷。$Ni(OH)_2$ 与电解液中的 H^+ 构成双电层。电极的电化学过程及双电层的建立都是通过晶格中的电子缺陷和质子缺陷来完成的。

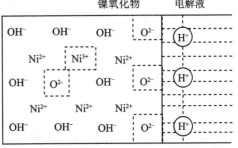

图 4.4　$Ni(OH)_2$ 电解液界面上的双电层

1. 充电过程的电极极化过程

在充电时，在电源力的作用下，电极发生阳极极化（$Ni^{2+}-e^- \rightarrow Ni^{3+}$），电子通过电极导电骨架迁移到外电路；氧化物中的 OH^- 失去 H^+ 成为 O^{2-}，质子通过界面双层电场移到电解液，并与电解液中的 OH^- 结合生成水（$H^+_{固相} + OH^-_{液相} \rightarrow H_2O$）。

由于阳极极化，反应在电极表面双层区域进行，首先产生局部空间电荷内电场，界面上氧化物表面一侧产生新的 O^{2-} 和 Ni^{3+}。阳极极化使得电极表面的质子（OH^- 中的 H^+）浓度降低，而内部仍保持较高浓度的 OH^-，于是就形成了 OH^- 浓度梯度，并如图 4.5 所示的那样，H^+ 由高浓度区（电极内部）向低浓度区（电极表面）扩散，相当于 O^{2-} 向晶格内部扩散。

正极随着充电过程的进行，电极表面随 Ni^{3+} 数量的增加，电极电位不断升高。由于质子是在固相中扩散，速度很慢，如果充电电流不是很小，电子的迁移大于质子的扩散时，则电极表面 Ni^{3+} 不断增加，H^+ 不断减少，在极限情况下，表面的质子可以降至零，使得表面层中的 NiOOH 几乎全部变成 NiO_2。当电流继续通过时，溶液中的 OH^- 进行放电，析出氧气，即

$$NiOOH + OH^- - e^- \rightarrow NiO_2 + H_2O$$

$$4OH^- - 4e^- \rightarrow O_2 \uparrow + 2H_2O$$

这一析氧过程在充电后不久就开始了，氧化镍电极内部仍有 $Ni(OH)_2$ 存在，并且充电时所形成的 NiO_2 掺杂在 NiOOH 晶格之中。因此，在充电过程中，虽然电极上已有氧气析出，但并不能说明已经充足电，这是氧化镍电极的一个特性。

充电过程中生成的 NiO_2 可使电位达到约 0.65V 的高值，在电极停止充电后，由于 NiO_2 的不稳定性，电极表面处的 NiO_2 分解而析出氧气。

$$2NiO_2 + H_2O \rightarrow 2NiOOH + \frac{1}{2}O_2 \uparrow$$

随着 NiO_2 浓度的下降，电极电势会有所下降，电极的容量也会有所损失。

2. 放电过程的电极极化过程

NiOOH 与电解液接触所建立的双电层如图 4.6 所示。

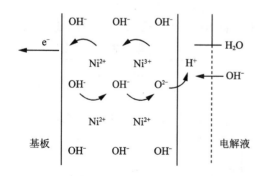

图 4.5 氧化镍电极充电过程

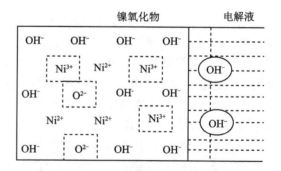

图 4.6 NiOOH 与电解液界面上的双电层

外电路接通，氧化镍电极放电，进行阴极极化过程，其反应为

$$\beta\text{-}NiOOH + H_2O + e^- \rightarrow Ni(OH)_2 + OH^-$$

放电过程中 Ni^{3+} 得到从电路传来的电子成为 Ni^{2+}，在电极固相表面层生成 H^+，与 O^{2-} 结合生成 OH^-，并向固相内部扩散（图 4.7）。

质子来源于碱性溶液中的 H_2O（$H_2O \rightarrow H^+_{固相} + OH^-_{液相}$），质子在固相中的扩散速度限制了氧化镍电极的反应速度，为了维持反应速度，电极电势必须有相应的变化，这是氧化镍电极的另一特点。

氧化镍电极的充放电机理是固相质子扩散，这种扩散起到了控制电极行为的作用。在充放电过程中，水分子可以进入和离开氧化镍晶格而不改变半导体结构。氧化镍电极的充放电反应式如下

$$\beta - NiOOH + H_2O + e^- \underset{充电}{\overset{放电}{\rightleftharpoons}} \beta - Ni(OH)_2 + OH^-$$

一般充放电过程会形成 β-NiOOH 及 β-Ni(OH)₂，但在浓度较大的 KOH 或 NaOH 溶液中进行长时间过充放电之后，可以形成 γ-NiOOH 和 NiO_2，使得电极活性下降。

3. 氧化镍电极的充放电曲线

氧化镍电极的充放电曲线如图 4.8 所示。

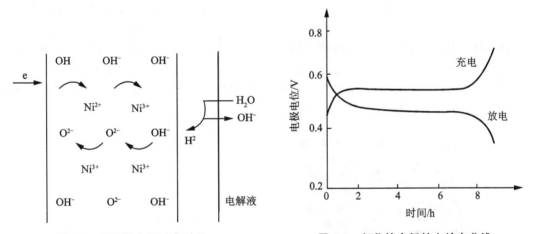

图 4.7　氧化镍电极放电过程　　　　图 4.8　氧化镍电极的充放电曲线

氧化镍电极的充电反应在其表面进行，表层中的质子浓度不断降低，因而氧化镍内部的质子在浓度梯度的作用下向电极表面扩散。由于质子在固相中的扩散速度小于反应速度，造成表面层中 H^+ 的浓度不断下降，空间正电荷数量不断减小。若要保持反应速度（即充电电流 i_a 不变），电极电势 φ 就必须不断提高，于是氧化镍电极在充电过程中的电极电势不断升高，如图 4.8 中充电曲线所示。

氧化镍电极在放电（阴极过程）时，固相表层中的 O^{2-} 浓度降低，即 NiOOH 不断减少，$Ni(OH)_2$ 不断增加。如果进入固相中 H^+ 的扩散速度与反应速度相等，则电极电势和 O^{2-} 浓度将保持不变。由于 H^+ 在固相中扩散困难，因而 O^{2-} 浓度在表面层下降，要维持反应速度恒定，电极电势 φ 需不断下降，即阴极极化电位不断向负方向移动。

当电极内部尚有大量 NiOOH，电池电压就已达到放电终止电压时，则活性物质不能充分利用。可见，活性物质利用率受到放电电流（极化）的影响，并受控于氧化物固相中质子的扩散速度。

4.2.2 高密度球形 Ni(OH)$_2$ 正极材料

正极未充电状态下的 Ni(OH)$_2$ 通常是苹果绿色的粉末物质，传统的 β-Ni(OH)$_2$ 颗粒不规则，粒径范围较宽，振实密度约为 1.6g/cm^3。与原有无规则形状的低密度 Ni(OH)$_2$ 相比，高密度球形 Ni(OH)$_2$ 具有球粒状形态，粒度大小的分布范围多在 1～20μm，振实密度高（大于 1.9～2.08g/cm^3）。高密度球形 Ni(OH)$_2$ 可提高电极单位体积的填充量（大于 20%）和放电比容量（550mA·h/cm^3，传统烧结式电极板的容量密度仅为 400mA·h/cm^3），且有良好的充填流动性，因此，现已成为镍氢电池生产中广泛应用的正极材料。

1. Ni(OH)$_2$ 的晶体结构

（1）Ni(OH)$_2$ 的晶体结构及转变。Ni(OH)$_2$ 有 α 和 β 两种晶型（图 4.9），而其氧化态 NiOOH 有 β 和 γ 两种晶型。α-Ni(OH)$_2$ 晶型是层间含有靠氢锭键合水分子的 Ni(OH)$_2$，具有六方晶格结构。α-Ni(OH)$_2$ 一般在碱性溶液中不稳定，结晶度较低的 α-Ni(OH)$_2$ 在碱性溶液中陈化转变为 β-Ni(OH)$_2$ 晶型。因此，可通过控制温度、陈化时间、pH 等在碱性溶液中陈化实现 α-Ni(OH)$_2$ 向 β-Ni(OH)$_2$ 的转变。

目前，镍氢电池使用的 Ni(OH)$_2$ 均为 β-Ni(OH)$_2$ 晶型。结晶完好的 β-Ni(OH)$_2$ 由层状结构的六方单元晶胞所组成，每个晶胞中含有一个镍原子、两个氧原子和两个氢原子。两个镍原子之间的距离为 0.312nm，两个 NiO$_2$ 层间的距离为 0.4605nm。NiO$_2$ 层中 Ni^{2+} 与八面体间隙可能成为空穴，也可能被其他金属离子（Co、Zn 等）填充而形成 Ni^{2+} 的晶格缺陷。在 NiO$_2$ 层间的八面体间隙中可能填充的还有 H$_2$O、CO$_3^{2-}$、SO$_4^{2-}$、K$^+$ 和 Na$^+$ 等。

（2）Ni(OH)$_2$ 和 NiOOH 的转变。在充放电过程中，各晶型的 Ni(OH)$_2$ 和 NiOOH 存在一定的对应转变关系，如图 4.10 所示。

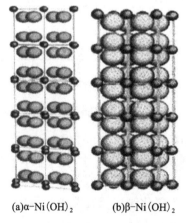

(a) α-Ni(OH)$_2$　　(b) β-Ni(OH)$_2$

图 4.9　α-Ni(OH)$_2$ 和 β-Ni(OH)$_2$ 晶体结构

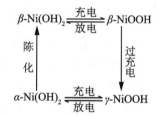

图 4.10　各晶型的转变关系

β-Ni(OH)$_2$ 在正常充放电条件下转变为 β-NiOOH，相变过程中产生质子 H$^+$ 的转移，NiO$_2$ 层间距从 0.460nm 膨胀至 0.486nm，Ni-Ni 间距从 0.312nm 收缩至 0.281nm。由于 Ni-Ni 间距收缩，导致 β-Ni(OH)$_2$ 转变为 β-NiOOH 后，体积缩小 15%。但是，在过充电条件下，β-Ni(OH)$_2$ 将转变为 γ-NiOOH。此时 Ni 的价态从 2.90 升至 3.67，NiO$_2$ 层间距膨胀至 0.69nm，Ni-Ni 间距膨胀至 0.282nm，体积膨胀约 44%。生成 γ-NiOOH 时的体积膨胀会造成电极开裂、掉粉，从而会影响镍氢电池的容量和循环寿命。

由于γ-NiOOH在电极放电过程中不能逆变为β-Ni(OH)$_2$，使得电极中活性物质的实际存量减少，导致电极容量下降甚至失效。γ-NiOOH放电后将转变成α-Ni(OH)$_2$，体积将膨胀39%。由于α-Ni(OH)$_2$极不稳定，在碱性溶液中很快就转变为β-Ni(OH)$_2$。因此，实际使用中应控制电极在β-Ni(OH)$_2$和β-NiOOH及其他晶型间的循环。

Ni(OH)$_2$和NiOOH各晶型的密度、氧化态和晶胞参数等均有差异，在整个充放电过程中，如果不考虑各晶型之间的相互转变，而只考虑镍价态的变化，可用式(4-2)表示电极所发生的化学反应。

$$\text{Ni(OH)}_2 + \text{OH}^- \xrightleftharpoons[\text{放电}]{\text{充电}} \text{NiOOH} + \text{H}_2\text{O} + e^- \tag{4-2}$$

镍电极充电时，Ni(OH)$_2$转变为NiOOH，即Ni^{2+}被氧化成Ni^{3+}；放电时，NiOOH逆变为Ni(OH)$_2$，Ni^{3+}还原成Ni^{2+}。根据法拉第定律，Ni(OH)$_2$在充放电过程中，伴随着Ni^{2+}与Ni^{3+}的相互转变产生的理论放电比容量为289mA·h/g。由于电化学反应不充分、过充电或过放电，Ni(OH)$_2$的实际放电比容量与理论值有差异。

2. 正极活性物质的制备方法

正极材料球形Ni(OH)$_2$的制备方法有多种，不同的制备方法和条件对Ni(OH)$_2$的活性和堆积密度有不同的影响。目前，球形Ni(OH)$_2$的制备方法主要有直接沉淀法（化学沉淀晶体生长法）、均相沉淀法、氧化法、离子交换树脂法、粉末金属法及电解法等。水溶液法是目前使用较多的工艺方法，此方法的特点比较容易操作和实现，对工艺条件的控制要求严格。非水溶液法（如氧化法、离子交换树脂法）制备出的Ni(OH)$_2$纯度高，但生产成本也高，因而还有待于进一步完善以实现规模化生产。水溶液法中的化学沉淀晶体生长法制备的综合性能相对较好，应用较广泛。

1) 直接沉淀法

(1) 直接沉淀法的原理及工艺。此方法是在特定结构的反应釜中进行的，将镍盐和碱直接加入到耐碱反应器中，主要通过控制反应温度、pH、加料量、添加剂、进料速度、反应时间、陈化时间和搅拌强度等工艺参数来控制晶核产生量、微晶晶粒尺寸、晶粒堆垛方式、晶体生长速度和晶体内部缺陷等晶体生长条件，使镍盐或镍配合物与苛性碱之间发生复分解沉淀反应，生成的Ni(OH)$_2$微晶晶核在特定的工艺条件下生长成球形Ni(OH)$_2$颗粒（图4.11），粒子长成一定尺寸后流出釜体。出釜产品经混料、表面处理、洗涤、干燥、筛分、检测和包装而成，供电池厂家使用。

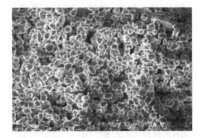

图4.11 化学沉淀晶体生长法生成的球形Ni(OH)$_2$

直接沉淀法制备Ni(OH)$_2$目前普遍以硫酸镍、氢氧化钠、氨水和少量添加剂为原料，其工艺流程如图4.12所示。

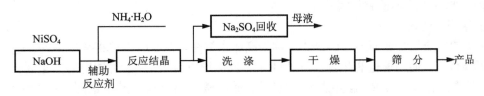

图4.12 制备球形Ni(OH)$_2$工艺流程

(2) 直接沉淀法的特点。用直接沉淀法制备 Ni(OH)$_2$，其工艺过程较简单，易操作，便于生产，Ni(OH)$_2$ 粒度可控，而且纯度相对较高；缺点是采用这种方法制备过程中若有氨水的加入则会造成生产环境恶劣，并引起废水处理的问题。

2) 均相沉淀法

(1) 均相沉淀法的原理。均相沉淀法制备 Ni(OH)$_2$ 是通过控制溶液中沉淀剂的缓慢增加，使溶液中的沉淀处于平衡状态，并且沉淀能在溶液中均匀生成。由于沉淀剂缓慢释放，克服了由外部向溶液中添加沉淀剂而造成不均匀性的缺点。在均相沉淀法制备 Ni(OH)$_2$ 过程中，通常使用尿素作为沉淀剂，使之和 Ni^{2+} 盐混合，利用尿素在加热条件下水解缓慢释放出 NH$_3$，NH$_3$ 与 H$_2$O 生成沉淀剂 NH$_3$·H$_2$O，将反应体系放置到 80~90℃ 的水浴中陈化反应、淬冷、分离，经去离子水洗涤后将沉淀物重新分散在去离子水中，超声波振荡清洗，然后烘干制得球形 Ni(OH)$_2$。

(2) 均相沉淀法的优点。用该方法制备 Ni(OH)$_2$ 的优点是可防止直接添加沉淀剂而造成的局部不均匀性，从而避免了所得产品的粒度大小不一，以及碱式硫酸盐的生成。

3) 氧化法

(1) 氧化法的原理。该方法由金属镍粉在 NO$_3^-$ 水溶液里直接转化为 Ni(OH)$_2$。反应过程中不需要氧气及催化剂，整个反应甚至可以在常温、常压下进行，反应式如下

$$4Ni + HNO_3 + NH_3·H_2O + 4H_2O \rightarrow 4Ni(OH)_2 + 2NH_3$$

在制备过程中，反应温度维持在 50~90℃，按化学计量比计算 Ni、HN$_3$、NH$_3$·H$_2$O 的用量，Ni 适当过量，通过 HNO$_3$ 调节反应体系的 pH，移走 NH$_3$，以维持 pH 始终保持在 8.5~9.0，反应时间最好大于 24h。

(2) 氧化法的优点。由于此反应不需要通入 O$_2$，因此在常压下即可反应，生成物经过滤、洗涤、烘干即可得到 Ni(OH)$_2$ 产品，产品中过量的金属粉可以用磁力分离器分离，作为反应物再次反应，过程易控制。

4) 离子交换树脂法

(1) 离子交换树脂法的原理。该方法主要利用硫酸盐、氯盐及硝酸盐与强碱性苯乙烯系阴离子交换树脂进行交换生成金属氢氧化物溶胶，适用于 Ni、Mg、Co、Zn、Cu、Mn、Fe 及 Cr 金属。强碱性苯乙烯系阴离子交换树脂可选用 Diaion SA-10A、Amberlite IRA-400、Dowex SBR、Duolite A-101D、Lewatit M-500 等。

离子交换树脂法的具体操作过程：在恒温及搅拌中，将一定浓度的 N^{2+} 金属盐溶液加入到具有一定交换容量的强碱性苯乙烯系阴离子交换树脂中，用 6mol/L 的 NH$_3$·H$_2$O 调整溶液到适宜的 pH，连续搅拌反应 30min 后，阴离子交换树脂从混合物中分离出来，得到 Ni(OH)$_2$ 溶胶。然后，在低温下脱水干燥，即得到 Ni(OH)$_2$ 产品。

(2) 离子交换树脂法的特点。离子交换树脂法制备 Ni(OH)$_2$ 的工艺投入小，成本低，交换树脂经再生后可以循环使用。生成的 Ni(OH)$_2$ 颗粒较细，因而电化活性高，但堆积密度低。此种工艺不适宜规模化生产。

5) 粉末金属法

(1) 粉末金属法的原理。该方法也称为高压水解法。制备时直接将金属镍粉在适当的物理化学条件下，使用催化剂并通入 O$_2$ 和 H$_2$O，反应形成 Ni(OH)$_2$。可选用的催化剂有硝酸、硫酸、甲酸、乙酸、硝酸镍、硫酸镍、氨、氯化铵、硝酸铵、乙酸铵等。当 O$_2$ 的压力在 1~3.5MPa，温度在 180~230℃ 时，羰基银粉转化为 Ni(OH)$_2$ 的转化率可达 87%。反应机理为

$$Ni + \frac{1}{2}O_2 + H_2O + nNH_3 \rightarrow Ni(NH_3)_n^{2+} + 2OH^-$$

$$Ni(NH_3)_n^{2+} + 2OH^- \rightarrow Ni(OH)_2 \downarrow + nNH_3$$

(2) 粉末金属法的特点。该法制备 $Ni(OH)_2$ 因反应过程中没有以固态形式析出的副产物生成，所制得的 $Ni(OH)_2$ 纯度较高。但由于涉及的反应是一个气液固 3 相共存体系，所以镍粉的转化效率受到限制，未转化的镍粉混入所生成的 $Ni(OH)_2$ 中容易造成分离问题。

6) 电解法

(1) 电解法的原理。电解法是在外加电流作用下，金属镍阳极氧化成 Ni^{2+}，水分子在阴极上还原析氢产生 OH^-，两者反应生成 $Ni(OH)_2$ 沉淀。利用恒流阳极极化和恒电位阳极电沉积法将 $Ni(OH)_2$ 沉积到 Ni 基体上，电化学沉积得到水合 α-$Ni(OH)_2$，吸附水嵌入到 α-$Ni(OH)_2$ 晶格中。

还有一种醇盐电解法是一种非水体系电解。在电解槽中，以纯金属镍板作阳极，惰性电极（石墨、铂、银）作阴极，醇作电解液，可选用甲醇、乙醇、正丙醇、异丙醇、正丁醇、异丁醇及两种醇的混合物作电解液，整个电解过程及电解液均不能有水的存在。由于醇不导电，因此必须加入支持电解质。支持电解质可选用铵盐和季铵盐，在每升醇中需加入 6～12g 支持电解质。采用直流电或整流交流电在醇沸点温度下加热电解，电流密度为 7～200mA/cm^2，电压为 40～50V，电解时间为 16～32h。电解槽需带有回流冷凝装置。

(2) 电解法的特点。此种工艺电流效率高（可达 78%），并且生成的 $Ni(OH)_2$ 纯度高、形貌好。但是，要求设备密封，操作工艺严格，操作过程中要严格控制无水，成本高。因此，电解法制备 $Ni(OH)_2$ 目前仍在进一步的研究中。

化学组成和颗粒粒径相同的 $Ni(OH)_2$，其电化学性能往往会存在相当大的差异，原因是 $Ni(OH)_2$ 晶体内部微晶晶粒尺寸和缺陷不同。在制备 $Ni(OH)_2$ 的过程中，不同的反应工艺、反应物的处理方法及添加剂的种类和添加量都会对组成 $Ni(OH)_2$ 晶体的微晶晶粒大小、微晶晶粒排列状态产生影响。微晶晶粒大小和排列状态又会引起 $Ni(OH)_2$ 晶体内部缺陷、孔隙和表面形貌等的差异，最终影响 $Ni(OH)_2$ 的电性能。

3. 球形 $Ni(OH)_2$ 添加剂

由于 $Ni(OH)_2$ 是一种导电性不良的 P 型半导体，因而其放电过程受控于固相质子扩散。在放电过程中，随着放电深度的增加，电极上导电性不好的 $Ni(OH)_2$ 增多，放电变成了固相质子扩散和电荷传递混合控制，使得正极的 $Ni(OH)_2$ 粒子与粒子间，以及粒子与泡沫镍基体之间的接触电阻增大。在充放电过程中，若电子的传递受到影响就会使 Ni^{2+} 不能充分氧化，Ni^{3+} 不能充分还原，造成活性物质利用率很低，因此纯 $Ni(OH)_2$ 的利用率仅为 50% 左右，这使得 $Ni(OH)_2$ 的容量难以提高。为了改善 $Ni(OH)_2$ 的性能，通常在活性物质中添加含 Co、Li、Zn、Cd、Ca 等元素的添加剂。添加剂对氧化镍电极性能的改善可概括为以下 4 个方面：

(1) 提高镍电极活性物质的利用率。
(2) 提高镍电极的放电电位。
(3) 抑制镍电极膨胀，以提高镍电极的循环寿命。
(4) 提高镍电极在宽温度变化范围内的充放电性能和大电流充放电能力。

例如，美国 Ovonic 公司生产的 $Ni(OH)_2$ 通常含有 5 种添加剂，其中 AP52 型球镍在 65℃

时的放电比容量可达室温时的 90%,而一般的 $Ni(OH)_2$ 只有室温时的 50% 左右。对活性物质 $Ni(OH)_2$ 正极材料进行掺杂和表面包覆的研究已经成为改善 $Ni(OH)_2$ 性能的有效途径。

镍电极添加剂的种类有很多,不同种类的添加剂及添加量均会对 $Ni(OH)_2$ 微晶结构产生一定的影响,已经研究过的添加剂可归纳为元素周期式的表格(表 4-1)。由于其他物质对镍电极作用的重复性很差,而且在表格中的多数添加剂也存在重复性差的局限性,因此添加剂的深入研究仅局限于少数几种添加剂,其中钴是研究得最多且最深入的添加剂。

表 4-1 镍电极添加剂在周期表中的分布

周期	I	II	III	IV	V	VI	VII	VIII
2	Li	Be	B					
3	Na	Mg	Al	Si				
4	K, Cu	Zn	Sc		As	Cr, Se	Mn	Fe, Co
5	Rb, Ag	Cd		Sn	Sb	Mo		
6	Cs	Ba, Hg	稀土元素	Pb	Bi	W		

4.2.3 纳米 $Ni(OH)_2$

1. 纳米 $Ni(OH)_2$ 的结构特性

纳米 $Ni(OH)_2$ 的结构和晶型与普通球镍一样,也有 α、β 两种晶型,属六方晶系,颗粒形状有球形、薄片形、针形及椭圆形等,外观呈浅绿色粉末,但其 X 射线衍射(X-Ray Diffraction,XRD)图谱峰明显宽化。小粒径的 $Ni(OH)_2$ 堆积密度较高,具有均匀的孔隙率和狭窄的孔径分布,比表面和压实密度较大,热分解温度和热焓较低,从而使 $Ni(OH)_2$ 具有比常规材料更高的活性,并提高了比容量。纳米 $Ni(OH)_2$ 与球镍主要物理性质比较见表 4-2。

表 4-2 纳米 $Ni(OH)_2$ 与球镍主要物理性质比较

类型	平均粒径 / μm	比表面积 / (m^2/g)	压实密度 / (g/cm^3)	比容量 / $(mA \cdot h/cm^3)$	质子扩散系数 / (cm^2/s)	热分解温度 /℃	热焓 / (J/g)
普通球镍	10~20	9.9	2.0~2.1	500	$3.5×10^{11}$	334.63	484.61
纳米球镍	0.005~2.2	36.5	2.3~2.5	700	$1.1×10^{10}$	330.62	443.86

由于纳米材料具有量子尺寸效应、量子限域效应和界面效应,相比于其他非纳米材料,具有许多独特的物理和化学性质。将纳米 $Ni(OH)_2$ 用于镍电极,不仅可提高电极的填充密度,而且由于粒径小、比表面积大,可增加电极与电解液的接触,减小了质子在固相中的扩散距离,从而提高了其质子扩散速度,这些都有利于改善镍电极电化学性能。与普通 $Ni(OH)_2$ 相比,纳米 $Ni(OH)_2$ 材料具有更优异的电催化活性、高的放电平台、高的电化学容量及高的密度,因此,它的制备方法和应用特性引起了众多研究者的兴趣和关注。

2. 纳米 $Ni(OH)_2$ 的制备方法

到目前为止,已有多种制备纳米 $Ni(OH)_2$ 的方法。

1)沉淀转化法

(1)沉淀转化法的工艺特点。沉淀转化法是根据难溶化合物溶度积(K_{sp})的不同,通过改变沉淀剂或沉淀剂的浓度、转化温度等转化条件,并借助于活性剂来控制颗粒的粒径及生长,防止颗粒团聚,从而获得分散性好的纳米微粒。因为表面活性剂吸附在粒子表面,形成微胞状态,表面活性剂的存在使粒子之间产生排斥力,粒子间不能接触,因而减小了团聚。选择合适的表面活性剂浓度及转化温度对制备晶粒尺寸小的纳米 $Ni(OH)_2$ 很重要。该方法成本低、工艺简单、产率高,便于推广到工业化生产。

(2) 沉淀转化法的工艺条件及影响。通过镍盐和草酸盐反应生成草酸镍盐,控制反应体系温度、搅拌强度、pH 等工艺条件,再加入一定量的表面活性剂和碱液,使之发生沉淀反应。

① 表面活性剂的影响。表面活性剂要适量,加入量过少,对已生成的 $Ni(OH)_2$ 颗粒的包覆作用较弱,不能有效地抑制颗粒的继续生长,造成 $Ni(OH)_2$ 颗粒过大;加入量过多,对纳米 $Ni(OH)_2$ 颗粒的包覆作用加强,使得纳米颗粒晶核生长变缓,晶粒变小,镍离子沉淀时间过长,草酸镍转化不完全。

② 反应体系温度的影响。反应体系温度对纳米氢氧化镍的生长也有重要影响。反应温度过高,转化反应速率过快,甚至有一部分离子穿透颗粒表面的活性剂膜层继续生长,使颗粒生长失去控制,晶粒变大;反应温度很低,则会引起转化速率变缓,反应时间延长。

2) 配位沉淀法

(1) 配位沉淀法的工艺过程。先在金属盐溶液中加入某种配位剂,使之转化为可溶的配位化合物,再加入沉淀剂并控制沉淀剂的加入方式或滴加速度,以获得纳米微粒。

例如,用一定浓度的 $Ni(NO_3)_2 \cdot 6H_2O$ 溶液,加入稍过量的乙二胺,加热搅拌 20min,冷却至室温得到紫红色镍的乙二胺配合物溶液。然后,加入氢氧化钠溶液,继续搅拌 1h,经过滤、洗涤得到氢氧化镍超微粉末。在 80℃ 真空中干燥 8h,热处理分解脱水后得到浅绿色的纳米 $Ni(OH)_2$。

(2) 配位沉淀法影响因素。在用此方法制备纳米 $Ni(OH)_2$ 过程中,碱的滴加方式、沉淀温度等因素对 $Ni(OH)_2$ 晶粒大小影响较大。

3) 微乳液法

(1) 微乳液法的原理。该方法也称反向胶束法,微乳液通常是由表面活性剂、助表面活性剂、有机溶剂和水组成的透明、具有各相同性、低黏度的热力学稳定体系,其中有机溶剂作为分散介质,水作为分散相,表面活性剂作为乳化剂。微乳液法是利用金属盐和一定的沉淀剂形成微乳液,在其水核(称为微反应器)微区内控制胶粒的成核生长,热处理后得到纳米微粒。

水核是指表面活性剂溶解在有机溶剂中,当其浓度超过临界胶束浓度时,形成亲水极性头朝内、疏水基链朝外的液体颗粒结构,即油包水(W/O)型。

(2) 微乳液法的特点。微乳液法可有效避免颗粒团聚,易控制纳米颗粒粒径大小,单分散性好,实验设备简单,容易操作。微乳液法制备纳米 $Ni(OH)_2$ 颗粒的尺寸及结构,与溶液的 pH、水/表面活性剂的比例、表面活性剂的性质及反应温度等因素有关。

4) 无水乙醇溶剂法

(1) 无水乙醇溶剂法的原理。用无水乙醇作为溶剂,在体系中加入非离子表面活性剂 TX-100(OP),将 TX-100 和无水乙醇按 1:16(体积比)配成溶液,加入一定浓度的氨水-乙醇溶液,使溶液呈透明状,将温度控制在 25℃,以一定的速度滴加硝酸镍-乙醇溶液,搅拌离心,即可制备出纳米 $Ni(OH)_2$。

(2) 无水乙醇溶剂法的特点。表面活性剂 TX-100 的加入会对晶体的生成产生一定影响，尤其会影响沉淀颗粒的粒径，而且它还会防止分散的纳米粒子团聚。因为表面活性剂会吸附在粒子表面，形成微胞状态，表面活性剂的存在使粒子之间产生排斥力，颗粒之间不能接触，因而防止了团聚。

5) 高能球磨法

(1) 高能球磨法的原理。高能球磨法是一种物理方法，是一个无外部热能供给的高能球磨过程，也是一个由大晶粒变为小晶粒的过程。其原理是把样品放在高能球磨机中，长时间运转，利用球磨机的转动或振动使硬球对原料进行强烈的撞击、研磨和搅拌，将回转机械能传递给样品，并在冷态下对其进行反复挤压和破碎，使之成为弥散状态分布的超微粒子，直接把粉末粉碎成纳米级。

(2) 高能球磨法的特点。高能球磨法制备纳米 $Ni(OH)_2$ 的工艺简单，条件易控制，容易放大，适合批量生产，所得产品具有高熔点的特性。此种方法的主要缺点是晶粒尺寸不均匀，容易引入某些杂质。因而使用高能球磨法制备纳米材质须选用好的硬球材质，如不锈钢球、玛瑙球或硬质合金球等，并且需要控制球磨时间和球磨温度。

6) 固相反应法

(1) 固相反应法的原理。该方法是将金属盐与金属氢氧化物按一定比例充分混合，使其发生复分解反应而生成前驱体。前驱体经多次洗涤、充分研磨后煅烧，然后研磨得到纳米粒 $Ni(OH)_2$。

(2) 该法设备投资少，工艺流程简单，反应条件易控制，产量高，成本低，对环境污染少。但是，该法得到的氢氧化镍超微粉体粒度分布均匀性较差，而且极易团聚。

除上述制备纳米粒 $Ni(OH)_2$ 方法外，制备球形纳米粒 $Ni(OH)_2$ 所用的均相沉淀法、离子交换树脂法等，如果控制好合适的反应条件，也可用于纳米 $Ni(OH)_2$ 的制备。

3. 纳米 $Ni(OH)_2$ 反应机理与性能的改善

1) 纳米 $Ni(OH)_2$ 反应机理

与普通球镍相比，纳米 $Ni(OH)_2$ 具有更优异的电化学性能，这可以从纳米材料本身和固相质子扩散的角度得以解释。

(1) 由于纳米颗粒表面存在大量的悬键和不饱和键，活性较高。

(2) 纳米 $Ni(OH)_2$ 的粒径小，有更大的比表面积，可以增加活性材料与电解质溶液的接触，因而降低了电极在充放电过程中的浓差极化，有利于提高纳米 $Ni(OH)_2$ 的利用率。

(3) 纳米微粒可以减小质子在固相中的扩散距离，从而提高质子的扩散性能。

(4) 根据对粉末微电极循环伏安测试可知，纳米 $Ni(OH)_2$ 的质子扩散系数比微米级球形 $Ni(OH)_2$ 要高近一个数量级，因而改善了镍电极的导电性能和质子传导性能，降低了电极的反应阻抗，提高了活性材料的利用率。

(5) 在纳米 $Ni(OH)_2$ 电极中，由于 $Ni(OH)_2$ 有庞大的比表面积，这不仅有利于活性物质与电解液的接触，也有利于质子在晶格间的扩散。质子扩散是氢氧化镍电极的速控步骤，质子扩散系数的提高意味着 $Ni(OH)_2$ 的反应活性得到了改善。因此，纳米氢氧化镍电极表现出良好的电化学活性。

2) 纳米 $Ni(OH)_2$ 的性能改善

与普通的球镍相比，纳米 $Ni(OH)_2$ 电极的性能有明显的改善。

① 电化学反应可逆性提高。纳米 $Ni(OH)_2$ 电极具有更高的电化学活性和快速活化能力，在电化学氧化还原过程中极化较小，放电比容量高，具有更好的电化学反应可逆性。

② 放电比容量高，循环稳定性好。纳米 $Ni(OH)_2$ 电极具有较高的电化学活性，而且抗过充性能也有显著提高，有着更大的放电比容量及电极使用寿命。

③ 活性物质的利用率提高。纳米 $Ni(OH)_2$ 电极的充电电位低于普通球镍电极，而其放电电位则高于普通球镍电极。活性物质的利用率高于球镍电极。

4.2.4 α-$Ni(OH)_2$ 简介

1. β-$Ni(OH)_2$ 的发展瓶颈

β-$Ni(OH)_2$ 体系的缺点是在充电后期析氧严重，充电效率低，并且过充电时生成的 γ-NiOOH 容易导致充放电过程中电极的膨胀和收缩，引起活性物质脱落，从而影响电池的寿命。尽管通过添加剂可改善其性能，但仍不可能突破在 β-$Ni(OH)_2$ 的电化学氧化还原过程中只有一个电子转移，理论比容量为 289mA·h/g 的限制。而普通储氢合金负极的比容量高达 330mA·h/g，新型储氢合金的比容量预计可达 550～700mA·h/g，而且其大电流充放电性能也是十分优良的。因此，在比容量和大电流充放电的指标上，这种以 β-$Ni(OH)_2$ 体系构成的正极已经成了制约镍氢电池发展的瓶颈。

在电池的充放电过程中，还有可能经历 α-$Ni(OH)_2$ 和 γ-NiOOH 之间的变化。在此过程中二者之间的转换基本上不引起电极变形和产生应力，而观察到的转移电子有 1.66 个，按此计算，其理论比容量可达 480mA·h/g，考虑到材料的掺杂因素，其比容量也将达到 380mA·h/g。由于掺杂稳定的 α-$Ni(OH)_2$ 的出现，给镍系列电池的发展带来了希望。已有人在研究制备能提高比容量的 α-$Ni(OH)_2$ 镍正极，以使正极与负极有更加合理的匹配。

2. 制备 α-$Ni(OH)_2$ 的稳定机理

目前，α-$Ni(OH)_2$ 的制备一般采用电化学方法，这种方法制备的 α-$Ni(OH)_2$ 在强碱中不稳定，会逐渐陈化转变为 β-$Ni(OH)_2$，使其获得的高比容量很快消失。因此，如何制备出在碱性溶液中能保持稳定的 α-$Ni(OH)_2$，已经成为镍氢电池活性材料研究的热点。通过掺杂使 α-$Ni(OH)_2$ 中有金属离子部分取代 α-$Ni(OH)_2$ 晶格中 Ni 原子的位置，可使 α-$Ni(OH)_2$ 的稳定性有很大提高。

制备在碱溶液中能够稳定存在的 α-$Ni(OH)_2$ 的必要条件有两个：一是取代的金属三价离子半径应小于二价镍离子的半径；二是在碱溶液中取代金属元素的稳定存在形式为三价。α-$Ni(OH)_2$ 的稳定机理可由如下原因予以解释。

(1) 三价离子的掺入，使得活性物质晶粒细化，降低了活性物质的缺陷和张力，位能量降低。

(2) 三价离子的掺入，使活性物质带正电荷，但 CO_3^{2-}、NO_3^- 等离子渗入到活性物质的晶格．一方面抵消了过剩的正电荷，另一方面则增强了双层结构的强度。

(3) 三价离子的掺入，使得双层结构牢固地联合在一起，因而阻止了双层结构的溶解和陈化。

(4) 阴离子在使用过程中发生迁移，但并不影响 α-$Ni(OH)_2$ 双层结构的稳定。其中含 Al 而具有优良的可逆性、高的电极电位和库仑效率，因此是理想的镍电极材料。

3. α-Ni(OH)₂性能的改善

(1) 减小了电化学反应阻力。通过控制结晶工艺制备出 Al 代 α-Ni(OH)₂，这种球形 Al 代 α-Ni(OH)₂ 的层间距较大，有利于质子的迁入和脱出，使其具有较高的质子扩散系数。而在镍电极的反应过程中，质子的扩散是其速控步骤，较大的质子扩散系数具有较小的反应阻力，因此，Al 代 α-Ni(OH)₂ 的电化学反应阻力小于 β-Ni(OH)₂。

(2) 提高了低倍率充放电性能。球形 Al 代 α-Ni(OH)₂ 与纯 α-Ni(OH)₂ 有相似的晶体结构，在强碱环境下具有较高的结构稳定性。充放电曲线表明，在低倍率充放电时，与 β-Ni(OH)₂ 电极相比，Al 代 α-Ni(OH)₂ 电极的充电电压较低而放电电压较高，其放电平台要比 β-Ni(OH)₂ 电极高 60～70mV，并且放电平台拖尾较短。较低的充电电压有助于抑制析氧反应的发生，从而提高了电极的充电效率。

(3) 改善了高倍率充放电特性。随着充放电倍率的提高，电极的极化作用会增强，充电电压会随之升高，而放电平台和电容量都会有所降低。当以 $3.0C$ 倍率充放电时，Al 代 α-Ni(OH)₂ 电极仍然有良好的平台特性，其 1.2V 以上容量占总容量的 48%，1.1V 以上容量可达总容量的 91%。而 β-Ni(OH)₂ 电极的电容量会随放电倍率的提高而急剧降低，其 1.1V 以上的容量只占总容量的 62%。

相比于 β-Ni(OH)₂，Al 代 α-Ni(OH)₂ 电极的充电效率高，循环性能及大电流充放电性能优良。试验表明，掺杂的 α-Ni(OH)₂ 特别适合大电流放电，具有很好的循环稳定性，这为动力电池的发展提供了一条很好的途径。优良的大电流放电能力可使电动汽车的加速及爬坡性能得到明显提高，并且其所具有的大电流充电能力使电动汽车的快速充电成为可能，掺杂的 α-Ni(OH)₂ 有望成为镍氢动力电池正极活性材料的首选。

4.2.5 镍电极小结

镍氢电池一般采用镍正极为能量限制电极，因而对正极材料提出了更高的要求。制备高容量、高活性的 Ni(OH)₂ 正极材料已成为提高镍氢电池能量的关键。对于正极材料的研究与开发，重点在于研究材料的制备技术以控制氢氧化镍的形状、化学组成、粒度分布、结构缺陷、表面活性等，同时选择新型添加剂及成型工艺，用以明显提高正极的放电比容量和循环稳定性。

对于纳米 Ni(OH)₂ 电极，无论是纳米球镍还是一维的 Ni(OH)₂ 材料，虽然用于镍氢电池正极活性材料的研究和开发尚处于起步阶段，但其粒度小、比表面积大、压实密度高及比容量高、电化学反应可逆性好等结构与特点，使其已经展现出了很好的发展前景。不过，要研制成功适合于商业化生产的电池用纳米 Ni(OH)₂ 材料，尚有许多问题需要继续探索与研究。

4.3 镍氢电池的负极

镍氢电池负极的活性物质是储氢合金，因而负极又称为储氢电极（MH 电极）。由于储氢合金在充放电过程中，伴有吸氢和放氢反应，涉及电极表面电化学及体相扩散过程，因而在大电流或高温工作状态下，储氢电极对电池的综合性能影响极大。

4.3.1 储氢电极反应

充电时，溶液中的 H^+ 在负极表面得到电子变为 H 原子，然后 H 原子由负极表面向内部扩散，与负极储氢合金结合形成氢化物。放电时，氢化物中的 H 原子在负极表面失去电子而成为 H^+，并进入电解液中，与电解液中的 OH^- 结合成水分子。

从表面上看，镍氢电池在整个充放电过程中只是 H 原子和 H^+ 的变化，H 原子在正负极间移动，储氢合金本身不作为活性物质进行反应，只是作为氢的储藏体和电极反应催化剂。实际上，金属氢化物电极在碱性溶液中会发生一系列反应，储氢合金在碱性介质中的电化学反应包括氢扩散过程和电荷转移过程。

1. 放电时储氢电极反应

镍氢电池放电时，负极发生的反应如下。

氢的扩散： $MH_x^{ab} \rightarrow M \cdots H_x^{ad}$

电子转移： $M \cdots H_x^{ad} + xOH^- \rightarrow M + xH_2O + xe^-$

式中，M 为储氢合金；H^{ab} 为吸收态氢；H^{ad} 为吸附态氢。

氢在储氢电极中的扩散是电极反应速率的控制步骤，电极反应速率及氢分散系数与电极有效比表面积大小有关。

图 4.13 为 MH 电极的阳极过程（氧化）。H 原子从氢化物相中释放出来，或分子氢经过电氧化脱附，在电极表面解离为 H 原子。随着放电反应的进行，负极表面双层中 OH^- 浓度不断减少，使得负极电位越来越高。

2. 充电时储氢电极反应

镍氢电池充电时，负极发生的反应如下。

电子转移： $M + xH_2O + xe^- \rightarrow M \cdots H_x^{ad} + xOH^-$

氢的扩散： $M \cdots H_x^{ad} \rightarrow MH_x^{ab}$

图 4.14 为 MH 电极的阴极过程（还原）。随着充电反应的进行，负极表面双层中 OH^- 浓度不断增加，使得负极电位越来越低。此外，由于负极产生的 H 与正极的 NiOOH（包括 NiO_2）反应使电池内 H 的分压降低，从而导致负极电位在充电后期逐渐降低。对于负极来说，还由于正极产生的氧的复合反应消耗了 H，导致负极电位向正方向移动。

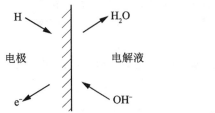
图 4.13 MH 电极的氧化反应过程

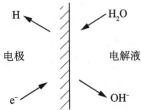
图 4.14 MH 电极的还原反应过程

4.3.2 储氢合金电极的要求与类型

作为镍氢电池负极活性物质的储氢合金，其组成与特性对电池性能影响很大。储氢合金对电池影响重要的电化学性能包括容量、循环寿命、交换电流密度和平衡电位。储氢合金的电化学性质与其结构、各组成性质和含量，以及电化学过程的状态等有关。因此，可以通过设计储氢合金的组成来优化这些合金的电化学性质，以提高镍氢电池的性能。

1．储氢合金储氢的方式

储氢合金是指在一定的温度和压力下，能可逆吸收、储存和释放氢的金属间化合物。在储氢合金中，氢以原子状态储存于合金的八面体或四面体间隙位置上，由于氢以原子状态存在于合金中，使得金属氢化物储氢技术具有高储氢体积密度和特有的安全性。金属或金属间化合物属于金属晶体，其晶体结构中的原子排列十分紧密，大量的晶格间隙位置可吸收大量的氢，并使氢处于最致密的填充状态。这就是金属或金属间化合物能致密地吸收大量氢的原因。

2．对储氢合金的要求

用于镍氢电池负极材料的储氢合金应满足以下条件：

(1) 易活化，电化学储氢容量高，能达到 250mA·h/g 以上，而且在较宽的温度范围内不会发生太大的变化。

(2) 在电池工作温度范围（$-20 \sim +60$℃）内，储氢合金具有合适的氢平衡分解压（室温下为 $10132.5 \sim 101325$Pa），对氢的阳极极化具有良好的催化作用。

(3) 耐氧化性强，在氢的阳极氧化电位范围内，储氢合金具有较强的抗阳极氧化能力。

(4) 催化活性高，反应阻力（氢过电压）小，氢扩散速率大，电极反应的可逆性要好，初期活化的次数要少。

(5) 在碱性电解质溶液中化学稳定性要好，合金组分的化学性质相对稳定。

(6) 寿命长，反复充放电过程中合金不易粉化，制成的电极能保持形状稳定，耐碱液腐蚀。

(7) 氢化物的生成热 ΔH 要小于 62.78kJ，并且合金应具有良好的电和热的传导性。

(8) 易于实现工业化生产，原材料成本低廉。

(9) 在储存和运输过程中安全、无害。

3．储氢合金的组成与类型

1) 储氢合金的组成

虽然周期表中所有金属元素都能与氢化合生成氢化物，但目前开发的储氢合金都是将放热型金属 A 和吸热型金属 B 组合在一起，合理配合，制备出在室温下具有可逆的吸氢和放氢能力的储氢材料。

A 组分由一种或多种稀土元素组成，如 La、Ce、Pr、Nd、Ti、Zr 等；B 组分有 Ni、V、Cr、Co、Mn、Al 等。

2) 储氢合金的类型

目前研究的储氢合金负极材料大致可分为 AB_5 型稀土镍系储氢合金、AB_2 型 Laves 相合金、AB 型 Ti-Ni 系合金、A_2B 型镁基储氢合金及 V 基固溶体型合金等几种类型。典型储氢合金的主要特性见表 4-3。

表 4-3 典型储氢合金的主要特性

合金类型	典型氢化物	氢与金属原子比 (H/M)	吸氢质量/储氢合金质量/(%)	电化学容量/(mA·h/g)	
				理论值	实测值
AB_5	$LaNi_5H_6$	1.0	1.38	348	330
AB_2	$Ti_{1.2}Mn_{1.8}H_3$	1.0	1.80	482	420
	$ZrV_2H_{4.5}$	1.5	2.30		
A_2B	Mg_2NiH_6	1.3	3.62	965	500
AB	$TiFeH_2$	1.0	1.91	536	350

在上述典型储氢合金中,AB_5 型储氢合金最早被用于负极材料,而 AB_2 型、A_2B 型及固溶体型合金等因具有更高的容量,已被业界广泛关注,具有良好的应用前景。

(1)AB_5 型储氢合金。此合金是在 $LaNi_5$ 的基础上发展起来的,已在镍氢电池中得到了广泛应用。AB_5 型储氢合金具有容易活化、高倍率放电性能好、P-C-T 曲线平台较宽,电催化活性好等优点。其不足是放电容量较低,一般只有 290~300mA·h/g;在循环过程中容易粉化和氧化,从而降低合金电极的循环寿命。

AB_5 型储氢合金采用掺杂(加入 Co、Mn、Al 等)的方式,用以提高容量。例如,新开发的储氢合金材料 $La_{5.7}Ce_{8.0}Pr_{0.8}Nd_{2.3}Ni_{59.2}Co_{12.2}Mn_{6.8}Al_{0.5}$,其比容量达到了 320mA·h/g,催化活性也很好。

(2)AB_2 型储氢合金。此合金又称为 Laves 相合金,典型的有 $MgCu_2$ 型、$TiMn_2$ 型、$ZnNi_2$ 型等。AB_2 型储氢合金的特点是合金的储氢容量大,在电解液中稳定性好,循环寿命长;由于合金表面容易形成致密的氧化物薄膜,不易活化,高倍率放电性能很差。

AB_2 型储氢合金通过添加微量稀土元素和表面处理技术,用以提高电极的性能。例如,新开发的储氢合金 $V_{18}Ti_{15}Ze_{18}Ni_{29}Cr_5Co_7Mn_8$ 和 $V_5Ti_9Zr_{26.2}Ni_{38}Cr_{3.1}Co_{1.5}Mn_{15.6}Al_{0.4}Mn_{0.8}$ 的容量达到了 385~450mA·h/g。

(3)A_2B 型储氢合金。此类合金的典型代表有 Mg_2Ni 型,其优点是储氢量大、质量轻、资源丰富、成本低等,不足是因形成的氢化物稳定,吸放氢动力学性能差,使其难以在电化学储氢领域广泛应用。

(4)AB 型储氢合金。此类合金的代表有 $TiNi$ 型和 $FeTi$ 型,特点是理论容量大,耐蚀性好,但初期电化学活性差,易受 CO_2、CO 等杂质气体毒化而失去活性,而且高率放电性较差。

4.3.3 储氢合金的性能改善处理

储氢合金的表面成分、微观结构及电催化活性对镍氢电池的放电速率、循环寿命等影响极大。通过对合金表面进行适当处理,可以显著提高储氢合金电极及电池的性能。目前储氢合金常用的性能改善处理有表面包覆、酸/碱处理、表面修饰、氟化处理等。

1. 表面包覆处理

储氢合金在反复的充、放电过程中的氧化和粉化是影响电池使用寿命的主要原因。为此,除了通过调整储氢合金成分来提高其抗氧化和粉化的性能外,还采用了包覆的方法来改善合金性能。包覆处理就是采用化学镀的方法在储氢合金表面包覆一层 Cu、Ni、Co 等金属或合金,在储氢合金负极表面形成网状金属膜。储氢合金进行包覆处理的主要原因如下:

(1) 可阻止氢气逸出,有利于氢向合金内扩散,抑制电极体系内压增加。
(2) 提高合金电极的充电效率,加快了储氢合金的初期活化过程。
(3) 合金表面有了保护层,可防止表面氧化及粉化,提高电极的循环寿命。
(4) 合金表面金属膜可加快电极表面的电荷转移速度,从而提高电池高倍率放电特性。
(5) 对电极的自放电具有抑制作用,并增加了合金的抗氧化能力。
(6) 部分代替了电极中的导电剂,在制备电极时起到了黏合剂的作用。

由于化学镀处理提高了合金的生产成本,并存在废弃镀液的排放处理等问题,因此目前已很少采用。表面包覆也可以采用电镀和机械合金化的方法,电镀具有与化学镀层相同的作用。

2. 酸/碱处理

酸/碱处理是将储氢合金粉浸泡于酸或碱溶液中,以分别除去合金表面的氧化物及 Mn/Al 元素的偏析,从而在合金表面形成具有较高催化活性的富 Ni 层,提高合金粉之间的导电性能。与此同时,由于合金表面层氢化产生较多的微裂纹,使合金的比表面积增大,从而显著改善了合金电极的活化及高倍率放电性能。

酸处理常用的酸溶液有盐酸、HAc-NaAc 缓冲溶液、甲酸、乙酸及氨基乙酸等。碱溶液对合金粉进行浸渍处理过程中,除了采用单一的热碱外,也可以使用含饱和 LiOH 的沸腾 KOH 溶液进行处理,在碱处理中添加整合剂(如 EDTA、环己二酸四乙酸等)可增强浸蚀效果。将超声技术应用于碱处理过程,可以延长储氢合金的循环寿命。

相比之下,酸处理的优点是温度低,在常温下就可快速反应,时间短,十几分钟即可完成;设备简单,操作方便,酸浓度低,不会污染环境。

3. 表面修饰处理

储氢合金的表面修饰是在其表面涂上一层亲水性/疏水性的有机物,用以改变合金的表面状态。在合金表面涂上一层疏水性有机物,可使合金电极表面形成微空间,有利于提高充电后期及快速充电时氢、氧化合为水的反应速度,从而降低电池内压,并提高电池循环寿命。对储氢合金表面进行特殊憎水处理,对氢、氧复合也有良好的催化作用,并能降低电极极化,从而提高电极高倍率放电能力和大电流的充放电效率。

用贵金属和非金属材料修饰合金表面也能有效提高电极性能。加入 Pd 催化剂可提高电极的容量,例如,将少量 Pd 粉涂在储氢合金表面,可有效防止储氢合金的氧化,而涂上颗粒尺寸小于 2μm 的 Ag 层可有效降低电池内压,提高电极容量及循环寿命。

4. 氟化处理

储氢合金的氟化处理是用 HF 等氟化物溶液进行处理,使储氢合金的外表面覆盖一层厚度为 1～2μm 的氟化物(如 LaF_3),在氟化物层下的亚表面则是一层电催化活性良好的富 Ni 层。氟化处理使储氢合金表面的微观结构有很大变化。由于在处理过程中氟化物溶液中的 H^+ 使合金表层氢化,合金表面生成大量的微裂纹,合金的反应比表面积显著增大。因此,经氟化物溶液处理后,储氢合金的耐毒化性能大为提高,同时合金的活化性能、高倍率放电性能及循环稳定性等均得到改善。

5. 还原剂处理

储氢合金的还原剂处理是用还原剂（如 KBH_4、$NaBH_4$、N_2H_4 等）来处理合金电极表面。合金电极在处理过程中吸收了还原出来的氢原子，引起晶格膨胀，形成新的合金表面。该合金层具有多孔性和很高的电催化活性，并增大了电极的表面积，因而改善了电极的放电容量和活化性能，以及电池充放电循环性能。还原剂表面处理一般配合碱处理一起使用。

4.3.4 储氢合金的制备

储氢合合的组织结构（包括合金的凝出组织、晶粒尺寸及晶界偏析等）会因合金成分、合金的铸造条件（凝固冷却速度）及热处理工艺的不同而有所差异，这些差异对合金电极性能影响很大。例如，合金的凝固组织及晶粒尺寸主要影响合金的吸氢粉化及腐蚀速率，且与合金电极的循环稳定性密切相关。再如，在合金的晶界上有不同种类的合金元素或第二相析出时，则可能促进（或抑制）合金的吸氢粉化及腐蚀过程，降低（或提高）合金电极的循环稳定性；也可能因晶界析出的第二相具有良好的电催化活性，从而使合金电极的高倍率放电性能得到改善。因此，要提高储氢合金的综合性能，除了要优化储氢合金化学成分，还应研究并改进合金的制备技术，使合金的组织结构得到优化控制。

传统的合金制备方法有高频感应加热法、电弧熔炼法、机械合金化法、还原扩散法、燃烧合成法等，不同的制备方法制取的储氢合金特性会有所不同。各种储氢合金的制备方法及特征见表 4-4。

表 4-4 储氢合金制备方法及特征

制备方法	合金组织特征	制备方法特征
高频感应加热法	缓冷时发生宏观偏析	价廉，适于大量生产
电弧熔炼法	接近平衡，偏析少	适于实验及少量生产
熔体急冷法	非平衡相、非晶相、微晶粒柱状晶组织，偏析少	容易粉碎
气体雾化法	非平衡相、非晶相、微晶粒等轴晶组织，偏析少	球状粉末，无需粉碎
机械合金化法	纳米晶结构、非晶相、非平衡相	粉末原料，低温处理
还原扩散法	热扩散不充分时，组成不均匀	无需粉碎，成本低

4.4 镍氢电池组

由于单体镍氢电池的电压只有 1.2V，作为电动汽车用动力电池，需要将一定数量的单体镍氢电池串联起来，以电池组的方式向驱动电动机提供所需的电压。

4.4.1 镍氢电池组的要求与类型

1. 对组成电池组的要求

单体镍氢电池的结构形式主要有圆形卷绕和方形平板两种，每个电池外部都具有独立的电池壳。当需要将各单体镍氢电池组装成电池组时，为确保电池组良好的性能，有如下几点要求。

（1）各单体电池的容量和电阻尽可能一致，以防止各电池之间的不平衡而影响电池组的输出能量和循环寿命。

（2）电池组须有良好的绝缘、适合的包装材料，要考虑每个电池在充放电时的膨胀和收缩。

（3）有合理的冷却系统，使电池组各电池保持适宜且一致的温度。

2．电池组的类型

镍氢电池组根据电池外形的不同，可分为 F 和 L 两种类型，如图 4.15 所示。

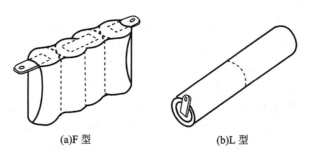

图 4.15　F 型、L 型镍氢电池组示意图

在 F 型电池组中，各单个电池沿着直径并排排列，用镍条或钢片将彼此相邻两电池的正负极连接而形成各电池的串联，并用热塑性材料固定起来；在 L 型电池组中，单个电池是沿着轴向串联起来的，并用热塑性材料固定。

在电动汽车上，镍氢电池组通常采用 F 型结构形式。F 型电池组的基本结构如图 4.16 所示。

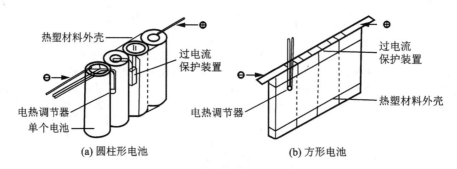

图 4.16　F 型镍氢电池组基本结构

镍氢电池组中除了串联各电池的连接片外，通常还设有电热调节器、过电流保护装置等，以确保电池组的正常工作。

4.4.2　双极性镍氢电池组

1．双极性镍氢电池的结构

双极性镍氢电池是一种具有叠层结构的电池，其内部结构如图 4.17 所示。

与密封双极性铅酸蓄电池一样，双极性镍氢电池由两侧的两个单极性电极和若干个双极性电极组成。每个双极性电极由具有电子导电性的接触片和两侧的正极、负极组成，双极性电极与其相邻的电极及它们之间的隔膜共同构成一个相对独立的电池单元（称为单体电池）。每个单体电池都有独立的电池结构，产生 1.2V 的电动势，因而可以通过增加双极性极板数量来增加单体电池的数量，以使电池组的总体电压达到设计的要求。

2. 双极性镍氢电池的优点

双极性镍氢电池构成的电池组取消了传统电池组中的极耳、连接条等连接体，电流的方向与电极垂直，减少了电流通过的距离，并且增大了电流经过的截面积，使电池中电流密度分布更加均匀。该电池组具有结构紧凑、内阻小、电流分布均匀、比容量高、比功率大等优点，特别适用于纯电动汽车及混合动力电动汽车等电动汽车。

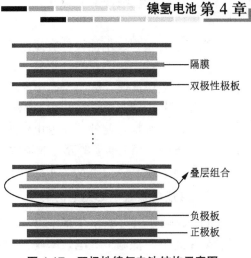

图 4.17 双极性镍氢电池结构示意图

镍氢电池的电解液在电池反应中仅充当了电化学反应介质，起到辅助离子迁移电荷的作用，在充放电过程中并没有消耗。电池中电解液的量主要取决于电极和隔膜的孔率，因而与其他电池体系相比，镍氢电池体系更适合于双极性电池要求的贫液设计。

双极性镍氢电池具有很多优势，但是，由于在制造（如边缘密封）和设计（如电极设计、电极基体材料选择、活性物质填充密度、正负极配比的设计等）中还存在一些问题，其工艺还不成熟，因而目前还没有实现大规模生产。

4.5 镍氢电池的特性

4.5.1 镍氢电池的充电特性

1. 镍氢电池的恒流充电特性曲线

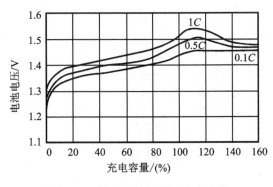

图 4.18 镍氢电池的恒流充电特性

镍氢电池的恒流充电特性曲线大致可分 3 段，如图 4.18 所示。

从镍氢电池恒流充电特性曲线可知，充电开始阶段电压上升较快，此后随着充电的进行电压上升缓慢，充电至一定程度后电压又会快速上升，达到最高后充电电压又会下降。$Ni(OH)_2$ 的导电性极差，而充电产物 NiOOH 的导电性是 $Ni(OH)_2$ 的 10^5 倍。因此，充电开始阶段的电压上升很快。

当有 NiOOH 生成之后，正极的充电电压会很快降低，因而使得电池的充电电压上升极为缓慢。

随着充电的进行，当充电容量接近电池标称容量的 70% 左右时，由于储氢合金中固相质子（氢原子）扩散速度减慢，为维持充电电流，只能提高正极电位，加之 OH^- 来不及扩散到正极，因而电池充电电压又会快速上升。

当充电容量超过电池设计容量之后，就进入过充电阶段，此时正极会析出氧气，并扩散到负极与氢反应，不仅消耗了氢，影响负极电位，而且因其产生的热提高了电池内部温度，加速了电极反应，因而充电电压会下降。

可见，镍氢电池恒流充电会出现充电电压峰值，充电电流越大，电压峰值出现也就越大、越早，下降也较快。此外，充电电流大，其充电电压也高，因而其充电效率相对较低。恒流充电过程中，充电初期的充电效率较高，可接近100%；但充电后期，由于电极极化加大，电极上又有大量气体析出及气体复合反应，这些都使得充电效率下降。

2．温度对镍氢电池充电的影响

（1）影响充电效率和内部压力。由于温度升高会促进正极析氧反应，因而温度越高，充电效率越低。低温下充电效率高，但温度低时氧气的复合速率也减慢，这会引起电池内部压力升高，其升高的幅度取决于充电电流的大小。

（2）影响电极电位和充电电压。当电池温度升高时，储氢合金吸收和放出氢的平衡压将会升高，即氢在储氢合金中扩散速度提高了，负极的反应速度提高，其电位就会下降。与此同时，正极的反应速度也会因温度的升高而加快。总之，温度升高时，充电电压会有所下降。

3．充电程度对镍氢电池性能的影响

适当的充电方式不但能使电池在随后的放电过程中的放电容量最大，并且能避免电池温度过高、过充电及其他影响电池寿命等问题。充电量为150%（充电时电源消耗的电量／蓄电池的容量）时，虽然放电容量最大，但会影响电池的循环寿命；充电量为120%时，电池循环寿命最长，但由于充电不足，放电容量会减少。

4.5.2 镍氢电池的放电特性

1．镍氢电池的恒流放电特性曲线

镍氢电池不同恒流下的放电特性曲线如图4.19所示。

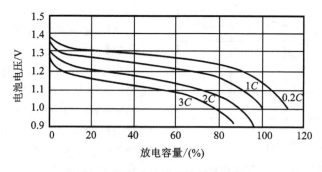

图4.19　镍氢电池的恒流放电特性

镍氢电池的恒流放电特性与铅酸电池的相似，放电电流大，电极的极化增大，电池内阻电压降也大，因而放电电压也相对较低，放电时间也较短，放电容量会有所下降。

在恒流放电过程中，开始电压下降较快，随后电压下降缓慢，接近放电终了时，随着放电的进行,电压下降又会加快。当放电电压下降至最低限值(终止电压)时,就必须停止放电,否则,电池会因过度放电而影响使用寿命。放电终止电压因放电率而变,放电电流越大,因内阻电压降和极化大,终止电压也相对低一些。

2. 温度对镍氢电池放电特性的影响

不同温度下的电池恒流放电特性曲线如图 4.20 所示。

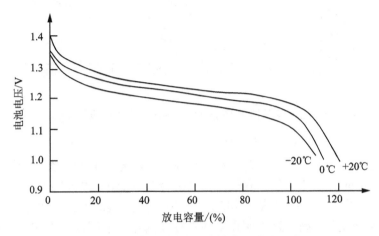

图 4.20　温度对镍氢电池放电特性的影响

从图 4.20 可知,镍氢电池在低温下放电,其放电电压较低;电池在温度较高时放电,电极的活性较高,其放电电压相应提高。

4.5.3　镍氢电池的内压与内阻

镍氢电池的内压和内阻对电池的充放电性能影响很大。电池的内阻大,充电时电池内压偏高,容易使电池的密封件性能变坏、过充电时还有可能引起电池爆炸,而在放电时内阻消耗能量大,使电池容量下降。

1. 镍氢电池的内压及影响因素

镍氢电池在充放电过程中,正极析出氧气,负极析出氢气,因而其内部会产生压力。无论是充电还是放电,镍氢电池的内压是一直存在的,在正常情况下,电池内压不会引起安全问题。但是,在过充电或过放电的情况下,由于正负电极析出大量的氧气和氢气不能及时复合,导致聚集的氧气和氢气过多,致使电池内压过高,从而带来电池的安全隐患。

(1) 充电电流及充电状态对内压的影响。镍氢电池的内压与充电制度及荷电状态有关,镍氢电池充电过程中内压的变化曲线如图 4.21 所示。

从图 4.21 可以看出,在充电过程中,随着充电的进行,电池的内压随之上升。充电电流大,电池内压上升快,内压也高。当荷电状态超过 100% 后,大电流充电将会使电池内压骤然增上升。

在上述情况下,负极产生的氢来不及与合金反应形成金属氢化物,使得氢气逸出;与此同时,由于正极上产生的氧气和氢气的复合速度远小于气体的生成速度,因而镍氢电池的充电电流越大,其内压升得越快。

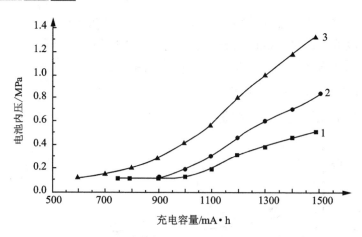

图 4.21 不同充电电流下电池内压与充电容量的关系

1—0.2C；2—0.5C；3—1.0C

(2) 充放电循环次数的影响。通过实验发现，随着充放电循环次数的增加，电池的内压也会逐渐升高，同时电池中氢、氧气体比例也会发生变化，如图 4.22 所示。

(3) 电解液量的影响。通过大量实验还发现，电池中电解液的量也会影响其内压，电解液过多会使内压升得很高，这说明在电池中存在气相扩散路径。因此，在设计电池时，应该通过提高隔膜的透气能力、适当降低电解液量等方法来降低电池的内压，而这些过程又与电极活性和电池的结构有着密切关系。

2．镍氢电池的内阻

镍氢电池的内阻包括欧姆内阻和极化内阻两部分。

(1) 欧姆内阻。欧姆内阻是指遵守欧姆定律的电阻，包括电池中的电极、电解液、隔膜等电阻及各连接点的接触电阻。欧姆内阻与电池的尺寸、结构、材料、成型方式及装配的松紧度等有关。使用过程中，电池的欧姆内阻会因其荷电状态改变、温度的升降而有所变化。

(2) 极化内阻。极化内阻是指电池的正极和负极在电化学反应过程中，由于极化所引起的内阻，包括电化学极化引起的内阻和浓差极化引起的内阻。极化内阻不仅与活性物质的本性、电极的结构、电池的制造工艺等有关，还与电池放电电流的大小和温度的高低密切相关。

① 放电电流对极化内阻影响很大。在大电流放电时，电化学极化和浓差极化均增强，引起极化内阻增大，甚至可能造成负极的钝化。

② 温度过低对电化学极化、离子的扩散均有不利影响，所以在低温条件下电池的极化内阻增加。

可见，镍氢电池内阻也不是常数。在放电过程中，会因电池的放电程度、放电电流大小、电解液浓度和温度的变化而改变；在充电过程中，镍氢电池的内阻还与内压有关。温度与电池内阻及放电能量的关系如图 4.23 所示。

(3) 镍氢电池内阻对性能的影响。电池内阻小，放电电压平台高，有利于延长放电时间，并可提高电池的大电流放电性能。在充放电循环中，由于正极膨胀及电解液的减少，导致内阻、内压增大，从而造成电池性能衰减。因此，装配过程中应尽量减小各连接零件的接触电阻，并改进工艺、减小正极膨胀、保持电解液量，以减小电池内阻，提高电池循环寿命。

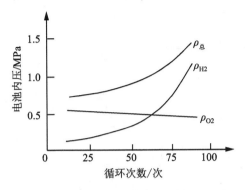

图 4.22 镍氢电池内压与循环次数关系　　图 4.23 温度与镍氢电池内阻及放电能量的关系

4.5.4 镍氢电池的容量及影响因素

1. 镍氢电池的容量

镍氢电池的容量是衡量其性能的重要参数。镍氢电池的容量表示方式通常有理论容量、额定容量和实际容量 3 种。

(1) 理论容量。镍氢电池的理论容量是指极板活性物质全部参加电化学反应所能放出的电量。理论容量应当按照电池的成流反应式确定的量匹配好，且完全 (100%) 进行电化学反应。对于镍氢电池而言，负极容量按过剩 30%～70% 设计，因此，电池的理论容量由正极的理论容量确定。

(2) 额定容量。动力型镍氢电池的额定容量指 3h 率放电容量，即电池以 3h 率放电流 I_3(A) 持续放电 180min 到终止电压 1.0V，电池所放出的电量就是额定容量。

(3) 实际容量。实际容量也称放电容量，指在一定的放电条件下，电池实际所能放出的电量。在一定的放电条件下，镍氢电池的实际容量取决于电池活性物质的量和利用率。

2. 镍氢电池放电容量的影响因素

影响镍氢电池放电容量的因素大致可分为两类。一类是电池结构和制造工艺，包括电池的结构形式、储氢合金的种类和处理工艺、正负极工艺、隔膜性能、电解液量等；另一类是电池的工作条件，包括放电电流、电池温度、放电连续性、充电电流及充电容量等。

(1) 放电电流对放电容量的影响。放电电流增大，电池的实际容量降低。这是因为大电流放电时，电极的极化增强，内阻增大，放电电压下降很快，电池的能量效率降低，因而其实际放出的容量较低。电池在低倍率放电条件下，其放电电压下降缓慢，电池实际放出的容量较高，当放电电流低于额定容量规定的放电率时，其实际容量通常会高于额定容量。

(2) 温度对放电容量的影响。从图 4.24 中可以看出温度对镍氢电池放电容量的影响。虽然镍氢电池工作的温度范围较宽 (-20～+60℃)，但最佳工作温度应在 0～40℃。当温度低于 0℃时，电池实际容量下降很快，放电电流越大，实际容量随温度降低而下降就越严重；当温度下降到 -20℃ 时，电池内阻会因电解液黏度等的变化而加大，而金属氢化物在低温下过于稳定会影响其正常的电化学反应，这使得电池无法激活到正常状态。

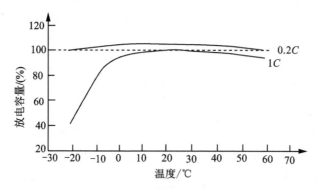

图 4.24 温度与镍氢电池放电容量之间的关系

（3）充电容量对放电容量的影响。充电初期放电容量随充电容量的增加而升高，充电效率接近 100%，充电后期电池的放电容量上升较为缓慢。当充入电量接近或超过电池额定容量时，充入电量越来越多地消耗于氧气析出与复合反应，而放电容量增加很少。可见，充电容量低于电池额定容量时，电池的放电容量随充电容量的增加而增大；当充电容量超过电池额定容量后，随着充电容量的进一步增加，放电容量最终会达到一个不随充电容量变化的稳定值。

（4）搁置时间对放电容量的影响。搁置时间对镍氢电池放电容量的影响实际上就是其自放电造成的镍氢电池能量损失问题。搁置时间对放电容量的影响是由荷电态的金属氢化物不稳定引起的，这种不稳定性在刚充完电时表现尤为明显，而后渐趋平衡和稳定。镍氢电池搁置时间越长，其放电容量下降就越多。

（5）放电终止电压对放电容量的影响。放电终止电压直接影响放电时间，放电终止电压低，放电时间就长，因而放电容量随放电终止电压的降低而增加。当单体电池电压低于 0.8V 后，电池电压下降很快，这段放电时间不长。内阻大的电池放电终止电压对放电容量的影响相对较大。

4.5.5 镍氢电池的储存与自放电特性

1. 镍氢电池的储存特性

镍氢动力电池的储存寿命为 5～10 年。在常温下储存，无论是充电态还是放电态，自放电所造成的容量损失都可通过充电恢复，不会产生永久性影响。但是，如果电池在高温下长期储存，会引起密封圈和隔膜的损坏，从而导致电池永久性损坏。镍氢电池长期储存温度一般选择 20～30℃。

影响镍氢动力储存寿命的因素包括温度、荷电状态、电解质补偿及电池气密性等。延长镍氢电池储存寿命的措施如下：

① 提高金属氢化物的抗氧化和耐蚀性能。
② 选择合适的合金组分。
③ 优化氢氧化镍活性物质的组成。

④ 改善正极中导电网络的质量。

⑤ 当电池长时间不使用时，应使电池保持在荷电状态（对电池充电 50%～100%）储存，并对电池进行周期性充电（保证至少每 3 个月对电池充电一次），以补偿电池自放电所消失的容量。

2. 镍氢电池的自放电及影响因素

(1) 镍氢电池的自放电。自放电也称荷电保持能力。在 20℃ 下，镍氢电池的月自放电率达到 20%～25%，这说明镍氢电池在自然搁置状态时的自放电率较高。因此，镍氢电池通常遵循即充即用的原则，不宜较长时间存放。

(2) 镍氢电池的自放电影响因素。电池自放电率的高低主要由电极材料、制造工艺、储存条件等多方面因素决定。镍氢电池的自放电受控于储氢合金电极，储氢合金电极的自放电分为可逆和不可逆两部分。可逆自放电是由于电极合金的平台压力大于电池内压造成的，而不可逆部分是由于电极合金的不断氧化而使合金失效所致。

从热力学的角度来看，蓄电池的放电过程是体系吉布斯自由能减少的过程，因此，蓄电池的自放电是必然的，只是不同类型蓄电池的自放电率不同而已。影响自放电率的储存条件因素主要是电池储存的温度和相对湿度。

(3) 温度对镍氢电池自放电的影响。温度对镍氢电池自放电的影响如图 4.25 所示。当温度升高时，蓄电池内正负极材料的反应活性提高，同时电解液的离子传导速度加快，隔膜等辅助材料的强度降低，使自放电反应速率大大提高。如果温度太高，就会严重破坏电池内的化学平衡，发生不可逆反应，导致电池的整体性能受到严重影响。

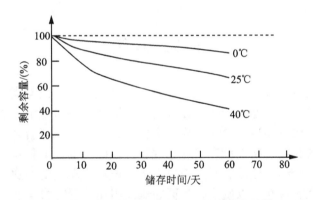

图 4.25　镍氢电池不同温度下的自放电特性

(4) 相对湿度对镍氢电池自放电的影响。相对湿度的影响与温度相似，环境的相对湿度太大也会加快镍氢电池自放电反应。一般情况下，低温和低湿的环境条件下，蓄电池的自放电率低，因而低温、低湿的环境有利于电池的储存。但是，相对湿度太低时也可能造成电极材料的不可逆变化，使蓄电池的整体性能大大降低。

4.5.6　镍氢电池的特点

镍氢电池是各类电动汽车常用的动力电池之一，相比于其他类型的蓄电池，其优缺点总结如下。

1. 镍氢电池的优点

镍氢电池具有如下优点：

(1) 比功率大，商业化的镍氢电池的比能量可达 1350W·h/kg。

(2) 循环寿命长，电动车用镍氢电池在 80%DOD 时的循环寿命可达 1000 次以上，是铅酸电池的 3 倍多；100%DOD 下的循环寿命在 500 次以上。镍氢电池用在混合动力电动汽车，其使用寿命可达 5 年以上。

(3) 不含铅、镉等对人体有害的金属，无污染，故而被称为 21 世纪的"绿色环保电源"。

(4) 耐过充电、过放电能力较强。

(5) 无记忆效应。

(6) 使用温度范围宽。正常使用温度范围为 -30 ～ +60℃，储存温度范围为 -40 ～ +70℃。

(7) 使用安全可靠；进行短路、挤压、针刺、安全阀工作能力、跌落、加热、耐振动等安全性、可靠性试验无爆炸和燃烧现象。

2. 镍氢电池的缺点

镍氢电池具有如下缺点：

(1) 成本较高，价格是铅酸电池的 5 ～ 8 倍。

(2) 单格电池的电压较低，只有 1.2V。

(3) 自放电的损耗较大。

(4) 环境温度对蓄电池的放电电压和放电容量有较大的影响。

本 章 小 结

本章通过对镍氢电池基本组成、成流反应、镍氢电池的构成与类型等的介绍，使读者能深入、全面地了解镍氢电池的结构与原理，并且能理解镍氢电池耐过充电及过放电的原因；通过对镍电极构成及晶型、电极反应、电极材料，以及储氢合金电极的构成与类型、性能改善及制备等的介绍，帮助读者更好地理解镍氢电池的性能特点；通过对镍氢电池组和双极性镍氢电池的介绍，使读者了解镍氢电池在电动汽车上的组成形式。在此基础上，本章总结了镍氢电池的特性，以便于读者更好地选用和管理动力电池。

思 考 题

1. 镍氢电池的基本组成部分有哪些？在充电态和放电态下，正极和负极的活性物质是什么？

2. 镍氢电池放电和充电时正负电极有何反应？

3. 镍氢电池过充电和过放电时其正负电极有何反应？为什么镍氢电池具有长期过放电和过充电自我保护能力？

4. 为什么在密封状态下镍氢电池无内部压力过高的危险？

5．按外形不同镍氢电池分为哪几种形式？按内部活性物质构成电极的工艺方式镍氢电池分为哪几种类型？

6．镍氢电池正极和负极是如何构成的？镍氢电池通常还有哪些组成部件？

7．镍氢电池正极在充电时有什么样的极化过程？在放电时完成了什么样的极化过程？

8．高密度球形 $Ni(OH)_2$ 正极活性物质具有何特点？

9．正极活性物质 $Ni(OH)_2$ 有哪几种晶型结构？在充放电过程中 $Ni(OH)_2$ 和 $NiOOH$ 的晶型有何变化？

10．球形 $Ni(OH)_2$ 有哪些制备方法？各种制备方法有何特点？

11．球形 $Ni(OH)_2$ 通常有哪些添加剂？这些添加剂起何作用？

12．纳米 $Ni(OH)_2$ 有何结构与性能特点？纳米 $Ni(OH)_2$ 有哪些制备方法？

13．储氢电极充放电时电极有何反应？

14．储氢合金是如何储氢的？镍氢电池对储氢电极有何要求？

15．储氢合金有哪些类型？储氢合金有哪些改善性能的措施？

16．对镍氢电池组有何要求？双极性镍氢电池有何特点？

17．镍氢电池有什么样的充电特性？充电过程中为什么有一个峰值电压？

18．镍氢电池有什么样的放电特性？放电电流大小及温度对放电特性有何影响？

19．镍氢电池的内阻包含哪些？温度对电池内阻有哪些影响？

20．镍氢电池的各种容量是如何定义的？影响电池容量的因素有哪些？

21．影响镍氢电池储存寿命的因素有哪些？延长镍氢电池储存寿命的措施有哪些？

22．镍氢电池的自放电率与哪些因素有关？温度对电池的自放电率有何影响？

23．与其他类型的蓄电池相比，镍氢电池的优点和缺点有哪些？

第 5 章 锂离子电池

 本章教学目标

熟悉锂离子电池的组成、工作原理及结构类型；
了解锂离子电池正负极的构成、充放电机理与性能改善；
理解锂离子电池特性。

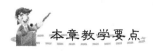 本章教学要点

知识要点	能力要求	相关知识
锂离子电池的构成、成流反应	熟悉锂离子电池的基本组成，理解锂离子电池工作原理	组成化学电池的必要条件、电化学原理
锂离子电池正负极材料、电解质、隔膜	了解锂离子电池电极的构成、类型及性能；了解电解质的作用与类型，以及隔膜的作用与类型	锂的氧化物及电化学特性，碳素材料的结构类型及特性，有机化合物的特性等
锂离子电池的特性	了解锂离子电池的特性及成因，熟悉锂离子电池的优缺点	化学电池内阻、容量及寿命等

锂离子电池由二次锂电池发展而来,之所以被称为锂离子电池,是因为在这种电池的正、负极和隔膜中,锂都是以离子形式存在的。锂离子电池的充放电过程实际上就是锂离子在正负电极之间的来回嵌入和脱嵌,因而锂离子电池也被称为"摇椅式电池"。

5.1 锂离子电池的基本原理与结构

5.1.1 锂离子电池的基本原理

锂离子电池的负极活性物质是可嵌入锂离子的碳(形成 Li_xC),正极活性物质是金属锂化物,如 $LiMO_2$、$LiNiO_2$、$LiCoO_2$ 等,电解质是非水性的有机溶液或聚合物。正极是 $LiCoO_2$,负极是层状石墨的锂离子电池电化学表达式为

$$(-)C_6 \mid 1mol/L LiPF_6 - EC+DEC \mid LiCoO_2(+)$$

其中,EC 为碳酸乙烯酯;DEC 为二乙基碳酸酯。

1. 锂离子电池的充放电过程

在充电或放电过程中,锂离子在负极及电解质隔膜中定向运动,锂离子电池的充放电原理如图 5.1 所示。

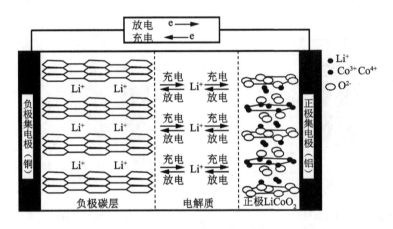

图 5.1 锂离子电池充放电原理

锂离子电池在充电时,加在电池两电极的充电电源力使正极化合物释放出锂离子,并经电解质嵌入到负极分子排列呈片层结构的碳中;锂离子电池在放电时,则从呈片层结构的碳中析出锂离子,并通过电解质嵌回到正极。以 $LiCoO_2$ 作正电极的锂离子电池为例,其充放电过程中正负极的电化学反应方程式如下。

$$\text{正极:} \quad LiCoO_2 \underset{\text{放电}}{\overset{\text{充电}}{\rightleftharpoons}} Li_{1-x}CoO_2 + xLi^+ + xe^- \tag{5-1}$$

$$\text{负极:} \quad 6C + xLi^+ + xe^- \underset{\text{放电}}{\overset{\text{充电}}{\rightleftharpoons}} Li_xC_6 \tag{5-2}$$

$$\text{总反应式:} \quad LiCoO_2 + 6C \underset{\text{放电}}{\overset{\text{充电}}{\rightleftharpoons}} Li_{1-x}CoO_2 + Li_xC_6 \tag{5-3}$$

2. 锂离子电池的充放电原理

（1）锂离子电池充电原理。锂离子电池在充电过程中，充电电源使电池外电路形成充电电流，电池内部在外电场力的作用下形成锂离子的浓度梯度，正极活性物质中部分锂离子脱离 $LiCoO_2$ 晶格进入电解液，通过隔膜嵌入负极活性物质炭的晶格中，同时得到电子生成 Li_xC 化合物（一般 $x<0.17$），使锂离子电池正负极的电位差上升。

（2）锂离子电池放电原理。锂离子电池在放电过程中，在高自由能的驱动下，Li_xC 化合物中的锂离子脱嵌，通过隔膜进入电解液，电子由外电路到达正极，与嵌入正极的锂离子生成 $LiCoO_2$，这一过程中正负极电位差逐渐下降。

锂离子电池的工作电压与构成电极的锂离子嵌入化合物和锂离子浓度有关。在正常充放电情况下，锂离子在层状结构的碳素材料和氧化物层状结构的层间嵌入和脱出，一般只引起层面间距变化，不破坏晶体结构。锂离子在正负极中有相对固定的空间和位置，在充放电过程中，正负极材料的化学结构基本不变。因此，从充放电反应的可逆性看，锂离子电池反应是一种理想的可逆反应。

5.1.2 锂离子电池的结构与类型

1. 锂离子电池的基本结构

锂离子电池主要由正极、负极、隔膜、电解质等组成，两种典型的锂离子电池的结构示意图如图5.2所示。

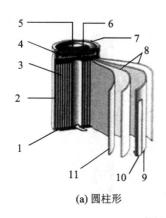
(a) 圆柱形

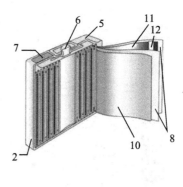
(b) 长方形

图 5.2 锂离子电池的结构

1、2—外壳；3—绝缘体；4—垫圈；5—顶盖；6—正极端子；7—安全阀；
8—隔膜；9—负极；10—负极耳；11—正极；12—正极耳

正极：锂离子电池的正极活性物质主要是在空气中化学性质稳定的嵌锂过渡金属氧化物，如 $LiCoO_2$、$LiNiO_2$、$LiMn_2O_4$ 等，在这些物质中加入导电剂、树脂黏合剂，并均匀地涂覆在铝基体上，形成活性物质呈细薄层分布的正极。

负极：锂离子电池的负极活性物质主要是碳材料与黏合剂的混合物，将这些物质加入有机溶剂调和成膏状，并涂覆于铜基上构成负极。

电解质与隔膜：锂离子电池采用以混合溶剂为主体的有机电解质或聚合物。隔膜一般使用聚乙烯或聚丙烯材料的多微孔膜。隔膜不仅熔点较低，而且具有较高的抗穿刺强度，可起到热保险作用。

电池壳体及排气阀：圆柱形锂离子电池的卷绕式电极的根部有一个极耳，用于连接相应的极柱。电池壳体材料是镀镍钢，它也作为电池负极的集流体。电池壳体用作正极的集流端子时，通常采用的材料是铝。安装在电池盖处的安全阀也称排气阀，起安全保护作用。当因析气过多或温度过高而导致电池内部压力过高时，排气阀打开，以避免电池开裂或爆炸。圆柱形锂离子电池盖的结构示意图如图 5.3 所示。

图 5.3 圆柱形锂离子电池盖的结构示意图

2. 锂离子电池的类型

锂离子电池有多种类型，下面按不同的分类方法予以归类。

1) 按电池的外形不同分类

按锂离子电池的外形分类有圆柱形、长方形、薄板形、纽扣形等不同的类型。

(1) 圆柱形锂离子电池。圆柱形锂离子电池如图 5.4 所示。这种电池内部的电极为卷绕式（参见图 5.2），用以提高容量。应用于电动汽车的锂离子电池，不仅需要大容量，而且需要用多个电池串联，组成电池组，以提高电池的输出电压。

(a) 圆柱形电池

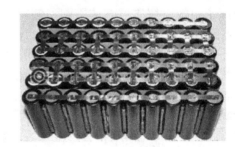

(b) 电池组

图 5.4 圆柱形锂离子电池

(2) 长方形锂离子电池。长方形锂离子电池如图 5.5 所示。电极卷绕式长方形锂离子电池的内部结构参见图 5.2，用作动力电池的大容量锂离子电池通常需要将多个电池串联起来，组成电池组。

(a) 长方形电池

(b) 电池组

图 5.5 长方形锂离子电池

(3) 薄板形锂离子电池。薄板形锂离子电池如图 5.6 所示。此类电池通常是小容量的，用作手机、照相机等可充电电源。

（4）纽扣形锂离子电池。纽扣形锂离子电池如图 5.7 所示。纽扣形锂离子电池通常也是小容量的可充电电池。

图 5.6　薄板形锂离子电池

图 5.7　纽扣形锂离子电池

2）按电池正极材料不同分类

用作锂离子电池的正极材料是含锂的过渡金属氧化物，电动汽车用锂离子电池按其正极材料的不同分类，主要有锰酸锂离子电池、磷酸铁锂离子电池、镍钴锂离子电池及镍钴锰锂离子电池等不同的类型。

3）按电池电解质不同分类

按锂离子电池电解质形态的不同，锂离子电池大体可分为液态锂离子电池（Lithium Ion Battery，LIB）和聚合物锂离子电池（Polymer Lithium Ion Battery，PLIB）等不同类型。

液态锂离子电池和聚合物锂离子电池所用的正负极材料是相同的，蓄电池的工作原理也基本一致。它们的主要区别在于液态锂离子电池使用的是液体电解质，而聚合物锂离子电池则以固态或胶体状聚合物作电解质，目前采用聚合物胶体电解质的锂离子电池居多。

由于聚合物锂离子电池使用的胶体电解质不会泄漏，因而装配很容易，可使蓄电池很轻、很薄。此外，胶体电解质不会产生漏液、燃烧或爆炸等安全上的问题，因此，聚合物锂离子电池可以用铝塑复合薄膜作外壳，从而可以提高蓄电池的比容量。聚合物锂离子电池还可以采用高分子作正极材料，其比容量可高于液态锂离子电池 50% 以上。

5.2　锂离子电池的正极

锂离子电池的电化学性能主要取决于所用电极材料和电解质材料的结构及性能，尤其是正极材料，它不仅是电极的材料，而且是锂离子源。因此，正极材料的选择和质量，是影响锂离子电池性能的重要因素。

5.2.1　锂离子电池对正极材料的要求

锂离子电池对其正极材料的要求如下：

（1）正极材料应具有较高的电极电势，以使电池有较高的输出电压。

（2）嵌入化合物应能允许大量的锂进行可逆嵌入和脱嵌，以使电池得到较高的容量。

（3）锂离子的嵌入和脱嵌可逆性好，主体结构不发生变化或变化很小，以使电池有长的循环寿命，有高的库仑效率和能量效率。

(4) 正极材料应有较好的电子电导率和离子电导率,以减小极化、降低电池内阻,满足大电流充放电的需求。

(5) 嵌入化合物在整个电压范围内的化学稳定性好,不与电解质等起化学反应。

(6) 电极材料必须与电池的其他材料有相容性,并且不溶于电解液。

(7) 氢化还原电位随嵌入量的变化要小,以使电池电压不会发生明显变化,能保持平衡的充电和放电。

(8) 从实用角度而言,正极材料应价廉且无污染,质量较轻。

5.2.2 氧化钴锂电极材料

1. 氧化钴锂正极材料的特点

氧化钴锂($LiCoO_2$)是锂离子电池使用最早的正极材料,在低温条件下 $LiCoO_2$ 呈尖晶石结构 LT-$LiCoO_2$,高温条件下 $LiCoO_2$ 为二维层状结构 HT-$LiCoO_2$。在充电和放电过程中,锂离子可从所在的平面发生可逆的脱嵌/嵌入反应。由于锂离子是在 CoO_2 层间进行二维运动的,因而锂离子导电率高,扩散系数也高,达到 $10^{-19} \sim 10^{-7} cm^2/s$。$LiCoO_2$ 作为锂离子电池正极材料,其本身的电子电导率也高,并且具有电压高、放电平稳、适合大电流放电、比容量高、循环性好、制备简单等优点。

虽然 $LiCoO_2$ 具有许多优点,但其耐过充电能力较差。由于充电时电极脱锂后余下的钴盐会在电解液中溶解,并且脱锂后形成的 CoO_2 层会从电极表面脱开,因此,升高充电电压虽然能提高充电的容量,但在充放电循环过程中会使电池容量很快下降。除此之外,随着 $LiCoO_2$ 中锂含量的变化,会引起晶格参数发生改变,使电极材料强度变差并出现裂纹。

$LiCoO_2$ 正极的另一个不足是在电池温度较高时容易分解并产生氧,这不但影响电池的循环寿命,而且给电池的安全性带来负面影响。

2. 氧化钴锂正极材料的性能改善

为了降低 $LiCoO_2$ 的成本和提高其在较高温度时的循环性能,通常对 $LiCoO_2$ 采用掺杂或包覆处理。

对 $LiCoO_2$ 掺杂的元素主要有 Li、B、Al、Mg、Cr、Ni、Mn、Cu、Su、Zn 和稀土元素。例如,当 $LiCoO_2$ 中含有过量的 Li(w_{Li}/w_{Co}=1.1)时,其可逆容量可以提高到 140mA·h/g;掺杂 B 离子可使可逆容量达到 130mA·h/g,经 100 次充放电循环后其容量仍有 125mA·h/g。

对 $LiCoO_2$ 表面进行包覆的材料较多,主要为无机氧化物,如 MgO、Al_2O_3、SnO_2 等。对于不同的包覆层,$LiCoO_2$ 性能改善的效果也有所不同。例如,用 MgO 包覆可有效提高 $LiCoO_2$ 的结构稳定性,当充电电压分别为 4.3V、4.5V、4.7V 时,可逆容量分别达到 145mA·h/g、175mA·h/g 和 210mA·h/g;包覆 Al_2O_3 后,可防止 Co 的溶解,稳定 $LiCoO_2$ 层的结构,提高电池的循环寿命。

3. 氧化钴锂正极材料的制备方法

$LiCoO_2$ 的理论组成(质量分数)为锂含量 7.09%,钴含量 60.2%,而商品 $LiCoO_2$ 中的锂含量和钴含量会有少许变化。合成 $LiCoO_2$ 的方法主要有高温固相合成法和低温固相合成法,此外还有草酸沉淀法、溶胶-凝胶法、水热法、有机混合法等软化学方法。比较成熟的方法是钴的碳酸盐、碱式碳酸盐或钴的氧化物等与碳酸锂在高温下的固相合成。

总体上讲，$LiCoO_2$ 的电化学性能相对较好，工作电压高，而且工艺研究已较为成熟，在短期内仍会是锂离子电池主要的正极材料。由于 $LiCoO_2$ 的安全性还有待提高，Co 的价格又相对较高且有毒，因此，随着廉价高性能正极材料的开发，$LiCoO_2$ 必将被逐渐取代。

5.2.3 氧化锰锂电极材料

1. 氧化锰锂电极材料的特点

锂锰氧化物主要有层状 $Li_xMn_2O_2$ 和尖晶石型 $Li_xMn_2O_4$。尖晶石型 $Li_xMn_2O_4$ 电极材料具有基于 $\lambda\text{-}MnO_2$ 的三维框架或隧道结构，锂填充到结构中间 1/8 的四面体位置。氧化锰锂电极的不足是其比容量相对较低，只有 $120mA \cdot h/g$，但电压较高，相对锂可达 4V，而且价格相对较低。由于脱氧时有良好的稳定性，因而在电池出现非正常使用时也不易出现异常。

尖晶石型 $Li_xMn_2O_4$ 电极材料的另一个不足之处是其容量损失较大，主要原因是 Mn^{2+} 会溶解于电解质，并且同时生成的水又会进一步发生反应，导致锰大量损失，致使尖晶石结构遭受破坏。因此，用氧化锰锂（$LiMn_2O_4$）电极材料做成的锂离子电池的循环寿命只有 350～400 次。

2. 氧化锰锂电极材料的性能改善

由于尖晶石型 Li_xMn2O_4 电极材料容量发生衰变，而且电导率也较低，在放电过程中还会出现两个电压平台，因而需要对其进行改性处理。主要方法是减少尖晶石型 $Li_xMn_2O_4$ 电极的表面积，在电解液中加入相关的添加剂，掺杂阳离子或阴离子，以及表面处理等。

研究表明，通过掺杂半径和价态与 Mn 相近的 Co、Ni、Cr、Zn、Mg 等金属离子，对改善尖晶石型 $Li_xMn_2O_4$ 电化学性能的效果非常明显。例如，$Li_{2/3}Co_{0.57}Mn_{3.66}O_4$ 在 2.3～3.3V 之间充放电，循环 100 次后，容量仍为 $110mA \cdot h/g$；$Li_{1+x}Ni_{0.5}Mn_{1.4}O_4$ 的比容量可达 $160 mA \cdot h/g$，并且只有一个 3V 的电压平台，循环性好，在充放电过程中尖晶石结构保持不变。但是，这些掺杂元素的加入量不能太多，过多会使电池的容量明显降低。

3. 氧化锰锂电极材料的制备方法

尖晶石型 $Li_xMn_2O_4$ 电极材料的制备方法有高温固相法、熔盐浸渍法、共沉淀法、Pechini 法、电化学法、喷雾干燥法、溶胶-凝胶法、模板法等。

需要指出的是，在制备 $LiMn_2O_4$ 时，由于原材料粒径的变化，合成物质的组成也会发生改变，导致电极对电的性能有很大影响，因此，必须选择合适的原材料，以确保得到具有理想的组成结构和电池性能的尖晶石型 $Li_xMn_2O_4$ 电极材料。

由于 $LiMn_2O_4$ 电极材料价格低，做成的电池稳定性相对较好，故已被动力型锂离子电池所采用。但是，$LiMn_2O_4$ 电极的比容量低，而且循环寿命短，制约了其在动力电池中的广泛应用和未来的发展。

5.2.4 磷酸（亚）铁锂电极材料

1. 磷酸（亚）铁锂电极材料的特点

磷酸（亚）铁锂（$LiFePO_4$）电极材料具有价格便宜、不吸湿、对环境友好、安全性好、可逆性好等优点，其中的大阴离子 PO_4^{3-} 可稳定其结构，防止铁离子溶解。$LiFePO_4$ 嵌脱

锂反应式如下

$$LiFe^{(II)}PO_4 \rightarrow Fe^{(III)}PO_4 + Li^+ + e^-$$

$FePO_4$ 和 $LiFePO_4$ 结构极为相似，体积也较接近，由于充放电过程中结构和体积变化小，因而 $LiFePO_4$ 具有较好的循环特性。$LiFePO_4$ 的理论容量也较高，达 170mA·h/g，但其电压平台较低（只有 3.2V），这使得电池的比容量较低。

由于氧原子的分布近乎密堆六方形，锂离子移动的自由体积不大，因而室温下电流密度不能太大，否则会降低容量。可见，$LiFePO_4$ 电极会使电池在大电流放电时的利用率明显下降。

2. 磷酸（亚）铁锂电极材料的性能改善

$LiFePO_4$ 脱锂后生成 $FePO_4$，$FePO_4$ 的电子和离子的电导率均较低，为提高脱锂后的电子导电性能，通常在结构中加入分散性能好的导电剂，以使离子间的导电能力提高，从而提高电极 $LiFePO_4$ 的利用率，使可逆容量达到理论值的 95%，电池的快速充放电能力也得以提高，可在 5C 倍率电流下进行充放电。

用 $LiFePO_4$ 作正电极的锂离子电池，电池的生产工艺要求较为严格，其批次生产的一致性比较差，这也使得这种电池的成本难以降低。此外，由于 $LiFePO_4$ 的电导率较低，使得电池的内阻较大，降低了电池大电流放电能力。为了提高 $LiFePO_4$ 的利用率，在制备方法上需要采用相应的改进措施，也可以通过掺杂的方法使 $LiFePO_4$ 改性，例如，掺杂 Mn^{2+}、Mg^{2+}、Al^{3+}、Ti^{4+}、Nb^{5+} 等。

目前，用 $LiFePO_4$ 电极制成的锂离子电池在电动自行车上已有较多应用。

5.2.5 正极材料的性能比较

$LiCoO_2$、$Li_xMn_2O_4$、$LiFePO_4$ 是目前采用相对较多的锂离子电池的正极材料，它们的特点有所不同，制成的锂离子电池的性能也有所不同，3 种正极材料的主要特性比较见表 5-1。

表 5-1 $LiCoO_2$、$Li_xMn_2O_4$、$LiFePO_4$ 性能比较

性能	$LiCoO_2$	$Li_xMn_2O_4$	$LiFePO_4$
晶体结构	层状	尖晶石	橄榄石
理论比容量 /(mA·h/g)	274	148	170
实际比容量 /(mA·h/g)	140～155	90～120	130～135
利用率 /(%)	51～56	61～81	76～88
振实密度 /(g/cm³)	2.8～3.0	2.0～2.2	0.7～1.4
比表面积 /(m²/g)	0.4～0.6		12～20
工作电压范围 /V	3.0～4.2	3.0～4.2	2.5～3.8
平台电压 /V	3.6～3.7	3.7～3.8	3.2～3.3
价格 / 每台万元	25	4.8	16
单电池循环寿命 / 次	>600	>500	>1000

续表

性能	LiCoO$_2$	Li$_x$Mn$_2$O$_4$	LiFePO$_4$
材料加工工艺	好、成熟	中等	难度高，不成熟
安全性	差	好	好
环保性能	有毒	无毒	无毒
高温性能	一般	差	好
低温性能	不好	不好	差

5.2.6 氧化镍锂电极材料

1. 氧化镍锂电极材料的特性

氧化镍锂（LiNiO$_2$）和 LiCoO$_2$ 一样，也为层状结构。LiNiO$_2$ 比 LiCoO$_2$ 便宜，且比容量可达 200mA·h/g，但是在一般情况下，镍较难氧化为 +4 价，而且易生成缺锂的 LiNiO$_2$。此外，LiNiO$_2$ 制备过程中热处理温度不能过高，否则生成的 LiNiO$_2$ 会发生分解。因此，实际上很难批量制备理想的 LiNiO$_2$ 层状结构。

与 LiCoO$_2$、Li$_x$Mn$_2$O$_4$ 相比，LiNiO$_2$ 的热分解温度（200℃）最低，而且放出的热量最多。这是因为充电后期处于高氧化态的 Ni^{4+} 不稳定，氧化性又强，不仅会氧化电解质，腐蚀集流体，而且会放出热量和气体。当热量和气体聚集到一定程度时，会有爆炸的危险。

2. 氧化镍锂电极材料的性能改善

LiNiO$_2$ 改性主要有以下几个方面：
(1) 提高脱嵌相的稳定性，从而提高电池的安全性。
(2) 抑制容量衰减。
(3) 降低不可逆容量，与负极材料达到较好的平衡。
(4) 提高可逆容量。

采用的方法有掺杂元素和涂覆，例如，为改进 LiNiO$_2$ 的热稳定性，掺杂 Al、Ti、Mg 等元素。又如，掺杂 Mg 的氧化钴锂 LiNi$_{0.7}$Co$_{0.2}$Mg$_{0.005}$O$_2$，其热分解放出的能量比 LiCoO$_2$ 更低，但其比容量达到了 180mA·h/g，只比 LiNi$_{0.8}$Co$_{0.2}$O$_2$ 低 25mA·h/g。

3. 氧化镍锂电极材料的制备

LiNiO$_2$ 通常采用固相法制备，但要在较高的温度下进行反应，而高温条件下又很容易生成缺锂的 LiNiO$_2$。采用溶胶-凝胶法制备的 LiNiO$_2$，其热稳定性可提高到 400℃，但其初始比容量只有 150mA·h/g。

总而言之，LiNiO$_2$ 的比容量较高，价格也较低，自放电率低、无污染，并且已经实现了商品化。但是，LiNiO$_2$ 的热稳定性较差、工作电压低，而且制备困难，因而其实际应用受到了限制。

5.2.7 其他正极材料

由于正极材料结构的规整性和稳定性对锂离子电池的影响极为关键，因此，寻找新的电极材料，采用新的合成方法仍然是当前锂离子电池研究的重点。除了上述已商品化的电极材料外,目前已在研究或已开发出的锂离子电池正极材料还有多种。

1. $LiNi_{1-x}Co_xO_2$ 电极材料

$LiNi_{1-x}Co_xO_2$ 为层状结构,其性能见表5-2。

表5-2 $LiNi_{1-x}Co_xO_2$ 正极材料的性能

材料	比容量/(mA·h/g)	中点电压/V(相对锂0.05C)	性能评价
$LiNi_{0.8}Co_{0.2}O_2$	205	3.73	价格中等、安全性好、循环性好
$LiNi_{0.9}Co_{0.1}O_2$	220	3.76	比容量最高
$LiNiO_2$	200	3.55	易热分解、安全性差、制备困难

从表5-2中可以看出,相对于 $LiNiO_2$,$LiNi_{1-x}Co_xO_2$ 的性能有了很大改善,而减少Co的含量,可使电池的比容量有较大的提高,但中点电压提高不明显。

2. 三元电极材料

镍锰钴氧化物 $[Li(Ni_xMn_yCo_z)O_2]$ 是由镍盐、锰盐和钴盐合成的,其中Ni、Mn、Co的比例可根据实际需要进行调整,目前主要有 $Li(Ni_{1/3}Mn_{1/3}Co_{1/3})O_2$、$Li(Ni_{0.4}Mn_{0.4}Co_{0.2})O_2$ 和 $Li(Ni_{0.5}Mn_{0.3}Co_{0.2})O_2$ 3种。

三元电极材料也为层状结构,其合成容易,成本低,电化学容量高,并且具有较好的快速放电能力,循环性能也较好;不足是放电电压平台相对较低,首次充放电效率低。

目前,上述3种电极材料用得较多的是 $Li(Ni_{1/3}Mn_{1/3}Co_{1/3})O_2$,该材料的主要结构与性能特点见表5-3。

表5-3 $Li(Ni_xMn_yCo_z)O_2$ 正极材料的主要结构与性能特点

平均粒径/μm	8~12	首次可逆容量/(mA·h/g)(4.2~3.0V,0.1C)	>160
比表面积(BET)/(m²/g)	0.2~0.5	首次充电效率/(%)(4.2~3.0V,0.1C)	80~90
振实密度/(g/cm³)	>2.5	循环性能(剩余容量80%)	>800(人造石墨) >500(天然石墨)

3. 钒的氧化物电极材料

钒比钴和锰都要低廉,又是多价金属元素,可生成多种氧化物,并可与锂生成多种复合氧化物Li-V-O。Li-V-O也存在着层状结构和尖晶石结构,例如,α-V_2O_5、$LiVO_2$、$Li_xV_2O_4$、$Li_{1+x}V_3O_8$ 均为层状结构,尖晶石结构有正常尖晶石结构和反常尖晶石结构。

层状结构的 α-V_2O_5 的理论比容量在钒的氧化物中最高,可达442mA·h/g,可以嵌入3mol的锂离子,达到组分为 $Li_3V_2O_5$,但锂离子脱嵌比较困难。随着嵌入锂的数量增加,电极极化的欧姆阻抗也会增大,电荷的转移会变得不可逆,电极的导电率随之下降。

α-V_2O_5 的氧化性很强,在有机溶剂中有微溶性,而且会引起有机溶剂分解。α-V_2O_5 较适合作锂原电池的正极材料。

层状结构的 $Li_{1+x}V_3O_8$ 具有优良嵌锂能力,它的比容量高(300mA·h/g),循环寿命长,锂离子扩散速度快。$Li_{1+x}V_3O_8$ 是近年来极有发展前途的锂离子电池正极材料之一。

$Li_{1+x}V_3O_8$ 的缺点是电导率低，氧化能力强，会使有机电解质分解。

4. 多原子阴离子正极材料

用大的阴离子（如 PO_4^{3-}、SO_4^{2-}、VO_4^{3-} 等）替代锂离子电池正极材料中的氧离子，以得到与氧化物一致的高电压，同时可提供较大的自由体积，有望提高锂离子电池的电导率和大电流放电能力。这些材料中适合做锂离子电池正极材料的有橄榄石结构的磷酸铁锂（$LiFePO_4$）。

5. 铁的化合物

由于铁的氧化物价廉且储藏丰富，又无毒性，因而人们已经在进行将其用作锂离子电池正极材料的研究。

磁铁矿 Fe_3PO_4 为尖晶石结构，比较稳定，可以进行锂离子的嵌入/脱嵌过程。但是，由于在晶体结构中大量铁离子阻碍了锂离子的扩散，这使得电池的内阻增大，因而这种锂离子电池不能大电流放电。

$LiFeO_2$ 虽然也可以进行锂离子的嵌入/脱嵌过程，但其比容量太低，因而不宜用作离子电池的正极材料。但是，当采用的材料达到纳米级时，其可逆容量可提高到 $150mA·h/g$。需要说明的是，用传统的固相反应法得到的 $LiFeO_2$ 并不是层状结构，要得到如层状 $LiCoO_2$ 结构的 $LiFeO_2$，必须采用软化学法。将 Fe^{2+} 与过氧化锂的水溶液反应，然后在低于 $400℃$ 的温度下进行热处理，便可得到纳米级的材料。

$LiM(FeMn)SiO$ 也是近年来研究较多的锂离子正极材料，该正极材料具有良好的电导率，化学稳定性也较好。

6. 铬的氧化物

$LiCrO_2$ 的晶体结构与 $LiCoO_2$ 的层状结构相似，但由于锂不能发生可逆脱嵌，因而不适宜用作正极材料。其他铬的氧化物如 Cr_2O_3、CrO_2、Cr_5O_{12}、Cr_2O_5、Cr_6O_{15} 和 Cr_3O_8 等均能产生锂的嵌入和脱嵌。其中，Cr_2O_3 和 CrO_2 的价态低于 $+4$，电化学性能不理想，而价态高的铬氧化物（如 Cr_2O_5、Cr_6O_{15} 和 Cr_3O_8 等）的电化学性能则明显要好得多。用这些铬的氧化物制成正极，当终止电压为 $2V$ 时，其放电比容量高达 $1200mA·h/g$，而且循环性能也比较理想。

在这些铬的氧化物中，除 Cr_2O_3 以外，一般均由 CrO_3 分解制得，这些铬的氧化物通常会含有部分未分解的 CrO_3。将高温高压分解后的产物再用水浸渍，可使 CrO_3 的含量明显降低，以提高在 $2.0～4.2V$ 之间的循环性能，并使可逆比容量达 $255mA·h/g$。

5.3 锂离子电池的负极材料

提高负极材料对锂离子的嵌入和脱嵌能力，是提高锂离子电池容量的主要途径，因此，对负极材料尤其是碳素材料的研究备受关注。在 20 世纪 70 年代，用金属锂作电池负极的锂二次电池就已投放市场。但是，这种锂二次电池的安全性没有保障，因而迫使人们寻找能替代金属锂负极的途径，这使得二次锂电池负极材料经历了由金属锂到锂合金、碳素材料、氧化物再回到纳米合金的演变过程（表 5-4）。

表 5-4　锂二次电池负极材料演变过程

负极材料	金属锂	锂合金（如 LiAl）	碳素材料（石墨）	氧化物（如 SnO）	纳米合金（如纳米硅）
年份	1965	1971	1980	1995	1998
比容量/(mA·h/g)	3860	790	372	700	2000

5.3.1　锂离子电池对负极材料的要求

1. 金属锂负极的不足

(1) SEI 膜的形成及作用。用金属锂做负极材料，其比容量可达到 3860mA·h/g，比用其他负极材料的理论容量要高很多。例如，石墨的理论比容量仅为 372mA·h/g。由于金属锂非常活泼，在锂电池中，锂电极易与非水有机电解质反应，在表面形成一层钝化膜——固态电解质界面（Solid Electrolyte Interface，SEI）膜。根据 SEI 模型，锂与电解质的反应产物在金属锂表面形成一薄层保护膜，该多孔性保护膜是离子导体而不是电子导体，电解质溶液填充在膜的孔中，使锂离子能发生迁入和迁出。SEI 膜的形成阻止了锂与电解质的进一步反应，使金属锂在电解质中稳定存在，这也是锂电池得以商品化的基础。

(2) 金属锂电池的不足。以金属锂为负电极的锂电池在充放电过程中，金属锂反复沉积（充电）和溶解（放电）。在充电过程中，锂将重新回到负极。由于新沉积的锂表面没有钝化膜保护，非常活泼，部分锂将与电解质反应并被反应物包覆，形成游离态的锂，在晶粒长大的过程中负极表面会形成枝晶。当枝晶积累到一定程度时，会刺穿隔膜而造成电池局部短路，使电池局部温度升高而熔化隔膜，这会进一步加剧电池内部的短路，使电池失效甚至起火爆炸。

(3) 解决金属锂电池问题的途径。锂电池必须要解决的是金属锂负极的安全问题，主要从如下 3 个方面开展研究：
① 寻找替代金属锂的负极材料。
② 采用聚合物电解质以避免金属锂与有机溶剂反应。
③ 改进有机电解液的配方，使金属锂在充放电循环中保持光滑均一的表面。

前两个方面已取得重大进展，锂离子电池很好地解决了锂电池的安全性问题，但直接使用金属锂作负极的锂电池仍处于研究阶段。

2. 对负极材料的要求

锂离子电池对替代金属锂的负极材料的要求如下：

(1) 在锂离子嵌入的过程中电极电势变化较小（接近金属锂电位），以使电池有较高的输出电压。

(2) 嵌入锂的数量尽可能大，以使电池有较高的比容量和较高的充放电效率。

(3) 在电极材料内部和表面具有较多的锂离子扩散通道和较高的扩散速率。

(4) 在电压变化范围内，化学稳定性和热稳定性好，不与电解质发生反应。

(5) 锂离子的嵌入和脱嵌应可逆，并且不会引起基体明显的变化，以确保电池有好的循环性能。

(6) 氧化还原电位随基体中锂含量的变化尽可能小，以使电池得以平稳地充放电。

(7) 离子电导率和电子电导率高，以使电池大电流充放电性能好。

(8) 价格低廉，容易制备，对环境友好。

实际开发中需要综合考虑上述因素，可以说，要提高离子电池的性能，开发高容量的负极材料至关重要。目前研究的负极材料主要有碳素材料、氮化物、硅基材料、锡基材料、新型合金及纳米材料等。已经用于锂离子电池的负极材料基本都是碳素材料，如石墨、中间相炭微珠（MCMB）、石油焦、碳纤维等。

5.3.2 碳负极材料

1. 碳负极材料的特性

锂离子电池正负极反应是典型的嵌入反应，$LiCoO_2$ 和 LiC_6 被称为嵌入化合物。由于锂与石墨化的碳素材料形成嵌入化合物 LiC_6 后，其电势与金属锂相差不到 0.5V，因而可以用来代替金属锂作为锂离子电池的负极材料。在充电过程中，锂嵌入石墨的层状结构中，放电时则从层状结构中脱嵌。由于这种嵌入/脱嵌过程可逆性很好，因此所组成的锂离子电池循环性能很好。

碳素材料价格低廉且无毒性，在放电状态下处于空气中也比较稳定，替代活泼的金属锂可避免产生枝晶，电池内部不易短路，使得电池的安全性有很大的提高，并延长了电池的使用寿命。性能优良的碳素材料有充放电可逆性好、容量大和放电平台（平衡电位）低等优点。

近年来研究的碳素材料包括石墨、碳纤维、石油焦、无序炭和有机裂解炭等。不同的碳素材料在结晶度、粒度、孔隙度、微观形态、比表面积、表面官能团、杂质等多方面存在差异。到目前为止，有多种碳素材料应用于锂离子电池负极。硬质炭黑用于负极，其比容量可超过一般的石墨材料。

2. 碳负极材料的类型与性能

目前，可用于锂离子电池负极的碳素材料较多，不同的生产厂家选用的碳素材料也有所不同。例如，日本索尼公司使用的是硬炭，三洋公司使用的是天然石墨，松下公司使用的则是中间相炭微珠。

1) 石墨

石墨有六方石墨和菱形石墨（三方）两种结构（图 5.8）。石墨材料导电性好，结晶度高，具有良好的层状结构，适合锂的嵌入和脱嵌，形成锂石墨层间化合物 Li-GIC，其电势低且平坦，大部分容量分布在 0～0.20V，具有良好的充放电平台，充放电容量达 300mA·h/g，充放电效率高于 90%，不可逆容量低于 50mA·h/g。石墨可与提供锂源的正极材料 $LiCoO_2$、$LiNiO_2$、$LiMn_2O_4$ 等匹配，组成的电池平均输出电压高，是目前锂离子电池应用最多的负极材料。

石墨有天然石墨和人工石墨两大类。

(1) 天然石墨。由于天然石墨的石墨化程度高，为高度取向的层状结构，具有良好的锂离子的嵌入和脱嵌特性。石墨在锂的反复嵌入与脱嵌过程中，可保持电极尺寸稳定，使电极有良好的循环性能。形成的锂石墨层间化合物 Li-GIC 的比容量可高达 350mA·h/g，充放电电压平坦，而且成本低。天然石墨一直是负极材料研究开发的重点之一。例如，日本索尼公司采用优质天然石墨为原料，通过表面修饰，提高了其充放电循环性能，已将天然石墨成功地用于锂离子电池的生产。

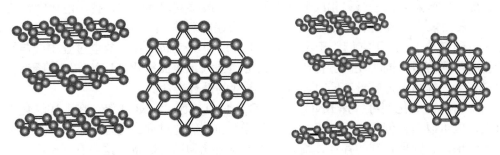

(a)六方结构(2H)(ABAB…方式)　　　　(b)三方结构(3R)(ABCABC…方式)

图 5.8　石墨的两种晶体结构

（2）人工石墨。人工石墨是用易石墨化的炭在惰性气氛中经高温石墨化处理制得。用作锂离子电池负极材料的人工石墨类材料主要有中间相炭微珠（Mesocarbon Microbeads，MCMB）、石墨纤维及其他各种石墨化的炭，其中人们最为熟悉的是高度石墨化的中间相炭微珠。

中间相炭微珠的整体外观呈球形，为高度有序的层面堆积结构，具有密度高、强度大、表面光滑等特点。中间相炭微珠由日本大阪的煤气公司最先开发、生产并用于锂离子电池负极材料；国内的中钢集团鞍山热能研究院有限公司等单位也已开发出这种材料。

2）碳素材料

碳素材料是人们最早开始研究并用于锂离子电池的负极材料，至今仍是锂离子负极材料研究的重点对象之一。碳素材料通常为无序结构（与石墨不同），碳原子之间的排列是任意旋转或平移，常称为涡轮式无序结构。碳素材料的结晶度（或石墨化度）低、晶粒尺寸小、晶面间距较大，与电解液的相容性较好，可以在碳酸丙烯酯（PC）有机电解液体系中正常工作，但首次充放电不可逆容量较高，且输出电压较低，无明显的充放电平台电压。

碳素材料根据其结构特征可分为易石墨化炭（软炭）及难石墨化炭（硬炭）两类，这两种碳素材料的结构都包括两部分：一部分是规则的层状结构，另一部分则是各种缺陷。碳素材料的容量一部分与层状结构有关，另一部分与各种缺陷有关。

（1）软炭（soft carbon）。软炭即易石墨化炭，指在 2500℃以上的高温下能石墨化的无定形碳。常见的软炭主要有石油焦、针状焦、碳纤维、焦炭、炭微珠等。

（2）硬炭（hard carbon）。硬炭指难石墨化炭，是高分子聚合物的热解炭，这类无定形碳即使在 2500℃以上的高温条件下也难以石墨化。它没有宏观的晶体学性质，但在微细区域内，存在不同程度的有序结构，称为"微晶体"。从内部整体结构看，它是尺寸不同的二维乱层微晶堆积的镶嵌体结构。

与软炭相比，硬炭的晶粒相对较小，晶粒取向更为不规则，晶面间距较大，一般为 0.35～0.40nm，而软炭则为 0.35nm 左右。此外，硬炭通常密度较小，且表面多孔。

3．碳素材料的改性

碳素材料通过表面处理、掺杂或包覆等改性处理，可改善其碳素材料的电化学性能。

1)表面处理

碳素材料表面的不规则结构容易与锂发生不可逆反应,造成碳素材料电化学性能的恶化。因此,对碳素表面进行氧化或氟化等处理,以改善其表面结构,提高电化学性能。

(1)表面氧化。表面氧化处理是为了去除石墨材料表面一些不规则结构(如 sp^3 杂化碳原子、碳链等)。由于它们属于不稳定结构,反应活性高,在充放电过程中会与锂反应而产生不可逆容量,同时还部分抑制了锂的可逆嵌入。表面氧化处理的作用是降低电池的不可逆容量,提高可逆容量,同时还可提高电池的循环寿命。

石墨材料的氧化剂可选择 HNO_3、O_3、O_2、H_2O_2、NO^+、NO_2^+ 等,在上述氧化处理的基础上,也可以引入催化剂(如镍、钴、铁等)加速氧化过程。这样,不仅产生上述氧化处理的效果,还因催化剂的存在,增加了纳米级微孔和通道数量,这更有利于锂的嵌入和脱嵌;同时,催化剂能与锂形成合金,对可逆锂容量的提高起到了一定的作用。

(2)氟化。在高温下用氟蒸气与石墨直接反应,可得到氟化物 $(CF)_n$ 和 $(C_2F)_n$;也可以在 Lewis 酸(HF)存在时,在 100℃ 温度下进行氟化得到 C_xF_n。在这些氟化物中,C—F 键从离子键向共价键过渡。

氟化石墨和氧化石墨都是共价键化合物,但氧化石墨是亲水性的,而氟化石墨是憎水性的。碳素材料经氧化或氟化处理后,可提高电池的放电容量。

2)掺杂

在碳素材料中引入非金属元素或金属元素,用以提高碳电极的性能。

(1)掺杂非金属元素。碳素材料掺杂的非金属元素有硼、硅、磷等。

将硼掺入碳素材料有原子形式和化合物形式两种。

① 用气相化学沉积法(CVD)制备碳素材料时,主要是以原子形式引入硼,引入含硼的烷烃或别的硼化合物通过裂解得到硼原子与碳原子一起沉积的碳素材料。

② 化合物形式引入硼则是直接将硼化合物(如 B_2O_3、H_3BO_3 等)加入到碳素材料的前驱体中,然后进行热处理。由于硼的缺电子性,掺入碳素材料后,作为电子的受体,增加了锂与碳素材料的结合能,从而提高了电池的可逆容量。

在低于 1200℃ 的温度下,用 CVD 法或直接裂解含硅聚合物(如聚甲基苯基硅氧烷),可以将硅引入到碳素材料中。硅的引入能促进锂在碳素材料内部的扩散,有效防止枝晶的产生。硅在碳素材料中的分散水平是纳米级的。硅的引入量在 0%~6% 时,可逆容量从未掺硅时的 300mA·h/g 增加到 500mA·h/g,而且其容量在多次循环后没有衰减。

将磷元素引入碳素材料主要是改善碳素材料表面结构。磷原子与碳素材料的端面相结合,由于磷原子的半径(0.155nm)比碳原子半径(0.077nm)大,使得碳素材料的层间距增大,这有利于锂的嵌入和脱嵌。

(2)掺杂金属元素。碳素材料中引入的金属元素有主族和过渡金属元素。主族元素有ⅠA 族的 K、ⅡA 族的 Mg、ⅢA 族的 Al、Ga,过渡金属元素有 V、Ni、Co、Cu、Fe 等。

① 碳素材料引入钾后会先形成嵌入化合物 KC_8,由于钾脱嵌后可逆嵌入的是锂而不是钾,再加之钾脱嵌后碳素材料的层间距(0.341nm)比纯石墨的层间距(0.3354nm)要大,这有利于锂的快速嵌入,并形成 LiC_6 的嵌入化合物,可逆容量可达 372mA·h/g。

② 碳素材料引入 Al 和 Ga 后,Al 和 Ga 与碳原子可形成固溶体,在组成的平面结构中,Al 和 Ga 的 P2 轨道为空轨道,可以储存更多的锂,从而提高了碳素材料的可逆容量。

③ 过渡金属钒、镍和钴以氧化物形式加入到前驱体中进行热处理。在热处理过程中,

它们起着催化剂的作用，有利于石墨化结构的生成及层间距的提高，从而增加了碳素材料的可逆容量，改善了碳素材料的循环性能。

④ 铜和铁的掺入提高了层间距，改善了石墨的端面位置，使碳素材料的电化学性能提高。

⑤ 在负极材料中添加一些金属与碳形成的化合物 M-C 或 Li-M-C 化合物（M 包括 Zn、Ag、Mg、Cd、In、Pb、Sn 等），也会使电池的电化学性能有明显改善，这主要是由于金属元素的引入有利于锂的扩散。

3）复合碳素材料

通过镀铜、包覆聚合物热解炭或锡的氧化物等非碳素材料在石墨表面包覆，形成具有核-壳结构的复合石墨，用以提高碳素材料的性能。

通常以高锂离子嵌入量的石墨类材料为核材料，而以具有可生成较致密钝化膜的无定形碳素材料为壳材料。这种复合材料既保持了石墨比容量高、充放电电压平坦等基本特征，同时也改善了石墨材料的粒型结构和粒度分布，减少了石墨的膨胀与粉化，提高了充放电循环性能，增大了首次充放电效率，还降低了材料的比表面积，改善了对电极工艺的适应性。

对无定形碳进行石墨表面包覆，可改善锂离子嵌入石墨层的方向性，提高石墨材料的大电流性能。研究表明，这种经复合后的石墨材料，其可逆比容量可达 350mA·h/g 左右，而不可逆容量小于 40mA·h/g。

对易石墨化炭（如石油焦等）采用掺杂、结构调速或表面修饰，并经高温石墨化处理等方法制得的人工石墨，比容量可以达到 330～350mA·h/g，并具有良好的循环性能，且价格低于中间相碳微球。

4. 碳负极材料的性能

表 5-5 列出了国内外常见的碳负极材料的类型及特点，表 5-6 列出了部分碳负极材料的结构与性能参数。上海杉杉科技有限公司（以下简称"上海杉杉"）是国内生产离子电池碳负极材料的厂家之一，它所生产的 CGS 产品是人造石墨和天然石墨形成的复合材料，而 MGP 和 MGS 则分别是对人造石墨和天然石墨进行表面改性得到的锂离子电池负极材料，各种产品的性能指标见表 5-7。

表 5-5 国内外常见的碳负极材料的类型及特点

碳负极材料类型	特点	生产厂家
中间相石墨	大电流放电性能好，安全性好，循环性能好，成本较高	JFE、上海杉杉、天津铁成
人造石墨	成本适中，循环性能好	日立碳素、上海杉杉
天然石墨	比容量高，价格便宜	日立碳素、上海杉杉、深圳 BTB
复合石墨	综合性能好，成本适中	上海杉杉
软硬炭	大电流放电性能好，安全性好	吴宇化学、上海杉杉
钛酸锂		上海杉杉

表 5-6 部分碳负极材料的结构与性能参数

碳牌号	类型	比容量/(mA·h/g)	不可逆比容量/(mA·h/g)	颗粒度/μm	BET 比表面积/(m²/g)
KS6	人造石墨	316	60	6	22
KS15	人造石墨	350	190	15	14
KS44	人造石墨	345	45	44	10
MCMB25-28	球形石墨	305	19	26	0.86
MCMB10-28	球形石墨	290	30	10	2.64
Sterling2700	石墨化炭黑	200	152	0.075	30
XP30	石油焦炭	220	55	45	—
Repsol LQNC	针状焦炭	234	104	45	6.7
Grasker	碳纤维	363	35	23	11
糖碳	硬质炭黑	575	215	—	40

表 5-7 国内部分碳负极材料的性能参数

品种	粒径(D20)/μm	首次可逆比容量/(mA·h/g)	首次放电效率/(%)	比表面积/(m²/g)	真实密度/(g/cm³)	振实密度/(g/cm³)	灰含量/(%)
CMS	20	315	95.0	1.0	2.15	1.39	0.04
CGS	20	340	94.5	1.5	2.15	1.30	0.03
MGS	20	350	93.0	2.0	2.20	1.25	0.05
MGP	20	330	94.0	2.0	2.20	1.15	0.03

5.3.3 合金类负极材料

除了用碳负极材料替代金属锂,解决金属锂因高活泼性所引发的锂电池的安全性问题和循环性差的缺陷,人们还研究用合金替代锂作负极材料,用以克服锂负极材料的不足。锂离子电池的合金类负极材料基本包括了常见的各种锂合金,如 NiAlFe、LiPb、LiAl、LiSn、LiIn、LiBi、LiZn、LiCd、LiAlB、LiSi 等。

相对于金属锂,锂合金负极避免了枝晶的生长,提高了安全性。然而,在充放电循环过程中,锂合金会产生较大的体积变化,这会使合金结构逐渐损坏,导致电极材料粉化失效,因而其循环寿命短的问题仍然存在,因此需要有相应的解决方案。

1. 锂合金类负极材料提高性能的措施

为了解决锂合金负极维度不稳定的缺点,采用了如下多种复合体系:

(1) 采用混合导体全固态复合体系,即将活性物质(如 Li_xSi)均匀分散在非活性的锂合金中。其中,活性物质与锂反应,非活性物质提供反应通道。

(2) 将锂合金与相应金属的金属间化合物混合,例如,将 Li_xAl 合金与 Al_3Ni 混合。

(3) 将锂合金分散在导电聚合物中,例如,将 Li_xAl、Li_xPb 分散在聚乙炔或聚丙苯中。其中,导电聚合物提供了一个弹性、多孔、有较高电子和离子电导率的支撑体。

(4) 将小颗粒的锂合金嵌入到一个稳定的网络支撑体中。

这些措施在一定程度上提高了锂合金体系的维度稳定性，但仍未达到实用化的程度。

2. 非锂合金类负极材料

近年来出现的锂离子电池，锂源仍是正极材料 $LiMO_2$（M 为 Co、Ni、Mn），负极材料则采用不含锂的金属合金。因此，在锂离子电池合金类负极材料的制备上有了更多选择。目前研究的材料按基体来分，主要有锡基合金、硅基合金、锗基合金、镁基合金及其他合金等。

锡基合金中由于 Sn 能与 Li 形成高达 $Li_{22}Sn_5$ 的合金，故其理论容量高。然而 Li 与单一金属形成合金 Li_xM 时，体积膨胀很大，金属间相 Li_xM 很脆，使循环性能变差。因此通常以两种金属 MM′ 作为锂嵌入的电极基体，其中金属 M′ 为非活性物质，而且比较软，利用 M′ 的可延性，可使锂嵌入活性物质 M 时的体积变化大大减小。

目前研究较为深入的是 Cu 与 Sn 形成的负极材料 $Li_xCu_6Sn_{(5\pm1)}$（$0 < x < 13$）。Cu 在电压为 0～2V 时并不与 Li 形成合金，因此可作为惰性材料，提供导电和稳定的框架结构。从结构来看，Cu_6Sn_5 为 NiAs 型结构（空间点群为 $P6_3/mmc$），如图 5.9 所示，Sn 原子成层排列，夹在 Cu 原子片之间。Sn 原子与邻近的 6 个 Cu 原子形成三棱柱结构，而 Cu 原子与 5 个 Sn 原子形成四棱锥结构或与 6 个 Sn 原子形成八面体结构。

Sn 的体积膨胀率较高，过量的 Sn 会使脱嵌锂时体积有较多的膨胀，从而导致循环寿命降低。通过用膨胀率不同的元素与其复合，形成纳米合金颗粒，使其在反复充放电过程中绝对体积变化较小，非活性材料的存在缓冲了脱嵌锂过程中的体积变化，使循环寿命延长。

用电沉积法制备纳米级的 Sn 及 SnSb、SnAg 金属间化合物，其循环性能得到明显改善。通过化学沉积方法制备尺寸为 300nm 的 $Sn_{0.88}Sb$ 合金，循环 200 次仍可保持 95% 的初始容量。在集流体 Cu 上镀 Sn 合金，经后期处理可梯度地生成 Cu_3Sn 和 Cu_6Sn_5 等储锂量不同的金属间化合物，也可延长循环寿命。目前开发的纳米复合合金可将循环寿命延长至 300 次。

分析一些锡基氧化物提高循环寿命的原因，可以归结为两条：一是有分散良好的锡区，能可逆地与锂反应；二是氧化锂和其他氧化物充当惰性物质维持体系。从中可以得到启示，以 Sn-Fe-C 中的 Sn 作为活性中心，生成的 Fe 作为导电剂和不活泼基体来维持锂锡合金晶粒，采用如图 5.10 所示的 3 条途径。

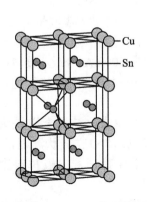

图 5.9 Cu_6Sn_5 结构示意图

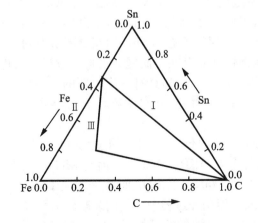

图 5.10 Sn-Fe-C 吉布斯相图

途径Ⅰ：Sn_2Fe-C。用机械合金方法制备 Sn_2Fe-C，但测试结果表明循环寿命很差，材料中的 Fe 并非完全惰性，当锂脱嵌时会与 Sn 形成小晶粒 Sn_2Fe。

途径Ⅱ：$Sn_2Fe \rightarrow Sn_3Fe_5$。原位 X 射线图谱显示小晶粒 Sn 与 Fe 包覆的 Sn_2Fe 和 Sn_3Fe_5 粒子共存，表明小晶粒的活性 Sn 植入只具有电子导电性的不活泼基体上。由于惰性基体数量的增加，使得容量降低。

途径Ⅲ：$Sn_2Fe/SnFe_3C$（活性物质/惰性基体物质的材料）。原位 X 射线图谱表明在嵌锂时，Sn_2Fe 峰消失，$SnFe_3C$ 峰基本不变，说明在此材料中 Sn_2Fe 是活性相，它完全反应形成 $Li_{4.4}Sn$ 和 Fe；$SnFe_3C$ 是惰性相，几乎不与 Li 反应。材料在循环 80 次后容量仍能保持在 $1200mA \cdot h/cm^3$。

纳米硅基复合材料也是一类很好的负极材料，实际比容量高达 $1700mA \cdot h/g$，为石墨理论比容量的 5 倍，而且循环性能好，可以经受高倍率充放电。

纳米材料的比表面积很大，存在大量的晶界，有利于改善电极反应动力学性能，而且纳米合金复合材料在充放电过程中绝对体积变化较小，电极结构有较高的稳定性。因此，纳米合金复合材料将是合金类负极材料的最佳选择。

5.3.4 氮化物负极材料

用作固体电解质的氮化物 Li_3N 具有很好的离子导电性，但其分解电压很低，只有 0.44V，不宜直接作为电极材料，而过渡金属氮化物则有高的化学稳定性和电子导电性。锂-过渡金属氮化物兼有二者性质，可用作锂离子电池负极材料。锂-过渡金属氮化物根据其结构的不同可分为两大类：一类是反萤石结构，另一类是 Li_3N 中的部分锂被置换的结构。

1. 反萤石结构的锂-过渡金属氮化物

萤石通常称为 CaF_2 结构（图 5.11），Ca 原子位于面心立方位置，F 位于以 Ca 原子为顶点的四面体中心。

在元素周期表中，从 Ti 到 Fe 均可形成锂-过渡金属氮化物 $Li_{2n-1}MN_n$，其中能稳定存在的有 Li_5TiN_3、Li_7VN_4、$Li_{15}Cr_2N_9$、Li_7MnN_4 和 Li_3FeN_2。这些氮化物对应于 CaF_2 结构，N 位于 Ca 的位置，锂和金属原子（M）处于 F 的位置，但阴阳离子的位置恰好与 CaF_2 相反，因而称为反萤石结构。

在上述氮化物中，Ti、V、Cr 已达到最高氧化状态，在锂脱嵌时无法提高价态来保持体系内的电中性，因而只有 Li_7MnN_4 和 Li_3FeN_2 有可能作为电极材料。

Li_7MnN_4 中锰的价态为 +5，而其最高价态为 +7，因此 Li^+ 的最大脱嵌量为 2。结构上 MnN_4 呈四面体独立存在，而锂的占据点形成三维网状，由此推断该物质应该是导电性极差的绝缘体，而实际上却具有一定程度的导电性；容量约为 $200mA \cdot h/g$，放电电压约为 1.2V（vs. Li^+/Li），并且 20 次循环后未见衰减，Li_7MnN_4 负极材料的突出特征是具有好的可逆性。

Li_3FeN_2 中铁的价态为 +3，可变为 +4，对应一个 Li^+ 的脱嵌。结构上以铁为中心，以氮为顶点构成四面体（FeN_4），但与 MnN_4 不同，FeN_4 四面体构成链状，因而 Li_3FeN_2 导电性优于 Li_7MnN_4。充放电曲线平坦是 Li_3FeN_2 材料的主要特征，电极材料容量约为 $150mA \cdot h/g$，但循环过程中容量的衰减较为明显。

作为锂离子电池的负极材料，$Li_{2.7}Fe_{0.3}N$ 的可逆容量达 $550mA \cdot h/g$，平均氧化还原电势较低，为 0.6V（vs. Li$^+$/Li）。目前的工作主要集中在对该材料进行优化，以提高其电化学性能，并对该类化合物脱嵌机理做出明确解释。

2. Li$_3$N 中的部分锂被置换的锂-过渡金属氮化物

Li$_3$N 晶体为层状结构，由 Li$_3$N 层与锂层相间构成（图5.12）。具有 Li$_3$N 结构的氮化物有 Li$_{3-x}$Co$_x$N、Li$_{3-x}$Ni$_x$N 和 Li$_{3-x}$Cu$_x$N 3 种，分别由 Co、Ni、Cu 转换锂层中的锂，Li$_{3-x}$M$_x$N 固溶体的组成范围：Co，$0 < x < 0.5$；Ni，$0 < x < 0.6$；Cu，$0 < x < 0.4$。这 3 种氮化物与 Li$_7$MnN$_4$ 和 Li$_3$FeN$_2$ 具有完全不同的结构和电化学行为。

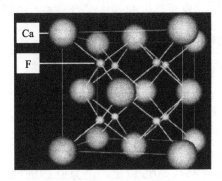

图 5.11　CaF$_2$ 的晶体结构

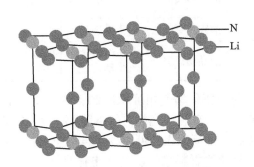

图 5.12　Li$_3$N 的晶体结构

在这些氮化物 Li$_{3-x}$M$_x$N（M 为 Co、Ni、Cu）中，Li$_{2.6}$Co$_{0.4}$N 的可逆嵌锂容量可达 480～760mA·h/g，甚至更高，因而最受关注。该物质的层状结构有利于锂离子的脱嵌，是快离子导体，而且过渡金属处于较低的氧化态，能给出较低的电势，放电电压约为 1.0V，比反萤石氮化物稍低，更有优势成为碳的替代材料。采用该材料作负极的锂离子电池已在开发之中。

5.3.5　氧化物负极材料

可作为锂源的含锂氧化物曾是锂离子电池负极材料的首选，当碳负极材料逐渐发展为主流方向后，人们仍未放弃对氧化物负极材料的研究。用作锂离子电池负极材料的氧化物主要是过渡金属（如锡、铁、钼、钛等）的氧化物。其中，CoO、Co$_3$O$_4$ 可逆比容量虽高达 700～800mA·h/g，但价格昂贵，而且嵌锂电势高；Cu$_2$O、TiO$_2$、WO$_2$、Fe$_2$O$_3$、MoO$_2$ 比容量较低；而锡氧化物因其低嵌锂电压、高比容量而备受关注，曾被认为是锂离子电池碳负极材料最有希望的替代物。

1. 锡氧化物

在过渡金属元素中，锡的价格较钴、钛便宜，锡能形成 SnO、SnO$_2$ 两种氧化物，而且 SnO 和 SnO$_2$ 与有机电解液的相容性也较好，并且都能嵌入少量的锂。

由于不同制备方法所得锡氧化物 SnO、SnO$_2$ 的结构不同，有晶状、非晶状、纳米孔状等，这些结构不同的锡氧化物的比容量、循环性能等均有很大差别。表 5-8 列出了用不同制备方法得到的锡氧化物的结构和电化学性能。

表 5-8 不同制备方法获得的锡氧化物的结构和电化学性能

电极材料	制备方法	形态结构	可逆比容量/(mA·h/g)	循环性能	不可逆容量损失/(%)	Li^+扩散系数/(cm^2/s)
SnO_2	低压化学气相沉积	晶状薄膜	0.05~1.15V间循环100次,500	一般	>50	$(6.58~19.1)\times10^{-5}$
SnO/SnO_2	高温热解喷镀	非晶态膜	—	良好	>50	—
SnO_2	静电热喷镀	非晶态膜	0~1.0V间循环100次,600	较差	>50	$(3~5)\times10^{-4}$
SnO_2	溶胶-凝胶法	晶态	0~2.0V,600	一般	>50	7.76×10^{-5}
SnO	液晶模板法	纳米微孔结构	0.05~0.95V,700	较差	>50	—

采用低压化学气相沉积法制备的 SnO_2 晶体,其可逆容量高达 500mA·h/g 以上,循环性能也比较理想,充放电效率除第一次外,其余均可达 90%;而由溶胶-凝胶法及简单加热法制备的氧化锡的可逆容量虽然也可达 500mA·h/g,但循环性能并不理想。

锡氧化物材料第一次充放电循环不可逆能量损失都在 50% 以上,并且在锂的嵌入和脱嵌过程中,材料本身的体积变化较大,容易引起电极粉化或团聚,从而造成材料的比容量衰减,循环性能下降。为此,常采用复合、掺杂、包覆等措施来改善锡氧化物材料的电化学性能。

2. 钛氧化物

钛氧化物包括氧化钛及其与锂的复合氧化物。作为锂离子电池负极材料,研究较多的是具有尖晶石结构的 $Li_{4/3}Ti_{5/3}O_4$ (常写为 $Li_4Ti_5O_{12}$,一般式为 $Li_{1+x}Ti_{2-x}O_4$)。$Li_4Ti_5O_{12}$ 既可作负极,又可作正极,但由于其相对于金属锂的电势偏低(仅为 1.5V),因而与 4V 正极材料 $LiCoO_2$、$LiNiO_2$ 和 $LiMn_2O_4$ 配对,可形成 2.5V 的电池。

$Li_4Ti_5O_{12}$ 是一种嵌入式化合物,可以嵌入锂离子。用作负极材料时,骨架结构基本上是稳定的,体积变化很小,锂的嵌入和脱嵌不产生应变,结构几乎不发生收缩或膨胀,为零应变材料,因而有很好的循环寿命,而且充放电效率非常高。

以 $Li_4Ti_5O_{12}$ 为负极材料的锂离子电池,其充放电曲线非常平坦,嵌入的平台电势为 1.5V,脱嵌的平台电势为 1.65V,放电比容量为 150mA·h/g。以 $LiMn_2O_4$ 为正极制成的扣式电池,进行充放电循环实验,在 2000 次时仍然没有明显的衰减,而且发现 $Li_4Ti_5O_{12}$ 具有良好的耐过充放电性能。

$Li_4Ti_5O_{12}$ 的比容量较低,但是由于其有很好的充放电循环性能,因而在一些对比容量要求不高的领域有实际应用意义。例如,作为超小型锂离子电池,可用于手表、计时器和公路栏指示器等的电源。

$Li_4Ti_5O_{12}$ 在充电到尖晶石结构和岩盐结构两相区时,电压会出现平台,这一特点可作为充电结束的指示。

5.3.6 过渡金属磷族化合物负极材料

N、P、Sb 属于第 VA 族元素,与金属氧化物相比,过渡金属与第 VA 族元素形成的化合物处于低的氧化态，可得到较低的嵌锂电势。

MnP_4 的结构是以共用棱的八面体 MnP_6 为基础，通过 P—P 键形成无限长的 Zig-Zag 链，也可以看成堆积成垛的均匀二维 P 网。MnP_4 有许多变体，这些不同变体的网络堆积形式有差异。当 Li 嵌入到 MnP_4 中后，可形成具有反萤石结构的 Li_7MnP_4，其中 MnP_4 和 LiP_4 四面体共用一个棱。MnP_4 和 Li_7MnP_4 的结构如图 5.13 所示。

MnP_4 具有简单的层状结构和良好的导电率，用作锂离子电池负极材料时，室温下 MnP_4 和 Li_7MnP_4 可发生一级规整转变，其晶相间的可逆转变受电化学氧化还原过程控制。嵌锂还原时，MnP_4 结构中的 P—P 键断裂形成 Li_7MnP_4，脱锂氧化时又逆变为 MnP_4。

MnP_4 到 Li_7MnP_4 的晶相转变的机理可解释为：Li 最初嵌入还原 MnP_4 时诱发 P—P 键断裂，为 Li 的进一步嵌入提供了位置，P 原子形成了未变形的立方密堆积 P 层。随着斜方体中 Mn 从八面体向四面体的晶格位置迁移，多余的 Li 占据四面体的邻位，形成 Li_7MnP_4，而在氧化（脱锂）时又可逆地形成 MnP_4 晶体的层状结构。就嵌锂机理而言，大多数插层化合物氧化还原的中心都是在阳离子上进行的，而 MnP_4 则有所不同，其嵌锂过程是阴离子起重要作用。

CoP_3 是具有 Skutterudite 结构的化合物（图 5.14），由 CoP_6 八面体共用角形成的 P_4 环结构。用 CoP_3 作锂离子电池负极材料，其可逆容量达 1000mA·h/g，经过 10 次循环后降到 600mA·h/g，稳定后可逆容量大于 400mA·h/g。首次充放电平台嵌入 9 个锂离子，相应的反应为

$$CoP_3 + 9Li^+ + 9e \Longleftrightarrow 3Li_3P + Co \tag{5-4}$$

随后的充放电循环过程中脱嵌 6 个，对应的反应为

$$3Li_3P \Longleftrightarrow 3LiP + 6Li^+ + 6e^- \tag{5-5}$$

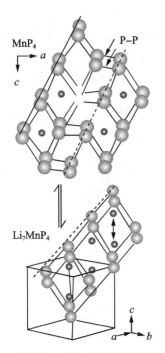

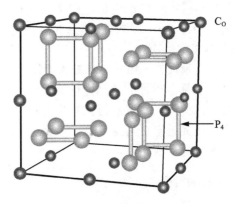

图 5.13　层状结构 MnP_4 和反尖晶石结构 Li_7MnP_4　　　图 5.14　Skutterudite 结构

如果将 LiP 或 Li_3P 作为负极材料，即可实现锂离子电池的循环充放电，而且 Li_3P 的高电导率有利于锂离子在复合介质中的传输。

从上述过渡金属磷化物的嵌锂过程可以看出，氧化还原活性中心不一定是过渡金属化合物中的阳离子，阴离子也可起重要作用，特别是 MPn_x 化合物（M 为过渡金属元素，Pn 为磷族元素），其脱嵌锂过程几乎完全取决于阴离子所形成的网络结构。

总体上看，虽然现在研究的锂离子电池负极材料多种多样，但市场上的锂离子电池主要还是以石墨基碳素材料作为负极材料。今后的发展趋势是，除了对现有材料进行改良外，随着固体电解质的日渐成熟，锂合金负极将会有良好的应用前景，最终有可能实现储锂合金的实用化。开发新型负极材料的探索实践，使人们看到了锂离子电池负极材料更多的发展前景，锂化过渡金属氮化物及过渡金属磷族化合物有可能为锂离子电池负极材料的发展注入新的活力。

5.4 锂离子电池的电解质

5.4.1 对电解质的要求

电解质是电池的重要组成部分，其作用主要是在正负极之间形成良好的离子导电通道，因此，凡是能够成为离子导体的材料均可用作电解质。例如，水溶液、有机溶液、聚合物、熔盐或固体材料等都是电解质的可选材料。

水对许多离子都具有很强的溶解能力，水溶液电解质具有离子状态稳定、黏度低、电导率高等优点，因此，水溶液电解质是目前应用最广泛的电解质。例如，铅酸电池使用了硫酸水溶液，镍氢电池的电解质是氢氧化钾水溶液。由于水的分解电压低（1.23V），因而水溶液电解质电池的电压只能在 2.0V 以内。锂离子电池的电压高达 3～4V，故而传统的水溶液体系已不能适应锂离子电池的需要，必须采用非水电解质体系。

锂离子电池采用的电解质是在有机溶剂中溶入电解质锂盐的离子型导体，对锂离子电池体系有机电解质的要求如下：

(1) 离子电导率高，一般应达到 $3 \times 10^{-3} \sim 2 \times 10^{-2}$S/cm，锂离子的迁移数应接近于 1。
(2) 热稳定性好，在较宽的温度范围内不发生分解反应。
(3) 电化学性能稳定的电势范围宽，在 0～5V 不会发生分解。
(4) 化学稳定性好，和电池体系的电极材料相容性好，与正负极、集流体、隔膜、黏结剂等基本不发生反应。
(5) 液态电解质在 -40～+70℃ 为液体。
(6) 对离子具有很好的溶剂化性能。
(7) 安全、低毒，最好能够生物降解。
(8) 能尽量促进电极可逆反应的进行。
(9) 制备容易，成本低。

5.4.2 电解质的类型

锂离子电池的电解质大致可分为非水电解液、聚合物电解质和固体电解质三类。

1. 非水电解液

锂离子电池所用的非水电解液是由锂盐溶于有机溶剂而成，这种液态电解质的突出优点是离子电导率高，电池的内阻较小，提高了电池大电流输出的性能。因此，电动汽车用动力型锂离子电池大多采用非水液态电解质。

非水电解液最为典型的溶剂是碳酸酯类，这种电解液广泛地应用于锂离子电池。由于在电池内电解液几乎全部被隔膜和电极所吸收，因而确保了电池的良好密封性。

这种液态电解质的不足之处是，当电池温度太高或出现过充电时，电池内部的压力会升高，在这种情况下，电解液就有可能泄漏，因此，此类电解质的安全性相对较差。

2. 聚合物电解质

聚合物电解质是含有聚合物材料并且能发生离子迁移的电解质，按聚合物的形态不同，分为固态聚合物电解质和胶体聚合物电解质两类。

1) 固态聚合物电解质

固态聚合物电解质由一种无液体和无溶剂的高分子材料构成，其离子导电能力是由盐溶解于高分子聚合物中所形成的。采用这种电解质的锂离子电池也称为聚合物锂离子电池。电解质采用固态聚合物材料的锂离子电池出现漏液的可能性很低，因而电池的安全性得以提高。此外，由于聚合物材料的可塑性很强，可做成大面积的薄膜，从而确保电解质与电极充分接触，并可根据需要组装成不同形状的电池。

2) 胶体聚合物电解质

胶体聚合物电解质是盐和溶剂同时溶于高分子聚合物或与其混合而形成的一种凝胶态离子导电材料。锂离子电池所用的典型胶体电解质有 PVDF-HFP、$LiPF_6$ 或 $LiBF_4$ 盐和碳酸酯类溶剂形成的膜。通过向 PVDF-HFP 中添加气相二氧化硅，使凝胶体结构稳定，可降低溶剂泄漏的可能性。

3. 固体电解质

固体电解质是处于固态的离子导电体。固体电解质有晶体电解质、玻璃态电解质、氧化物玻璃态电解质、硫化物玻璃态电解质等多种。固体电解质的离子电导率要比电解液低 1~5 个数量级。因此，固体电解质锂离子电池的内阻大，不能大电流放电。

固体电解质锂离子电池目前只限于在电流密度要求不高的薄膜型电池或微型电池中应用，这类锂离子电池不能用作动力电池。

5.4.3 液体电解质

如前所述，动力电池常用的电解质是非水电解液（由锂盐溶于有机溶剂形成）。

1. 电解液盐类

为了确保电解液的导电性，通常采用无机锂盐作电解质溶质。可用于锂离子电池电解质的盐类有 $LiClO_4$、$LiBF_4$、$LiPF_6$、$LiAsF_6$ 及一些有机盐类。由于 $LiPF_6$ 配制成的有机电解质电导率高，安全性好，因而 $LiPF_6$ 实际应用较多。但是，$LiPF_6$ 的价格相对较高，而且吸水性较强，会与水反应生成氢氟酸（HF），在使用时必须予以注意。目前，锂离子电池生产厂家大多用 1mol 的 $LiPF_6$ 与 EC-DMC（1∶2）组成稳定性好且电化学性能好的液体电解质。

目前，有机盐类也得到了发展，如 $LiN(SO_2C_2F_5)_2$、$LiN(SO_2CF_3)_2$、$LiSO_3CF_3$ 等。这

些有机盐对水特别稳定，容易操作；特别是 $LiN(SO_2C_2F_5)_2$，其溶液具有高电导率且对水稳定，对 Al 也不腐蚀。

2. 电解质溶剂

锂离子电池体系中，锂的转移过程如图 5.15 所示。在高比能量的锂电池体系中，正极为强氧化剂，工作状态处于高氧化电势区（大于3.6V）；负极具有很负的电极电势（大于1V，vs.Li），使负极界面附近成为强还原区。处于这两个界面之间的有机溶剂，必须要具有高的化学和电化学稳定性，也就是说，有机溶剂电解质既不会与正负极材料直接发生化学反应，在电池工作状态下又不会在正负电极处产生氧化还原反应。因此，锂离子电池体系所用的有机溶剂是不与锂反应的非质子溶剂，而含有活泼氢原子的有机酸、醇、醛、酮、胺、酰胺等有机溶剂均不适于用来溶解锂盐。

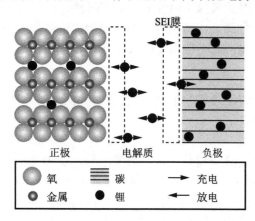

图 5.15 锂离子电池体系中锂的转移过程

由于碳酸酯类具有优异的稳定性和良好的安全性，并且对电极材料的相溶性也较好，因此，锂离子电池的电解质大都采用碳酸酯类溶剂。此类电解质溶剂常用的有碳酸乙烯酯（EC）、碳酸丙烯酯（PC）、碳酸二甲酯（DMC）、碳酸乙甲酯（EMC）、碳酸二乙酯（DEC）和二甲基乙炔基酯（DME）等。

锂离子电池要求有机溶剂电解质具有高电导率。为满足这一要求，有机溶剂应具有能够溶解足量电解质盐并保证离子快速迁移的能力，这样，只能选用具有较高相对介电常数及较小黏度的有机溶剂。为使电池的电解质有更高的电导率，更宽的温度范围，锂离子电池电解质通常使用2～4种溶剂。

摩尔电导率与溶剂的组分及其比例有关，适当地调整组分及比例，可使电解质的电导率达到一个最大值。温度为30℃时，用丙烯碳酸酯与醚的混合体系作溶剂的 1mol/L $LiClO_4$ 溶液的摩尔电导率与溶剂组分的变化关系如图 5.16 所示。

可以看出，当二者的比例接近 1 : 1 时，溶液的摩尔电导率最大。在室温下，不同盐的浓度（溶剂是 PC : DME=1 : 1）对电解质电导率的影响如图 5.17 所示。

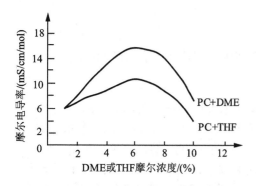

图 5.16 30℃丙烯碳酸酯与醚的混合体系
溶液的摩尔电导率

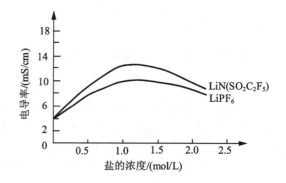

图 5.17 盐的浓度对电导率的影响

部分生产厂家生产的电解质组分见表 5-9。

表 5-9　部分生产厂家的电解液组分

生产国	电解液浓度	溶剂及其体积比
韩国	1mol/L LiPF$_6$	EC+DMC+EMC（1∶1∶1）
美国	1mol/L LiPF$_6$	EC+DMC+EMC（1∶1∶1）
日本	1mol/L LiPF$_6$	EC+DMC+EMC（1∶1∶1）
韩国	1mol/L LiPF$_6$	EC+PC+EMC+DMC（20∶1∶64∶15）
中国	1mol/L LiPF$_6$	EC+DMC+EMC（1∶1∶1）+添加剂
韩国	1mol/L LiPF$_6$	EC+DMC+DEC（1∶1∶1）
韩国	1mol/L LiPF$_6$	PC+EC+EMC（1∶33∶66）
中国	1mol/L LiPF$_6$	EC+DMC+EMC（2∶2∶1）

3．电解质添加剂

在锂离子电池电解液中，通常要加入添加剂，用以改善电池的性能。许多有机溶剂本身就是添加剂，添加剂的用量一般不超过 5%（体积比），添加剂的作用大体如下：

① 改善电极 SEI 膜的形成电势和化学组成。
② 控制电解液中酸和水的含量。
③ 提高电解液的电导率。
④ 过充电保护。
⑤ 提高电池的安全性及寿命。

（1）改善电极 SEI 膜的形成电势和化学组成的添加剂。石墨负极材料会因溶剂的分解而在石墨电极的表面形成一层保护膜，在电解液中加入合适的添加剂，可以改善表面膜的特性，并能使表面膜变得薄且致密。例如，向电解液中添加用以生成 LiSO$_3$ 和 Li$_2$CO$_3$ 的原料 SO$_2$ 和 CO$_2$，可生成性能优良的 SEI 膜。构成 SEI 膜的重要成分 LiSO$_3$ 和 Li$_2$CO$_3$ 的化学性质稳定，不溶于有机溶剂，且具有良好的导 Li$^+$ 性能，同时还能抑制溶剂分子的共嵌入和还原分解，因而改善了碳负极的电化学性能。其他无机添加剂有 N$_2$O 和 S$_x^{2-}$ 等。

（2）控制电解液中酸和水含量的添加剂。从 EC、PC 等溶剂在电极界面的反应可以看出，有机电解液中痕量的水和酸（HF）对 SEI 膜的形成具有重要作用，但水和 HF 的含量过高，不仅导致 LiPF$_6$ 分解，而且会破坏 SEI 膜。将锂或钙的碳酸盐作为添加剂加入到电解液中，使其与电解液中微量的 HF 发生反应，以阻止 HF 对电极的破坏和对 LiPF$_6$ 分解的催化作用，提高电解液的稳定性，从而改善电池的性能。

（3）提高电解液电导率的添加剂。此类添加剂主要用于提高锂盐的溶解和电离能力，有与阳离子作用和与阴离子作用两种类型。

NH$_3$ 和一些低分子量胺类化合物与锂离子发生强烈的配位作用，可减少锂离子的溶剂化半径，从而显著提高电解液的电导率。但此类添加剂在电极充电过程中，往往会发生与锂离子的共嵌入，对电极造成很大的破坏。

冠醚和穴状化合物能与锂离子形成包覆式配合物，可提高锂盐在有机溶剂中的溶解度，从而提高电解液的电导率，而且有可能降低充电过程中溶剂的共嵌入和分解。

硼基化合物[如$(C_6F_5)_3B$]是阴离子接受体，可加速电解液中离子对的解离，从而提高自由移动阳离子的数量。此类添加剂可以和F^-形成配合物，并且可使原来有机溶剂中不溶解的 LiF 溶解于有机溶剂。例如，可以在 DMF 中溶解 LiF，形成浓度达 1.0mol/L 的溶液，电导率达 $6.8×10^{-3}$S/cm。

(4) 过充电保护添加剂。在电解液中添加合适的氧化还原电对，在正常充电时，这个氧化还原电对不参与任何形式的化学或电化学反应，当充电电压超过电池的正常充电截止电压时，添加剂开始在正极发生氧化反应，氧化产物扩散到负极被还原，还原产物再扩散回到正极被氧化，整个过程循环进行，直到电池的过充电结束。这样的循环过程，氧化还原电对在正极和负极之间穿梭，吸收过量的电荷，形成电池内部的防过充电机理，从而大大改善了电池的安全性能和循环性能。

例如，LiI 可以用于 4V 锂离子电池的防过充电添加剂；邻位和对位二甲氧基取代苯的氧化还原电位在 4.2V，也是有效的防过充电添加剂。此外，环乙基苯和二甲苯在充电时的聚合作用均可改善电池的过充电性能。

(5) 提高电池安全性及寿命添加剂。为改善电池的安全性，可在电解液中加入阻燃剂。阻燃剂一般为高沸点、高闪点、不易燃或热稳定性好的溶剂，如氟代有机溶剂、有机磷酯、硅烷、硼酸酯等，这些添加剂加入电解液后，可提高着火温度或起阻燃的作用。一些阻燃剂不仅可起阻燃作用，还可抑制电池内部发热，延长电池的使用寿命。

为确保加入电解液的添加剂能有效改善电池的性能，各类添加剂应满足如下要求：

① 添加剂在有机电解液中有良好的溶解性和足够快的扩散速度，能在大电流范围内提供保护作用。

② 添加剂在电池的工作温度范围内性能稳定。

③ 有合适的氧化还原电势。

④ 添加剂不会对电池正负极正常的反应产生影响，即不影响电池的性能。

4. 不可逆比容量与固体电解质界面膜

锂离子电池在首次充放电过程中，电解质在负极表面被还原。不溶性的还原产物在负极表面沉积，形成一层钝化膜，即 SEI 膜，许多溶剂都参与在电极表面上形成钝化膜的反应。SEI 膜在空间上将溶剂与电极分开，但锂离子可通过此膜，即该膜是离子的导体。膜的好坏直接影响锂离子电池的稳定性、安全性、自放电率及寿命。

SEI 膜形成时，锂也结合到钝化膜中。这个过程是不可逆的，导致了不可逆的容量损失，称为不可逆比容量。不可逆比容量的大小与电解质配方和电极材料有关，尤其是碳负极碳的类型。由于这种不可逆反应是在颗料表面进行的，因而电极材料比表面积低，不可逆比容量也相对较低。

5.4.4 聚合物电解质

聚合物锂离子电池以聚合物电解质代替液体电解质，具有优良的安全性和加工性。聚合物理离子电池在 1999 年实现了商业化生产，已部分替代液态锂离子电池，并在电动汽车上得到了应用。

1. 对聚合物电解质的要求

商用化的聚合物锂离子电池对其聚合物电解质有如下基本要求。

(1) 具有较高的离子电导率。聚合物电解质要达到液态电解质体系所具有的 $10^{-2}A/cm^2$ 的放电电流密度水平，要求其室温下的电导率必须达到或接近 $10^{-3}S/cm$。

(2) 具有较好的化学、热及电化学稳定性。聚合物电解质与电极不发生副反应，具有较好的化学稳定性；在一定温度范围内，聚合物电解质必须有好的热稳定性；具有足够宽的电化学稳定窗口，在 $0 \sim 5V$ (vs. Li/Li^+)，与锂及阳极材料的相容性好。

(3) 具有一定的机械强度。聚合物材料不仅应具有很好的电化学性能，还必须具有足够的机械强度，以适应大规模涂层加工过程。

(4) 具有较高的锂离子迁移数。高的锂离子迁移数可以降低充放电过程中的浓度极化，从而使锂离子电池具有更高的能量密度。

2. 聚合物电解质发展现状

最早应用于锂离子电池的聚合物电解质为聚环氧乙烷（PEO）与锂盐形成的配合物体系，由于该体系在室温下的电导率仅为 $10^{-9}S/cm$，因而这种锂离子电池未得到实际应用。此后，采用共混合并的方法在聚合物电解质中加入增塑剂，显著提高了聚合物电解质的电导率，聚合物电解质电导率达 $10^{-4}S/cm$。在聚丙烯腈（PAN）或聚氯乙烯（PVC）等聚合物中加入高比例液体增塑剂合成的凝胶聚合物电解质，电导率可达 $10^{-3}S/cm$，接近液态锂离子电池用的有机电解质的电导率，因而这种电解质在聚合物锂离子电池中得到了实际应用。

目前已开发的聚合物电解质有聚醚系（主要为 PEO）、聚甲基丙烯酸酯（PMMA）系、聚丙烯腈（PAN）系、聚偏氟乙烯（PVDF）系、聚氯乙烯（PVC）系和聚膦嗪（PPP）系等，在这类聚合物基础上形成的共聚物电解质有 P(VDF—HFP)、P(AN—MMA—ST)、P(VC—VAC) 等。

3. 聚合物电解质的性质表征

表征电解质性能的主要参数有离子电导率、锂离子迁移数和电化学稳定窗口等。

1) 离子电导率

聚合物电解质结构中存在着结晶区和无定形区。聚合物电解质的导电机制是通过迁移离子与高分子链上的极性基团络合，在电场的作用下，随着无定形区分子链段的热运动，迁移离子与极性基团不断络合——解络合，从而实现离子迁移。

聚合物电解质的电导率与其载流子所带电荷数、载流子的浓度和载流子的迁移速度均有关。用介电常数高的聚合物和离解能小的锂盐（如 $LiClO_4$、$LiBF_4$、$LiSCN$、$LiCF_3CO_3$ 等），可以增加载流子浓度，提高聚合物电解质的电导率。在聚合物介电常数不变的情况下，增加载流子迁移速度也可提高聚合物电解质的离子电导率。

聚合物电解质电导率的高低还与所用的溶剂或增塑剂的种类有关。

2) 锂离子迁移数

锂离子迁移数越大，电池在充放电过程中的电极反应浓度极化越小，电池的比能量和比功率就越高。理想的锂离子迁移数应该接近 1。

在聚合物碱金属盐复合物内，阴阳两种离子可以同时运动，在电场的作用下形成载流子浓度梯度，产生与外电场反向的极化电势，这将会导致材料的离子电导率随极化时间迅速衰减。可见，在锂离子电池充放电过程中，阳离子和阴离子的迁移将引起浓差极化现象，阴阳离子集结在电极和电解质界面，阻碍锂离子的迁移，因此降低了锂离子电池的能量效率和使用寿命。

大多数聚合物碱金属盐的阳离子迁移数为 0.2～0.5，有的甚至小于 0.1，与锂离子电池对聚合物电解质的要求相差甚远。制备单阳离子导体，使其中锂离子的迁移数达到 1。这可以通过增加阴离子体积或电荷来抑制阴离子的移动，从而可增加阳离子的迁移数；也可以把阴离子作为聚合物的一部分，在导电时只有阳离子发生移动而提高阳离子的迁移数。

3）电化学稳定窗口

与液态有机电解质一样，电化学稳定窗口（电解质能够稳定存在的电压极限）也是聚合物电解质一个重要的性质表征，宽的电化学窗口对保证电池稳定工作相当重要。

不同正负极材料对电解质电化学窗口的要求也不一样。例如，由于 $LiMn_2O_4$ 正极材料的充放电电压要比 $LiCoO_2$ 的高，因而 $LiMn_2O_4$ 正极材料所要求电解质的电化学窗口就要比 $LiCoO_2$ 正极材料的高。

聚合物电解质电化学窗口的测定方法有伏安法和阻抗法。

(1) 伏安法。伏安法通过测定聚合物电解质分解时所产生的响应电流来确定稳定电压上限。伏安法所采用的惰性电极通常是不锈钢电极，电势扫描从电流密度为零时的电压开始，扫至引起电解质开始分解的电压即为电解质电压稳定范围的上限。

由于受电极动力学条件的影响，伏安法只能测得电压稳定范围的近似值。

(2) 阻抗法。阻抗法是在被测电池的两个不锈钢电极之间放置一个 PEO 基电解质膜，测定时采用低交流电压（10mV），当阻抗曲线上开始出现弧形时，表明发生了电荷转移过程，即电解质已发生分解，由此确定电解质的稳定电压上限。

4. 聚合物电解质的分类

聚合物电解质种类繁多，随所用的分类标准不同，得到的类别也不一样。例如，按聚合物的形态，可分为固体聚合物电解质和凝胶聚合物电解质。这两类聚合物电解质按不同的分类方法还可分为各种不同的类别，如图 5.18 所示。

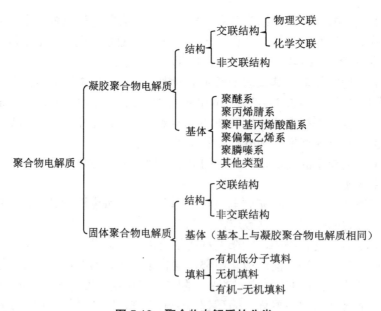

图 5.18 聚合物电解质的分类

5.5 隔膜与黏结剂

5.5.1 隔膜

1. 隔膜的性能要求

隔膜位于正极和负极之间,主要作用是防止正负极活性物质接触而短路。为确保锂离子电池能正常工作和有良好的性能,其隔膜除了要有良好的绝缘性能外,还应具有以下性能:

(1) 在电池体系内,其化学稳定性要好,所用材料能耐有机溶剂。

(2) 机械强度大,使用寿命长。

(3) 由于有机电解液的离子电导率比水溶液体系低,为了减少电阻,电极面积必须尽可能大,因此隔膜必须很薄。

(4) 当电池体系发生异常而温度升高时,为防止产生危险,在快速产热温度(120~140℃)开始时,热塑性隔膜发生熔融,使微孔关闭,防止电解质通过(隔膜变为离子绝缘体),以遮断电流。

(5) 由于隔膜材质本身是不导电的,因而要求隔膜能被有机电解质充分浸渍,以便于锂离子的通过,而且在反复充放电过程中始终能保持高度浸渍。

(6) 隔膜在电池充放电时不伸长、不收缩,有效孔径不低于 $1\mu m$。

(7) 不会受电极材料的挤压而破损。

(8) 抗拉强度好,以保证自动卷绕时的强度,并保持宽度不变。

2. 隔膜的种类

电池中的隔膜通常是用纤维素或编织物、合成树脂制得的多微孔膜。锂离子电池通常采用如下隔膜。

(1) 薄膜化的聚烯烃系多孔膜。锂离子电池一般采用高强度、薄膜化的聚烯烃系多孔膜,常用的有聚丙烯和聚乙烯微孔隔膜,以及丙烯与乙烯的共聚物、聚乙烯均聚物等。此类隔膜均能满足上述性能要求。

(2) 用聚合物电解质兼作隔膜。在采用聚合物电解质的锂离子电池中,没有专门的隔膜,聚合物电解质既是离子迁移的通道,又起到正负极材料间的隔膜作用。聚合物电解质有固体和凝胶两种形态,作为实用的聚合物电解质隔膜必须满足以下几个必要条件:

① 具有高的离子电导率,以降低电池的内阻。

② 锂离子的传递系数基本不变,以消除浓差极化。

③ 极低的电子导电性,以保证正负电极间有效的隔离。

④ 电极材料有高的化学和电化学稳定性。

⑤ 低廉的价格,合适的化学组成,保证对环境友好。

固体聚合物电解质的不足是在室温下电导率低,大电流放电性能差,因而难以用作动力电池。凝胶聚合物电解质通过固定在聚合物网络中的液态电解质分子实现离子传导,既有固体聚合物的稳定性,又有液态电解质的高离子传导率,因此,其应用前景良好。

(3) 组合式隔膜。将聚合物电解质与聚乙烯、聚丙烯膜一起组成聚合物锂离子电池隔膜，胶体聚合物覆盖或填充在微孔膜中。与无隔膜的聚合物电解质锂离子电池相比，这种隔膜具有如下更优越的性能：

① 电池内部短路时能提供更好的保护。
② 可以减少电解质层的厚度。
③ 过充电时可提供足够的安全性。
④ 有较好的力学性能及热稳定性。

从目前的情况来看，聚乙烯、聚丙烯膜由于其特殊的结构和性能，在锂离子电池中得到了更多的应用。

5.5.2 黏结剂

1. 黏结剂的作用

在锂离子电池制造和使用过程中，黏结剂的主要作用如下。
(1) 黏结活性物质（特别是粉状）。
(2) 将活性物质黏在集流体上。
(3) 保持活性物质间及和集流体间的黏结作用。
(4) 保证活性物质制浆时的均匀性和安全性。
(5) 在生产电池过程中形成浆状，以利于涂布。

2. 黏结剂的性能要求

作为锂离子电池的黏结剂，应具有以下性能：

(1) 良好的耐热性。在干燥和防水过程中，加热温度最高可能达到 200℃，黏结剂必须能够耐受这样高的温度。

(2) 耐溶剂性好。锂离子电池电解液是极性大的碳酸酯类有机溶剂体系，其溶解能力和溶胀能力强，因而黏结剂必须能够耐受碳酸酯（至少是不溶解），而且对电解液中的 $LiClO_4$、$LiPF_6$ 等及副产物 $LiOH$、Li_2CO_3 等稳定，不发生溶解。

(3) 电化学稳定性好。在负极中处于锂的负电势下不会被还原，在正极中发生过充电等有氧产生的情况下不发生氧化。在充放电过程中，锂离子在活性物质中的嵌入与脱嵌引起活性物质的膨胀与收缩时，黏结剂应起到良好的缓冲作用。

(4) 不易燃烧，具有良好的加工性能。

3. 黏结剂的类型

黏结剂一般都是高分子化合物，锂离子电池中常用的黏结剂有聚乙烯醇（PVA）、聚四氟乙烯（PTFE）、羧甲基纤维素钠（CMC）、聚烯烃类（PP、PE 及其他共聚物）、PVDF/NMP 或其他的溶剂体系、黏结性能良好的改性丁苯橡胶（SBR）、氟化橡胶及聚氨酯等。

目前，液态锂离子电池所采用的黏结剂主要是有机氟聚合物，其主要成分是 PVDF，包括偏氟乙烯（VF_2）的均聚物、共聚物及其他改性物。PVDF 的电化学窗口比其他聚烯烃和氟树脂宽，并且对各种正负极材料均比较稳定，与锂在 200℃ 以上才发生反应，远高于锂离子电池的安全使用温度范围。此外，热塑性的 PVDF 有优良的力学性能和加工性能，因此 PVDF 在锂离子电池中得到了广泛应用。

5.6 锂离子电池的特性

5.6.1 锂离子电池的充放电特性

1. 锂离子电池的充电特性

锂离子电池先恒流后恒压的充电特性曲线如图 5.19 所示。

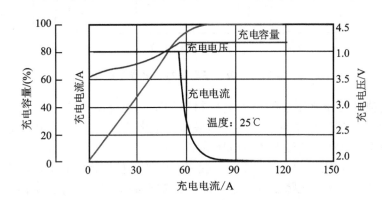

图 5.19 锂离子电池充电特性曲线

锂离子电池的充电特性主要由其正负极材料决定，通过分析电池的充电曲线可以得到一些电池的最基本特性信息，以及锂离子电子在充电时应该如何保护。

锂离子电池充电分为两个阶段，先恒流充电后恒压充电，在恒流充电阶段电池发生吸热反应，单体电池电压逐渐升高，当电池电压上升至充电电压最高值时，电池的荷电状态已达到 80%～90%，电池转入恒压充电。在恒压充电阶段随着充电的进行，充电电流逐渐下降。当电流下降到 $0.02C(A)$ 时应停止充电。锂离子电池如果持续用恒电流充电，会使单体电池迅速上升到 5V 以上，导致过充电。

锂离子电池的最高充电电压与其电极材料密切相关。使用 $LiCoO_2$、LiM_2O_4 和三元材料为正极材料的锂离子电池，其最高充电电压为 4.20V；使用 $LiFePO_4$ 为正极材料的锂离子电池其最高充电电压为 3.65V。锂离子电池的最高充电电压设置过高，就会导致其过充电。

锂离子电池必须严格防止过充电，因为过充电会使电池负极出现金属锂，这不仅阻碍锂离子的嵌入/脱嵌，而且会有太多的锂嵌入正极，使正极结构受到破坏；电解质溶剂会发生分解，大量排气，而且温度升高，结果导致电池温度过高而损坏，甚至起火爆炸。

2. 锂离子电池的放电特性

锂离子电池的放电特性与其电极材料也密切相关，例如，终止电压、放电速率等都受制于材料。锂离子电池的放电特性曲线如图 5.20 所示。

从锂离子电池的放电特性曲线可知，放电电流越大，电池的放电电压就越低，电压下降越快，放电终止电压也越低且出现得越早。其放电进程与其他蓄电池相似，开始时电压下降较快，但很快有一个放电电压平稳阶段；当接近放电终了时，放电电压会迅速下降；

当电压降至终止电压时,应该立刻停止放电,否则,电池会因过放电而损坏。因为锂离子出现过放电时,其电极集流体铜会发生溶解,并且会使电池体系受到破坏。

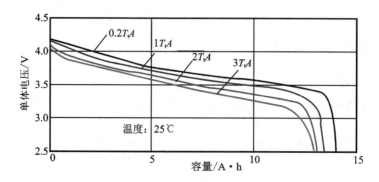

图 5.20　锂离子电池的放电特性曲线

锂离子电池的终止电压也因电池电极材料的不同而有所不同,使用 $LiCoO_2$、LiM_2O_4 和三元材料为正极材料的锂离子电池,其最低放电电压为 3.0～2.75V;使用 $LiFePO_4$ 为正极材料的锂离子电池,其最低放电电压为 2.50V。

需要注意的是,锂离子电池组放电过程中,电池保护电路需要监测电池组每个电池的电压,当某个电池电压率先降至最低电压时,保护电路就应立刻停止电池组放电,以避免该电池过放电而损坏。

由于锂离子电池放电后期电压迅速下降,并很快反向。这时,电池被反向充电而使活性物质结构遭到破坏,电极活性会接近全部丧失,电池如同一个无源电阻。停止放电后,电池的电动势消失,电压不能恢复,一次反充电足以使锂离子电池报废。

5.6.2　锂离子电池的容量及影响因素

在 QC/T 743—2006《电动汽车用锂离子蓄电池》中规定了 3h 率放电容量:充满电的蓄电池以 I_3(A) 电流放电至蓄电池电压降到 3.0V 时停止放电,蓄电池所放出的电量即为该蓄电池的 3h 率放电容量。

在不同的放电条件及使用环境下,锂离子电池的实际容量会有所不同。影响蓄电池放电容量的主要因素有放电电流、温度及充电电压等。

1. 放电电流对放电容量的影响

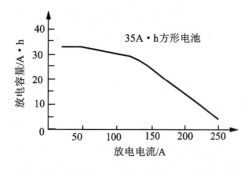

图 5.21　锂离子电池放电电流与放电容量的关系

锂离子电池的正极材料不仅影响锂离子电池的充放电电压,而且影响电池的实际放电容量。从不同放电电流的放电特性曲线(图 5.20)可知,蓄电池的放电电流越大,电池的放电电压就越低,放电的时间也越短,所能放出的容量也就越低。

图 5.21 是某锂离子电池放电电流与放电容量的关系,其放电容量、平均电压及比能量与放电电流的关系见表 5-10。

表5-10　锂离子电池放电电流与放电容量等的关系

放电电流 /A	25	50	125	175	250
平均电压 /V	3.54	3.5	3.3	3.2	3.0
放电容量 /A·h	32.6	32	29	20	3
比能量 /(W·h/kg)	134	130	111	72.3	10.4
能量密度 /(W·h/L)	323	313	267	179	25

2．温度对放电容量的影响

锂离子电池的工作温度一般在 -20～+60℃。温度对锂离子电池的影响也比较大，在相同终止电压下，温度越低，锂离子电池的电压就越低，放电容量也越小。温度对放电容量的影响如图5.22所示。

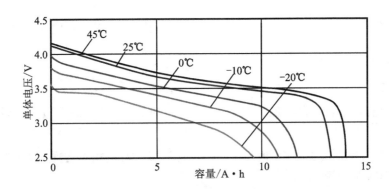

图 5.22　温度对放电特性的影响

表5-11列出了在不同温度下聚合物 $LiFePO_4$ 锂离子电池（50A·h）放电容量的变化情况。

表5-11　不同温度下锂离子电池（50A·h）放电容量的变化

温度 /℃	60	40	25	0	-10	-20	-30
容量 /A·h	56	55	54	42	37	30	23
容量 /(%)	104	102	100	78	69	56	43

3．充电电压对放电容量的影响

充电终止电压也会影响锂离子电池的放电容量。提高终止电压可增加电池的放电容量，但实际使用过程中，应该严格执行锂离子电池充电终止电压标准，因为提高电池充电终止电压虽然可提高电池放电容量，但会缩短电池的寿命，尤其在低温下这种影响更严重。

充电电压较高时，容易引起正极材料的分解，电解质的性能也容易衰退。此外，由于隔膜直接与处于高电位的正极材料接触，较高的充电电压容易使隔膜氧化，导致其性能下降。总之，提高充电终止电压会对锂离子电池的寿命产生负面影响。如果充电终止电压过高而使电池过充电，则还会有引起电池温度过高、起火甚至爆炸的安全隐患。

5.6.3 锂离子电池的内阻及影响因素

与其他蓄电池相似，锂离子电池的内阻大小与其额定容量、荷电状态、温度等相关。

1. 电池内阻与电池额定容量的关系

锂离子电池的额定容量大，内阻小，这种容量与内阻成反比的关系是各类蓄电池的共性。方形 $LiFePO_4$ 锂离子电池的内阻与额定容量之间的关系如图 5.23 所示。

2. 电池内阻与电池荷电状态的关系

锂离子电池在荷电状态为 50% 以上时，电池的内阻随荷电状态的改变几乎不变；而荷电状态在 50% 以下时，电池内阻会因荷电状态的不同而改变；尤其是在接近放电终了（荷电状态小于 20%）时，电池内阻随荷电状态的下降而迅速增大。锂离子电池直流内阻与荷电状态之间的关系如图 5.24 所示。

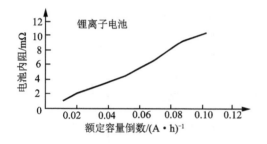

图 5.23 方形 $LiFePO_4$ 锂离子电池的内阻与额定容量的关系

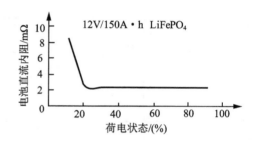

图 5.24 锂离子电池直流内阻与荷电状态的关系

锂离子电池的荷电状态与内阻没有线性关系，因而不可能通过监测电池内阻来判断荷电状态。

3. 电池内阻与温度的关系

由于锂离子电池的电解质在低温下的电导率较低，因而在温度降低时，锂离子电池的内阻会明显增大。此外，在低温下充电会导致电极表面的 SEI 膜增厚，使 SEI 膜电阻增大。$150A·h$ 单体 $LiFePO_4$ 锂离子电池，荷电状态为 80% 时测得的直流内阻与温度之间的关系如图 5.25 所示。

对于 $150A·h$ 单体 $LiFePO_4$ 锂离子电池，当温度由 18℃ 下降到 0℃ 时，其直流内阻增加约一倍；当温度下降至 -10℃ 时，电池的内阻增加约 2 倍。锂离子电池在低温下的内阻会剧烈增加，这是导致其低温性能差的主要原因。

4. 电池内阻与循环次数的关系

锂离子电池在充放电循环过程中，由于电极表面的钝化膜增厚或电极材料晶格被逐渐破坏等原因，电池的内阻会因循环次数的增加而增大。图 5.26 是对 LiM_2O_4 锂离子电池组（5 单体电池串联）在荷电状态为 50% 时测得的各循环次数下的内阻。

从总体上看，锂离子电池的内阻较大，这使得锂离子电池在大功率输出时，其比能量会大幅下降，而且温度会升高很多。因此，锂离子电池大电流输出能力差、起动性能不好、大电流输出时安全性低。

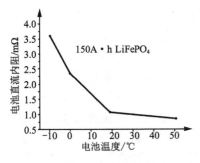 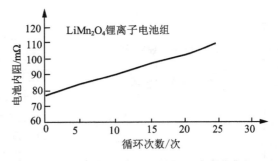

图 5.25 锂离子电池直流内阻与温度的关系　　图 5.26 锂离子电池内阻与循环次数的关系

5.6.4 锂离子电池自放电速率与电池储存性能

1．锂离子电池自放电原因

根据自放电对电池的影响不同，可将自放电分为两种：损失容量能够可逆得到补偿的自放电和损失容量无法可逆补偿的自放电。

1) 损失容量能够可逆得到补偿的自放电

此类蓄电池自放电造成的容量损失可通过充电得到恢复。可逆容量损失的原因是，电池在存放过程中内部发生了与电池正常放电反应一致的可逆放电反应。但与正常放电反应不同的是，正常放电电子路径为外电路，并且反应速度很快；自放电的电子路径是电解液，自放电的可逆反应速度很缓慢。

2) 损失容量无法可逆补偿的自放电

此类蓄电池自放电造成的容量损失无法通过充电恢复。当电池存放过程中内部发生了不可逆反应时，所造成的容量损失即为不可逆容量损失。锂离子电池内部发生不可逆反应主要有如下几种类型。

（1）正极与电解液发生了不可逆反应。此种不可逆反应主要发生于锰酸锂、镍酸锂这两种易发生结构缺陷的正极材料中。例如，锰酸锂正极与电解液中锂离子发生反应

$$Li_yMn_2O_4 + xLi^+ + xe^- \rightarrow Li_y + xMn_2O_4$$

此类反应不可逆，因而电池存放过程中所损失的这部分容量不可能通过充电恢复。

（2）负极与电解液发生的不可逆反应。化成时形成的 SEI 膜就是为了保护负极不受电解液的腐蚀。在电池存放过程中，负极与电解液可能发生的反应为

$$Li_yC_6 \rightarrow Li_{y-x}C_6 + xLi^+ + xe^-$$

此类反应也为不可逆过程。

（3）电解液自身所带杂质引起的不可逆反应。例如，溶剂中 CO_2 可能发生的反应

$$2CO_2 + 2e^- + 2Li^+ \rightarrow Li_2CO_3 + CO$$

溶剂中 O_2 发生的反应

$$\frac{1}{2}O_2 + 2e^- + 2Li^+ \rightarrow Li_2O$$

此类反应不可逆地消耗了电解液中的锂离子，从而损失了不可恢复的电池容量。

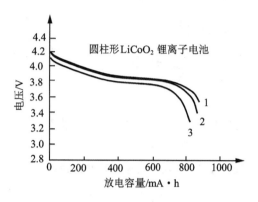

图 5.27 锂离子电池存放 6 个月后的放电曲线

1—存放前；2—重新充电后；3—存放后

(4) 制成时杂质造成的微短路所引起的不可逆反应。这是造成个别锂离子电池自放电偏大的最主要原因。空气中的粉尘或制成时极片、隔膜沾上的金属粉末都会造成内部微短路。生产时绝对的无尘是做不到的，当粉尘不足以达到刺穿隔膜而使正负极短路接触时，其对电池的影响并不大；但是当粉尘严重到刺穿隔膜这个"度"时，对电池的影响就会非常明显。

图 5.27 是某锂离子电池在 20℃下，储存 6 个月的放电曲线。

该锂离子电池存放 6 个月后自放电容量损失 10%，经充足电后可放出初始容量的 97%。这表明锂离子电池自放电存在着不可逆容量损失。

2. 自放电与存放时间及温度

锂离子电池的自放电率与储存温度也密切相关。例如，$LiCoO_2$ 锂离子电池，在 25℃充足电后存放 6 个月后，测得容量损失为 11.5%；40℃时 6 个月后的容量损失为 25%；当温度保持在 60℃时 6 个月后的容量损失达 80%。再如，卷绕式方形 $LiCoO_2$ 锂离子电池，在 20℃充足电后存放 4 个月后，测得的自放电率为 2.4%/月；存放 6 个月后仍能放出 90% 的容量。

锂离子电池的储存性能还与储存前电池的荷电状态有关，表 5-12 列出了 20A·h 平板型锂离子电池以 50% 和 100% 荷电状态，分别在 0℃、40℃、50℃，存放 8 和 16 周后的电池容量的保有情况。

表 5-12 温度与荷电状态对锂离子电池储存性能的影响

储存温度/℃	0	0	40	40	50	50
荷电状态/(%)	50	100	50	100	50	100
存放时间/周	8	8	8	8	16	16
容量保持/(%)	98	97	99	98	91	81

5.6.5 锂离子电池的特点

自从 20 世纪 90 年代锂离子电池出现以来，人们对锂离子电池的材料、结构、工艺等不断进行着研究和改进，使得电池的性能不断提高，以满足各种使用场合。大容量锂离子电池也因其相对优异的性能，在各类电动汽车上得到了越来越多的应用。

1. 锂离子电池的优点

相比于其他类型的蓄电池，锂离子电池的主要优点如下：

(1) 工作电压高且放电电压平稳。单体电池的工作电压高达 3.6~3.9V，比铅酸电池的电压高，是 Ni-Cd、Ni-H 电池的 3 倍。大多数锂离子电池具有平稳的放电曲线。

(2) 比能量及能量密度大。锂离子电池的比能量可达 100~160W·h/kg，是 Ni-Cd

电池的 2 倍，Ni-MH 电池的 1.5 倍。锂离子电池的能量密度也较大，可达 250～430 W·h/L。

(3) 循环寿命长。在常温下，在 DOD=100% 的情况下，循环寿命可达 600～1000 次，新型锂离子电池的循环寿命可超过 1000 次。

(4) 安全性能好，无公害，无记忆效应。

(5) 自放电率低。锂离子电池在室温下充满电的状态下，储存 1 个月后的自放电率仅为 2%～10%，大大低于 Ni-Cd 的 25%～30%，Ni-MH 的 30%～35%。

(6) 可实现安全快速充电。

(7) 允许温度范围宽，随着电解质和正极的改进，期望能扩宽到 -40～+70℃。

2. 锂离子电池的不足

到目前为止，锂离子电池的不足主要如下：

(1) 不能大电流放电。由于锂离子电池采用非水性电解质，其电导率仅为水溶液的 1%，内阻较大，因此放电电流不能过大，最大的放电电流通常被限制在 2～3C。过大的放电电流会使蓄电池温度过高，影响其使用寿命。

(2) 电池的一致性较差。为避免电池组工作时不一致性的迅速扩大而导致电池组的过早报废，电池能量管理系统必须设置相应的监测和保护功能。

(3) 高温和低温的储存性较差。锂离子电池在高温和低温环境下存放其容量损失较快，且有一部分为不可逆容量损失，因而会影响电池的寿命。

(4) 耐过充电和过放电能力差。锂离子电池过充电或过放电均会导致其损坏，因而对电池充放电过程的监测和控制的要求较高。

(5) 锂电极表面常常生成一层比较致密的钝化膜，当电池在高温下储存后，在低温下以较大电流放电时，常常出现输出电压的跌落现象，随着放电过程的进行，电压才缓缓恢复。这一现象称为电压滞后，有待于研究加以克服。

(6) 有安全隐患。锂离子电池虽然基本解决了锂电池的安全问题，但还有安全隐患，需要在设计、制造及使用过程中予以重点关注。

(7) 价格相对较高。锂离子电池的正极材料 $LiCoO_2$ 的价格高（Co 资源较少），电解质体系提纯困难。

本 章 小 结

本章通过对锂离子电池的基本组成、成流反应及构成与类型等的介绍，使读者对锂离子电池的结构与原理有深入而又全面的了解；通过对电极材料构成、特性与改性，以及电解质和隔膜等的介绍，帮助读者理解锂离子电池的性能特点；通过对锂离子电池特性的总结，帮助读者选用动力电池及正确使用锂离子电池。

思 考 题

1. 锂离子电池的基本组成是什么？其正极和负极的活性物质是什么？

2．锂离子电池放电和充电时正负极有何反应？
3．构成锂离子电池的主要部件有哪些？
4．从外形不同分类，锂离子电池有哪几种形式？按其电极材料和电解质的不同又分为哪几种类型？
5．锂离子电池对正极材料有何要求？
6．锂离子电池正极材料有哪些？这些正极材料各有何特点？
7．金属锂负极有何不足？解决金属锂不足的途径有哪些？
8．锂离子电池对负极材料有何要求？
9．碳负极材料有何特性？碳负极材料有哪些类型？
10．碳素材料有哪些改性措施？各种碳负极材料的特点是什么？
11．锂离子电池还可使用哪些负极材料？这些负极材料各有何特点？
12．锂离子电池对电解质有何要求？为什么锂离子电池不采用水溶性电解液？
13．锂离子电池的电解质有哪些类型？这些电解质各有何特点？
14．锂离子电池液态电解质由哪些组成部分？电解质溶剂通常需要加入哪些添加剂？
15．锂离子电池对隔膜有哪些要求？隔膜有哪些类型？
16．锂离子电池中的黏结剂有何作用？对黏结剂有哪些性能要求？
17．锂离子电池有什么样的充电特性？过充电对蓄电池有何影响？
18．锂离子电池有什么样的放电特性？过放电对蓄电池有何影响？
19．锂离子电池的容量影响因素有哪些？
20．锂离子电池的内阻与额定容量有何关系？还有哪些因素影响电池的内阻？
21．锂离子电池自放电容量损失有哪两种类型？影响自放电率的因素有哪些？
22．与其他类型的蓄电池相比，锂离子电池的优点和不足有哪些？

第 6 章
其他蓄电池简介

 本章教学目标

了解镍镉电池、镍锌及镍铁等镍系电池的组成、工作原理及结构类型；
了解金属空气电池的组成、工作原理及结构类型；
了解铅酸电池、镍氢电池及锂离子电池之外的动力电池的特点，以及研究与发展概况。

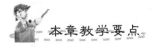 本章教学要点

知识要点	能力要求	相关知识
镍镉电池、镍锌电池及镍铁电池的构成、成流反应，各镍系电池的结构与特点	熟悉镍氢电池以外的镍系电池的基本组成及成流反应，了解其他镍系电池与镍氢电池的异同之处	化学电池的组成与原理，镍系电池的组成与充放电原理
金属空气电池的构成及成流反应，各种金属空气电池的结构与特点	熟悉金属空气电池的基本组成及成流反应，了解各种金属空气电池的结构与性能特点	化学电池的组成与原理，金属空气电池的组成与充放电原理

目前，在各类电动汽车上应用的动力电池主要是铅酸电池、镍氢电池和锂离子电池。除了这3种类型的动力电池外，此前研究并使用过，或现在还有应用的动力电池还有很多，本章对这些动力电池的结构、充放电原理及特点进行简单介绍。

6.1 其他镍系蓄电池

除了镍氢电池外，用作动力电池的镍系电池还有镍镉（Ni-Cd）电池、镍锌（Ni-Zn）电池、镍铁（Ni-Fe）电池等，这些蓄电池比镍氢电池出现得早，目前在有些电动汽车上还有应用。

6.1.1 镍镉电池

1. 镍镉电池的组成与充放电原理

1）镍镉电池的基本组成

镍镉电池的正极与镍氢电池一样，也是采用氧化镍作正极的活性物质，在充电状态为 NiOOH，放电状态为 Ni(OH)$_2$。镍镉电池的负极活性物质为金属镉（Cd），电解液是 KOH 水溶液。镍镉电池的化学体系可表示为

$$(-)Cd \mid KOH \mid NiOOH(+)$$

2）镍镉电池的充放电原理

镍镉电池充放电原理与镍氢电池相似，其充放电原理如图 6.1 所示。

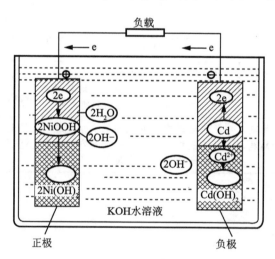

图 6.1 镍镉电池的充放电原理

(1) 镍镉电池放电成流反应。镍镉电池正负极之间通过导线连接负载后，正负极间的电位差（电动势）使外电路形成放电电流。在放电过程中，负极的电子经外电路流入正极，正极 NiOOH 被还原为 Ni(OH)$_2$，负极 Cd 被氧化，生成 Cd(OH)$_2$，放电过程中正极和负极的电化学反应为

正极：$NiOOH + H_2O + e^- \rightarrow Ni(OH)_2 + OH^-$

负极：$Cd + 2OH^- \rightarrow Cd(OH)_2 + 2e^-$

(2) 镍镉电池充电成流反应。镍镉电池正负极间连接充电电源后，在电源力的作用下，外电路形成充电电流。在充电过程中，正极的电子被拉走并送入负极，正极的 $Ni(OH)_2$ 被氧化成 $NiOOH$，负极 $Cd(OH)_2$ 被还原为 Cd。镍镉电池在放电过程中正负极的电化学反应为

正极：$Ni(OH)_2 + OH^- \rightarrow NiOOH + H_2O + e^-$

负极：$Cd(OH)_2 + 2e^- \rightarrow Cd + 2OH^-$

镍镉电池在充、放电时，其总的电化学反应表达式为

$$2Ni(OH)_2 + Cd(OH)_2 \underset{放电}{\overset{充电}{\rightleftharpoons}} 2NiOOH + Cd + 2H_2O \tag{6-1}$$

与铅酸电池所使用的电解液（硫酸水溶液）相比，镍镉电池的 KOH 碱性电解液在充放电过程中，其密度不发生显著变化。

2．镍镉电池的结构类型

镍镉电池按其结构形式，主要分为袋式、开口烧结式和密封式3种。

1) 袋式镍镉电池

袋式镍镉电池是镍镉电池中开发最早、最成熟的一种。其结构如图6.2所示。

袋式镍镉电池正负极板分别用螺栓紧固或焊接成正负极板组，正负极板组相互交叉在一起，极板组内正负极板之间用橡胶棍或塑料板栅隔离，装入钢制或塑料电池壳体，加盖封接成蓄电池。蓄电池的极柱与盖之间安放绝缘密封圈并用螺母紧固，用以防止电解液渗漏，并保证极柱与金属盖之间的绝缘。蓄电池盖中间的注液口内装有气塞，用以排出蓄电池内部产生的气体，同时阻止空气进入蓄电池内部。

袋式镍镉电池坚固耐用，使用温度范围宽（$-40 \sim +50$℃），循环寿命和储存寿命长，能以较大电流放电，具有良好的荷电保持能力和储存性能，此外还耐冲击和振动，耐过充电和过放电。袋式镍镉电池最大的用途是用作储备电源。

2) 开口烧结式镍镉电池

开口烧结式镍镉电池（图6.3）由氢氧化镍正极板、镉负极板、隔膜和运行气塞等组成。气体阻挡层和尼龙布组成的复合隔膜将正负极隔开。电解液一般选用21%～31%的 KOH 水溶液，并加入 20～30g/L 含一个结晶水的氢氧化铁。烧结式电池一般选用富液结构，即电解液完全覆盖极板和隔膜。根据负极板生产工艺的不同，开口烧结式镍镉电池可分为全烧结式及半烧结式（负极为拉浆式或电沉积镉）。

由于采用了先进的湿法连续生产工艺，不仅提高了开口烧结式镍镉电池的生产效率，而且其极板厚度较袋式极板薄得多，电池内阻极低，因而能用于大电流放电。开口烧结式镍镉电池的比能量比袋式结构的镍镉电池高 50% 以上，低温性能良好。

烧结式镍镉电池的电气性能及力学性能非常可靠，能以充电态或放电态长期储存，长期储存后经简单容量恢复即可投入正常使用。开口烧结式镍镉电池主要用于需要大功率放电的场合，适合用作电动汽车动力电池。

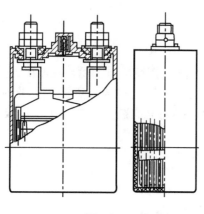

图 6.2　袋式镍镉电池

图 6.3　开口烧结式镍镉电池

3) 密封式镍镉电池

密封式镍镉电池采用了与密封式镍氢电池相似的特殊设计，防止了充电时电池内部因析气而产生高压，使用时无需维护和保养。密封式镍镉电池按结构形式分，有圆柱形电池、扣式电池（包括椭圆形电池）、小矩形电池（或称角形电池）和方形液密电池。图 6.4 为圆柱形密封式镍镉电池的结构示意图。

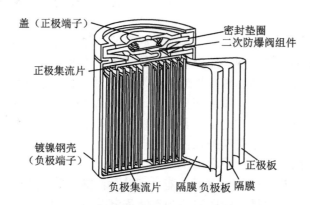

图 6.4　圆柱形密封式镍镉电池的结构

密封式镍镉电池的主要特点如下：

(1) 可实现免维护，除补充充电外，无需对其进行维护和保养。

(2) 可实现快速充电，在有控制的条件下，快速充电型电池可在 1～1.5h 内充足电，普通电池也可以在 3～7h 内充足电，所有这种类型的电池都可以在 14～16h 内充足电。

(3) 该系列电池内阻小，放电电压平稳，特别适用于大电流放电或脉冲放电。

(4) 适用温度范围宽，可在 -40～+50℃工作，特别是低温性能非常好，高温型电池的工作温度可放宽至 70℃。

(5) 工作寿命长，循环寿命可达 500～1000 次；作为备用电源时，其使用寿命可长达 5～10 年。

密封式镍镉电池除用作电动汽车动力电池外，特别适用于各种便携仪器、移动电话、家用电器、电动工具、摄像机、电子计算机及照明、玩具等的电源，也适用于备用电源。

3. 镍镉电池的特点

镍镉电池的许多基本特点与镍氢电池相似。与铅酸电池相比,镍镉电池的能量密度大(可达55W·h/L),比功率也大(可超过225W/kg),寿命长(循环寿命可达2000次)。此外,镍镉电池的自放电较小(每天小于5%),快充能力强(18min内可达蓄电池容量的40%～80%)。因此,镍镉电池在电动汽车上也得到了应用。

与镍氢电池相比,镍镉电池的缺点是:镉对环境污染较大,维护不当易报废;开路电压较低(1.2V),价格较高。镍镉电池的这些缺点限制了其在电动汽车上大规模的使用,已逐渐被镍氢电池所取代。

6.1.2 镍锌电池

1. 镍锌电池的组成与充放电原理

1) 镍锌电池的基本组成

镍锌电池的正极与镍氢电池、镍镉电池一样,也是采用氧化镍作正极的活性物质,负极的活性物质是金属锌,电解液也是KOH水溶液。镍镉电池的化学体系可表示为

$$(-)Zn \mid KOH \mid NiOOH(+)$$

2) 镍锌电池的充放电原理

镍锌电池充放电原理也与镍氢电池、镍镉电池相似,不同之处主要是负极电化学反应不同。

(1) 镍锌电池的放电成流反应。镍锌电池在放电过程中正负极电化学反应为

正极:$NiOOH + H_2O + e^- \rightarrow Ni(OH)_2 + OH^-$

负极:$Zn + 2OH^- \rightarrow ZnO + H_2O + 2e^-$

(2) 镍锌电池的充电成流反应。镍锌电池在放电过程中正负极的电化学反应为

正极:$Ni(OH)_2 + OH^- \rightarrow NiOOH + H_2O + e^-$

负极:$ZnO + H_2O + 2e^- \rightarrow Zn + 2OH^-$

镍锌电池在充、放电时,其总的电化学反应表达式为

$$2Ni(OH)_2 + ZnO \underset{放电}{\overset{充电}{\rightleftharpoons}} 2NiOOH + Zn + H_2O \tag{6-2}$$

2. 镍锌电池的结构类型

从外形上看,镍锌电池有圆柱形、方形等不同形式;从结构上看,镍锌电池有开口式和密封式两种类型,开口式又包括振动电极型和流动电解液型两种形式。

1) 开口式镍锌电池

开口式镍锌电池采用振动电极和流动电解液的设计,用以改善电池内部传质方式,使浓度分布均匀,并可减小极板形变和锌板产生枝晶,从而达到提高电池循环寿命之目的。采用振动电极和流动电解液设计的开口式镍锌电池,其循环寿命一般在1000次以上。这种类型镍锌电池的不足是电池配件多、比能量低,因而影响了其使用和发展。

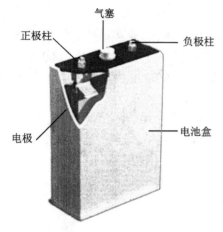

图 6.5 密封式镍锌电池结构示意图

2)密封式镍锌电池

密封式镍锌电池由美国 Energy Company 首先研制成功,这种结构形式是镍锌电池研究的重点。密封式锌镍电池的结构示意图如图 6.5 所示。

为了使密封电池内部不产生过高的气压,需要使充电时产生的气体在电池内部自行复合。电池采用锌电极过量设计,在正常充电时不会析氢,而正极产生的氧气可透过隔膜,与锌电极析出的氢复合。由于隔膜会限制氧气的迁移,为加快复合过程,通常采用减少电解液的用量方法来设计密封电池,但这对活性物质的利用率和电池的热传递有不利影响。

3. 镍锌电池的性能特点

与镍镉电池相比,镍锌电池具有比功率较高、比能量高(理论比能量达 345W·h/kg)、单格电池电压高(1.6V)、价格相对较低、锌资源丰富且无毒性等优点。因此,镍锌电池在电动汽车上曾得到了应用。

镍锌电池的致命弱点是循环寿命短(约 300 次)。由于锌电极存在着形变、枝晶、腐蚀和钝化等问题,使锌电极循环寿命缩短,其寿命问题一直是镍锌电池商品化的重大障碍。因此,研究出延长镍锌电池寿命的方法是决定其能否继续发展的关键。

6.1.3 镍铁电池

1. 镍铁电池的组成与充放电原理

1)镍铁电池的基本组成

镍铁电池的正极与其他镍系电池一样,也是采用氧化镍作正极的活性物质,负极的活性物质是铁,电解液也是 KOH 水溶液。镍铁电池的化学体系可表示为

$$(-)Fe\ |\ KOH\ |\ NiOOH(+)$$

2)镍铁电池的充放电原理

镍铁电池充放电原理也与其他镍系电池相似,不同之处主要是负极电化学反应不同。镍铁电池充放电过程的成流反应为

$$正极:2Ni(OH)_2 + 2OH^- \underset{放电}{\overset{充电}{\rightleftharpoons}} 2NiOOH + 2H_2O + 2e^- \tag{6-3}$$

$$负极:Fe(OH)_2 + 2e^- \underset{放电}{\overset{充电}{\rightleftharpoons}} Fe + 2OH^- \tag{6-4}$$

镍铁电池的总反应为

$$2Ni(OH)_2^* + Fe(OH)_2 \underset{放电}{\overset{充电}{\rightleftharpoons}} 2NiOOH^* + Fe + 2H_2O \tag{6-5}$$

式中,*表示含有被吸附的 H_2O 及 KOH。

2. 镍铁电池的结构

镍铁电池在电池设计时,采用铁电极容量过量的形式,投入使用的是有极板盒式结构

的镍铁电池，镍铁单体电池的结构简单如图6.6所示。

铁电极在溶液中进行阳极氧化时，容易形成钝化膜，会大大降低电极活性表面，电极容量急剧下降，使电池寿命很快终止。为了提高铁电极的活性，必须把铁电极中的有害杂质含量降到最低，例如，铝在活性物质中含量大于0.02%（相对于Fe），在KOH电解液中大于0.01%（相对于KOH）时，将使活性物质利用率下降，并增大电极的自放电。

镍对铁电极具有一定的活化作用，以$Ni(OH)_2$形式存在于铁电极中，可明显降低氧化铁阴极还原的过电势，提高负极充电效率，使铁电极的容量显著增加。这是因为铁电极在放电时，$Ni(OH)_2$使$Fe(OH)_2$晶格形成较为分散，充电时易于还原，并可使阳极氧化深度增加。

3. 镍铁电池的特性

镍铁电池的充放电特性曲线如图6.7和图6.8所示。

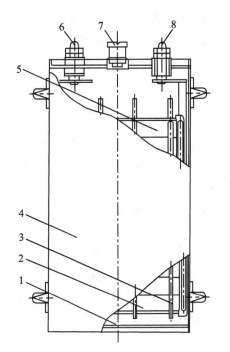

图6.6 镍铁单体电池的结构简图

1—电池底；2—正极板；3—硬橡胶棍；4—电槽；5—负极板；6—负极柱；7—气塞；8—正极柱

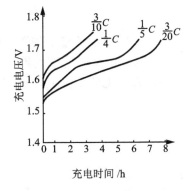

图6.7 镍铁电池的充电特性曲线

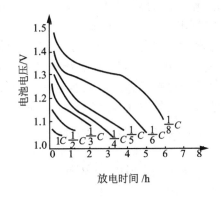

图6.8 镍铁电池的放电特性曲线

镍铁电池的充电电压与充电电流、温度等条件有关。从镍铁电池充电特性曲线可知，充电电流越大，充电电压就越高，其充电效率也就越低。镍铁电池的充电效率要低于镍镉电池。从镍铁电池的放电特性曲线可以看出，镍铁电池在大电流放电时，放电电压很低，而且下降很快。因此，镍铁电池不适合大电流放电。镍铁电池大电流放电电压低且下降快的原因是其铁负极在阳极过程中极化较大。

镍铁电池由于其铁电极在碱性溶液中的稳定电势比氢的平衡电极电势负40～50mV，所以铁电极在碱液中自发溶解反应比较严重，氢易析出，因而自放电较大，充电效率降低。铁电极在低温下容易钝化，使负极容量显著减小，而且低温性能差。镍铁电池在低温时电池容量明显下降，以$0.2C$电流放电，并将25℃时的放电容量作为100%，在0℃时的容量降为75%，而在-20℃时降至约10%。因此，镍铁电池难以在电动汽车上使用。总之，镍铁电池的电性能不及镍镉电池、镍锌电池等其他镍系电池。

6.2 金属空气电池

以空气（氧）作为正极活性物质，金属作为负极活性物质的电池统称为金属空气电池。此类电池所用的金属一般是镁、铝、锌、镉、铁等，常见的金属空气电池有锌空气电池和铝空气电池等。

6.2.1 锌空气电池

1. 锌空气电池的组成与充放电原理

1) 锌空气电池的基本组成

锌空气电池用空气中的氧（吸附于炭）作为正极活性物质，以金属锌（Zn）作为负极活性物质，碱性锌空气电池的电解质采用KOH水溶液，这种锌空气电池体系可表示为

$$(-)Zn \mid KOH \mid O_2(空气)(C)(+)$$

一般电池的能量储藏于正负电极，而锌空气电池则有所不同。作为正极的空气电极只是作为能量转换的工具，只有作为负极的锌电极储存能量。锌空气电池长寿命的多孔阴极活性物质来自周围的空气，因而锌空气电池既可以是一个储能装置（蓄电池），又可以是一个燃料电池（不断提供燃料锌）。

2) 锌空气电池的充放电原理

锌空气电池的电化学反应与普通碱性电池类似，放电时，蓄电池负极上的锌与电解液中的OH^-发生电化学反应，释放出电子；与此同时，蓄电池正极反应层中的催化剂与电解液及氧气（通过扩散作用进入蓄电池的空气中）相接触而发生电化学反应，吸收电子。锌空气电池放电时的电化学反应方程式为

负极：$Zn + 2OH^- \rightarrow ZnO + H_2O + 2e^-$

正极：$\dfrac{1}{2}O_2 + H_2O + 2e^- \rightarrow 2OH^-$ (6-6)

总反应：$2Zn + O_2 \rightleftharpoons 2ZnO$

锌空气电池充电过程进行得十分缓慢，因此，锌空气电池正极的锌板或锌粒在放电过程中被氧化成氧化锌而失效后，通常采用直接更换锌板或锌粒及电解质的方法，使锌空气电池完成"充电过程"。

2. 锌空气电池的结构类型

锌空气电池按外形不同可分为方形、扁形、圆柱形三种，方形电池又分为内氧式结构和外氧式结构两种。

1) 方形锌空气电池

方形锌空气电池由正极（空气电极）、负极（锌电极）、隔膜和电解液组成，如图6.9

所示。其中，空气电极有嵌塑和黏结两种成型工艺。

(1) 嵌塑成型工艺。在注塑壳体时将空气电极嵌注在壳体内，形成一个完整的带壳空气电极，这种电极的机械强度好，加工简单，成品率高，电池的密封和防漏性能好，不易爬碱，适宜商品化生产。

(2) 黏结成型工艺。空气电极自身较薄、机械强度差，不能嵌塑，只能粘贴在壳体上，并且在空气电极的外面必须有一层保护层，防止机械冲击导致破裂。这种电极的制造工艺相对简单，生产周期短，但不利于商品化生产。

对于内氧式结构的空气电极，空气从电池上部的空气室进入；外氧式空气电极在壳体外侧直接与空气接触。电池的负极经隔膜包装后直接装于带壳正极内，负极引出线从壳体内一侧引出，正极引出线从另一侧引出，电池塑料盖经热熔或黏结与带壳正极结合成为一体，盖上有注液孔、透气孔和气塞。

2) 扁形锌空气电池

扁形锌空气电池形体扁平像纽扣，所以又称为扣式电池，其结构示意图如图 6.10 所示。

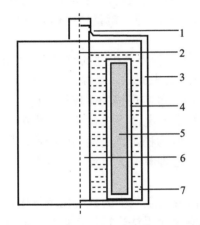

图 6.9　方形锌空气电池的结构示意图

1—气孔；2—空气室；3—外壳；4—隔膜；
5—锌电极；6—空气电极；7—电解液

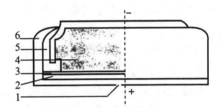

图 6.10　扁形锌空气电池的结构示意图

1—气孔；2—空气电极；3—隔膜；
4—负极与电解液；5—密封圈；6—外壳

扁形锌空气电池用导电良好的金属制成壳体，一般采用不锈钢冲压成碗形，底部有进气小孔，孔径大小与电池的放电电流有关，需要较大电流放电的，孔径开得大些或采用多孔；放电电流较小的，孔径开得小些。电池封盖的材料一般与壳体相同，通常在盖子上镀一层镍。一般采用尼龙塑料制成的密封圈将正、负两极隔离并密封电池，因为尼龙机械强度大、弹性好、收缩率小，可将电池盖和外壳紧密接合，达到密封的效果。

3) 圆柱形锌空气电池

圆柱形锌空气电池的带壳正极做成圆柱形，其结构示意图如图 6.11 所示。

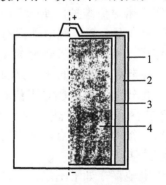

图 6.11　圆柱形锌空气电池的结构示意图

1—外壳；2—空气电极；3—隔膜；4—负极与电解液

内部采用镀银铜网作骨架和集流体，铜网与上盖相连，将正极引出。锌负极压制成圆柱形，用铜片作集流导体，并与底盖片相连，引出负极。锌负极包上隔膜置于带壳正极内，带壳正极外面套有一防护层外壳，一般用塑料制成多孔的圆柱形。固定电池的上、下盖即为正、负引出极。

3．锌空气电池的特点

1) 锌空气电池的优点

与其他类型的蓄电池相比，锌空气电池具有如下优点：

(1) 正极容量大。由于空气电极的活性物质氧来自周围的空气，正极活性物质可在电池工作时源源不断地得到补充，因而对于正极来说，其容量是无限大的。

(2) 比能量高。由于正极活性物质来自于空气中的氧，其正极可采用一种透气但不漏液、导电、有催化活性的薄膜，因而正极的质量和体积在整个电池中所占的比例均很小，余下的空间可以用来充填更多的负极材料。因此，锌空气电池的比能量主要取决于负极金属锌及电解液，其理论比能量可达 1350W·h/kg。目前锌空气电池的实际比能量只达到 180~230W·h/kg，即便如此，仍然是铅酸电池的 4.35~5.5 倍；能量密度达 230W·h/L，是铅酸电池的 2~3 倍。

(3) 可采用机械式"充电"方式。锌空气电池可采用更换锌空气电池的锌板或锌粒的"充电"模式，这种"充电"模式可使蓄电池不再花很长时间来充电，更换一块 20kW·h 的蓄电池块只需要 100s。更换下来的氧化锌通过回收处理，可实现锌的循环再生利用。

(4) 放电电压稳定且大电流持续放电的能力强。锌空气电池正极孔率大，放电时阴极催化剂本身不发生变化，极化较小，而且锌电极的电压较为稳定，电池的内阻小，因而锌空气电池的放电电压较为稳定，放电曲线平稳。锌空气电池具有大电流持续放电的能力，能够满足纯电动汽车加速和连续爬坡的要求。

(5) 自放电率低。锌空气电池的电化学反应过程需要与空气中的氧气发生作用，只要阻隔空气进入锌空气电池，就可使锌空气电池的电化学反应无法进行，锌可长时间保持其活性。因此，实际使用过程中的锌空气电池自放电率很低（接近于零），可长期保持其电能。

(6) 性能稳定。成组的锌空气电池具有良好的一致性，不像其他类型蓄电池存在不一致性，但在充电和放电时个别电池容易发生过充电和过放电现象。锌空气电池允许深度放电，蓄电池的容量不受放电强度和温度的影响。能在 -20~+80℃ 正常工作。锌空气电池可以完全实现密封免维护，便于蓄电池组能量的管理。

(7) 安全性好。锌空气电池没有因泄漏、短路而引起蓄电池起火或爆炸的可能性。锌没有腐蚀作用，可以完全实现密封免维护，对人体不会造成伤害和危险。

(8) 原料丰富，价格低廉。锌的来源丰富，生产成本较低；回收再生方便，并且回收再生的成本也较低，可以建立废蓄电池回收再生工厂。

(9) 锌在循环使用过程中，不会污染环境。

锌空气电池的上述特点，使得锌空气电池在电动汽车上得到了应用。

2) 锌空气电池的不足

锌空气电池存在如下不足：

(1) 比功率低。虽然锌空气电池的比能量较高，但由于电子释放的速度较低，因而其比功率较低，作为电动汽车用动力电池，会对电动汽车的动力性有较大影响。

(2) 锌空气电池在放电时需要不断地供应空气,因而不能在密封状态下使用,也不能应用于缺氧的环境(如水下等)中。

(3) 锌空气电池的湿储存性能差。碱性电解液会吸收空气中的 CO_2,并发生碳酸盐化,从而导致电池性能下降,甚至失效;而且电解液透过空气电极还会失去水分(空气过分干燥时),或从空气中吸收水分(空气过分潮湿时),导致电池过早失效。此外,空气中的氧也会透过空气电极扩散到金属电极,形成腐蚀电池而引发自放电。因此,锌空气电池不宜湿储存。在湿储存期间必须将空气电极覆盖,以隔绝空气,或加液后尽快使用。

(4) 采用常规的充电方法,其充电时间太长,这也给使用带来不便。

(5) 在大电流放电时电池容易发热,这影响了其在电动汽车上的正常使用。

6.2.2 铝空气电池

1. 铝空气电池的组成与充放电原理

1) 铝空气电池的基本组成

铝空气电池以高纯度铝(含铝 99.99%)为负极,空气(氧)为正极,以 KOH 或 NaOH 水溶液为电解质。

2) 铝空气电池的充放电原理

铝空气电池的化学反应与锌空气电池类似,在电池放电时,负极活性物质铝被不断消耗,并生成 $Al(OH)_3$。正极多孔氧电极在电池放电时,与外界进入电极的氧(空气)发生电化学反应,生成 OH^-。铝空气电池的工作原理示意图如图 6.12 所示。

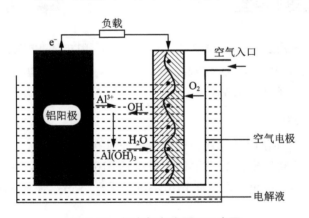

图 6.12 铝空气电池原理示意图

负极活性物质铝摄取空气中的氧,在蓄电池放电时产生电化学反应,铝和氧作用转化为氧化铝。铝空气电池充放电时的电化学反应方程式为

$$2Al + 3O_2 + 3H_2 \underset{\text{放电}}{\overset{\text{充电}}{\rightleftharpoons}} 2Al(OH)_3 \qquad (6-7)$$

铝在碱性溶液中会发生如下腐蚀反应为

$$2Al + 6H_2O + 2OH^- \rightarrow 2Al(OH)_4^- + 3H_2$$

由于腐蚀反应的发生,负极电势向正方向移动,再加上正负极极化,使铝空气电池的工作电压比标准电动势低得多。一般来说,单体铝空气电池的电压只有 1.2V 左右。

2. 铝空气电池的结构类型

1) 铝空气电池组的结构

由5个单体电池组成的铝空气电池组的结构示意图如图6.13所示。

每个单体电池的负极是纯铝,正极为多孔烧结炭,电解质溶液采用5M KOH和0.05M Na_2SnO_3 的混合溶液。其中,Na_2SnO_3 的作用之一是减缓铝的腐蚀。电解质溶液由A处加入,沿连接管把各个单电池充满,负极上产生的 H_2 与连接管中的溶液排到多余溶液储存空间中。

2) 电缆状铝空气电池

采用海水中溶解的氧作为正极反应物,适用于水下工作的电缆状铝空气电池如图6.14所示。电池做成电缆形状可增大反应面积,铝芯为阳极,从内到外依次为隔离层、氧阴极和多孔透水的外保护层。一种直径3cm的电缆电池可长达数百米,每米质量为1kg,功率密度为640W·h/kg,将其置于海水中可使用半年之久。

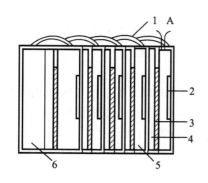

图6.13 铝空气电池组的结构示意图

1—连接管;2—正极;3—负极;4—空气空间;
5—电解液;6—多余溶液储存空间

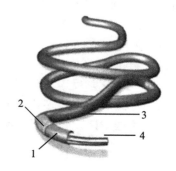

图6.14 电缆状铝空气电池

1—隔离层;2—氧阴极;
3—多孔透水的外保护层;4—铝阳极

3. 铝空气电池的特点

与电动汽车用的其他蓄电池相比,铝空气电池具有如下特点:

(1) 比能量大。铝空气电池的理论比能量可达8100W·h/kg,目前,铝空气电池的实际比能量只达到350W·h/kg,但也是铅酸电池的7~8倍、镍氢电池的5.8倍、锂离子电池的2.3倍。

(2) 比功率中等,达到50~200W/kg。铝空气电池比功率不大,也是由氧电极所决定的,氧电极的工作电位远离其热力学平衡电势,因而交换电流密度很小,电池放电时极化很大。

(3) 质量轻。铝空气电池质量仅为铅酸电池质量的12%。由于蓄电池质量大大减轻,车辆的整备质量也降低,因此可以提高车辆的装载量或延长续驶里程。

(4) 铝没有毒性和危险性。铝对人体不会造成伤害,可以回收循环使用,不污染环境。

(5) 使用寿命长,可达3~4年。这也主要取决于氧电极的工作寿命,因为铝电极是可以不断更换的。

(6) 生产成本较低。铝的原材料丰富,生产成本较低;铝回收再生方便,回收再生成本也较低。

与锌空气电池一样,铝空气电池也可采用更换铝电极的方法来解决铝空气电池充电较慢的问题。由于铝空气电池比功率不高,充电和放电速度比较慢,电压滞后,自放电率较大,因此需要采用热管理系统来防止铝空气电池工作时的过热。

6.2.3 其他金属空气电池

金属空气电池系列中除了锌空气电池和铝空气电池外,根据所用负极金属的不同,还有MH空气电池、镁空气电池、镉空气电池和铁空气电池等。

1. MH空气电池

相比于镍氢电池,用轻质的空气电极取代金属Ni电极可以达到减轻质量、提高比能量的目的,且反应原料为来源充足的空气,因而MH空气电池也是值得期待的蓄电池。

1) MH空气电池充放电反应式

MH空气电池的充放电反应为

$$空气电极:4OH^- \underset{放电}{\overset{充电}{\rightleftharpoons}} 2H_2O + O_2 + 4e^- \quad (6-8)$$

$$MH电极:4M + 4H_2O + 4e^- \underset{放电}{\overset{充电}{\rightleftharpoons}} 4MH + 4OH^- \quad (6-9)$$

$$总反应:2H_2O + 4M \underset{放电}{\overset{充电}{\rightleftharpoons}} 4MH + O_2 \quad (6-10)$$

空气电极可以用炭/催化剂复合材料(催化剂为氧化镍或氧化钴),但充电过程中容易造成炭的氧化,从而降低电池寿命。

2) MH空气电池的结构

MH空气电池结构如图6.15所示。采用$La_{0.6}Ca_{0.4}CoO_3$钙钛矿作催化剂的双功能空气电极由空气扩散层和镍片两层组成,空气扩散层为炭、聚四氟乙烯和催化剂的复合材料,多孔镍片作为电流的集流体与扩散层压制在一起,起到空气扩散和电流收集的作用。MH电极由$MmNi_{3.5}Co_{0.7}Al_{0.7}Mn_{0.1}$粉末表面化学镀铜后,与5%(质量分数)聚四氟乙烯混合、压片,然后夹在两片薄的多孔镍之间形成。电解质为KOH,MH电极浸入电解液中。

3) MH空气电池的特点

MH空气电池具有较长的循环使用寿命,以$1C$充放电各1h,在经过250次循环后金属氢化物的容量从268mA·h/g下降到242mA·h/g,仅有10%的容量损失。

2. 镁空气电池

1) 镁空气电池的充放电反应式

用金属镁Mg作空气电池的负极,其放电时的电化学反应为

$$正极:\frac{1}{2}O_2 + H_2O + 2e^- \rightarrow 2OH^-$$

$$负极:Mg + 2OH^- \rightarrow Mg(OH)_2 + 2e^-$$

$$总反应:Mg + \frac{1}{2}O_2 + H_2O \rightarrow Mg(OH)_2$$

充电时的电化学反应则是上述反应的逆过程。

2) 镁空气电池的结构

镁空气电池的结构如图 6.16 所示。一个合金镁片电极夹在两个空气电极之间,电解质为中性,例如,采用 8mol/L 的 $Mg(ClO_4)_2$ 和 7% 的 NaCl 水溶液。由于镁空气电池反应比锌空气电池需要更多的水,生成的 $Mg(OH)_2$ 的体积又比 ZnO 大得多,因而镁空气电池需要较多的电解液。通常其电解液的质量是活性物质质量的 80%～85%,而锌空气电池只有 30%～35%。

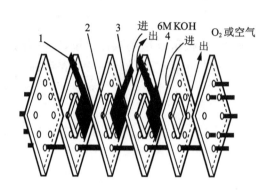

图 6.15　MH 空气电池结构示意图

1、4—双功能空气电极;2—参考电极;3—MH 电极

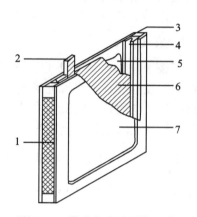

图 6.16　镁空气电池结构示意图

1—电池正极端;2—电池负极端;3—框架;
4—镁电极支架;5、7—空气电极;6—镁电极

3) 镁空气电池的特点

镁空气电池的理论比能量为 3910W·h/kg,比锌空气电池的高两倍。由于镁电极为片状电极,在同样的表观电流密度下,其真实电流密度比多孔锌电极大很多,因而电极极化较大,电池性能不如锌空气电池。

镁空气电池可在的 -26～+85℃工作,但在高温下腐蚀严重。例如,在 52℃时只放出标称容量的 40%。当电流密度大于 40～50mA/cm² 时,需要对其进行冷却降温。

与锌空气电池和铝空气电池一样,镁空气电池也可制成机械充电式储备电池,通过更换镁电极完成"充电"过程。

3. 镉空气电池

1) 镉空气电池的充放电反应

镉在 KOH 溶液中能经受长时间多次充放电,因而镉空气电池常用作二次电池,该电池的电化学反应为

正极:$\frac{1}{2}O_2 + H_2O + 2e^- \rightarrow 2OH^-$

负极:$Cd + 2OH^- \rightarrow Cd(OH)_2 + 2e^-$

总反应:$Cd + \frac{1}{2}O_2 + H_2O \rightarrow Cd(OH)_2$

充电时的电化学反应则是上述反应的逆过程。

2）镉空气电池的结构

镉空气电池的结构如图 6.17 所示。负极的制作过程：将 CdO 与 5% 的碳基镍粉及 5%～10% 的 Fe_2O_3 膨胀剂粉（或 TiO_2 粉）混合，在镍网上加压成型，充电后形成海绵状镉电极。将该电极放入厚度约为 0.15mm 的聚酰胺袋中，袋外有一二层无机膜，外边再包一层聚酰胺膜。

由于空气的来源无限，因此在充放电循环过程中，镉电极会经常处于深度充放电状态，镉晶体因逐渐变大而减少了其真实电极面积，同时会堵塞一部分细孔，最终导致镉电极容量逐渐下降。添加 4%～14% 的 α-Fe_2O_3 或 5%～10% 的 TiO_2，可显著延缓容量的下降。在这里，α-Fe_2O_3 或 TiO_2 起到了膨胀剂的作用，类似于铅酸电池的负极。

镉空气电池在充放电循环中，水分会通过空气电极的细孔向外逸散。在电池内备有可储存 5mL 电解液的储备箱，通过聚酰胺膜的毛细管将电解液输送到正极与负极，以弥补水分的损失。

3）镉空气电池的性能

镉空气电池的理论比能量只有 496W·h/kg，不属于高能电池，目前实际达到的比能量为 69～97W·h/kg，稍加改进，有可能达到 110W·h/kg，并不算低，但用作电动汽车的动力电池尚显不足。

4．铁空气电池

1）铁空气电池的充放电反应

对于铁空气电池的充放电机理有不同的观点。一种观点认为是溶解——沉积机理，即 Fe 先溶解成 $HFeO_2^-$，再沉积成 $Fe(OH)_2$；另一种观点则不同，认为碱性电池中铁负极在充放电时的电极反应是

$$Fe + 2OH^- \underset{放电}{\overset{充电}{\rightleftharpoons}} Fe(OH)_2 + 2e^- \tag{6-11}$$

$$2Fe(OH)_2 + 2OH^- \underset{放电}{\overset{充电}{\rightleftharpoons}} 2FeOOH + 2H_2O + 2e^- \tag{6-12}$$

铁空气电池的充放电反应比较复杂，对电化学反应与铁电极行为之间的联系还需要做进一步的探讨。

2）铁空气电池的结构与性能改善

目前，铁空气电池的研制工作有相当一部分是改进铁电极的结构。烧结铁电极因工艺条件不同，电极性能会有所差异。通常是将活性物质及发孔剂调成稠液状，均匀涂在镀银的钢网或铁网上加压成型后，在氢气流中烧结还原而成。此外，也可以用碳基铁粉烧结来制成电极，其中的一部分铁成为活性物质，另一部分铁不发生反应，起电极骨架的作用，可保持电极形状，并提供机械强度及导电性。

铁氧化成氧化铁时，体积增大。因而可将铁设计成双层结构，一层只有铁纤维，为粗孔层；另一层为铁粉、乙炔黑和树脂黏结剂的混合物，填在铁纤维上，为细孔层。这样，既可容纳体积的膨胀，又可使反应比较均匀，还可以将多个电极重叠起来，如图 6.18 所示。

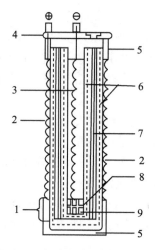

图 6.17 镉空气电池结构示意图

1—液面指示；2—正极；3—负极；4—盖；5—塑料壳；
6—聚酰胺膜；7—无机膜；8—隔栅；9—溶液储箱

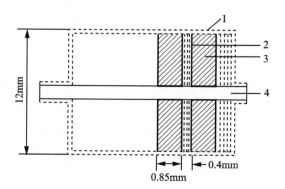

图 6.18 铁空气电池结构示意图

1—金属网；2—铁纤维层；
3—铁纤维与活性物质；4—集流体

为了增加铁电极中活性物质的充填量，可在铁电极中添加木素磺酸钠作分散剂、羧甲基纤维素或羟乙基纤维素等作稠化剂，这样虽然固体含量有所增加，但易填涂；也可将电解铁粉表面氧化后，再在氢气气氛中还原，用以增大铁电极的表面积。

KOH 溶液吸收 CO_2 后，对铁电极和空气电极都有影响。吸收 CO_2 后，溶液 pH 减小，铁电极的电势向正方向移动，空气电极电势向负方向移动，这将导致电池的开路电压降低。与此同时，也导致了铁电极容量的显著下降。因此，铁空气电池在使用时必须除去空气中的 CO_2。一种有效的方法是采用孔隙率为 30% 的波纹形多孔聚氯乙烯烧结板，该烧结板吸有 10mol/L 的 KOH 溶液，多片板平行排列。当空气垂直于波纹方向通过时，空气中的 CO_2 会被 KOH 溶液吸收。KOH 溶液的浓度须适当，若 KOH 溶液太稀，则对 CO_2 的吸收作用不明显；若浓度太高，则 KOH 溶液会从空气中吸收水分，导致其体积膨胀而有可能从多孔板中溢出。

铁电极在碱液中容易发生钝化，尤其当阳极极化较大时，电极表面会形成一层钝化膜，这大大减小了电极的活性表面，导致电极容量急剧下降，使电池寿命缩短。

在低温条件下，铁电极更容易形成与其牢固结合的致密覆盖层，该致密覆盖层阻止了铁电极的阳极反应，导致负极容量显著减小。

铁电极在碱液中还容易形成腐蚀电池，析出 H_2，生成 $Fe(OH)_2$，造成铁电极的自放电，从而降低电极活性物质的利用率。

在电解液中加入适当的添加剂，可有效防止铁电极钝化，抑制自放电，同时提高电极的充电效率，改善电极性能。

3) 铁空气电池的特性

铁电极充电时不会形成枝晶，铁空气电池有很长的充放电寿命。铁空气电池的理论比能量为 1220W·h/kg（二价铁的数据），与锌空气电池相差不多。因此，铁空气电池也是一种潜在的高能蓄电池。

6.3 ZEBRA 电池

6.3.1 ZEBRA 电池的组成与充放电原理

1. ZEBRA 电池的组成

钠镍氯化物（Na-NiCl$_2$）蓄电池通常称为 ZEBRA 电池，其 ZEBRA 是 Zero Emission Battery Research Activity 的缩写，即 ZEBRA 电池是从 20 世纪 80 年代中期以来研究开发的一种新型高能蓄电池，是零排放无污染的绿色电源。ZEBRA 电池的表达式为

$$(-)\ Na(1)\ |\ \beta''-Al_2O_3(s), NaAlCl_4(1)\ |\ Ni(s), NiCl_2(s)\ (+)$$

ZEBRA 电池的基本组成如图 6.19 所示，其负极活性物质为液态金属 Na，正极活性物质是 Ni、NiCl$_2$，固体陶瓷电解质（$\beta''-Al_2O_3$）用于隔离正负电极。此外，由于正极材料在工作温度下仍为固态物质，所以还需要熔盐电解质（NaAlCl$_4$）存在于 $\beta''-Al_2O_3$ 固体电解质和正极活性物质之间，在电池反应中起传输钠离子的作用。

2. ZEBRA 电池的充放电原理

在充放电过程中，$\beta''-Al_2O_3$ 和熔盐电解质均不参与正常的电池反应，仅起钠离子的导体作用。ZEBRA 电池的制备初始原材料是 Ni 和 NaCl（普通食盐），通过首次充电后，Ni 和

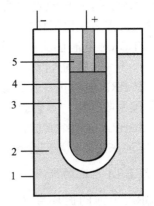

图 6.19 ZEBRA 电池的组成

1—壳体（负极）；2—液态 Na；3—固体陶瓷电解质；
4—多孔 Na/NiCl$_2$；5—NaAlCl$_4$

NaCl 反应，在负极生成金属 Na，在正极生成 Ni 和 NiCl$_2$ 的混合物。放电时，Na 和 NiCl$_2$ 反应又重新生成 Ni 和 NaCl。ZEBRA 电池的充放电反应为

充电时：$2NaCl + Ni \rightarrow NiCl_2 + 2Na$

放电时：$NiCl_2 + 2Na \rightarrow 2NaCl + Ni$

由于充电后生成的 Na 不安全，需要在完全放电后才能运输。因此首次启动 ZEBRA 电池时，需要先给电池加热，每小时升高 10℃，经过 27h 将电池加热到 270℃后才能开始充电。充电约 8h 即可充足。

ZEBRA 电池内部保持 300℃恒温，由于单体电池本身包了一层带有真空层的隔热材料，因而单体电池外部的温度只比外界高 10℃左右。

ZEBRA 电池的放电过程与镍氢电池和锂离子电池等有所不同，从初始电压开始，电压分 3 个阶段下降。实际使用过程中其电压在 2.58V 附近，所用的电压范围最高约为 2.7V，最低约为 2.4V。

ZEBRA 电池不存在过充电和过放电，因而循环寿命较长，经过 2000 次充放电循环，容量几乎不会变化。由于 Na 被视为危险物品，ZEBRA 电池需要经过安全认证方可配备于电动汽车。

6.3.2 ZEBRA 电池的特点与使用情况

1. ZEBRA 电池的性能特点

ZEBRA 电池的性能特点总结如下：

（1）ZEBRA 电池具有高比能量和高比功率。理论比能量达 790 W·h/kg，实际比能量达 100 W·h/kg，且能量的转换效率高。

（2）ZEBRA 电池自放电率低（100% 库仑效率），可快速充电（充电 30 min 可达 50% 的放电容量），使用寿命长，储存年限超过 5 年，充放电循环寿命大于 1000 次，免维护（全密封结构）。

（3）ZEBRA 电池制备在放电状态，不必装入单质钠，因而操作简便；电池损坏时呈低电阻导通状态，在电池组内无需设立旁路系统，当电池组内损坏的电池未超过电池总数的 5% 时，无需更换已损坏的电池。

（4）ZEBRA 电池在反复多次的冷热循环中，不会发生容量的衰减和寿命的衰退；电池可在 -40～+70℃ 的外部环境下工作，其性能不受环境温度状况的影响。

（5）ZEBRA 电池可在任何放电状态下随时进行充电，无记忆效应；电池在寿命终止后能全部被回收利用，不会造成环境污染。

（6）ZEBRA 电池组成材料为非低沸点、高蒸气压物质，电池具有过充过放电保护机制；ZEBRA 电池采用高标准安全设计。

2. ZEBRA 电池的应用

ZEBRA 电池的循环寿命、储存寿命、行驶里程、功率密度、能量密度、比能量、比功率等具体性能指标及其他一些性能参数已满足美国先进电池联盟（United States Advanced Battery Consortium, USABC）的中期目标，是一种理想的电动汽车用电池，ZEBRA 电池也早已进入商品化阶段。瑞士 MES-DEA-SA 公司在 2000 年就已具有了 5000 个 ZEBRA 电池组的生产能力，图 6.20 为该公司生产的 ZEBRA 电池组。

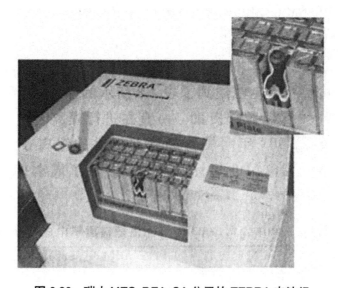

图 6.20　瑞士 MES-DEA-SA 公司的 ZEBRA 电池组

ZEBRA 电池的电池反应需要熔融状态（温度 260～360℃）的 Na，工作时需要使用加热器（平均需要 100W 左右的电能）使其保持在 300℃ 左右的高温状态。因此，ZEBRA 电池不适用于偶尔使用的电动汽车，但适用于每天都长时间使用的电动公交车。

ZEBRA 电池作为电动汽车的可选蓄电池，已经在一些电动汽车上得到了应用。例如，德国 Mercedes Benz 公司的 A-Class 电动轿车、BMW 公司的 E1 电动轿车、法国 Renault 公司的 Clio 电动轿车，以及 LARAG、Autodromo、MAN、Cito 等大中型电动客车和 EVO 混合动力大客车等，均采用了 ZEBRA 电池作为动力电源。图 6.21 所示就是一辆以 ZEBRA 电池为动力源的电动客车。

图 6.21 以 ZEBRA 电池为动力源的电动汽车

本 章 小 结

本章通过对镍镉电池、镍锌电池、镍铁电池、金属空气电池和 ZEBRA 电池的基本组成、成流反应、构成与类型等的介绍，使读者对这些电池的结构与原理有深入而全面的了解；通过对这些电池特性的介绍，使读者熟悉这些动力电池的性能特点，全面掌握当今动力电池的发展现状，以及研究和发展的方向。

思 考 题

1. 镍镉电池的基本组成有哪些？其组成和成流反应与镍氢电池有何不同？
2. 镍镉电池有哪些结构类型？镍镉电池有何特点？
3. 袋式镍镉电池的结构如何？有何性能特点？
4. 开口烧结式镍镉电池的结构如何？有何性能特点？
5. 密封式镍镉电池的结构如何？有何性能特点？
6. 镍锌电池的基本组成有哪些？其组成和成流反应与镍氢电池有何不同？
7. 镍锌电池主要有哪些结构类型？这些电池各有何结构特点？

8．镍锌电池有何优点和不足？
9．镍铁电池的基本组成有哪些？其组成和成流反应与镍氢电池有何不同？
10．镍铁电池的结构如何？有何性能特点？
11．金属空气电池的正负极活性物质是什么？常见的金属空气电池有哪些？
12．锌空气电池的基本组成有哪些？其成流反应有何特点？
13．锌空气电池有哪些结构类型？不同类型的锌空气电池有何结构特点？
14．锌空气电池有何性能特点？
15．铝空气电池的基本组成有哪些？与锌空气电池相比，其充放电反应有何不同？
16．铝空气电池的结构和性能有何特点？
17．目前使用和研究的金属空气电池还有哪些？这些金属空气电池各有何特点？
18．ZEBRA电池的基本组成有哪些？如何进行充放电？
19．ZEBRA电池的特点有哪些？

第 7 章
辅助储能装置

本章教学目标

了解超级电容、飞轮电池的组成、储能机理及结构类型和技术现状;
了解超级电容及飞轮电池的性能特点,以及在各类电动汽车上的应用。

本章教学要点

知识要点	能力要求	相关知识
超级电容的储能机理、超级电容的充放电原理、超级电容的性能特点	了解蓄电池的不足,熟悉超级电容的基本结构与储能机理,了解不同类型超级电容的特点,理解超级电容的性能特点及应用	电容器及充放电过程、法拉第效应、碳电极、金属氧化物电极、有机聚合物电极、电解质特性
飞轮电池的储能机理、飞轮电池充放电原理、飞轮电池的性能特点	熟悉飞轮电池的基本组成部件及各组成部件的作用,了解不同类型飞轮电池的特点,理解飞轮电池的性能特点及应用	转动惯量、陀螺效应、双向电动机及控制、永磁交流同步电动机、DC/DC、整流及逆变器

7.1 概　　述

7.1.1 蓄电池的性能特点与不足

1. 蓄电池的结构与性能特点

蓄电池为二次化学电池，其基本组成是正负极和电解质，如图 7.1 所示，其工作与性能特征如下。

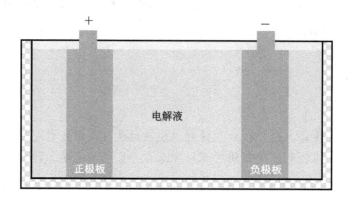

图 7.1　蓄电池组成示意图

（1）正负极活性物质参与电化学反应的总量决定电池的容量。蓄电池通过正负极活性物质的成流反应释放出电量，因而其容量由正极或负极活性物质的总量及参与率确定。可见，蓄电池实际容量及能量密度等不仅与电极的结构及活性物质本身的活性等有关，还与蓄电池的使用环境和条件等因素有关。

（2）内部化学反应特性决定蓄电池的充放电特性。由于蓄电池的充放电过程均通过正负极活性物质的电化学反应完成，因此，蓄电池内部的电化学反应特性决定了其充电和放电性能的好坏。也就是说，电池内部的电化学反应特性及反应速率对蓄电池的最大放电电流及输出功率、最大充电电流和充电可接受电流等充放电特性起着决定性的作用。

2. 蓄电池不能满足电动汽车要求的具体表现

蓄电池的工作与性能特征使得其不可避免地存在着如下不足：

（1）比功率与比能量低。当今蓄电池所采用的活性物质材料、电极的结构与工艺等，还未能使蓄电池的比功率和比能量等有根本性的突破。比功率低，使得蓄电池不能很好地满足电动汽车动力性要求；比能量低，增加了蓄电池的质量，对电动汽车的动力性和续驶里程均会造成影响。

（2）充电时间长。由于蓄电池的充电可接受电流有限，造成充电时间长，影响了电动汽车的正常使用和制动能量的回收。

（3）使用寿命短。蓄电池在循环充放电过程中，不可避免地存在如下影响蓄电池寿命的因素。

① 正常的充放电循环过程中，活性物质不可避免地出现变质、老化、脱落等现象，导致蓄电池容量下降直至报废。

② 正极或负极支撑材料、隔膜、电解质在蓄电池充放电过程中，不可避免地失效、腐蚀、变形、破损、损耗等，导致蓄电池的容量下降直至报废，或直接损坏。

③ 在蓄电池工作过程中，由于控制蓄电池过充电和过放电的难度较大，因而不可能杜绝蓄电池过充电和过放电现象的发生。蓄电池过充电和过放电均会导致其性能迅速下降，寿命缩短。

④ 采用大电流充可缩短充电时间，但也会缩短蓄电池的使用寿命；电动汽车起步、加速等工况下，蓄电池均会处于大电流放电状态，这也会对蓄电池的寿命造成不利影响。

由于蓄电池的循环寿命短，在电动汽车使用寿命期内，需要多次更换蓄电池，因此增加了电动汽车的使用成本。

(4) 输出电压低。蓄电池单格电池的电压低，需要串联多个电池来提高蓄电池的输出电压，以满足电动机的工作电压要求。由于蓄电池各电池不可避免地存在着不一致性，使用中这种不一致性会扩大，导致蓄电池组的供电能力下降，并使蓄电池组过早报废。

(5) 存放期短。蓄电池在非放电状态下，由于自放电会使能量消失，因此，电动汽车较长时间停驶时，蓄电池的能量会自动下降。

7.1.2 应用于电动汽车的其他电源装置

由于蓄电池大电流充放电能力、寿命及效率等方面存在的不足，至今尚有诸多问题需要解决，这制约了电动汽车的迅速发展。因此，人们在潜心研发高能量蓄电池的同时，也在努力寻求其他效率高、寿命长、储能多、能大电流充放电、使用方便且无污染的绿色储能装置，其中超级电容和飞轮电池发展较快，并在各类电动汽车上得到了成功的应用。

1. 超级电容

超级电容（Super Capacitor）又名电化学电容器（Electrochemical Capacitor），或双电层电容器（Electrical Double-Layer Capacitor）。它是20世纪七八十年代发展起来的一种新型储能装置。超级电容是介于电解质电容器和二次化学电池之间的新型储能装置，它填补了传统电容器（平板电容器、电解电容器）和蓄电池之间的空白，能提供比普通电容器更高的比能量和比蓄电池更高的比功率及更长的循环寿命。

超级电容因其充放电循环寿命长，有超强的荷电保持能力、充电迅速、使用便捷且无污染等特点，被用作蓄电池的替代储能装置，在计算机、通信、电力、交通、航天及国防等领域均有广泛的应用。超级电容作为电动汽车上的辅助储能装置或唯一的电源，已得到越来越多的应用。

2. 飞轮电池

飞轮电池通过高速旋转的飞轮储存能量（动能），再通过发电装置将动能转换为电能向外输出电力。飞轮电池是完全不同于蓄电池的储能装置，有很大的比功率潜力，其寿命与充放电电流的大小无关，受环境温度影响很小。

飞轮电池技术虽然还有待于进一步的成熟，但其高于蓄电池的比功率，具有快速充电的能力等优势，使其已经在电动汽车上得到了实际的应用。

3. 太阳电池

太阳电池是直接将太阳能转换为电能的发电装置，因此，它不属于储能装置。太阳电池根据其所用材料的不同，可分为硅系列和化合物系列两种类型。太阳电池由于受环境和空间等的限制，在电动汽车上的应用还很少见。

4. 燃料电池

燃料电池是将氢燃料直接转换为电能的发电装置，属于一次电池。燃料电池以其能量转换效率高、无污染等特点，在电动汽车上已经有了实际的应用。

7.2 超级电容

7.2.1 超级电容的充放电原理

1. 超级电容的储能机理

超级电容是建立在德国物理学家亥姆霍兹提出的界面双电层理论基础上的一种全新电容器，其储能方式与普通的电解质电容器和蓄电池均不同，它是通过极化电解质来储存电能的。

（1）超级电容的基本构成。超级电容的基本构成如图 7.2 所示，其主要组成部件是集电板、正负电极（电容板）、电解质和绝缘层。

（2）超级电容的储能方式。当导体电极插入电解质溶液中后，电极表面与电解液接触，由于库仑力、分子间作用力（范德华力）或原子间作用力（共价力）的作用，其表面上的净电荷将会吸引溶液中部分不规则且符号相反的离子，使它们在电极与电解质界面的溶液一侧排列，从而使相间产生电位差。如果在电解液中同时插入两个电极，并在这两个电极间施加电压（不超过电解质溶液分解电压），这时电解液中的正、负离子在电场力的作用下迅速向两极运动，并分别在两电极的表面形成紧密的电荷层，即双电层（图 7.2）。这就是超级电容储存电荷的机理，所形成的双电层和传统电容器中的电介质在电场力作用下产生的极化电荷相似，因而具有电容效应，紧密的双电层近似于平板电容器。

由于紧密的电荷层间距比普通电容器电荷层间的距离小得多，因而这种储能方式使超级电容具有比普通电容器更大的容量。

2. 超级电容的充电及放电原理

（1）超级电容的充电原理。超级电容的充电原理如图 7.3 所示。与普通电容器一样，超级电容充电时，在两个电极上施加电压，在正电极上储存正电荷，负电极上储存负电荷。两极板上的电荷产生电场，作用于电解液，使靠近电极表面的电解质界面上产生与电极表面相反的电荷。被束缚在电解质液体界面上的电荷，又构成电容的两个电极。这种正电荷与负电荷在两个不同相之间的接触面上，以正负电荷之间极小的间隙排列在相反的位置上的电荷分布层被称为双电层。由于两电极间距离极小（仅有几纳米）且活性炭多孔化电极有极大的电极表面积，因而充足电的超级电容可存储很大的静电能量。

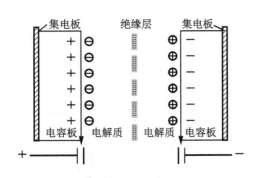
图 7.2 超级电容储能机理

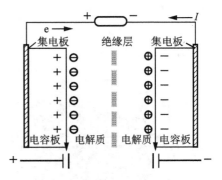
图 7.3 超级电容的充电原理

(2) 超级电容的可用电压。超级电容的最高可用电压取决于电解质的分解电压。当超级电容两极板间电势低于电解液的分解电压（通常为 3V 以下）时，电解液界面上电荷不会脱离电解液，超级电容为正常工作状态。如果超级电容两端电压超过电解液的分解电压，电解液将分解，超级电容将陷入非正常状态。

(3) 超级电容的放电原理。超级电容的放电原理如图 7.4 所示。超级电容放电时，正负极板上的电荷通过外电路被释放，电解质溶液界面上的电荷也相应减少。

由此可见，超级电容与通过化学反应完成充放电过程的蓄电池不同，其充放电过程始终是物理过程，没有化学反应，因而性能比蓄电池稳定。

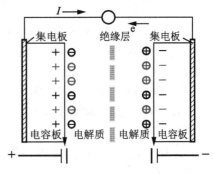
图 7.4 超级电容放电原理

7.2.2 超级电容的结构类型

1. 超级电容的组成部件

图 7.5 为双电层超级电容的典型结构示意图。两个金属集流体（集电板）用来固定多孔炭电极，两电极之间用电解质隔开，电解质通常呈溶液状，隔膜（绝缘层）则采用多孔绝缘材料制成。当多孔结构的电极插入电解液后，电解液渗入电极孔隙内，使电极与电解液有很大的接触表面。

从结构上看，超级电容主要由电极、电解质、隔膜、端板、引线和封装材料组成，其中电极、电解质和隔膜的组成和质量对超级电容的性能起着决定性的影响，采用何种电极板和电解质材料将基本决定最终产品的类型与特性。

1) 电极

到目前为止，超级电容所采用的电极材料主要有 3 类：碳电极材料、金属氧化物及其水合物电极材料、导电聚合物电极材料。

(1) 碳电极材料。碳电极材料的优势是比表面积大，原料价格低廉，容易实现规模化生产；缺点是比容量相对较低。

(2) 金属氧化物及其水合物电极材料。此种电极材料的比容量较高，但昂贵的成本及对环境存在安全隐患限制了对其广泛的应用。

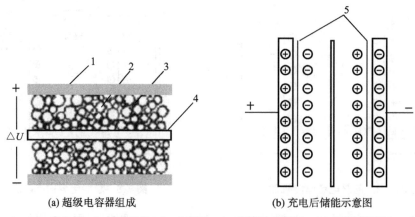

(a) 超级电容器组成　　　　(b) 充电后储能示意图

1—集电板；2—多孔电极；3—电解液；4—绝缘层（隔膜）；5—电解液界面

图7.5　双电层超级电容器结构示意图

(3) 导电聚合物电极材料。导电聚合物电极材料的工作电压高，可提高能量存储的能力。但是，这类材料在有机电解质中浸泡后容易发生膨胀，因而稳定性较差。

2) 电解质

电解质需要具有很高的导电性和足够的电化学稳定性，以使超级电容在尽可能高的电压下工作。现有的电解质材料主要是水溶液电解质。有机物电解质的分解电压高，一般高于2.5V，但导电性比较差；水溶液电解质主要是KOH和H_2SO_4，它们的分解电压受到水的分解电位的限制，只有1.23V，但是其导电性是有机电解质的4倍以上。

3) 隔膜

在超级电容中，隔膜起防止正负极短路的作用；在充放电过程中，隔膜还起提供离子传送通道的作用。隔膜的性能决定了超级电容的界面结构、内阻等，并直接影响着超级电容的容量、循环寿命及安全性能等特性。性能优异的隔膜对提高超级电容的综合性能具有重要的作用。

超级电容隔膜的材料主要有聚丙烯（PP）、聚乙烯（PE）单层微孔膜，以及由PP和PE复合的多层微孔膜。

2．超级电容的类型

超级电容有多种类型，现按不同的分类方法予以归类。

1) 按超级电容的电极材料分类

根据电极材料的不同，超级电容可分为碳电极双层超级电容（Double Layer Capacitor，DLC）、金属氧化物电极超级电容、混合型超级电容和有机聚合物材料电极超级电容4种。

(1) 炭电极双层超级电容。炭电极通常采用如下材料制成多孔电极：

① 活性炭电极材料。采用高比表面积的活性炭材料经过成型制备电极。

② 碳纤维电极材料。采用活性炭纤维成型材料，如布、毡等，经过增强、喷涂或熔融金属增强其导电性制备电极。

③ 碳气凝胶电极材料。采用有机气凝胶经过烧结工艺处理后得到碳气凝胶，制备多孔电极。

④ 碳纳米管电极材料。碳纳米管具有极好的中孔性和导电性,采用高比表面积的碳纳米管材料,可以制得非常优良的超级电容电极。

碳电极的主要优点是材料来源广、成本低、加工技术成熟、活性面积大。作为电极的炭粉、炭布、碳纤维等材料,其活性面积可达 $2500m^2/g$,而碳纳米管电极材料的活性面积则进一步增大。例如,采用直径为 8nm 的碳纳米管制备的厚度为 $25\mu m$ 的薄膜电极,其比电容达 $49\sim113F/g$($39.2\sim90.4F/cm^3$)。

相比于其他材料制成的超级电容,碳电极超级双层电容的缺点是随着活性表面积的增大,其稳定性和导电性随之降低。

(2) 金属氧化物电极超级电容。此类超级电容的电极对使用相同的金属氧化物做电极,电容利用法拉第效应来存储能量。例如,RuO_x、IrO_x、TaO_x、MnO_x($1.9<x<2.0$) 或它们的混合物,其中最常用的是 RuO_x。

金属氧化物电极在充放电的法拉第过程中,包含部分氧化还原反应,其中 Ru 的化合价会在 $3\sim6$ 价之间变化。由于反应速度非常快,加之电极活化表面积大,因而具有高电容量和良好的导电性能。相比于碳电极材料,金属氧化物电极的电导率增加了两个数量级,因而金属氧化物超级电容可以实现非常高的质量比容量(RuO_x 电极的质量比容量可达 750F/g),而且其循环寿命更长,充放电特性也相当好。

此类超级电容的缺点是电极材料的价格昂贵,而且对电解液有限制,电容的额定电压较低。

(3) 混合型超级电容。此类超级电容用金属氧化物替代一块碳电极,是金属氧化物超级电容和碳电极超级电容的混合体。这种超级电容在一定程度上解决了碳电极超级电容比能量较小的问题,另一方面则降低了超级电容的成本。

在混合型超级电容的研究与开发中,碳镍体系超级电容是较为成熟的一种,目前应用也相对较多。在碳电极双层超级电容中,使用两块相同的碳电极串联连接,整个电容器的容量只能得到一块电极上电容量的一半。用金属氧化镍替代一块碳电极后,可使一块电极的电压发生变化时,另一块板板不发生极化或极化程度很小,这样不仅可提高电容量,还更加充分地利用法拉第准电容效应存储能量。因此,这种碳镍体系超级电容其比功率和比能量比前两种超级电容更有优势。

碳镍体系超级电容单体结构如图 7.6 所示。要提高此种超级电容性能,需要进一步研究的技术关键是:提高活性炭电极的比表面积,以进一步提高超级电容的比容量;将有机电解液引入碳镍体系结构中,以提高单体电压,从而进一步提高超级电容的比能量。

(4) 有机聚合物材料电极超级电容。此类超级电容选择导电聚合物做电极对,如聚吡咯、聚噻吩或聚苯胺等。聚合物电极通过法拉第准电容效应完成充电过程,其储能机理是导电聚合物的掺杂/脱掺杂的氧化还原反应。由于掺杂态的聚合物中电荷有较高的活动性,所以此种电容器既有较高的容量,又有高倍率特性,而且成本较低。有机聚合物材料电极超级电容有如下 3 种类型。

① 电极对都使用对称相同的 P 型掺杂聚合物(如聚吡咯)。充电时,正极呈高掺杂态,负极呈低掺杂态,正负极产生约 1V 的电位差;放电时,正负极掺杂态(即氧化态)互补变化直至达到平衡。这种聚合物基电化学电容器的比电容可达 80F/g。

② 电极对采用不同的 P 型掺杂聚合物(如分别用聚吡咯和聚噻吩)。由于两种聚合物的掺杂电势不同,使得电容器充电状态下的电压提高到 1.5V 左右,而且使有效的充电量

也有所增加,比电容可达 90F/g。

③ 电极对也是采用对称相同的导电聚合物,但聚合物可为 P 型掺杂(氧化),也可为 N 型掺杂(还原)。充电时,聚合物电极对中一个呈完全的 P 型掺杂,另一个则为完全 N 型掺杂,这使得两电极的电位差可达 3V 左右,充电电荷也增加到最大掺杂状态。

上述 3 种有机聚合物电极材料超级电容的恒流放电特性如图 7.7 所示。从图中可以看出,第 3 种类型的超级电容的优点是放电时的放电电压大都在较高的电压范围内。

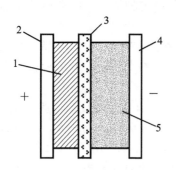

图 7.6 碳镍体系超级电容单体结构

1—NiO_x 电极;2、4—不锈钢集电板;
3—纸质隔膜;5—活性炭电极

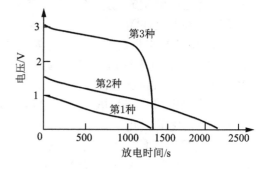

图 7.7 3 种聚合物超级电容恒流放电特性

这种类型的超级电容通过电极上的聚合物膜中发生快速可逆的 N 型或 P 型掺杂去掺杂氧化还原反应,可使聚合物达到很高的储存电荷密度,从而产生很高的法拉第准电容来储存电能,有较高的质量比能量和质量比功率。因此,有机聚合物材料电极超级电容已逐渐成为研发的热点。这种超级电容的不足是有机聚合物材料容易产生膨胀变形,在长期的充放电循环过程中会出现性能的恶化,稳定性较差。

2) 按超级电容的电解质分类

按电解质的不同,可将超级电容分为有机电解质超级电容和水基溶液超级电容两类。

(1) 有机电解质超级电容。此类超级电容的有机电解质采用 $LiClO_4$ 锂盐等,用 PC、ACN、GBL、THL 等有机溶剂作为溶剂,使电解质在溶剂中接近饱和溶解度。

超级电容采用有机电解质的最大好处是可以提高其单体电压,电容电压可以稳定在 2.3V,瞬时电压甚至可以达到 2.7V。因此,有机电解质超级电容的比能量较高(达 18W·h/kg)。

有机电解质的不足是,必须采用特殊的净化工艺,并且电极上必须覆盖特定的涂层,以避免对电极的腐蚀;电解质的电离比较困难,这也导致了有机电解质超级电容的等效内阻较大(通常是水基溶液的 20 倍以上),因而此类超级电容的比功率较低。

(2) 水基溶液超级电容。此类超级电容所用的水基溶液有酸性、碱性和中性 3 种。酸性电解质多采用 36% 的 H_2SO_4 水溶液作为电解质;碱性电解质通常采用 KOH、NaOH 等强碱作为电解质,水作为溶剂;中性电解质通常采用 KCl、NaCl 等盐作为电解质,用水为溶剂。

水基电解质最大的优点是内阻小、电导率高,因而水基电解质超级电容的比功率较高。此类超级电容另一个优点是提纯和干燥加工工艺简单,成本低,因而可降低超级电容的总成本。水基溶液超级电容的缺点是单体电压较低,通常被限制在 2V 以下,故比能量较低。

3) 按超级电容的外形分类

超级电容有圆柱形、方形和扣式等不同的外形结构。

(1) 圆柱形超级电容。圆柱形超级电容如图 7.8 所示。此类超级电容的电极材料涂覆在集流体上形成电极,两电极之间用隔膜绝缘,将其卷成卷,外面封以壳体。相比于其他形式的超级电容,圆柱形超级电容通常具有更大的电容量和更高的功率密度。

图 7.8　圆柱形超级电容的外形与内部结构

为能达到电动汽车所需要的电压,需要将多个超级电容串联起来,组成超级电容组。圆柱形超级电容组如图 7.9 所示。

(2) 方形超级电容。方形超级电容多采用平板状电极,电极之间用隔膜隔开,层叠构成电容,典型实例如图 7.10 所示。一些方形超级电容通过多层叠片串联组合而成,其工作电压可达 300V 以上。

图 7.9　圆柱形超级电容组　　　　图 7.10　方形超级电容

(3) 扣式超级电容。扣式超级电容也被称为平板形超级电容,如图 7.11 所示。扣式超级电容内部多采用平板状和圆片状的电极,通过层叠构成电容。应用于电动汽车上的扣式超级电容通常也通过多个串联层叠而成超级电容组,以达到所需的供电电压。

图 7.11 扣式超级电容

7.2.3 超级电容的发展现状

超级电容作为一种新型储能装置,具有显著的优势,美国《探索》杂志更是将超级电容列为2006年世界七大科技发现之一,认为超级电容是能量储存领域的一项革命性发展。超级电容可在某些领域取代传统蓄电池,在节能环保日益成为主题的今天,它的应用越来越引起世界各国的重视。

1. 国外超级电容发展现状

国外对超级电容的研究起步较早,已有30多年的历史,技术相对比较成熟。一些国家把超级电容项目作为国家级的重点研究和开发项目,并提出了近期和中长期发展计划。例如,俄罗斯的ESMA公司是生产无机混合型超级电容的代表;俄罗斯的Elit公司、法国的Saft公司、美国的Cooper公司、日本的Nec公司和Panasonic公司等也均投入巨大资金对大容量超级电容进行规模化生产的研究。

在超级电容的产业化方面,美国、日本、俄罗斯、瑞士、韩国、法国的一些公司凭借多年的研究开发和技术积累,目前处于领先地位。如美国的Maxwell,日本的Nec、Panasonic、Tokin和俄罗斯的Econd公司等,目前占据着全球大部分市场。国外主要的生产企业有美国的Maxwell公司,俄罗斯的Econd公司、Elit公司,日本的Elna公司、Panasonic公司、Nec-Tokin公司,韩国的Ness公司、Korchip公司、Nuintek公司等。

目前开发的能量型超级电容的比能量已达30W·h/kg,接近铅酸电池的水平,比功率可达到3000W/kg,单体电容量可达100000F以上;功率型超级电容比能量也达到了6~10 W·h/kg,比功率达到了8000 W/kg,单体电容量达50~50000F。近年来世界主要超级电容生产厂商和研究机构的超级电容发展水平见表7-1。

表 7-1 各国超级电容的技术水平

国家	公司/研究机构	使用技术	电容参数	比能量/(W·h/kg)	比功率/(W/kg)
美国	Maxwell	炭微粒电极,有机电解液	3V,800~2000F	3~4	200~400
		铝箔附着炭布电极,有机电解液	3V,130F	3	500
	Los Alamos 国家实验室	导电微粒电极,有机电解液	2.8V,0.8F	1.2	2000

续表

国家	公司/研究机构	使用技术	电容参数	比能量/(W·h/kg)	比功率/(W/kg)
俄罗斯	Elit	炭微粒电极，硫酸电解液	450V（多单体），0.5F	1.0	900~1000
	ESMA	混合型（NiO$_x$）/碳电极，KOH电解液	1.7V（单体），17V（模块），50000F	8~10	80~100
日本	Panasonic	炭微粒电极，有机电解液	3V，800~2000F	3~4	200~400
	Nec	炭微粒电极，水基电解液	5~11V（多个单体），1~2F	0.5	5~10
法国	Saft/Alcatel	炭微粒电极，有机电解液	2.8V，3500F	6	3000
韩国	Ness	炭微粒电极，有机电解液	2.3V，1200F 2.7V，5000F	5.8	5200

2. 国内超级电容发展现状

我国对超级电容的研究起步相对较晚，但通过技术引进和自主开发，发展速度很快。到目前为止，国内从事大容量超级电容研发的厂家有50多家，能够批量生产并达到实用化水平的厂家也有20多家。上海奥威、凯美、集星电子等几家企业占据国内市场绝大部分的份额，哈尔滨巨容新能源公司等一些公司也纷纷致力于超级电容的研发生产和产品的市场推广工作。同时，国内的江西、江苏、河南、陕西和天津等省市也纷纷出台相关政策，支持本省市企业积极进军超级电容这一新兴的储能元件市场。近年来，我国超级电容的实用化研究取得了长足的进展，并有了商品化的超级电容，超级电容的技术指标也达到了国际同类产品的水平。上海奥威科技开发的功率型和能量型超级电容的技术参数见表7-2。

表7-2 上海奥威科技开发的功率型和能量型超级电容的技术参数

类型	比功率/(W/kg)	比能量/(W·h/kg)	工作电压范围/V	循环寿命/万次
功率型	1500~4000	1.5~3.5	0.17~1.4	≥20
能量型	600~1500	7~14	0.8~1.5	≥5

7.2.4 超级电容的性能特点与应用

1. 超级电容的性能特点

超级电容与铅酸电池、镍氢电池及锂离子电池的综合性能比较（排序）如图7.12所示。

根据综合性能的比较分析可知，除了能量密度、能量成本、自放电及实用性等外，超级电容的其他性能均为最优，或与其他蓄电池性能相当。与蓄电池相比，超级电容具有以下几点优势：

(1) 充放电循环寿命很长。超级电容的充放电循环寿命可达500000次，使用时间达90000h，而蓄电池的循环寿命很难超过1000次。

(2) 可以提供很大的放电电流。例如，2700F超级电容的额定放电电流不低于950A，放电峰值电流可达1680A，而蓄电池通常不可能有如此高的放电电流，一些高放电电流的蓄电池，在如此高的放电电流下，其使用寿命会大大缩短。

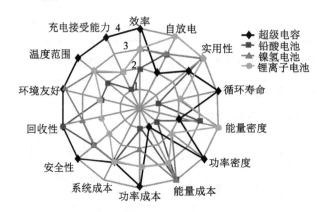

图 7.12 超级电容与蓄电池性能比较

1～4—各项性能排序

(3) 可以实现快速充电。超级电容可实现数十秒到数分内快速充电，而蓄电池的可接受充电电流是有限的，因此不可能在如此短的时间内充足电。

(4) 工作温度范围很宽。超级电容可以在很宽的温度范围内正常工作（-40～+70℃），而蓄电池在高温或低温环境下不能正常工作。

(5) 安全无毒。超级电容的材料是安全和无毒的，生产、使用、储存及拆解过程均没有污染，而铅酸蓄电池、镍镉蓄电池等均有毒性。

相比于蓄电池，超级电容的主要不足如下：

(1) 能量密度相对较低，独立用作纯电动汽车的电源，续驶里程太短。

(2) 超级电容放电时没有像蓄电池那样的放电电压平台，电压呈线性下降，当放电电压较低时就不能继续放电，这使得其无法完全放电。

(3) 超级电容单体电压不高，因而在电动汽车上使用时，需要有较多数量的电容单体串联以达到所需的输出电压。

(4) 超级电容的自放电也比蓄电池大。

(5) 超级电容的成本相对较高。

2．超级电容在电动汽车上的应用

虽然超级电容的能量密度不能与蓄电池相比，但其大电流充放电的特点，使超级电容特别适合用作电动汽车的辅助电源，用于电动汽车大功率电能需求时的大电流输出和制动能量回馈时接受大电流充电。

(1) 用作辅助电源输出大电流。蓄电池在车辆起步、加速、爬坡等行驶工况时，利用超级电容可输出大电流的特点，由超级电容提供大电流，在确保电动汽车动力性的同时，可有效保护蓄电池，延长蓄电池的使用寿命。

(2) 接受大电流充电。在车辆制动时，利用超级电容充电接受电流大的特点，可提高制动能量回馈的效率。

超级电容作为辅助储能装置，已经在各类电动汽车上得到了实际应用。超级电容不仅可用作电动汽车的辅助储能装置，也可作为电动汽车主要或唯一的储能装置。由于超级电容的能量密度低，用超级电容作为汽车唯一储能装置的最大问题是续驶里程太短。目前，超级电容在电动公交车上首先寻找到实用价值。采用超级电容的公交车，可利用公交车站停车间隙为超级电容充电补充能量，弥补了超级电容能量密度低的不足。

7.3 飞轮电池

7.3.1 飞轮电池概述

1. 飞轮电池的概念

"飞轮"这一储能元件，已被人们利用了数千年，从古老的纺车，到工业革命时的蒸汽机，以往主要是利用它的惯性来均衡转速和闯过"死点"。如今，飞轮已被用来储存能量，并向外输出电能，并将这样一个储能装置称为飞轮电池。

飞轮电池的概念起源于20世纪70年代早期，最初只是想将它应用在电动汽车上，但限于当时的技术水平，并没有实质性的进展。直到20世纪90年代，由于电路拓扑思想的发展，碳纤维材料的广泛应用，飞轮电池作为一种新概念电池又被人们重视，并得到了高速发展。伴随着磁轴承等技术的发展，飞轮电池的技术性能有了很大的提高，已从实验室走向实际应用，并显示出广阔的应用前景。飞轮电池技术在欧美国家已有实用化的产品，但我国的飞轮电池技术研究才刚刚起步。

2. 飞轮电池能量的储存

飞轮电池通过飞轮的高速旋转储存动能，并通过电机将飞轮的旋转动能转换为电能输出。飞轮电池突破了化学电池的局限，用物理方法实现储能。飞轮电池所储存能量 E 与其飞轮的转动惯量 J 和飞轮的角速度有关，即

$$E = \frac{1}{2}J\omega^2$$

式中，$J=kmr^2$，m 为飞轮的质量，r 为飞轮的半径，k 为与飞轮的结构形状有关的常数，圆环 $k=1$，厚度均匀的实体盘 $k=1/2$。

由上式可知，对于一定形状和质量的飞轮，其储存的能量与旋转角速度的平方成正比。由此可见，飞轮是整个储能装置的核心部件，直接决定了整个装置的储能多少。

7.3.2 飞轮电池的工作原理

1. 飞轮电池的基本组成

飞轮电池的基本组成部件有飞轮、轴承、电动机、真空容器及电力电子装置等，如图7.13所示。

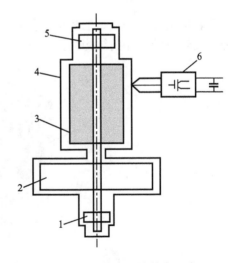

图 7.13 飞轮电池的基本组成

1、5—轴承；2—飞轮；3—电动机；
4—真空容器；6—电力电子装置

2. 飞轮电池的充放电原理

飞轮电池的工作原理如图7.14所示。

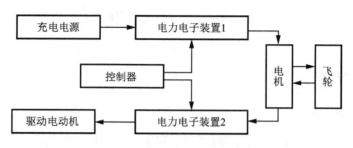

图 7.14　飞轮电池工作原理

（1）飞轮电池的充电原理。当需要对飞轮电池进行充电时，飞轮电池与充电电源连接，控制器通过控制电力电子装置使电机工作在电动机状态，将充电电源的电能传输给电机，转变为电动机的旋转，并驱动飞轮加速旋转，使飞轮的动能增大，实现将电能转变为动能的充电过程。

当飞轮的旋转速度达到最高限定值时，即为飞轮电池"充足电"。飞轮电池充电之后，飞轮以较低的损耗保持高速运转，使飞轮电池处于能量保持状态。

（2）飞轮电池的放电原理。当需要飞轮电池向外放电时，控制器控制电力电子装置使电机工作在发电机状态，由高速旋转的飞轮带动电机旋转，将动能转换为电能，再通过电力电子变换装置将电能转换为负载所需的频率和电压，完成机械能（动能）到电能的转换过程。

随着放电过程的进行，飞轮的转速逐渐下降。当飞轮的转速下降至最低限值时，即为飞轮电池"放完电"，需要通过充电使其恢复能量的储存。

7.3.3　飞轮电池的结构

飞轮电池是一种典型的机电一体化装置，可将其分为飞轮电池本体、电力电子装置两部分。飞轮电池本体的结构简图如图 7.15 所示。

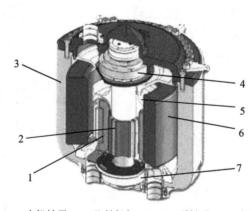

1—电机定子；2—电机转子；3—飞轮机架；4、7—磁轴承；5—真空系统；6—飞轮

图 7.15　飞轮电池结构简图

1．飞轮电池本体

飞轮电池本体包括飞轮、电机、真空容器、磁悬浮轴承等部件。

(1) 飞轮。飞轮是飞轮电池的核心部件，直接决定了整个装置的储能多少。飞轮工作时的转速很高（可达 40000～50000r/min），一般金属制成的飞轮无法承受这样高的转速，因而飞轮一般都采用超强玻璃纤维或碳纤维材料制成，使之在满足强度要求的同时，降低飞轮电池的质量。

飞轮的形状有单层圆柱状、多层圆柱状、纺锤状、伞状、实心圆盘、带式变惯量和轮辐状等多种。

(2) 电机。电机可在电动机和发电机两种状态下工作，用以完成飞轮电池的充电（储存机械能量）和放电（释放机械能量）过程。为减小结构尺寸和降低功耗，通常采用永磁同步交流电机。为提高电机的效率，国内外许多研究机构对电机电枢、磁极的结构、材料等不断地进行着研究与开发。

(3) 真空容器。高速旋转的飞轮会使空气形成强涡流，造成极大的空气阻力。飞轮电池需要在真空环境中运转，真空容器就是给飞轮提供了一个真空环境，其真空度影响着飞轮电池的效率。

(4) 磁悬浮轴承。飞轮电池通常采用非接触式磁悬浮轴承，以减小飞轮运转阻力，提高飞轮电池的能量储存效率。磁悬浮轴承有电磁悬浮、永磁悬浮和超导磁悬浮等不同形式，普通机械式轴承也在飞轮电池上有应用。一些飞轮电池采用两种类型的轴承组合方式，例如，超导磁悬浮与永磁悬浮组合、永磁悬浮与机械轴承组合等，用以在减小飞轮运转阻力的同时，确保系统的稳定性。

2. 电力电子装置

电力电子装置是实现飞轮电池电能输入/输出的控制装置，由整流电路、逆变电路、DC/DC 及稳压电路等组成，其工作原理如图 7.16 所示。

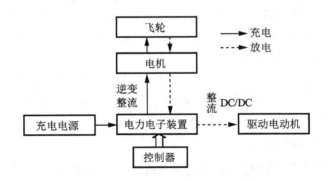

图 7.16 电力电子装置的工作原理

(1) 电力电子装置充电时的电能输入过程。充电时，控制器控制电力电子装置输入电路工作，由整流电路对充电电源输入的交流电进行整流，再通过逆变器转换为三相交流电，驱动永磁同步电动机转动。电机带动飞轮加速运转，将电能转换为飞轮旋转的动能。

(2) 电力电子装置放电时的电能输出过程。放电时，控制器控制电力电子装置输出电路工作，高速旋转的飞轮带动电机发出交流电，经整流电路整流后，再通过 DC/DC 转换为飞轮电池的输出电压，输送给电动机驱动器，使电动机工作。

7.3.4 飞轮电池的发展过程及现状

1. 飞轮电池的发展过程

20世纪80年代初,瑞士的Oerlikon工程公司研制成功完全由飞轮电池供能的第一辆公共汽车。该飞轮电池的飞轮直径为1.63m,重达1.5t,转速达到3000r/min。该车可载客70人,行程大约0.8km,在每个车站停车时充电,充电2min。

1992年,美国飞轮系统公司(AFS)开发了一种用于汽车上的机-电电池(EMB),每个"电池"长18cm,直径为23cm,质量为23kg。电池的核心是一个以20000r/min速度旋转的碳纤维飞轮,每个电池储能为1kW·h,将12个EMB安装在IMPACT轿车上,可使该车以100km/h的速度行驶480km。

20世纪90年代初,日本超导工程研究所研制的飞轮电池采用磁悬浮飞轮,其储存的电能可点亮100W的灯泡。此后,日本逐年扩大了超导飞轮的储能规模,并为超导飞轮储能装置的商业化确定了相应的研究计划。1993年,日本四国综合研究所完成了采用高温超导磁浮轴承的立式飞轮电池的基本设计,该飞轮电池储存能量达8MW·h级。

1994年,美国阿贡(ANL)国家实验室用碳纤维试制成功飞轮电池,该飞轮电池的储能飞轮直径为38cm,质量为11kg,采用超导磁悬浮,飞轮线速度达1000m/s。该飞轮电池储存的能量可将10个100W灯泡点燃2~5h。该实验室目前正在开发储能为50kW·h的储能轮,最终目标是储能达5000kW·h的储能飞轮。一个发电功率为100万kW的电厂,约需200个这样的储能飞轮。

1993年成立的加拿大FESI公司致力于飞轮电池的商品化,从事飞轮电池组件及部件的设计、制造、组装、试验工作,开发出了用于混合动力汽车的50kW飞轮系统。

德国专家Bornemann等人在1994年制成一台飞轮电池实验样机,在1997年又提出了5MW·h/100MW超导飞轮储能电站的概念设计。电站由10个飞轮模块组成,每个模块储能0.5MW·h,功率10MW,重30t,直径3.5m,高6.5m,采用永磁同步电机承担充电和放电过程的电能输入与输出。

我国对飞轮的研究始于1993年,目前在理论分析及模型试验方面已取得不小的进展。以飞轮作储能装置,其可行性目前已无人怀疑。大规模的工业应用虽然还存在不少技术问题需要解决,但这只是时间问题。

2. 飞轮电池的技术现状

现代飞轮电池技术采用高抗拉强度的复合材料,以承受飞轮高速(每分几万转至十几万转)旋转产生的离心力;研究与开发高效电机,极低摩擦因数的接触轴承或非接触的磁悬浮轴承,以将飞轮本体的能量储存效率提高到85%以上。在过去的十几年里,飞轮电池技术进步非常迅速。

1) 飞轮本体

美国马里兰大学已经研究成功储能为20kW·h的多层圆柱飞轮,飞轮材料为碳纤维-环氧树脂复合材料,外径为0.564m,内径为0.25m,厚为0.553m,质量为172.8kg,最高转速可达46345r/min。

美国LLNL开发的超高速飞轮转子直径为20cm,高为30cm,最高转速达60000r/min,储能1kW·h,最大输出功率100kW。

美国休斯敦大学的得克萨斯超导中心致力于纺锤形飞轮开发,这种以等应力设计的飞轮形状系数接近或等于1,采用玻璃纤维复合材料,质量为19kg,飞轮外径为30.48cm,可储能1kW·h。

美国Satcon技术公司开发伞形飞轮,这种结构有利于电机的布置,对系统的稳定性十分有利,并且转动惯量大,节省材料,轮毂强度设计合理。

伊朗Shiraz大学机械工程系研制了一种带式可变惯量的飞轮,采用这种结构形式的目的是提高储能效率和系统的稳定性,这种飞轮电池已应用于电动汽车。

2) 轴承

美国阿贡(ANL)国家实验室与爱迪生电力公司合作进行了超导磁力轴承(SMB)的飞轮储能实验,在飞轮转子质量为0.32kg的情况下,SMB的摩擦系数仅为3×10^{-7},创造了世界纪录。

马里兰大学长期从事电磁悬浮储能飞轮研发,采用差动平衡磁轴承,已完成储能20kW·h的飞轮研制,系统效率达81%。

休斯敦大学质量为19kg的飞轮采用超导磁悬浮与永磁混合支承方式,永磁轴承提供磁浮力,而超导轴承则用于消除系统固有的磁-磁不稳定相互影响。试验表明,在真空0.93Pa下,这种形式的混合支承每小时功耗小于5%。

美国西雅图的华盛顿大学研制永磁悬浮与机械支承相结合的混合支承飞轮,该飞轮储能1kW·h,采用永磁悬浮和宝石轴承混合支承方式。永磁悬浮轴承用于立式上支承,并卸载以降低下支承的摩擦功耗;宝石轴承作为下支承,同时引入径向电磁支承,作为振动的主动控制,用以确保系统的稳定性。

3) 电机

飞轮电池所采用的是电动/发电双向电机,要求其结构紧凑、能量转换效率高。相比之下,永磁同步电机具有高效率、高转矩惯量比、高能量密度等特点,因而目前国内外研发的飞轮电池通常采用永磁同步电机。电机的能量转换效率还与其电枢直流电阻、涡流电流及磁滞损耗等有关,为减少电机的功耗,无铁定子得到了广泛应用,转子则选用钕铁硼永磁铁。

马里兰大学特别设计了磁芯叠片、磁铁材料和磁芯缠绕,使电机总效率可达94%。电机的电枢绕组采用三相△联结方式,每相具有1/3极距的交叠;电枢的叠层材料选用起始磁导率高、磁导率最大、滞后损失最小的镍铁钼合金,每片用激光切割而成,并用硅石涂层绝缘,定子钕铁硼表面磁感应强度可达3.2kT。

美国劳伦斯国家实验室采用永磁钕铁硼棒料特殊排列构成定子,可产生一旋转偶极区,转子多相缠绕电感低,定子铜损可通过冷却加以控制。

4) 输入/输出电路

电力电子装置由控制电能输入与输出的输入/输出电路构成,飞轮电池通过其输入/输出电路实现电能的输入(充电)和输出(放电)。输入/输出电路对飞轮电池性能也有重要的影响。

美国Beacon动力公司采用脉冲宽度调制转换器,实现从直流母线到三相变频交流的双向能量转换。输入/输出电路必须具备使飞轮系统稳速和恒压功能,此功能是运用一个不需要指定能量转换方向的专利算法自动实现的。

5）真空容器

真空容器的作用主要是给飞轮系统提供真空环境，以降低风阻损失，同时也为飞轮可能出现的意外事故提供屏蔽。真空容器真空度是影响飞轮系统效率的一个决定性因素，目前飞轮电池的真空度一般可达 10^{-5}Pa 量级。

7.3.5 飞轮电池的特点与应用

1. 飞轮电池的特点

1）飞轮电池的优点

飞轮电池具有如下优点：

（1）能量密度高。飞轮电池的能量密度可达 100～200W·h/kg，功率密度可达 5000～10000W/kg。

（2）能量转换效率高、充电快。飞轮电池工作时的能量损失很小，其能量转换效率高达 90%。由于飞轮电池无最大充电电流的限制，其充电速度取决于飞轮的角加速度，因而充电很快。

（3）体积小、质量轻。飞轮采用了碳纤维材料，飞轮的直径一般也不大，因此，与化学电池和燃料电池相比，飞轮电池的体积小、质量轻。

（4）工作温度范围宽。飞轮电池对环境温度没有严格限制。

（5）使用寿命长。飞轮电池无重复深度放电影响，其循环充放电次数可达数百万次，预期寿命可达 20 年以上。

（6）维护周期长。飞轮电池的轴承采用磁悬浮形式，飞轮在真空环境下运转，其机械损耗微乎其微，因而其维护周期长。

2）飞轮电池的缺点

目前飞轮电池存在的主要不足如下：

（1）飞轮电池的比能量较低，因此飞轮电池不能替代蓄电池成为电动汽车主要的储能装置。

（2）由于飞轮电池是靠高速旋转的飞轮储存能量，当飞轮出现破裂等意外时，其释放能量的方式不可控，因此带来了安全问题。

（3）与蓄电池相比，飞轮储能技术还不够成熟。

（4）飞轮电池的成本较高，这也影响了其市场竞争力。

2. 飞轮电池在电动汽车上的应用

1）飞轮电池用作辅助储能装置

与超级电容一样，飞轮电池特别适合用作电动汽车的辅助储能装置，在车辆起步、加速、爬坡等行驶工况时，协助蓄电池供电，可提高电动汽车的动力性，并延长蓄电池的使用寿命。而在车辆制动时，飞轮电池可很好地回收制动能量。

2）飞轮电池用作主要储能装置

用飞轮电池作为储能装置的电动汽车早被世界各国所关注。例如，美国飞轮系统公司用其最新研制的飞轮电池将一辆克莱斯勒 LHS 轿车改成电动轿车，一次充电可行驶 600km，由 0～96km/h 的加速时间仅为 6.5s。

7.3.6 飞轮电池的关键技术

飞轮电池的研究跨越了电子、电机、力学、机械、材料等多门学科，其关键技术主要包括如下几个方面。

1. 飞轮的结构与制造工艺

如何突破飞轮的储能密度极限是提高飞轮电池比能量的技术关键。提高飞轮极限能量密度可从如下 3 个方面着手：

(1) 采用更高比强度的合金和复合材料。
(2) 对转子形状结构进行优化，以获得更高的飞轮结构形状系数。
(3) 改善飞轮材料的应力分布，以提高材料的利用系数。

2. 飞轮的轴承支承技术

飞轮的轴承也是制约飞轮储能技术发展的关键因素。由于储能飞轮的质量、转动惯量相对较大，在超高速旋转状态下其陀螺效应十分明显，并存在过临界问题，属于典型的频变系统，因而对支承的轴承提出了很高的要求。各种形式的轴承（超导磁轴承、主动控制电磁轴承、机械宝石轴承等）均需要解决转子-支承动力学、陀螺效应和功耗的影响。

3. 高速转子动力学技术

高速转动的飞轮要实现动平衡及稳定性，就必须解决飞轮的陀螺效应问题。安装在汽车上的飞轮电池在汽车行驶过程中，由于飞轮轴方位的改变而引起陀螺效应时，飞轮旋转中在约束上产生附加的陀螺力矩，对轴承等机械零件造成过大的附加压力，从而使零件受损。此外，陀螺效应也可能是造成系统振动的振源。因此，设计中如何降低陀螺效应的影响是飞轮电池发展需要解决的关键问题。

4. 电机及能量转换技术

提高飞轮的旋转速度是提高飞轮电池比能量的有效手段，这就需要其电机的运转速度要高，并且功耗要小。因此，设计出更高速的电机、更高效的电机控制系统，使电机在高速下运转，并且低功耗、充放电速率高，这也是飞轮电池发展必须面对的关键问题。

5. 真空密封技术

高速旋转的飞轮必须在真空中运转，其真空度要达到 $0.1 \sim 0.01$ Pa 才能将飞轮高速旋转时的损耗降至最低。实现高真空度并不难，但要保持高真空度则难度较大。因此，如何保持真空容器的高度密封性能，解决真空室各部件的放气问题，是飞轮电池发展过程中的一个技术难题。

本 章 小 结

本章通过介绍超级电容、飞轮电池的基本组成、充放电原理、构成与类型等，使读者能对超级电容及飞轮电池的储能机理有深入而全面的了解；通过介绍超级电容和飞轮电池特性，帮助读者理解这两种储能装置在电动汽车上的作用与优势，为今后在研究与开发电动汽车的过程中，正确合理地选用储能装置打好基础。

思 考 题

1. 蓄电池的性能特点是什么？用作电动汽车的动力电池，蓄电池有哪些不足？
2. 超级电容是如何储存能量的？为什么能储存的电量比普通电容器多？
3. 超级电容的充放电过程与蓄电池有何不同？
4. 超级电容的基本组成部件有哪些？
5. 按不同的分类方法，超级电容有哪些结构类型？
6. 何谓混合型超级电容？此类超级电容有何特点？
7. 超级电容具有哪些性能特点？在电动汽车上有何应用？
8. 何谓飞轮电池？飞轮电池所储存的能量高低是由什么因素决定的？
9. 飞轮电池的基本组成部件有哪些？这些部件起何作用？
10. 飞轮电池是如何实现充电的？其放电过程又是如何完成的？
11. 飞轮通常是用什么材料制成的？常见的结构形式有哪些？
12. 飞轮电池中的电机通常选用哪种类型？对电机的要求有哪些？
13. 在飞轮电池中使用的轴承有哪几种类型？为什么有的飞轮电池要采用不同轴承混合支撑方式？
14. 电力电子装置通常有哪些功能电路？如何完成电能的输入与输出？
15. 飞轮电池具有哪些性能特点？在电动汽车上有何应用？
16. 飞轮电池的进一步发展还有哪些关键技术需要突破？

第 8 章 蓄电池的使用

 本章教学目标

了解蓄电池的基本充电方法及常用的快速充电方法；
理解蓄电池充电可接受电流及实现快速充电的机理；
掌握蓄电池性能检测的内容及检测方法；
熟悉蓄电池管理系统的基本功能及组成；
了解各管理子系统的作用、构成及工作原理。

 本章教学要点

知识要点	能力要求	相关知识
蓄电池基本充电方法、快速充电机理及充电方法	了解蓄电池各基本充电方法、特点及各种快速充电方法，理解蓄电池快速充电机理	蓄电池的充放电原理、充电可接受电流
蓄电池的性能与状态参数、蓄电池性能检测方法	掌握蓄电池性能与状态的检测方法	蓄电池充放电特性、直流电阻、交流阻抗
蓄电池管理系统的作用、蓄电池管理系统的基本功能、蓄电池管理系统的硬件构成	理解对蓄电池管理的必要性；了解蓄电池管理系统的作用与基本功能，以及管理系统的基本组成	信号采集，温度传感器，单片机与接口技术

8.1 蓄电池的充电

8.1.1 蓄电池的基本充电方法

蓄电池通过充电将充电电源的电能转换为电池电极的化学能量。蓄电池的基本充电方法有定流充电和定压充电,在实际充电过程中,则可能是不同的充电方法分段组合使用。

1. 定流充电

定流充电是指充电过程中,使充电电流保持恒定不变的充电方法,这种充电方法在充电过程中需要适时提高充电电压,以使充电电流保持恒定。定流充电过程中充电电压的变化情况如图 8.1 所示。

由于蓄电池可接受的充电电流会随着蓄电池充电程度的提高而减小,因此在蓄电池的充电后期,应适当减小充电电流。

定流充电中电流的大小根据蓄电池的容量确定,蓄电池容量大,充电电流也大。如果充电电流过大,容易造成过充电(在定流充电过程中,充电电流超过了蓄电池的充电可接受电流);充电电流过小,则会延长蓄电池的充电时间。串联在一起进行定流充电的各个蓄电池的容量大小应一致。

定流充电的优点是能够将蓄电池完全充足,有益于延长蓄电池的使用寿命;缺点是充电时间较长。

2. 定压充电

定压充电是指充电过程中充电电压保持不变的充电方法。由于充电电压为定值,因而在充电过程中,充电电流会随着蓄电池电动势的升高而逐渐减小。定压充电过程中充电电流的变化情况如图 8.2 所示。

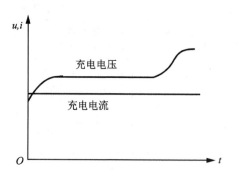

图 8.1 蓄电池定流充电特性曲线

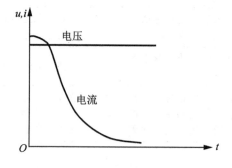

图 8.2 蓄电池定压充电特性曲线

定压充电时,充电电压高低的确定很重要,适当的充电电压可使蓄电池在即将充足电时其充电电流趋于零。充电电压过高容易造成充电初期充电电流过大和过充电;充电电压过低则会使蓄电池充电不足。定压充电初期,由于蓄电池的电动势较低,为避免充电电流过大而对蓄电池造成不利影响,通常需要用较低的电压充电,待蓄电池的电动势有所上升后,再以规定的电压进行定压充电。

定压充电的优点是充电时间相对较短；缺点是不容易将蓄电池完全充足，充电初期的大电流充电对蓄电池的寿命会有不利影响。

8.1.2 蓄电池充电可接受电流与快速充电

1. 蓄电池充电可接受电流

充电可接受电流是指蓄电池在充电过程中所能够接受的最大充电电流，超过此电流，不但不能提高充电的速率，还会对蓄电池造成损害。

以铅酸电池为例，说明充电可接受电流的含义。铅酸电池的充电可接受电流是指其电解液只产生微量析气的前提下所能够接受的最大充电电流。1967年美国的麦斯（J.A.Mas）经过大量试验提出了蓄电池充电可接受电流定律

$$I=I_0 e^{-at}$$

式中，I 为在充电过程中某一时刻蓄电池的充电可接受电流；I_0 为开始充电时蓄电池的充电可接受电流；a 为充电可接受电流衰减常数。

根据蓄电池充电可接受电流定律所绘出的可接受电流曲线如图8.3所示。

从充电可接受电流曲线可知，在充电过程中，铅酸电池的充电可接受电流呈指数规律下降。在充电过程中，只要充电电流大于当时的可接受电流，就会有部分充电电流与正负极板正常的充电电化学反应毫无关系，并促使电极发生析气反应。因此，在充电过程中，如果充电电流超过了可接受电流，就如同充足电后继续充电，蓄电池将处于"过充电"状态。

2. 蓄电池的快速充电

为满足电动汽车的使用要求，人们一直在研究快速充电的方法。具有实际意义的蓄电池快速充电不仅要缩短充电时间，而且要避免充电电流过大。由于蓄电池充电过程中的充电可接受电流是变化的，因此，缩短蓄电池充电时间最有效的方法是在整个充电过程中，使其充电电流尽可能接近充电可接受电流。

近些年被采用或被关注的蓄电池快速充电方法有脉冲快速充电、分段定流快速充电、变电流间歇快速充电、变电压间歇快速充电等多种，这些充电方法主要是针对铅酸电池，但对其他类型的蓄电池也有借鉴作用。

1) 脉冲快速充电

脉冲快速充电是利用蓄电池充电初期可接受大电流的特点，采用 $(0.8\sim1)C_{20}$ 的大电流对蓄电池进行定流充电，使蓄电池在短时间内充入60%左右的容量；当单格电池电压达2.4V、电解液开始冒气泡时，通过脉冲充电方法来消除极化，用以提高充电效率。脉冲快速充电的电流波形如图8.4所示。

脉冲充电阶段控制方法：先停止充电25ms左右，再反充电，反充电的脉宽一般为150～1000μs，脉幅为1.5～3倍的充电电流，接着再停止充电25ms，然后进行正脉冲充电，周而复始。

这种形式的脉冲充电方法不仅可缩短充电时间，还可减小或消除充电过程中的极化（欧姆极化、浓差极化和电化学极化），提高充电效率；缺点是不能将蓄电池完全充足，而且对蓄电池的寿命有不利影响。

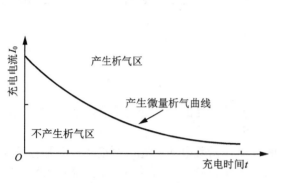

图 8.3　蓄电池充电可接受电流曲线

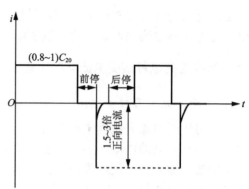

图 8.4　脉冲快速充电的电流波形

2) 分段定流快速充电

分段定流快速充电如图 8.5 所示。该充电方法先以较大的恒定电流充电，当充电至接近充电可接受电流极限时，减小充电电流，并以该恒定电流继续充电，充电一定时间后，再减小充电电流，然后以该充电电流充电，一直到将蓄电池充足。

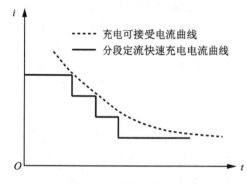

图 8.5　分段定流快速充电

采用分段定流快速充电的目的是使蓄电池在整个充电过程中，其充电电流尽可能地接近蓄电池的充电可接受电流。分段定流快速充电的关键是确定各阶段电流大小和充电时间长短。如果某个定流充电阶段的电流过大或充电时间过长，容易使该阶段后期的充电电流大于充电可接受电流，导致电池温升加剧、充电效率和电池寿命下降；如果某阶段的充电电流太小或该阶段定电流充电过程过早结束，则又会使该阶段的充电电流距充电可接受电流太远（充电电流过小），从而导致蓄电池的充电时间过长。

由于蓄电池的充电可接受电流曲线是未知的，即使通过实验的方法获得某一型号电池的可接受电流曲线，这个充电特性曲线对其他型号的电池或该电池在不同的初始状态下的充电都不具有实际意义。因此，对于某一型号的蓄电池来说，确定其最佳的各段充电电流和各段恒流充电时间十分困难。为实现较为理想的阶梯形充电电流曲线，有人尝试采用充电时间、电池温度和终止电压 3 个参数作为阶段恒流充电终止判断依据。

(1) 时间参数控制。设定某恒定电流充电至可接受电流极限的时间，当充电时间达到设定值时，通过定时器使充电机停止充电，结束该阶段的恒流充电并自动将充电电流减小，进入下一段恒定电流充电。

(2) 温度参数控制。设定恒流充电达到可接受电流时的电池温度上升值，当电池的温升达到设定值时，由温控器使充电机自动停止充电，直到温度下降至室温时，自动进入下一阶段恒流充电。

(3) 电压参数控制。设定以该恒流充电达到或接近充电可接受电流值的电压，当电压达到设定值时，充电机便自动结束本段的恒流充电，进入下一阶段恒流充电。

通过试验分析，可以看出上述分段定流充电终止判断参数的不适应性。

（1）各恒流段适宜的充电时间很难确定。当恒流充电开始时的荷电状态不同时，或电池因容量衰减而使其充电可接受电流减小时，最适宜的恒流充电时间也随之改变。因此，恒流充电起始电池状态的不确定性使得最适宜的充电时间很难确定。

（2）电池温度与电池充电程度之间并没有一一对应关系。过充电会使蓄电池温度异常，但电池温度与充电程度之间没有简单的线性关系。因此，用温度参数作为阶段恒流充电终止控制参数显然是不适宜的。

（3）终止电压参数 $U(n)$ 对异常情况的自适应性较差。设置不同恒流值下的充电终止电压参数的控制方法比较简单，但是当电池的性能出现异常变化时，原设定的电压控制参数可能会过高或过低，从而导致电池过充电或过早降低充电电流而延长整个充电时间。此外，由于不同的恒流充电阶段，电池内部的充电极化程度不同，接近可接受电流极限时的充电电压上升速率会有明显的差别，要准确地设置各种恒流充电状态下的终止电压难度很大。

目前较为认可的分段定流充电的控制方法如下：

（1）容量梯度法确定各段恒流充电终止。采用容量梯度参数 dU/dC 为恒流充电终止判断标准，即以该型电池各恒流充电特性曲线确定充电终止的容量梯度参数，充电过程中控制器以设定的频率对充电电压进行采样，计算该阶段恒定流下的容量梯度值，并与设定的充电终止容量梯度标准进行比较，根据比较结果做出是否终止当前恒流充电的判断。

（2）减小各段恒流值下降梯度。通过试验确定该型电池初次恒流值，并减小阶梯恒流充电的电流下降幅度。如果降低充电电流后，达到充电终止容量梯度值的时间很短（设定一个最小充电时间），则适当增大电流下降的幅度。

（3）温度参数用作充电安全保障控制参数。设置最高温度限定值作为蓄电池安全保障控制参数。蓄电池在充电过程中如果其温度达到最高温度限定值，就立即停止充电；当电池温度降至正常温度时，适当减小充电电流继续充电，直到该段恒流充电结束。

3）变电流间歇快速充电

变电流间歇快速充电方法建立在定流充电和脉冲充电的基础上，充电电压与电流曲线如图 8.6 所示。

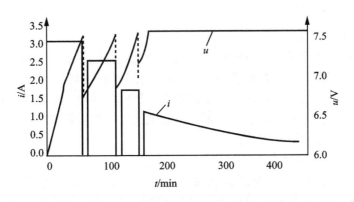

图 8.6 变电流间歇快速充电曲线

该充电方法在充电前期采用分段定电流加间歇充电，通过大电流充电，使蓄电池在短时间内获得绝大部分充电量。充电后期采用定压充电方法，并通过小电流的"过充电"，可确保将蓄电池完全充足。在各段定流充电之间都设置间歇停充段，其目的是使蓄电池在充电过程中的浓差极化和欧姆极化自然消失，以降低蓄电池的充电电压，使下一阶段的充电得以顺利进行，并提高充电效率。

4) 变电压间歇快速充电

变电压间歇充电的充电电压和电流曲线如图 8.7 所示。与变电流间歇充电方法不同之处在于第一阶段不是间歇定流，而是间歇定压。

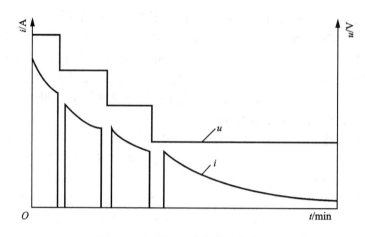

图 8.7　变电压间歇快速充电曲线

相较于分段定流快速充电，变电压间歇快速充电在每个定电压充电阶段，其充电电流是按指数规律下降的，这更符合蓄电池随着充电的进行其充电可接受电流逐渐下降的特点。如果各段充电电压适当，变电压间歇充电可使整个充电过程的充电电流更接近蓄电池的充电可接受电流，有效缩短充电时间。

8.1.3　蓄电池的不一致性与均衡充电

1. 蓄电池的不一致性及其影响

1) 蓄电池的不一致性

蓄电池组的不一致性是指蓄电池组中各蓄电池虽然是同一型号、同一规格，但各蓄电池的电压、内阻及容量等参数存在差别。产生这种差别的原因有两个方面：一是在制造过程中，由于工艺和材质均匀性问题，使得同批次出厂同型号电池的容量、内阻等不完全一致；二是在电池装车使用后，由于电池组各个蓄电池的电解液密度、温度和通风条件等有差别，增加了蓄电池组的不一致性。

2) 蓄电池不一致性的影响

理论分析和大量实验表明，如果蓄电池组各蓄电池存在着不一致性，其中性能较差（电压低、内阻大、容量低）的蓄电池在使用过程中更容易过充电和过放电，从而使蓄电池组在使用过程中不可避免地陷入各蓄电池性能差距加速扩大的恶性循环中。这不仅缩短了蓄电池的使用寿命，而且会因为蓄电池的内阻增大和有效活性物质减少而使蓄电池组充放电能量转换效率下降和输出功率降低，并导致电动汽车的动力性下降。

2. 蓄电池均衡充电方法

蓄电池均衡充电方法是指通过一种适当的充电方法，使蓄电池组中各蓄电池的性能趋于一致，以提高蓄电池组的使用性能并延长其使用寿命。

在各种文献资料中有不同的均衡充电方法介绍，可归纳为如下3类：

1）蓄电池电压平衡法

此方法是以各蓄电池的电压参数为均衡对象，通过均衡充电使各电池的电压恢复一致。

蓄电池电压平衡法的充电原理如图8.8所示。均衡充电时，电容通过其控制开关交替与相邻两个电池连接，接受电压高电池的充电，并向电压低的电池放电，直到两个蓄电池的电压趋于一致。

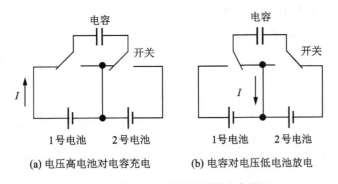

图 8.8　蓄电池电压平衡法的充电原理

这种均衡方法解决了电池组电压不平衡的问题，但大量实验表明，蓄电池性能好坏不能只凭其电压高低来衡量。在蓄电池组中容量低的蓄电池在充电时或充电以后，其端电压可能比其他蓄电池还高，如果采用这种均衡方法，那么均衡的结果是容量低的蓄电池给容量高的蓄电池补充能量，反而会加大蓄电池组中各蓄电池容量的差距。

2）蓄电池荷电状态平衡法

此方法是以各电池的荷电状态参数为均衡对象，即当蓄电池组中各电池的荷电状态不一致时，通过均衡充电的方法使其达到平衡。

图 8.9 所示为荷电状态平衡法的充电原理。在蓄电池组正常充电结束后，启动均衡充电。均衡充电控制系统逐个选通电池组中需要均衡充电的蓄电池进行均衡充电，直到电池组中的各电池都达到相同的荷电状态。

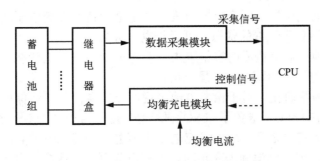

图 8.9　蓄电池荷电状态平衡法的充电原理

理论分析和大量实验表明,在电池组正常充电终止后,需要用此种均衡充电方法来提高荷电状态的往往是电池组中容量较大的电池。因此,这种均衡充电只是避免了蓄电池组中容量较大的电池因长期充电不足而导致性能下降的问题,但并不能减小或消除各电池实际容量的差距。

3) 蓄电池容量平衡法

此方法以各蓄电池的实际容量趋于一致为均衡目的,例如,铅酸电池的容量平衡法（也称为"过充电法"）是在正常充电结束后,再继续以小电流对蓄电池充电数小时,直到正负极上产生剧烈气泡。这是一种具有实际意义的均衡充电法,已在一些充电设备中得到应用。

蓄电池容量平衡法尚需继续深入研究的问题是,不同类型的蓄电池采用何种充电方法才能使各电池的容量趋于一致；其均衡充电控制（如均衡充电的启动、电流的大小、充电的终止等）如何实现最优化和智能化。

3. 蓄电池均衡充电的启动方式

目前,在一些具有均衡充电的充电设备上,启动均衡充电的方式有人工选择和智能化控制两种。

1) 人工选择方式

在充电设备的控制面板上设有"正常充电"和"均衡充电"控制键,由操作人员根据需要选择充电方式。在蓄电池开始充电时就选择均衡充电,充电装置对蓄电池进行正常充电结束后,自动转入均衡充电模式。如果是在正常充电结束后再选择均衡充电,则直接进入均衡充电模式。

2) 智能化控制方式

一些充电装置设置了智能化启动均衡充电功能。充电装置对充电的蓄电池进行实时监测,当正常充电结束后如果蓄电池组中各蓄电池的不一致性达到了需要进行均衡充电的程度时,控制器会自动启动均衡充电模式,对蓄电池进行均衡充电,以减小蓄电池组的不一致性。

8.1.4 蓄电池的浮充电

1. 蓄电池浮充电的作用

蓄电池的浮充电实际上是一种连续长时间的定压充电方法,即在蓄电池充足电后,仍然以小电流继续充电。浮充电时的小电流不是人为设定的,而是在电压设定为浮充电压后自动形成的。由于在蓄电池充足电后其电动势较高,因而形成的浮充电流较小。

浮充电的目的与作用如下：

（1）保持电池的电压处于浮充电压范围。蓄电池保持在浮充电压状态时,其板栅（极板的导电骨架）腐蚀处于最慢的状态,可延长电池寿命。

（2）补充蓄电池自放电造成的容量损失。蓄电池处于浮充电状态时,可随时补充蓄电池自放电所损失的电量,使蓄电池电量充足。

（3）有效防止极板硫化。对于铅酸电池来说,浮充电使蓄电池保持在充足电状态,极板上不会长时间存在$PbSO_4$,避免了$PbSO_4$再结晶（硫化）,从而可延长蓄电池的使用寿命。

（4）可使蓄电池完全充足。由于浮充电压比蓄电池的静态电动势高,在充电后期充电电压达到了终止电压但蓄电池尚未充足时,浮充电就可继续保持小电流充电,可将蓄电池完全充足。

2. 蓄电池浮充电工作方式

蓄电池的浮充时间是没有限制的，只要电压处于浮充电压范围内，就会一直进行着浮充电。根据浮充工作方式的不同，可将蓄电池的浮充电分为半浮充工作方式和全浮充工作方式两种类型。

1) 半浮充工作方式

半浮充工作方式是指部分时间浮充供电，部分时间蓄电池供电的浮充工作方式，即负载较轻时，进行浮充供电方式，而负载较重时，则由蓄电池单独供电。半浮充工作方式也称为定期浮充工作方式。这种浮充工作方式可避免重载下充电电源承受过大的负载电流。

2) 全浮充工作方式

全浮充工作方式是指全部时间均浮充供电，即一直是充电电源与蓄电池并联浮充供电。全浮充工作方式也称为连续浮充工作方式，一些负载电流不大的不间断电源通常采用全浮充工作方式。例如，通信系统的长寿命蓄电池，除了市电故障和蓄电池本身维护期间外，一直处于全浮充工作状态。

8.2 蓄电池性能与状态的测试

8.2.1 蓄电池性能检测的相关标准

1. 动力电池的国家标准

为蓄电池研发、制造和使用的需要，国家质量监督检验检疫总局、国家质量技术监督局颁布了动力电池的相关国家标准——GB/T 18332.1—2009《电动道路车辆用铅酸蓄电池》、GB/Z 18333.1—2001《电动道路车辆用锂离子蓄电池》、GB/T 18332.2—2001《电动道路车辆用金属氢化物镍蓄电池》，这些蓄电池国家标准对最常见的3种蓄电池性能指标做出了明确规定。

例如，《电动道路车辆用锂离子蓄电池》主要规定了20℃放电容量、-18℃放电容量、50℃放电容量、20℃时高倍放电容量、荷电保持与恢复能力、储存性能、循环寿命、耐振动性能和安全性（指出现漏液、放气、爆炸、起火和产生明显形变等异常现象）等性能指标；而《电动道路车辆用铅酸蓄电池》规定的性能检验指标主要有3h率额定容量、大电流放电性能、-18℃低温放电性能、过放电性能、安全性能（指出现漏液、外壳破裂等异常现象）、密封反应效率（仅适用于阀控密封式蓄电池）、水损耗（仅适用于免维护蓄电池）、荷电能力、循环耐久能力、耐振动性能和储存性能（仅适用于干荷电蓄电池）等。

不同类型的蓄电池，性能指标及检测的方法均不尽相同，有的性能参数可使用通用的检测设备测量，有的则需要专用的设备才能检测。

2. 动力电池的行业标准

国家发展和改革委员会在2006年颁布了动力电池的相关行业标准：QC/T 742—2006《电动汽车用铅酸蓄电池》、QC/T 743—2006《电动汽车用锂离子蓄电池》、QC/T 744—2006《电动汽车用金属氢化物镍蓄电池》，这3个行业标准是对此前的3个国家标准的继承和完善。

在这3项行业标准中,对电动汽车用蓄电池的要求、试验方法、检验规则、标志、运输和储存等均做出了规定,并区分能量型蓄电池和功率型蓄电池的差别,尤其强调了对蓄电池安全性的测试要求。安全性的测试内容包括过放电试验、过充电试验、短路试验、跌落试验、加热试验、挤压试验和针刺试验等。

8.2.2 蓄电池充放电性能测试

1. 蓄电池充电性能的测试

蓄电池的充电性能测试主要包括检测蓄电池的充电效率、充电可接受电流、过充电能力等项目。蓄电池充电性能试验用电源及测试电路的要求是:充电电源的充电电压和充电电流可调,并且可自动记录充电过程的电压、电流及充电时间,以便于获取所需的蓄电池充电性能参数。

1) 充电可接受电流测试

蓄电池在各种荷电状态下的充电可接受电流参数,对于确定蓄电池快速充电最佳方案十分重要,但是,实际测试过程获取准确的蓄电池充电可接受电流参数比较困难。对于铅酸电池而言,可以用定流充电至电解液开始冒气泡的时间大致确定可接受电流值,方法如下:定流充电至电解液开始冒气泡的时间越短,该充电电流值就越接近充电可接受电流;如果蓄电池需要充电很长时间电解液才有冒气泡现象,则该充电电流小于可接受电流;如果蓄电池充电极短时间电解液就大量冒气泡,则表明该充电电流已超出了充电可接受电流。

蓄电池在各种荷电状态下的充电可接受电流大,表明蓄电池接受快速充电的能力就强,蓄电池在使用过程中也不容易过充电。

2) 最高充电电压测试

蓄电池的最高充电电压也是衡量蓄电池充电性能好坏的重要参数。蓄电池在各种充电电流下的最高充电电压可在其充电后期用电压表测得。蓄电池的充电电压高,说明蓄电池充电过程中的极化现象(欧姆极化、浓差极化和电化学极化等)较为严重,蓄电池的充电效率就低。

3) 充电效率测试

充电效率也是衡量蓄电池充电性能的一个重要指标,指蓄电池被充入的电量(还原为蓄电池的化学能量)和充电过程充电电源所消耗的电能之比。蓄电池充入的电量通常用其所放出的电量来度量,而充电消耗的总电量可通过充电过程的充电电流和时间的累积得到。

充电电流的大小、充电方法、充电时的环境温度等均会影响蓄电池的充电效率,蓄电池本身充电可接受电流的大小也会影响充电的效率。一般而言,蓄电池充电初期的充电效率较高,充电后期因充电极化现象较严重,充电效率较低。

4) 耐过充电能力

蓄电池的耐过充电能力是指蓄电池在非正常充电情况下,仍然保持良好状态的能力,这也是蓄电池充电性能的重要指标之一。不同类型的蓄电池,耐过充电性能的评价标准和测试方法也有所不同。例如,镍氢电池,通常要求在1C充电率下,蓄电池充电90min无泄漏,充电6h以内蓄电池不发生爆炸。

2．蓄电池放电性能的测试

蓄电池的放电性能因放电方式的不同而不同。例如，放电电流越大，蓄电池放电过程的端电压及终止放电电压就越低，蓄电池所能放出的电量也就越低。此外，环境温度对蓄电池的放电性能也会有影响。蓄电池的放电性能通常用定电流放电法测试。

1）定电流放电测试法

采用定电流放电测试法测试蓄电池的放电性能，需要有一个能人工调节放电电流且在放电过程中能自动控制恒定电流放电的放电器。在测试（放电）过程中，通过自动或人工记录蓄电池的放电电流、端电压及放电时间，获得蓄电池放电性能评价数据。蓄电池定电流放电性能测试电路如图 8.10 所示。

不仅放电电流会影响蓄电池的放电特性，而且温度对蓄电池的放电特性也有较大的影响，因此，在做放电试验时，不仅要记录放电电压和放电时间，还需要记录放电电流值和温度。

图 8.10　蓄电池放电性能测试电路原理

2）蓄电池放电性能的评价方法

图 8.11 所示为某蓄电池采用定电流放电测试法获得的定电流放电特性曲线。从定电流放电特性曲线中可知，蓄电池的放电电流大，其端电压及放电终止电压就相对较低；温度低，蓄电池的端电压及容量均相对较低。

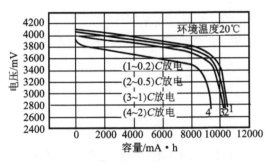

(a) 不同电流下的放电特性曲线

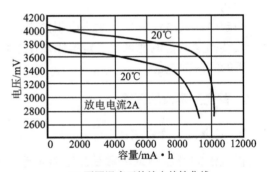

(b) 不同温度下的放电特性曲线

图 8.11　蓄电池的定电流放电特性曲线

放电特性曲线反映了蓄电池整个放电过程的电压变化，蓄电池的工作电压通常以中点电压表示，而蓄电池的中点电压可由蓄电池允许放电的中点时刻的放电电压确定。

蓄电池的放电特性还可用电压特性反映，所谓电压特性是指蓄电池放电至标称电压的时间与蓄电池总放电时间的比值。蓄电池具有良好的电压特性，说明其输出功率较高，而正常工作电压的时间相对较长，则有利于蓄电池容量的充分发挥。

8.2.3　蓄电池容量的测定

蓄电池的理论容量是指其极板活性物质全部参加电化学反应所放出的电量，但蓄电池工作时实际放出的电量只是其中的一部分。蓄电池的实际容量与放电电流的大小和放电时的温度均有关，因此，蓄电池所标定的额定容量是在规定的放电电流和温度下所放出的电量。

蓄电池的实际容量通常用定电流放电法测定，也可用定电阻法测定。

1. 定电流放电法测定容量

定电流放电法测定蓄电池的容量如同蓄电池的定电流放电性能测试，其测试电路参见图 8.10。以某定电流连续放电，直到蓄电池的电压降至放电终止电压，蓄电池的容量 C 由放电电流 I 和放电时间 t 的乘积（$C = It$）得到。

蓄电池在不同的定电流放电情况下，所能放出的电量是不同的，因此，蓄电池的实际容量必须标明其放电电流值。例如，C_3 表示蓄电池以 3h 放电率（$I = C_3/3$）定电流放电的容量，而以 20h 放电率（$I = C_{20}/20$）定电流放电的容量则须用 C_{20} 表示。

此外，蓄电池在定电流放电过程的中间有停顿，则最后测定的实际容量要比连续放电至终止电压测得的容量高，搁置时间较长所测得的实际容量也要比搁置时间短的要高些。

2. 定电阻放电法测定容量

在定电阻放电法容量测试中，由于放电过程中放电电路中的电阻恒定不变，因而放电电流不是一个定值。定电阻放电过程开始的放电电流较大，然后随着蓄电池电动势的逐渐下降，放电电流随之缓慢下降。定电阻放电过程蓄电池的容量 C 可由下式确定：

$$C = \frac{U_{av}}{R} t$$

式中，U_{av} 为蓄电池在整个放电过程的平均电压；R 为放电过程的定值电阻；t 为蓄电池的放电时间。

与定电流放电法相比，用定电阻放电法所测定的蓄电池实际容量只是一个近似值，但对于负载固定的蓄电池来说，定电阻放电法测定的容量值却能更好地反映蓄电池在该放电条件下的实际放电能力。

8.2.4 蓄电池寿命的测试

1. 蓄电池的寿命测试

蓄电池的寿命测试通常是测定蓄电池的循环寿命。不同类型的蓄电池，其循环寿命测试的相关规定也有所不同。具体的蓄电池循环寿命测试方法可参阅国家质量监督检验检疫总局、国家质量技术监督局颁布的 GB/T 18332.1—2009、GB/Z 18333.1—2001 和 GB/T 18332.2—2001 等蓄电池国家标准中的蓄电池循环寿命测试规定，或国际电工委员会（IEC）制定的相关标准。

采用国家标准或 IEC 标准测试蓄电池的循环寿命需要很长的测试时间，在实际蓄电池循环寿命的测试过程中，通常采用快速检测法。例如，镍氢电池的标称容量为 1200mA·h，规定其循环测试条件为：以 1200mA 的电流充电 75min，充电结束的条件为电压降 10mV，搁置 10 min 后，再以 1200mA 的电流放电至 1.0V，搁置 10 min 后再充电，如此循环，直到蓄电池的容量衰减到标称容量的 80%，这时，记录下前面充放电循环的次数即为该蓄电池的循环寿命。

蓄电池的循环寿命测试电路与蓄电池容量测试电路完全一致，只是在做循环寿命测试时，需要反复进行充电和容量测试，直到蓄电池的容量衰减到规定的低限时为止。对于性能良好的蓄电池，在循环寿命期内，其电压特性也应无大的衰减。

2. 影响蓄电池寿命的使用因素

不同类型、不同质量的蓄电池，由于蓄电池电极材料、电解液、隔膜、制造工艺及电化学过程等不同，其使用寿命也会有所不同，而使用方法和环境对蓄电池的使用寿命也会有较大的影响。

（1）放电深度对蓄电池循环寿命的影响。蓄电池放电深度不同时，其循环寿命也会有所不同，蓄电池的放电深度与循环寿命的关系如图8.12所示。蓄电池放电深度增加，其循环寿命就会下降。

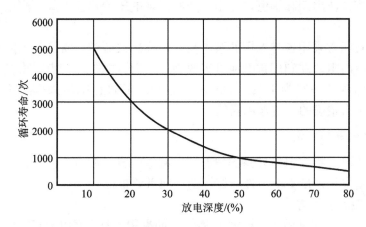

图8.12 蓄电池的放电深度与循环寿命的关系

（2）过充电和充电不足对蓄电池循环寿命的影响。无论是过充电还是充电不足，均会影响蓄电池的循环寿命，其影响如图8.13所示。

（3）环境温度对蓄电池使用寿命的影响。温度对蓄电池的寿命也有较大影响，蓄电池的温度越高，对蓄电池使用寿命的影响越大（图8.14）。因此，在蓄电池寿命测试过程中，应该严格把握测试条件。

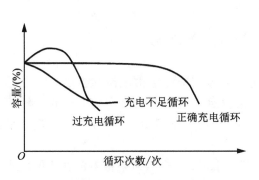

图8.13 蓄电池的充电对循环寿命的影响

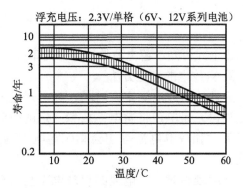

图8.14 环境温度对蓄电池使用寿命的影响

8.2.5 蓄电池的内阻及自放电测定

1. 蓄电池内阻的测定

蓄电池的内阻包括电极在电化学反应时所表现出的极化电阻和欧姆电阻，欧姆电阻主要由极板电阻、电解液电阻、隔膜电阻及各部分零件的接触电阻构成。蓄电池的内阻影响蓄电池的工作电压。

不同类型的蓄电池，其内阻不同：铅酸电池的内阻约 $10m\Omega$；镍氢电池内阻为 $15\sim 50m\Omega$。由于蓄电池的内阻很小且是有源元件，不能用普通的欧姆表测量电阻的方法测其内阻。蓄电池内阻的测量方法有方波电流法、交流电桥法、交流阻抗法、直流伏安法、短路电流法和脉冲电流法等。

例如，用方波电流法测量蓄电池的内阻：用恒电流仪控制通过电极的电流为一定值，用信号发生器调节方波周期和幅值，并用示波器记录电压的响应，即可测出蓄电池的欧姆内阻。

蓄电池的内阻通常采用各种专用的蓄电池内阻检测仪测试。常见的内阻检测仪多采用交流法测试蓄电池内阻，即利用蓄电池可等效为一个有源电阻的特点，将被测蓄电池施加一个恒定的交流电流（一般为1kHz，50mA），然后对其进行电压采样，并经整流、滤波等处理后，获得较为精确的蓄电池内阻值。

2. 蓄电池自放电的测定

蓄电池的自放电是指在电极开路的情况下，蓄电池自行放电，使其容量下降的现象。蓄电池的自放电率也是衡量蓄电池性能好坏的一项重要指标。

1）自放电程度的表示方法

蓄电池的自放电程度可用自放电率 r_z 表示，如果用 t 表示蓄电池存放的天数，C_1、C_2 分别表示存放前后的蓄电池容量，则 r_z 的表达式如下

$$r_z = \frac{C_1 - C_2}{C_1 t} \times 100\%$$

由上式可知，r_z 表示单位时间内蓄电池容量下降的百分数，而在实际测量中，通常用指定时间内容量的保持率（或称剩余容量百分比、荷电保持能力等）r_b 来表示

$$r_b = \frac{C_2}{C_1} \times 100\%$$

由上式可知，蓄电池的容量保持率越高，其自放电就越小。

2）自放电的测定方法

通常的自放电测定方法是，先通过定电流放电等方法测定蓄电池的容量 C_1，然后将蓄电池再充足电，将蓄电池放置一定的时间，再以定电流放电法测定蓄电池的容量 C_2。由于温度和放电电流等均会影响蓄电池的容量，因此，在测定 C_1、C_2 时的放电条件应相同。

温度较高时，蓄电池的自放电率会相对较高。图8.15所示为某蓄电池在不同温度下存放不同时间的容量保持率。

一些蓄电池（如铅酸电池）的开路电压与放电程度有一一对应的线性关系（图8.16），因此，可通过测量蓄电池开路电压的方法来估算蓄电池存放一段时间后的剩余容量，从而可使蓄电池的自放电测定方法变得十分简便。

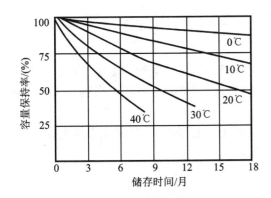 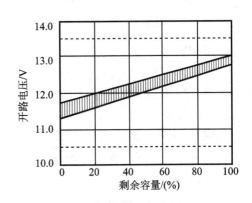

图 8.15　蓄电池在不同温度下存放不同时间的容量保持率　　图 8.16　蓄电池剩余容量与开路电压的关系

8.2.6　蓄电池安全性测试

为了确保蓄电池在各种可能出现的异常情况下均不发生安全事故，需要对蓄电池进行安全性测试，以确定蓄电池的安全保障程度，提高相应的安全防范措施。蓄电池的安全性测试通常包括耐过充放电能力测试、短路测试、耐高温测试、钻孔测试、机械性能测试及耐蚀性测试等。不同类型的蓄电池，其安全性测试的项目、测试条件及方法会有所不同。

1. 耐过充电、过放电能力测试

对于密闭性蓄电池而言，在过充电的情况下，密闭的容器内会因大量的气体积累而使压力迅速上升，如果安全阀不能及时打开，就有可能导致蓄电池内部压力过高而产生爆裂事故。如果是采用浓酸或浓碱性电解液的蓄电池，溅出的电解液还会腐蚀周围的设备，伤及周围的人员。因此，要求蓄电池具有良好的耐过充电能力，在一定的过充电或过放电的情况下，蓄电池不出现泄漏、外壳变形甚至爆裂等事故。

在进行过充电测试时，应根据不同类型、不同型号的蓄电池，选择适当的测试条件。例如，镍氢电池可根据恒流源的输出功率确定过充电流。对于容量相对较小的蓄电池，可选用较大的电流倍率。对于大容量蓄电池，由于恒流源一般不能输出 $1C$ 的大电流，若要用大电流充电，应采取相应的安全防护措施。

不同类型的蓄电池，其耐过充电和耐过放电能力的测试方法及要求也有所不同。例如，GB/Z 18333.1—2001 推荐的试验方法有连续充电试验法及过放电和过充电法两种。

(1) 连续充电试验法。该法在 (20 ± 5)℃下，采用定电流、定电压的充电方法充电，控制起始电流小于或等于 $1I_1$（1h 放电率）电流，当蓄电池组中的某一块蓄电池最早到达充电终止电压（最高为 4.20V）时，蓄电池组自动停止充电，重复操作 5 次。

(2) 过放电和过充电法，共分两步。第一步是在 (20 ± 5)℃下，先以 $1I_3$（3h 放电率）电流放电，当蓄电池组中某一蓄电池达到放电终止电压（2.52V）后，使用专用充电器在 (20 ± 5)℃下充电到充电终止电压（某一块蓄电池的充电电压达到 4.20V）；第二步是在 (20 ± 5)℃下，以 $1I_3$ 电流放电（应暂时除去放电电子保护线路），直到某块蓄电池电压为 0，然后在 (20 ± 5)℃下再以 $1I_3$ 电流充电，直到该块蓄电池电压达到 0.5V。

该标准规定，蓄电池经过以上两种试验，不得出现漏液、放气、爆炸、起火和产生明显的形变等异常现象，否则为蓄电池耐过充电、过放电能力差。

2．短路测试

蓄电池在短路情况下会产生很大的短路电流，瞬间就可使蓄电池的温度升高，甚至导致蓄电池电解液沸腾或使密封圈熔化。在进行蓄电池短路测试时，可能会出现泄漏、喷液等情况，需要有较好的防护措施。

蓄电池短路测试常用的方法是：将蓄电池充足电，在室温下将蓄电池两电极短接1h，允许蓄电池有泄漏发生，但蓄电池不得起火或爆炸。

3．耐高温测试

蓄电池的耐高温测试通常将测试的温度区间分为高温和低温两个区，高温区就是将蓄电池投入火中进行测试，低温区为 $100 \sim 200℃$。常见的低温区测试方法有两种：一种是将充足电的蓄电池投入沸水（100℃）中，并保持2h，蓄电池应无爆炸、不泄漏；另一种是将充足电的蓄电池放入150℃的恒温箱中，并保持10min，蓄电池应无爆炸、不泄漏。

通过低温区测试的蓄电池，其内阻及开路电压均会有所变化，但蓄电池应能继续使用。蓄电池在高温区的测试是具有破坏性的，测试后的蓄电池不能继续使用。蓄电池投入火中，温度可达800℃，密封圈及蓄电池内的其他塑料件均会全部熔化，并且会着火。蓄电池高温区测试允许有气体析出，但不得发生爆炸。

4．钻孔测试

蓄电池在受到外界尖锐物体的冲击时，其外壳可能会被刺破，如果刺入物为导电体，蓄电池的内部就会发生短路而造成危险。因此，在电动汽车上使用的蓄电池，或在某些特殊场合下使用的蓄电池，安全性检测通常还包括钻孔测试。

蓄电池在进行钻孔测试前先将其充足电，钻孔可采用钻床，钻头应是导电材料。具体测试方法为：采用直径为1.0mm的钻头，将蓄电池从直径方向钻穿。钻穿后，允许蓄电池有漏液和发热，但不得产生爆炸。

5．机械性能测试

蓄电池的机械性能测试包括耐碰撞、耐冲击和耐振动等测试。GB/Z 18333.1—2001 规定：在 $(20±5)℃$ 下，将蓄电池从1.0m的高度跌落到硬木地板上，一个方向进行两次跌落试验后，蓄电池不得出现漏液、放气、爆炸、起火和产生明显的形变等异常现象。

我国电动汽车用蓄电池规定的耐振动性能测试方法分为如下4步：

(1) 使用生产厂家提供的或推荐的专用充电器，并按规定的充电方法将蓄电池充足电。

(2) 将蓄电池紧固在振动试验台上，并使蓄电池以 $1I_3$ 电流放电。

(3) 使蓄电池以 $30 \sim 35Hz$ 的频率上下方向振动，振动的最大加速度为 $30m/s^2$，时间为2h；同时，观察蓄电池放电电压有无异常。

(4) 检查试验后的蓄电池有无机械损伤，电解液有无渗漏等。如果蓄电池在耐振动试验中出现放电电压异常、机械损伤或电解液渗漏，则说明蓄电池的机械性能不合格。

6．耐蚀性测试

蓄电池常用的耐蚀性测试方法有电化学测试法和盐雾试验法等。盐雾试验法测试蓄电池耐蚀性的方法如下：将蓄电池暴露在测试箱中，并向测试箱中喷入经雾化的试验溶液，使试验溶液均匀地沉降在蓄电池的表面。试验溶液为5%（质量百分数）NaCl溶液，其总固体含量不超过20μg/g，pH为6.5～7.2。测试时，测试箱内的温度应保持恒定。蓄电池在盐雾箱内放置48h后，其容量应无明显的差别，在蓄电池的顶部（封口处）和底部允许有少量锈迹，但应无穿孔或非常明显的点蚀，蓄电池不得有泄漏和爆炸。

8.2.7 蓄电池荷电状态的检测方法

在蓄电池使用过程中，荷电状态是反映蓄电池状态的重要参数。由于荷电状态受充放电倍率、温度、自放电及极板活性物质老化等许多因素的影响，并且与某些参量之间呈非线性关系，因此很难通过单个或几个参数的测量而获得准确的荷电状态值。到目前为止，荷电状态的检测方法已有很多，例如，放电试验法、安时计量法、开路电压法、负载电压法、内阻法、神经网络法、卡尔曼滤波法等，但各种荷电状态估算只能对蓄电池的某种充放电情况较为适用。

1. 放电试验法

放电试验法是通过定电流放电的方法来估算蓄电池的荷电状态，具体测试方法是：将蓄电池进行定电流放电至终止电压，蓄电池放出的电量即为蓄电池定电流放电前的荷电状态。这种方法被认为是最可靠的荷电状态估算方法，但对于在电动汽车上使用中的蓄电池，这种荷电状态估算则没有实际意义。这是因为：

（1）使用中的蓄电池剩余电量显示和能量管理需要当前的荷电状态，而放电试验法得到的蓄电池荷电状态是在蓄电池放完电之后。

（2）不同定电流放电电流下，所能放出的电量也不同，因而用该方法测得的荷电状态只是在某一种定电流放电情况较准确，对于不同定电流放电或变电流放电的情况则误差较大。

（3）放电试验法必须停止蓄电池的工作，而且需要较长的时间才能获得结果。

因此，放电试验法通常只是在实验室需要验证蓄电池当前荷电状态时采用。

2. 安时计量法

安时计量法是通过对蓄电池放电电量的累积，并按下式计算得到当前的荷电状态。

$$\text{SOC} = \text{SOC}_0 - \frac{1}{C_N} \int_0^T \eta I dt$$

式中，SOC_0为蓄电池充放电初始的荷电状态；C_N为蓄电池的额定容量；I为充放电电流，充电时为负；η为蓄电池充放电效率。

安时计量法比较简单，但在实际应用中的主要问题如下：

① 安时计量法本身不能给出初始的荷电状态，而使用中蓄电池充放电起始的荷电状态是很难准确估算的。

② 在蓄电池工作过程中，如果电流测量不准确，将造成充放电电量计量误差，并导致荷电状态计算误差，且长时间积累，误差会越来越大。

③ 安时计量须考虑蓄电池的充放电效率，而充放电效率与充放电电流的大小及蓄电池的技术状况等有关。

因此，要使安时计量法成为简便而又准确的荷电状态检测方法还有许多研究工作要做。

3. 开路电压法

蓄电池的开路电压与蓄电池的静止电动势数值上相等，对于铅酸电池来说，静止电动势与电解液的密度成比例关系，而电解液的密度与蓄电池的放电程度又有一种线性关系，因此，可以用蓄电池的开路电压来估算荷电状态。镍氢电池和锂离子电池的开路电压与荷电状态之间的关系其线性度不如铅酸电池，但也可用来估算荷电状态。

开路电压法在实际应用中的主要问题是蓄电池需要长时间静置，蓄电池从充放电状态中的动态电动势恢复到静止电动势需要几个小时，这给使用过程中的蓄电池荷电状态准确估算带来困难。此外，蓄电池最短需要静置多长的时间才能恢复为静止电动势也很难确定。

开路电压法通常用于电动汽车驻车时的荷电状态估算，但其准确性还不太高。在蓄电池充电的初期和末期用开路电压法估算荷电状态较为准确，因此，通常将其与安时计量法结合，用于电动汽车使用过程中的蓄电池荷电状态测量。

4. 负载电压法

蓄电池在开始放电的瞬间，其端电压立刻从开路电压下降至负载电压，如果蓄电池的负载电流保持不变，负载电压与荷电状态也有一一对应关系，因此，可根据负载电压得到荷电状态的估算值。

负载电压法可实时估算蓄电池的荷电状态，而且在定电流放电时可获得较为准确的荷电状态估算值。但在电动汽车上蓄电池的负载电流不可能保持恒定不变，通过负载电压很难获得准确的荷电状态，因而在电动汽车上很少应用，但常被用作蓄电池放电终止的判断依据。

5. 内阻法

蓄电池的内阻可将其分为交流阻抗和直流内阻，交流阻抗和直流内阻均与荷电状态密切相关，因而可通过测量交流阻抗和直流内阻来估算荷电状态。

蓄电池的交流阻抗表示蓄电池对交流电的阻碍能力，它是蓄电池电压与电流之间的传递函数，是一个复数变量，需要用交流阻抗仪来测量。交流阻抗受温度的影响大，因而很少应用。

蓄电池的直流电阻表示对直流电的阻碍能力，可以通过一个很短的时间里蓄电池电压的变化与电流变化的比值求得直流电阻。在实际测量中，将蓄电池从开路状态到定电流充电或放电状态的电压差值除以电流值，即为蓄电池的直流内阻。

蓄电池直流内阻的大小受计算时间的长短影响，如果时间段短于10ms，只能测到欧姆电阻；如果时间较长，内阻的变化又极为复杂。因此，要准确地测量蓄电池的内阻较为困难，这也是直流内阻法很少实车应用的主要原因。内阻法对蓄电池放电后期的荷电状态估算较为准确，因此，可以与安时计量法配合使用，应用于电动汽车的荷电状态测量。

6. 神经网络法

蓄电池是一个高度非线性系统，其放电过程很难建立准确的数学模型。神经网络具有非线性的基本特性，且有并行结构和学习能力，对于外部激励能给出相应的输出，因而可模拟蓄电池的动态特性来估算荷电状态。

估算蓄电池的荷电状态通常采用3层典型神经网络，即输入层、中间层和输出层。输入层和输出层神经元个数根据实际需要确定，一般为线性函数，常用电压、电流、累积放出电量、温度、内阻及环境温度等作为输入变量；中间层神经元个数取决于问题的复杂程度及分析精度。

神经网络适用于各种类型的蓄电池荷电状态估算，缺点是需要大量的参考数据进行训练，荷电状态估算的准确性受训练数据和训练方法的影响很大。

7．卡尔曼滤波法

卡尔曼滤波法是估算蓄电池荷电状态的一种较新方法。卡尔曼滤波理论的核心思想是对动力系统的状态做最小方差意义上的最优估算。应用于蓄电池的荷电状态估算时，蓄电池被看成动力系统，荷电状态是系统的一个内部状态。

卡尔曼滤波法的一个显著特点是用状态空间的概念来描述其数学模型，其另一个新颖之处是它的解是递归计算的，而且可不加修改地应用于平稳和非平稳环境。用卡尔曼滤波法估算荷电状态，适用于各种类型的蓄电池，与其他方法相比，该方法特别适用于电流波动比较剧烈的混合动力电动汽车用蓄电池的荷电状态估算。卡尔曼滤波法不仅给出荷电状态的估算值，而且可给出荷电状态估算误差；缺点是对蓄电池的模型准确性和计算能力要求高。

8.3 蓄电池管理系统

8.3.1 蓄电池管理系统概述

1．蓄电池管理系统的作用

在电动汽车上，蓄电池需要成组使用。在蓄电池组中，单个蓄电池损坏的主要原因是使用不当或管理失控，而蓄电池组的使用寿命有时连单个蓄电池寿命的一半都不到。蓄电池在使用过程中如果温度异常，不但会严重影响蓄电池的使用寿命，而且有可能导致安全事故。要正确合理地使用蓄电池，使其充分发挥最大效率的同时，尽可能延长使用寿命，就必须对蓄电池进行管理。

蓄电池管理系统（Battery Management Systems，BMS）通过对蓄电池性能状态的监测，实现对蓄电池的充放电控制、热管理、安全警报等管理，以防止蓄电池出现过充电和过放电，延长电池的使用寿命，最大限度地提高蓄电池的能量利用率。蓄电池管理系统的作用主要体现在如下3个方面。

（1）保障蓄电池系统稳定工作。蓄电池管理系统通过对蓄电池电压、电流及温度等的监测，以对蓄电池进行放电电流及终止放电控制、充电电流及充电方式控制、温度执行器工作状态及温度报警控制、荷电状态显示等，可使蓄电池系统在设定的状态下稳定工作。

（2）提高蓄电池能量利用率。蓄电池管理系统通过对荷电状态的控制、制动能量回馈控制、蓄电池放电比率控制、蓄电池温度控制等，可使蓄电池的能量利用率得以提高。

（3）确保蓄电池系统的使用安全。蓄电池管理系统通过对蓄电池温度、绝缘电阻等的监测，实现危险报警，并通过危险状态下的蓄电池停止供电控制，确保蓄电池的使用安全。

蓄电池管理系统是电动汽车上极为重要的一部分，蓄电池管理技术也是电动汽车进一步发展的关键技术。随着蓄电池管理技术的不断成熟，蓄电池管理系统的功能会越来越完善，蓄电池管理系统所起的作用也会更加突出。

2. 蓄电池管理系统的类型

不同类型电动汽车的蓄电池的配备、对蓄电池的性能要求及使用环境等均会有所不同，因而匹配的蓄电池管理系统的功能也会有所差别，但无论是哪一种类型的电动汽车上所使用的蓄电池管理系统，均应具备蓄电池管理的基本功能，这些基本功能包括数据采集、相关数据显示、蓄电池状态估算、热管理、数据通信、安全管理、能量管理和故障诊断等。

按匹配的电动汽车类型分类，蓄电池管理系统可分为纯电动汽车蓄电池管理系统、混合动力电动汽车蓄电池管理系统和燃料电池电动汽车蓄电池管理系统 3 种类型。

1) 纯电动汽车蓄电池管理系统

由于纯电动汽车的电能全部来自蓄电池，因而其蓄电池管理系统的功能也相对较多。除前面提到的基本功能外，对某些管理功能的要求更高，例如，蓄电池荷电状态的监测与显示、蓄电池绝对温度及各蓄电池温度均匀性控制、蓄电池均衡充电控制、制动能量回收控制等。

2) 混合动力电动汽车蓄电池管理系统

在混合动力电动汽车上，所用蓄电池的数量会因混合动力的形式及混合比的不同而有很大差别。混合动力电动汽车蓄电池管理系统除基本功能外，对蓄电池输出能量比控制和蓄电池荷电状态控制功能的要求会更高。

3) 燃料电池电动汽车蓄电池管理系统

在燃料电池电动汽车上，蓄电池通常只是辅助储能装置，其蓄电池管理系统功能要求比纯电动汽车蓄电池管理系统要低一些。和混合动力电动汽车蓄电池管理系统一样，燃料电池电动汽车蓄电池管理系统对蓄电池输出能量控制功能的要求相对较高。

3. 蓄电池管理系统的基本组成

蓄电池管理系统的基本组成主要包括信号采集系统、电子控制系统和执行及通信系统 3 大部分。

1) 信号采集系统

布置在蓄电池处的温度传感器、电压采样电路、电流传感器、A/D 转换器等部件及线路连接，组成了蓄电池管理系统的信号采集系统。信号采集系统可使蓄电池管理系统实时获取蓄电池的电压、电流及温度等参数。

2) 电子控制系统

电子控制系统的核心是电子控制器（ECU），ECU 的基本组成如图 8.17 所示。

（1）输入电路。输入电路包括温度传感器电源、信号处理电路、A/D 转换电路等，其作用是将各传感器输入的温度、电压及电流等信号进行处理，转换为二进制数字信号，并通过输入/输出（I/O）接口传送给微处理器。

（2）微处理器。微处理器包括中央微处理器（CPU）、程序与数据存储器（ROM 与 RAM）、I/O 接口等，是蓄电池管理系统 ECU 的核心部件，其作用是运行 ROM 中的控制程序，对输入信号进行分析处理后输出控制信号，通过输出电路控制各执行器工作，并通过通信接口与整车控制器进行双向数据通信，实现各种行驶工况下的蓄电池管理协调控制。

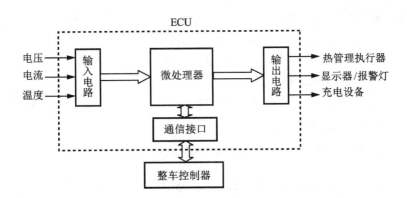

图 8.17　蓄电池管理系统的硬件构成

(3) 输出电路。输出电路包括译码器、D/A 转换电路及执行器驱动电路等，其作用是将微处理器输出的二进制控制指令代码转换为相应的控制脉冲，并驱动各执行器工作。

3) 执行及通信系统

蓄电池管理系统通过热管理执行器实现蓄电池的热管理，通过与充电设备及整车控制器的通信，实现均衡充电、制动能量回馈、电能输出及输出比率、荷电状态显示等的控制。

8.3.2　蓄电池管理系统的基本功能与硬件构成

在电动车上，蓄电池管理系统性能的高低，对整车的安全运行、整车控制策略选择、充电模式的选择及运营成本都有很大的影响。无论在车辆运行过程中还是在充电过程中，蓄电池管理系统都要完成对电池状态的实时监控和故障诊断，并通过总线的方式告知车辆集成控制器或充电器等，以便采取相应的控制策略，达到高效利用蓄电池的能量且保障蓄电池的使用安全的目的。

1. 电动汽车蓄电池管理系统的基本功能

以纯电动汽车为例，说明蓄电池管理系统的基本功能。蓄电池管理系统根据实际运行和蓄电池安全有效使用的需要设置基本功能，蓄电池管理系统通常具备以下基本功能：

(1) 蓄电池组端电压及单个蓄电池电压的检测。对蓄电池组端电压及单体蓄电池电压进行监测，用于对蓄电池终止放电及蓄电池不一致性的判断。

(2) 蓄电池温度的检测。对蓄电池的温度进行监测，为蓄电池温度管理提供蓄电池的实时温度。

(3) 蓄电池组工作电流的检测。对蓄电池的充放电电流进行监测，蓄电池管理系统据此实现蓄电池的能量管理。

(4) 蓄电池绝缘电阻的检测。对蓄电池的绝缘电阻进行监测，用于电动汽车的安全管理。

(5) 冷却风机的控制。用于控制蓄电池组的温度在正常范围之内，并使蓄电池组中各个蓄电池的温度趋于一致。

(6) 蓄电池组荷电状态的估算。对蓄电池的荷电状态进行监测与估算，用于荷电状态的显示和能量管理。

(7) 蓄电池故障分析和在线报警。根据监测到的蓄电池电压和温度等参数，判断蓄电池的状态。

（8）与整车控制器实现数据通信。为整车控制器提供必要的蓄电池状态信息（如荷电状态、蓄电池组电压等），以实现最佳的能量控制。

（9）为车载显示设备提供信息。向车载显示设备提供蓄电池状态和故障等相关的信息，以显示蓄电池的状态和故障报警。

（10）与充电设备通信。与充电设备进行通信，实现蓄电池组的安全充电管理。

2．蓄电池管理系统硬件构成

一种运用于纯电动汽车上的集散式蓄电池管理系统的基本组成如图 8.18 所示。

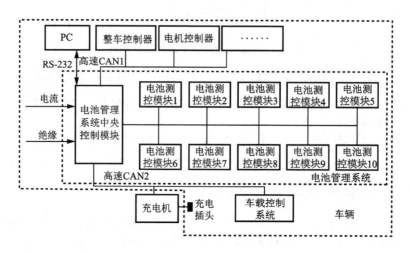

图 8.18　蓄电池管理系统的基本组成

由于纯电动汽车上蓄电池数量较多且以箱为单位分布在车上，较为分散，为了避免箱体之间出现高压连接导线，通常采用集散式系统设计，由一个主控模块（图 8.19）和多个测控模块（图 8.20）组成，每个蓄电池箱配备 1 个蓄电池测控模块。测控模块的硬件系统主要实现电压测量、温度测量及热管理和通信等功能；主控模块则包括电流测量、绝缘检测和通信接口部分。

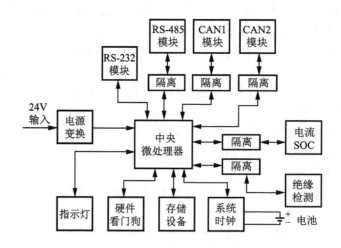

图 8.19　蓄电池管理系统主控模块硬件原理图

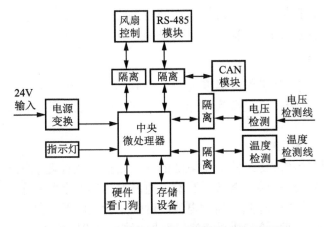

图 8.20　蓄电池管理系统测控模块硬件原理图

本例主控和测控模块通过 RS-485 总线进行蓄电池管理系统内部的通信。在主控模块上，有两路 CAN 接口，CAN1 用于车辆行驶时与整车控制器、电动机控制器的通信，CAN2 用于主控模块与车载监控显示系统及充电过程中与充电机的通信。此外，为了实现 PC 监控和参数修正、程序下载等功能，主控模块上还有 RS-232 接口。在测控模块上，除了和主控模块通信的 RS-485 接口外，还有一路 CAN 接口，以便和手动检测设备进行通信。

在蓄电池管理系统中，电压测量、温度测量、电流测量和绝缘检测等部分直接与蓄电池组相连，属于高压系统；串口通信、CAN 通信及其供电电源属于低压系统。为了确保人身安全和系统的可靠稳定运行，需要将高压系统和低压系统进行电气隔离。

8.3.3　蓄电池的热管理

1. 蓄电池热管理的必要性

蓄电池在使用过程中，能否发挥出应有的性能，与其温度有着密切的关系。

1) 蓄电池温度过高、过低的影响

(1) 蓄电池温度高。当蓄电池的温度较高时，蓄电池的活性增加，能量可得到更充分利用。但是，蓄电池长时间工作在高温环境下，其寿命会明显缩短；蓄电池的温度太高时，还会出现严重损坏的现象。因此，蓄电池在工作中应避免温度过高。

(2) 蓄电池温度低。蓄电池在低温时，活性明显降低，蓄电池的欧姆内阻和极化内阻增加，放电能力下降，使得蓄电池的实际可用容量减小，能量利用效率下降。对于锂离子电池而言，在低温状态下充电时，由于蓄电池的活性差，特别是蓄电池负极石墨的嵌入能力下降，正极反应放出的锂离子可能在电负极沉积下来，容易形成锂枝晶，这会使可用的锂离子减少，严重时还会造成蓄电池内部短路。

2) 蓄电池温度控制的作用与方法

蓄电池在充放电过程中，内部的电化学反应过程会有热量产生，因而需要通过热管理，使蓄电池的温度保持在正常的范围之内。当蓄电池的温度或温度的上升率达到预先设置的高限值时，蓄电池管理系统启动热管理功能，对蓄电池进行散热处理。蓄电池热管理控制系统通过启动风冷或水冷执行器，将蓄电池的温度和温升控制在一定的范围内。如果蓄电池的温度管理失效或有其他异常情况发生而使蓄电池的温度达到最高允许值，蓄电池热管理控制系统会中断蓄电池的电流输出，以确保蓄电池的使用安全。

2. 蓄电池热管理原理

以锂离子电池为例，其工作的温度为 -10～+45℃（充电）和 -30～+55℃（放电）。锂离子电池的热管理系统，就是要实施相应的管理措施，以确保锂离子电池的工作温度基本都在这一范围之内。

1）蓄电池高温控制原理

通常采取强制风冷的方法来降低蓄电池的温度。蓄电池管理系统通过实时温度监测，得到蓄电池组中各蓄电池的温度参数。当蓄电池温度达到设定的高限值时，蓄电池管理系统便启动风机对蓄电池进行降温；当蓄电池温度降到设定的低限值时，蓄电池管理系统立即关闭风机。蓄电池管理系统的风机控制电路原理如图 8.21 所示。

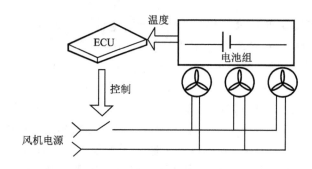

图 8.21 蓄电池管理系统的风机控制电路原理

热管理系统设置了安全保障功能，如果因某种原因而使蓄电池温度达到故障的极限值，蓄电池管理系统就会发出报警信号，并会控制蓄电池停止充放电，以确保蓄电池的安全。

2）蓄电池低温控制原理

在低温时，蓄电池的活性差，对于锂离子电池来说，由于负极石墨的嵌入能力下降，这时候大电流充电很可能出现蓄电池热失控甚至导致安全事故。

为了避免这一问题，当蓄电池管理系统监测到蓄电池的温度过低时，会向充电装置发出控制信号，充电装置根据蓄电池管理系统的控制信号，转入小电流充电。低温状态下蓄电池的内阻增大，在充电过程中，蓄电池的欧姆极化增大，充电效率下降，而这部分能量转化为热量，使得蓄电池的温度逐渐升高。当蓄电池管理系统监测到蓄电池温度正常时，就向充电装置发出控制信号，充电装置恢复至正常电流模式充电。

对于锂离子电池而言，低温主要对蓄电池的充电有负面影响，对蓄电池的放电则影响不大。因为蓄电池放电过程释放热量，再加上低温下增大的内阻产生的热量也增大，蓄电池的工作温度会很快上升到适宜温度，呈现负反馈的机制。因此，锂离子电池在低温状态下往往不需要对其进行热管理。

3. 热管理系统散热结构设计

蓄电池组安放在箱体内通过风机降温，如果通风不当容易造成箱内各蓄电池的温度不一致，导致蓄电池的容量、内阻的不一致。在蓄电池的使用过程中，容量较小的蓄电池容易产生过充电和过放电,进而影响其性能和寿命,并造成安全隐患。因此蓄电池箱体内蓄电池的布置、散热风道的布局,均要尽量保证蓄电池组的散热均匀一致。

根据散热通风系统的结构形式分类,蓄电池组的通风有串行通风方式和并行通风方式两种类型。

1) 串行通风方式

串行通风方式如图 8.22 所示。当蓄电池需要散热时,风机工作,空气从一侧进,另一侧出。冷空气进入后,由于在经过蓄电池时会不断地被加热,这使得空气入口一侧的蓄电池被空气带走的热量相对较多,空气出口一侧的蓄电池其散热要差于空气入口一侧的蓄电池。因此,采用这种通风方式,蓄电池的温度以空气的流向逐渐升高。可见,串行通风方式蓄电池的散热均匀性不太理想,目前已较少采用。

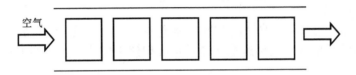

图 8.22 串行通风方式示意图

2) 并行通风方式

并行通风方式如图 8.23 所示。通过对蓄电池的布置、楔形进排气通道结构的合理设计,可确保进入每个蓄电池之间缝隙的空气流量均匀,蓄电池组各蓄电池散热一致,蓄电池温度的一致性好。并行通风方式是目前采用较多的蓄电池散热结构。

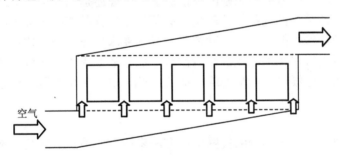

图 8.23 并行通风方式示意图

8.3.4 蓄电池组的绝缘检测

1. 蓄电池组绝缘检测的意义

电动汽车电动系统的电压较高,例如,纯电动汽车动力电池组的电压一般在 200V 以上。较高的电压可减小电动汽车电气设备的工作电流,从而使电气设备和整车的质量减轻。然而,蓄电池组的电压高,其连接线路、功率变换器、电动机等与车辆底盘之间的绝缘性能要求也更高。在较高的电压下,电缆线绝缘介质容易老化,加之受潮湿的环境影响及其他影响因素,容易导致高压系统线路和车辆底盘之间的绝缘性能下降,致使蓄电池组通过不良的绝缘层漏电,使底盘电位升高。这不仅危及车上乘员的人身安全,而且会影响低压电气和车辆电子控制器的正常工作。因此,实时监测蓄电池组相对车辆底盘的电气绝缘性能,对保证车上乘员的安全、蓄电池组和电气设备的正常工作、车辆的安全运行都具有重要意义。

2. 蓄电池组绝缘检测的方法

对于封闭回路的高压直流电气系统，其绝缘性能通常用电气系统中电源对地的漏电流大小来表征。较为常见的漏电流检测方法有辅助电源法和电流传感法，但电动汽车上常用的方法则是变阻抗网络法。

1) 辅助电源法

辅助电源法是在漏电检测装置中设置一个检测用辅助蓄电池，这个电压为110V的辅助蓄电池的正极与待测直流电源的负极相连，其负极连接车辆底盘。如果被测系统绝缘性能良好，辅助蓄电池没有电流回路，漏电流为零；在电源电缆绝缘层老化或环境潮湿等情况下，电池通过电缆绝缘层形成通路，产生漏电流，检测装置根据漏电流的大小报警，并关断待测系统的电源。

这种检测方法不仅需要110V的辅助直流电源，增加了系统结构的复杂程度，而且难以区分绝缘故障源是电源正极引线电缆还是负极引线电缆。因此，在电动汽车上，这种绝缘检测方法很少采用。

2) 电流传感法

电流传感法是利用霍尔式电流传感器进行漏电检测。将霍尔式电流传感器安装在待测系统电源的正极和负极，使电流同方向穿过电流传感器。当没有漏电流时，从电源正极流出的电流等于返回到电源负极的电流，因此，穿过电流传感器的总电流为零，电流传感器输出电压为零。当电流传感器输出电压不为零时，说明系统发生了漏电现象，并可根据该电压的正负判断产生漏电流的来源是电源正极引线电缆还是电源负极引线电缆。

电流传感法检测漏电的前提是待测电源必须处于工作状态，因此无法在电源空载状态下评价系统的对地绝缘性能。对于电动汽车，必须要求在车辆行驶之前或蓄电池电源空载条件下均能够检测电源对车辆底盘的绝缘性能，而且还要求能够分别定量地检测电源正极引线电缆和负极引线电缆对底盘的绝缘性能。因此，电流传感检测方法也不适合电动汽车的绝缘检测。

3) 变阻抗网络法

在一些电动汽车上，采用变阻抗网络的方法来测量电池组对底盘的绝缘电阻，测量原理如图8.24所示。

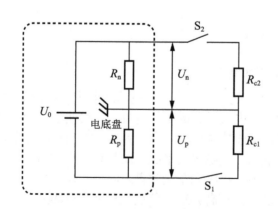

图8.24 蓄电池组绝缘性能检测原理

假设蓄电池的总电压为 U_0，待测的正负母线与电底盘之间的绝缘电阻分别为 R_p、R_n，正、负母线与电底盘之间的电压分别为 U_p、U_n，待测蓄电池系统的等效模型如图 8.24 的虚线框内所示。图中 R_{c1}、R_{c2} 为测量用的已知电阻值的标准电阻。

当开关 S_1、S_2 全部断开时，测量正、负母线与电底盘之间的电压分别 U_{p1}、U_{n1}，由电路定律得

$$\frac{U_{p1}}{R_p} = \frac{U_{n1}}{R_n}$$

当开关 S_1 闭合，S_2 断开时，则在正母线与电底盘之间接入了标准偏置电阻 R_{c1}，测量正、负母线与电底盘之间的电压分别为 U_{p2}、U_{n2}，同理可得

$$\frac{U_{p2}}{R_p} + \frac{U_{p2}}{R_{c1}} = \frac{U_{n2}}{R_n}$$

由上述两式联合求解，可得

$$R_p = R_{c1}\left(\frac{U_{p1}U_{n2}}{U_{n1}U_{p2}} - 1\right)$$

$$R_n = R_{c1}\frac{U_{p1}U_{n2} - U_{n1}U_{p2}}{U_{p1}U_{p2}}$$

同样，绝缘电阻在以下两种情况也可以得到：
(1) S_1、S_2 全部断开和 S_1 断开、S_2 闭合；
(2) S_1 闭合、S_2 断开和 S_1 断开、S_2 闭合。

这种方法虽然能够满足电动汽车上蓄电池组的绝缘测量要求，但缺点也很明显，检测芯片及隔离电路的庞杂造成整个检测装置体积过大，不利于电动汽车上仪表板的安装。

对上述方法略进行改进，由双边切换电阻改为单边切换固定电阻，也可实现绝缘电阻的检测，工作原理如图 8.25 所示。

当 S_1 断开时，测量正、负母线与电底盘之间的电压分别为 U_{p1}、U_{n1}

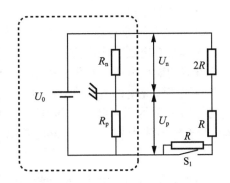

图 8.25 单边切换固定电阻方案原理图

$$\frac{U_{n1}}{R_n} + \frac{U_{n1}}{2R} = \frac{U_{p1}}{R_p} + \frac{U_{p1}}{2R}$$

当 S_1 闭合时，测量正、负母线与电底盘之间的电压分别为 U_{p2}、U_{n2}

$$\frac{U_{n2}}{R_n} + \frac{U_{n2}}{2R} = \frac{U_{p2}}{R_p} + \frac{U_{p2}}{R}$$

联立以上两式，求解得

$$R_p = \frac{2R(U_{n2}U_{p1} - U_{n1}U_{p2})}{2U_{n1}U_{p2} - U_{n2}U_{p1}}$$

$$R_n = \frac{2R(U_{n2}U_{p1} - U_{n1}U_{p2})}{U_{p1}U_{p2} - U_{n2}U_{p1} + U_{n1}U_{p2}}$$

这种方法只利用一个开关,在检测过程中减少了开关切换的次数,增加了检测的可靠性,同时也降低了成本。

8.3.5 蓄电池组的充电管理

蓄电池充电模式和方法对蓄电池容量的有效利用和安全性有着重要影响。蓄电池管理系统对蓄电池组的充电管理,就是选择科学、合理的充电模式和方法,以保障蓄电池充电过程的安全,提高电池能量利用效率,减缓蓄电池性能的下降。

1. 车载充电器的充电模式

1) 蓄电池的充电方法

蓄电池管理系统通常选择智能化的充电方法,以定压、定流、脉冲等基本充电方法组合成智能化的快速充电过程。在充电过程中,需要进行定压、定流及停充等自动转换,这就需要实时地检测充电电压和充电电流参数。因此,车载充电器的充电模式实际上是按设定的程序进行,通过电压、电流闭环控制完成的充电过程。以最为常见的定流-定压充电模式为例,说明其充电控制过程。

当充电电压低于设定的限制电压时,采用定流充电,随着充电的进行,充电电压逐渐上升;当充电电压达到设定的限制电压时,转为定压充电;在定压充电过程中,随着蓄电池电动势的上升,充电电流逐渐减小,当充电电流达到停止电流时,判定为蓄电池已充足电,充电过程结束。

2) 充电电压的检测方法

由车载充电器的充电方法可知,充电电压是控制充电过程的重要参数,充电电压可选择充电器的输出电压,也可选择蓄电池组的端电压。蓄电池组充电电路原理如图 8.26 所示。在电池组实际充电的过程中,由于充电电流较大,电缆本身的电阻及电缆线端与蓄电池极桩的接触电阻均不可忽略。设蓄电池组正、负极桩与充电器之间的线路电阻分别为 R_1、R_2,当充电电流为 I 时,充电器的输出电压 V_1 与蓄电池组的端电压 V_2 之间存在如下关系:

$$V_1 = V_2 + I \times (R_1 + R_2)$$

由上式可知,由于 $V_1 > V_2$,若采用 V_1 作为反馈量进行充电电流控制,蓄电池的充电过程会在未达到充电截止电压之前进入定压充电阶段,使得充电电流减小,充电时间延长。

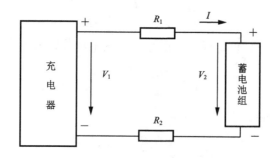

图 8.26 蓄电池组充电电路原理

解决上述问题的方法是，通过实时检测蓄电池组的端电压，并作为充电电压参数进行充电过程控制。因此，在充电器与蓄电池组正、负极桩之间，需要连接两根检测线。这种充电电压检测方法的缺点是，当这两根检测线中任何一根出现连接松脱或线路断路故障时，就会使充电器不能正常工作。解决这一问题的方法是在车载充电器中设置安全保障功能，在充电过程中，如果来自蓄电池端电压检测线的电压信号异常或丢失，就立即以充电器的输出电压为充电电压控制参数，以使充电过程不受影响。

3) 蓄电池组中各蓄电池性能不均匀问题的处理

从上述充电过程可以看出，充电控制没有考虑到蓄电池组中各个蓄电池性能的不一致性。由于蓄电池生产和使用过程中的差异，各蓄电池之间的不一致性是在所难免的。因此，在充电过程中，会出现一部分蓄电池先于其他蓄电池充满电或到达充电电压上限。然而，蓄电池组端电压反应的是所有蓄电池的平均电压，即使个别蓄电池已处于过充状态，蓄电池组的端电压却反映不出来。按蓄电池端电压确定充电终止电压，就容易使充电器仍按原来的模式充电，致使个别蓄电池出现明显的过充电而损坏，甚至导致安全事故的发生。

在纯电动汽车用的各种蓄电池中，锂离子电池的抗过充电能力较差，当出现过充电时，过量的锂离子从蓄电池的正极脱出，并最终以原子态的形式沉积在蓄电池的负极表面，轻则造成可循环的锂离子数量减少，蓄电池的性能下降；严重时，沉积的锂原子可能刺破电池内部的隔膜，造成蓄电池内部短路，出现热失控，并最终导致安全事故。因此，过充电对锂离子电池的影响最大，即便是铅酸电池，长时间的过充电也会导致电池内部大量发热，使得蓄电池性能下降速度加快，并最终导致蓄电池的寿命缩短。

由此看来，只是以蓄电池端电压为充电过程控制参数，容易使蓄电池的不均匀性问题越来越严重，并最终导致蓄电池的性能迅速下降，使用寿命缩短，甚至发生安全事故。因此，全面监控蓄电池组中各个蓄电池的电压，并将其作为充电控制依据，转入均衡充电模式，以有效防止各蓄电池性能差异的扩大，保证充电过程的安全并减缓蓄电池性能的下降。

2. 蓄电池管理系统的充电管理

蓄电池管理系统通过对蓄电池状态的实时监测，获得所有蓄电池的电压和温度数据，实现蓄电池智能化的充电过程控制，并确保充电过程的安全。蓄电池管理系统充电管理的基本原理如图 8.27 所示。

蓄电池管理系统通过对充电过程中蓄电池状态的在线监测，获得蓄电池组中各蓄电池的温度、电池电压、工作电流、电池和电池箱（架）之间的绝缘电阻等参数，并即刻进行蓄电池状态分析，蓄电池状态分析通常包括如下内容：

(1) 荷电状态估算并分析荷电状态是否过高过低。

(2) 蓄电池的温度是否过高过低。

(3) 各蓄电池电压是否过高过低。

(4) 蓄电池的温升是否过快。

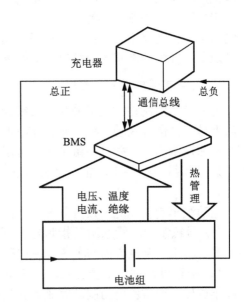

图 8.27 蓄电池管理系统充电管理的基本原理

(5) 绝缘是否良好。
(6) 充放电电流是否过大。
(7) 蓄电池的不一致性程度。
(8) 蓄电池组是否存在故障。
(9) 是否有通信故障。

蓄电池管理系统根据蓄电池状态分析的结果实施相应的热管理、荷电状态显示或报警、充电过程管理、蓄电池故障的报警等控制。车载充电器的主要任务是电源电压变换、输出电压和电流的闭环控制、必要的保护及与蓄电池管理系统通信,实现蓄电池状态的实时监控和输出电流的动态调节。

蓄电池管理系统与车载充电器之间通过总线连接,实现了数据共享,使得在整个充电过程中蓄电池的电压、温度及绝缘性能等安全性相关的参数都能参与蓄电池的充电控制和管理,使得充电器能根据蓄电池当前的状态及时地改变充电电流,有效地防止了蓄电池组中各蓄电池的过充电和过热现象,大大提高了蓄电池充电的安全性。

蓄电池管理系统的智能化充电管理功能,不但提高了蓄电池充电的速度、效率和安全性,还简化了充电时设置充电参数、选择充电模式等繁琐的操作。当电动汽车需要充电时,只要将车载充电器插上电源插座,蓄电池管理系统就会根据当前的蓄电池状态向充电器输出相应的控制信号,帮助充电器自动选择充电模式,设置充电参数;当蓄电池组不一致性程度已达到设定的极限时,充电器还会自动进入均衡充电模式,以减小或消除蓄电池的不一致性,提高蓄电池的性能,延长蓄电池的使用寿命。

8.3.6 制动能量回馈控制

车辆在减速或制动时,将其中一部分动能或势能转换为电能并储存在能量储存装置中的过程称为制动能量回馈。电动汽车采用电力制动时,通过将驱动电动机转变为发电状态,使车辆产生制动力矩,同时将所产生的电能储存到蓄电池中,从而实现制动能量回收,并在一定程度上减缓制动器的工作负荷,延长摩擦片的使用寿命。制动能量回馈对纯电动汽车尤为重要,在城市工况中,汽车需要频繁起动与制动,有关研究表明,如果有效地回收制动能量,纯电动汽车的续驶里程可以提高10%～30%。

1. 能量回馈制动基本原理

电动汽车的制动方式可分为机械制动(液压或气压)和电力制动两大类,其制动系统实质上是一种混合制动系统。典型的混合制动系统有两种:一种是并联式的混合制动系统,其结构和控制简单,并且保留了所有常规制动系统的主要部件;另一种是全可控的混合制动系统,其特点是各个车轮制动力能独立控制,可有效地提高在各种路面上车辆的制动性能。

电动汽车制动工况大致可分为3种,在不同工况下制动系统应采用不同的制动策略。

(1) 紧急制动。紧急制动指紧急踩下制动踏板时对应的制动减速度绝对值大于 $2m/s^2$ 的工况。出于安全性方面的考虑,在这种情况下应以机械制动为主,电力制动同时作用。

(2) 中轻度制动。中轻度制动指汽车在正常行驶工况下的制动过程,可分为减速过程与停车过程。通常由电力制动完成减速过程,机械制动完成停车过程。两种制动的过渡点由电动机发电特性确定,应避免充电电流过大,或充电时间过长。

(3) 下长坡时制动。此种工况下对制动力的要求不大，可完全由电力制动提供，制动过程中回馈电流小，充电时间长。

制动能量回馈控制原理如图 8.28 所示，制动踏板提供制动信号，信号传递到整车控制器。整车控制器根据车辆运行状况及其他控制模块的状态，决定是否进行制动能量回馈，并分配能量回馈制动力矩的大小。在能量回馈制动过程中，电动机控制器在对电动机实施回馈制动控制的同时，需要与能量管理系统实时进行双向信息交流，在保证蓄电池安全充电的同时，取得最大的制动能量回馈效果。

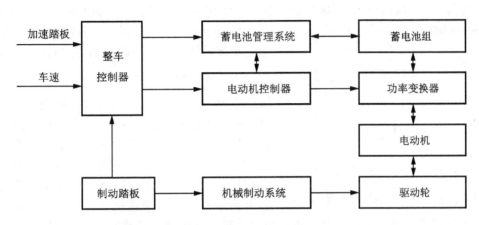

图 8.28　制动能量回馈控制原理

电动汽车上的能量回馈制动对其制动系统的设计带来两个基本问题：一是如何在回馈制动和摩擦制动之间分配所需的制动力，以尽可能多地回收制动能量；二是如何在前后轴上分配总制动力，以实现稳定的制动性能。通常，回馈制动仅对驱动轴有效。为回收尽可能多的制动能量，必须控制电动机产生特定量的制动力；同时，为满足来自驾驶员的车辆减速指令，必须有足够的总制动力。

2．能量回馈制动的控制策略

电动汽车制动系统控制策略的基本原则是，在满足制动安全性的前提下，最大限度地吸收制动过程中的能量。目前主要有 3 种不同的制动控制策略：理想制动力分配控制策略、最佳制动能量回馈控制策略和前后制动力固定比值控制策略。

1) 理想制动力分配控制策略

理想制动力分配控制策略是以使车辆的制动距离最小化为控制目标，控制施加在前后轮上的制动力，同时给驾驶者最佳的制动方向稳定性感觉，要想实现这两个目的，要求施加在前后轮上的制动力遵循理想的制动力分配曲线。理想制动力分配策略能充分利用地面附着条件，而且制动距离最短，制动时汽车方向稳定性也好，并且回收制动能量的效果相当好，但控制系统较复杂，适用于全可控的混合制动系统。

2) 最佳制动能量回馈控制策略

在符合制动法规要求的条件下，最佳制动能量回馈控制策略的原理是在满足对应于给定减速度指令的总制动力情况下，向前轮分配更多的制动力。因而，对于能量回馈制动，将有更多的制动能量可得到回收。这种控制策略对并联式的混合制动系统和全可控的混合制动系统均适用。

3) 前后制动力固定比值控制策略

常规机械制动系统前后轮制动力的分配比例是固定的，对于电动汽车的混合制动系统而言，前后制动力固定比值控制策略是指前轮（前轮驱动）的总制动力（摩擦制动力与电力制动力之和）与后轮摩擦制动力的比值在一定的制动减速度范围内是固定的。为了获得较大的制动能量回馈，这种控制策略主要用于前轮驱动汽车并联式的混合制动系统。在制动主缸中安装检测主缸液压的压力传感器，施加在驱动轮上的电动机制动力正比于制动主缸中的液压力。前后制动力固定比值控制策略使前后轮上的实际制动力接近于理想的制动力分配曲线，有较短的制动距离，并在危机情况下可更多地依靠可产生较大制动力的机械制动。

3. 直流电动机回馈制动方式

电动汽车的驱动电动机有多种类型，不同类型的驱动电动机回馈制动的控制方式是不一样的，这里以直流电动机为例，介绍驱动电动机回馈制动的工作原理。图 8.29 为他励直流电动机回馈制动原理图。在回馈制动过程中，将电动机电枢驱动电流断开，电枢两端接入一个开关电路，并使

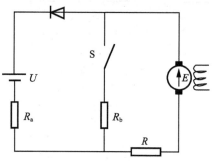

图 8.29 他励直流电动机回馈制动原理

其处于高频通断状态。电动机具有电感特性，感应电动势 E 与感应电流 I 有如下关系

$$E = -L\frac{dI}{dt}$$

式中，L 为电动机电枢的电感量。

当开关闭合时，由电动机感应电动势引起的感应电流经开关形成回路，感应电流 I_b 为制动电流，即

$$I_b = -\frac{E}{R_b + R}$$

式中，R 为电枢电阻；R_b 为制动限流电阻。

在制动电流 I_b 的作用下，直流电动机产生制动转矩作用于驱动轮形成电力制动。根据他励直流电动机的力学特性，电力制动力矩为

$$T_b = -\frac{C_e C_m \phi^2 n}{R_b + R}$$

式中，C_e 为磁场常数；C_m 为电动机转矩常数；ϕ 为磁场磁通；n 为电动机转速。

当开关断开时，感应电动势迅速上升，至感应电动势大于电源电动势时，形成反馈电流，从而把机械能转换为电能回馈到蓄电池。回馈电流 I_a 为

$$I_a = -\frac{E - U}{R_a + R}$$

式中，R_a 为回馈电路的等效电阻。

本 章 小 结

本章通过对蓄电池的基本充电方法、蓄电池充电可接受电流及快速充电方法的介绍，使读者能理解快速充电的机理，为研究新的快速充电方法打好基础；通过对蓄电池充放电特性、容量、寿命、内阻、安全性及荷电状态等性能及状态参数测试方法的介绍，加深读者对蓄电池性能与状态参数及其测试方法的理解；通过对蓄电池管理系统的作用、基本功能及组成的介绍，帮助读者理解蓄电池管理系统的作用、蓄电池管理系统管理的内容及蓄电池管理系统的构成要素。

思 考 题

1. 蓄电池的基本充电方法有哪些？各有何特点？
2. 何谓蓄电池的充电可接受电流？快速充电的机理是什么？
3. 目前有哪些具有实际意义的快速充电方法？
4. 何谓蓄电池的不一致性？蓄电池的不一致性对蓄电池组有何影响？
5. 何谓蓄电池的均衡充电？有哪些均衡充电方法？
6. 具有实际意义的均衡充电方法是哪种？均衡充电如何启动？
7. 何谓蓄电池的浮充电？蓄电池的浮充电的作用有哪些？
8. 蓄电池的浮充电方式有哪两种？两种浮充电各有什么样的工作方式？
9. 蓄电池充电性能测试内容有哪些？如何进行这些测试？
10. 蓄电池的放电性能如何测试？如何评价蓄电池的放电特性？
11. 何谓蓄电池的理论容量和实际容量？蓄电池的容量是如何测定的？
12. 蓄电池的循环寿命如何测得？影响蓄电池寿命的因素有哪些？
13. 蓄电池的内阻包括哪些？蓄电池内阻的测定方法有哪些？
14. 蓄电池的自放电程度如何表示？如何测定蓄电池的自放电程度？
15. 蓄电池的安全性有哪些测试项目？
16. 蓄电池的荷电状态检测方法有哪些？这些检测方法各有何特点？
17. 蓄电池管理系统的作用是什么？蓄电池管理系统有哪些类型？
18. 蓄电池管理系统的基本组成有哪些？各起什么作用？
19. 纯电动汽车上蓄电池管理系统的基本功能有哪些？
20. 为什么要对蓄电池进行热管理？热管理系统如何实现对蓄电池的温度控制？
21. 蓄电池热管理系统散热结构有哪些形式？各有什么特点？
22. 为什么要在电动汽车上检测蓄电池组的绝缘电阻？绝缘电阻的检测方法有哪些？
23. 制动能量回馈的作用是什么？制动能量回馈的控制策略有哪些？

第9章 燃料电池

本章教学目标

熟悉燃料电池的基本概念；
了解燃料电池的特点、应用及发展概况；
了解燃料电池的基本组成、类型及工作原理；
理解质子交换膜燃料电池、碱性燃料电池、磷酸燃料电池及甲醇燃料电池的发电原理及各自的特点；
熟悉燃料电池电动汽车的特点、工作方式及未来的发展趋势。

本章教学要点

知识要点	能力要求	相关知识
燃料电池的特点、与蓄电池的异同、与辅助动力单元的异同及燃料电池的发电原理、类型	熟悉燃料电池的基本概念，了解燃料电池的特点及与蓄电池和APU的异同点，了解燃料电池的应用领域和发展概况，熟悉燃料电池的基本组成及发电原理，了解燃料电池的类型	化学电源、发动机原理、发电机原理
质子交换膜燃料电池、碱性燃料电池、磷酸燃料电池、甲醇燃料电池的结构与工作原理	熟悉质子交换膜燃料电池的工作原理及组成部件，了解质子交换膜燃料电池的特点及影响性能的因素，了解其他类型燃料电池的组成、原理及特点	燃料电池原理、质子交换膜、极化与过电位、热力学原理、电化学原理
燃料电池电动汽车的特点、工作方式、关键技术	了解燃料电池电动汽车的特点，理解发展燃料电池电动汽车的意义，了解燃料电池电动汽车的结构类型、工作方式及储氢方式	电动汽车原理、氢的制备、氢的储存

9.1 燃料电池概述

9.1.1 燃料电池的基本概念及特点

1. 燃料电池的定义

燃料电池是一种将燃料（氢和氧）的化学能通过电极反应直接转换成电能的装置。将氢和氧分别送入燃料电池后，就可从其正极和负极输出电能。从外表上看，燃料电池与蓄电池一样，有正负极和电解质等，但燃料电池不能通过充电的方法"储电"，只是一个通过不断消耗燃料来输出电能的能量转换装置，通常也称为发电装置。

2. 燃料电池的前景与意义

由于燃料电池是通过电极反应直接将化学能转换成电能，其反应过程不涉及燃烧，因而能量转换效率不受卡诺循环的限制，具有高效、洁净的显著特点，被认为是21世纪首选的洁净高效发电技术。如今，燃料电池的应用范围十分广泛，在航天、运输、动力、军事和民用电子产品等领域均使用了不同类型的燃料电池。燃料电池作为一种将化学能转换为电能的装置，成为继火电、水电与核电之后的第4种发电方式，并受到了各国政府的高度重视。以燃料电池作为动力能源的燃料电池电动汽车也已成为世界各大汽车公司开发竞争的热点。

美国政府早已将燃料电池技术列为保持美国经济繁荣和国家安全而必须发展的27项关键技术之一，2003年2月美国总统布什在《国情咨文》中就提出了12亿美元的氢燃料汽车计划，能源部在"氢计划"中明确提出2010年燃料电池电动车在汽车市场上要达到25%的份额。

加拿大的Ballard公司研制出了以质子交换膜燃料电池为动力的燃料电池公共汽车，而加拿大政府则将燃料电池确定为21世纪首选的清洁能源系统。

日本政府先后在"月光计划"和"阳光计划"中大力支持燃料电池发展，并在2002年12月租用丰田和本田公司的燃料电池电动车，用以宣传和推动该项技术的应用与发展；德国也将燃料电池技术作为今后主要的发电技术之一。

我国政府也将燃料电池技术列为发展重点，在2008年，用国产的燃料电池电动汽车为北京奥运会服务。

地球上的石油资源是有限的，当石油资源逐渐减少并走向枯竭时，人类赖以生存的能源将是核能、太阳能、水力、风能等。由于燃料电池的燃料是氢，可用核能、太阳能、水力、风能、潮汐等能量发电，然后通过电解水的方法来制取氢。通过燃料电池，就可以氢为载体，将氢与大气中的氧通过化学反应转换为电能，将氢能源运用于汽车动力、军事用电及家庭用电等。可以说，燃料电池技术是人类步入氢能时代的一个重要里程碑，燃料电池给氢燃料提供了更广阔的应用领域，为人类构筑起一幅基于清洁能源的美好蓝图（图9.1）。

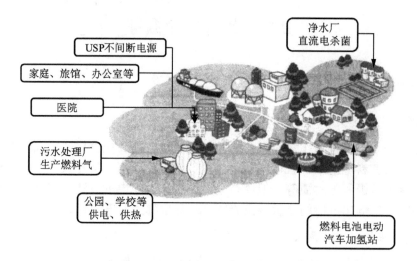

图 9.1　未来燃料电池美好蓝图

3. 燃料电池与蓄电池的区别

燃料电池与其他化学电池相同的是有正负极及活性物质、电解质，都是通过活性物质（氢燃料及氧化剂）的电化学反应产生电能，并都是通过正极和负极输出电能。但是，燃料电池有别于普通化学电池，它实际上就是一个电化学反应器。燃料电池与蓄电池的不同之处总结如下：

(1) 燃料电池通过电化学反应转换为电能的活性物质不在电池的内部，而是从电池的外部输入。

(2) 燃料电池放电过程所消耗的活性物质无需通过充电来还原，只需向电池内不断输入燃料及氧化剂，并将电化学反应产物及时排出即可持续提供电能。

(3) 燃料电池本体只决定电池的输出功率，燃料电池能量的大小取决于外部可输入的燃料和氧化剂的储存量。因此，燃料电池的比能量可以很高，而续驶里程主要取决于燃料的储备容量。

(4) 燃料电池的内部结构和系统的控制比较复杂，尤其是放电控制，远不如普通化学电池方便。

4. 燃料电池与原动机辅助动力单元的区别

在混合动力电动汽车上使用的辅助动力单元（Auxiliary Power Unit, APU）实际上是发动机和发电机构成的组合装置，燃料的化学能通过燃烧转换为热能，并由热机转换为机械能，再通过发电机转换为电能。燃料电池与 APU 的相同之处都是将燃料转换为电能，但相比于 APU，燃料电池具有如下特点：

(1) 燃料电池的燃料通过电化学反应直接转换为电能，没有燃烧转换为热能的过程，因而无燃料燃烧排放物，对环境污染很小。

(2) 燃料电池的氧化还原反应不在同一地点，在负极进行氧化反应，在正极进行还原反应；而发动机燃料燃烧所进行的氧化还原反应在同一地点，反应后释放热能。由于燃料电池的能量转换过程不受卡诺循环的限制，也无需机械能转换为电能的过程，因而其能量转换效率高。

(3) 燃料电池无热机的工作噪声，也无机械传动装置的工作噪声，因此，燃料电池本身的工作噪声很小。

(4) 燃料电池不能直接使用汽油、柴油等燃料，需用氢作燃料，或经重整的富氢燃料气为间接燃料，对燃料的要求较高，燃料的成本也较高。

5. 燃料电池的特点

燃料电池被称为"发电装置"，是因为燃料电池通过燃料（氢气和氧气）的氧化还原反应直接输出电能，即利用了水电解的逆反应"发电"。燃料电池的核心部件及发电原理如图 9.2 所示。燃料电池不是封闭体系，它最大的特点是正负极本身不包含活性物质，工作时，活性物质是从电池的外面连续不断地注入，即将反应物从外界不断地输送到电极上进行反应，就可持续提供电能。正因为如此，燃料电池也被称为"连续电池"。

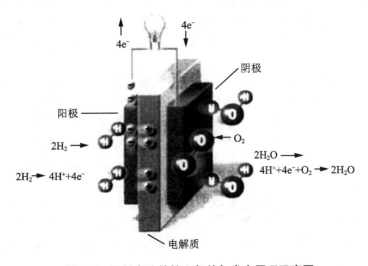

图 9.2 燃料电池的核心部件与发电原理示意图

燃料电池被公认为未来最具发展潜力的绿色能量，是因为它具有其他能源不可比拟的优越性，这些优越性主要表现在效率、安全性、可靠性、清洁度、操作性能、灵活性等方面。燃料电池的特点总结如下。

(1) 能量转换效率高。由于燃料电池的能量转换效率不受卡诺循环的限制，又不存在机械能做功所造成的损失，因而与热机和发电机相比，燃料电池的最大优点是能量转换效率极高。目前汽轮机或柴油机的效率最大值为 40%～50%，当用热机带动发电机时，其效率仅为 35%～40%，而燃料电池的效率可达 60%～70%，其理论能量转换效率可达 90%，实际使用中的效率则是普通内燃机的 2～3 倍。而其他物理电池，如温差电池效率为 10%，太阳电池效率为 20%，均无法与燃料电池相比。

(2) 发电环境友好。燃料电池在将燃料转换为电能的过程中，对环境的负面影响极小，主要表现在如下几方面：

① 当燃料电池作为大、中型发电装置使用时，一个突出的优点就是可减少化学污染排放。对于采用纯氢为燃料的燃料电池而言，发电后的产物只有水，可实现真正的"零排放"。氢燃料电池在航天系统中还可将生成的水供宇航员使用，而液氧系统又可供生命保障备用品。

② 当燃料电池以富氢气体（由矿物燃料制取）为燃料时，由于燃料电池的能量转换效率高，其 CO_2 的排放量可减少 40% 以上，这对缓解地球的温室效应起着极为重要的作用。虽然在用矿物燃料制取富氢燃料气过程中，必须经历重整、脱硫及其化合等过程，但将燃料转换为电能的整个过程中没有经历燃烧过程，因而燃料电池不会产生传统热机能量转换过程中常见的 SO_2、NO_x、烃类、粉尘等污染物。如果采用太阳能通过光分解水的方法制氢，则这种燃料电池完全没有温室气体的产生。

③ 由于燃料电池无热机的曲柄连杆机构等机械运动，因此工作环境没有噪声污染。例如，11MW 大功率磷酸燃料电池发电系统的噪声水平低于 55dB。燃料电池工作安静，很适用于潜水艇等军事系统的电源。燃料电池能全自动运行，无需人看管，因而也很适用于在僻静、恶劣环境工作及作为空间运行设备的电源。

(3) 模块结构、方便耐用。单体电池是燃料电池发电的单元，燃料电池发电系统可由单体电池堆叠至所需规模的电池组构成，电池组中单体电池的数量决定了发电系统的规模。电站用大规模燃料电池发电系统采用模块结构，可由工厂生产各个燃料电池模块（一定数量的单体电池堆叠成组），在电站现场简单施工安装即成。因各个模块可以更换，维修方便，可靠性高。

(4) 响应性好、供电可靠。燃料电池发电系统对负载变动的响应速度较快。当负载有变动时，燃料电池会很快响应，因而无论处于过载运行或低于额定功率运行，燃料电池均能承受，并且效率变化不大。在电力系统供电中，电力需要变动的部分，可由燃料电池承担，例如，在用电高峰时，燃料电池可作为调节的储能电池使用，用于供电系统电能的不足。燃料电池供电功率范围极广，大至大、中型电站，小到应急电源和不间断电源，甚至是便携式电源。

(5) 适用的燃料多样化。燃料电池除了用纯氢作燃料外，还可以使用天然气、煤气、甲醇、乙醇、汽油等燃料，也可使用发电厂不宜使用的低质燃料，如褐煤、废木、废纸，甚至城市垃圾。当然，氢气之外的燃料用作燃料电池的燃料时，需要经专门装置对这些燃料进行重整，转为富氢气体才行。

(6) 结构简单、机械加工及维护方便。燃料电池系统没有复杂的机械运动部件，机械加工方便且精度要求低，燃料电池工作时无机械磨损，后期的运行维护也较容易。

尽管燃料电池有上述种种优点，小范围的应用也取得了良好的效果，但是，燃料电池还有若干关键技术有待突破，因而时至今日，已有的各种燃料电池均没有达到大规模民用商业化的程度。燃料电池亟待解决的关键问题主要如下：

(1) 成本太高，致使燃料电池无法普及。

(2) 高温时寿命及稳定性还不够理想。

(3) 还没有建立完善的燃料供应体系。

9.1.2 燃料电池的发展概况

虽然燃料电池技术还没有其他化学电池那样成熟，但是燃料电池这一概念的提出实际上比许多古老的化学电池还要久远。大体上，可将燃料电池的发展过程归纳为实验室研究开发和实际应用开发两个不同的阶段。

1. 实验室研究开发阶段

早在 1802 年，H.Davy 试验了碳氧电池，以碳和氧为燃料及氧化剂，硝酸为电解质，电池反应为 $C + O_2 \rightarrow CO_2$，这一试验反映了制造燃料电池的可能性。

1839 年，英国人格罗夫（Grove）爵士提出了氢和氧反应可以发电的原理。他在一次偶然的电解实验中，发现将电解器的两个电极连接时有反向的电流产生，同时消耗氢气和氧气。这种以铂丝为电极，浸入稀硫酸中能产生 1V 电动势的发电装置，已被公认为是现代燃料电池的雏形，其发电原理如图 9.3 所示。Grove 还将多只单电池串联起来作电源，点亮了伦敦讲演厅的照明灯，这也拉开了燃料电池发展的序幕。Grove 还指出，强化气体、电解液与电极三者之间的相互作用是提高电池性能的关键。由于氢气不能在自然界直接获得，在随后的几年中，人们一直试图用煤气作为燃料，但均未获得成功。

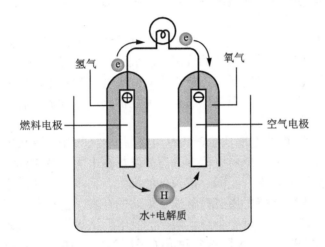

图 9.3 Grove 的燃料电池的发电原理

此后的一百多年里，人们更多地采用铂片作电极，以 KOH 作电解质，并用氢作燃料，重复着燃料电池创始人 Grove 的燃料电池发电实验。

1889 年，英国人蒙德（Mond）和朗格尔（Langer）首先提出燃料电池这个名称，并采用浸有电解质的多孔非传导材料为电池隔膜，以铂黑作为电催化剂，以钻孔的铂或金片为电流收集器组装燃料电池。这种电池结构接近于现代的燃料电池，其燃料为氢，用氧作氧化剂，当工作电流密度为 $3.5mA/cm^2$ 时，燃料电池的输出电压为 0.73V。

20 世纪初，人们就期望能用化石燃料的化学能直接转换为电能。例如，奈斯特（Nerst）、哈伯（Harber）等一些杰出的物理化学家，对直接炭燃料电池做了许多努力。1920 年之后，由于在低温材料性能研究方面的成功，对气体扩散电极的研究重新开始。1933 年，鲍尔（Baur）设想出一种在室温下用碱性电解质，以氢为燃料的燃料电池系统。

这一阶段的燃料电池的输出电流有限，不具有实际应用的价值。直到另一个英国人培根（Bacon）研究出了具有实用意义的培根电池，才使燃料电池走出实验室，服务于人类的生产活动。

2. 实用开发阶段

Bacon 对氢氧碱性燃料电池进行了长期且卓有成效的研究，主要贡献在以下 3 个方面：

(1) 提出新型镍电极，采用双孔结构，改善了气体输运特性。

(2) 提出新型制备工艺，锂离子嵌入镍板预氧化焙烧，解决了电极氧化腐蚀问题。

(3) 提出新型排水方案，保证了电解液的工作质量。

1952 年，Bacon 成功地开发了多孔镍电极，并成功地制备了 5kW 碱性燃料电池系统，寿命可达 1000h。这是第一个实用性燃料电池，该燃料电池可用作小型机械的动力。Bacon 的成就奠定了现代燃料电池的技术思想，鼓舞着人们努力去实现燃料电池的实用化和商品化。他的研究成果也是后来美国宇航局（NASA）阿波罗（Apollo）计划中燃料电池的基础。

20 世纪 60 年代，美国 IFC(International Fuel Cell) 公司制造的燃料电池为阿波罗登月飞船提供电力和宇航员的饮用水，为人类首次登上月球做出了贡献。由于航天和国防的需求，燃料电池得到真正的实际应用，开发了液氢和液氧的小型燃料电池，并应用于空间飞行器和潜水艇。最早的碱性燃料电池的研发成功为当时突飞猛进的航天领域提供了强有力的支持。

燃料电池在航天飞行中大获成功，进一步推动了燃料电池的开发热潮。虽然由于后期军备竞赛的缓和，使得碱性燃料电池的发展有所放缓，但其研发一直不断进行着，因而碱性燃料电池是现今为止开发时间最长，最为成熟的燃料电池技术。即使其性能在各种不同类型的燃料电池中不是最好的，但碱性燃料电池凭借其成本优势，在几乎所有的燃料电池应用领域均具有很强的竞争力。

随后的 30 多年中，燃料电池从航天和军用逐渐扩展到了民用领域。20 世纪 70 年代，中东战争后出现了能源危机，燃料电池多方面的优势在电力系统中体现得淋漓尽致，使人们更加看好燃料电池发电技术。美国、德国、加拿大、日本等发达国家纷纷制定了发展燃料电池的长期计划，大力支持民用燃料电池发电站的开发，重视研究以净化重整气为燃料的磷酸燃料电池，并建立了一批中小型燃料电池发电厂试运行，同时开展大中型燃料电池电站试验。例如，在 1977 年，美国首先建成了民用 MW 级磷酸燃料电池试验电站，用于工业和民用供电。美国、日本等发达国家还重点研究采用净化煤气和天然气等作为燃料的高温燃料电池，如今已有数百台酸性燃料电池电站运行于世界各地。

在上述类型的燃料电池发展过程中，熔融碳酸盐燃料电池（MCFC）和固体氧化物燃料电池（SOFC）都有了较大的进展，尤其是 20 世纪 90 年代，质子交换膜燃料电池（PEMFC）采用立体化电极和薄的质子交换膜之后，燃料电池技术取得了一系列突破性的进展，这些都极大地促进了燃料电池实用化的进程。

由于电子信息产品和电动汽车对燃料电池的迫切需求，燃料电池也出现了向着小型化和动力型发展的趋势。作为电动汽车的电源，虽然有很多电池可用，但从长远看，质子交换膜燃料电池被认为是绿色环保电动汽车最为理想的电源。自从 1966 年美国通用汽车公司推出了第一辆燃料电池电动汽车之后，燃料电池电动汽车作为一种清洁能源汽车，已被世界各国所重视。人们也把燃料电池在汽车上的运用称为汽车动力的一场革命。近年来，质子交换膜燃料电池的开发成果最为显著。可以相信，21 世纪，燃料电池电动汽车必将得到迅速发展。

9.1.3 燃料电池的分类

目前，已有多种实用型的燃料电池，现通过不同的分类方法加以概括。

1. 按燃料电池的工作温度分类

按燃料电池的工作温度可将其分为低温、中温和高温 3 种类型。

1) 低温燃料电池

低温燃料电池的工作温度低于 200℃,可采用水溶液或其浓缩液为电解质,但需要采用铂催化剂才能达到实用的高电压及高电流密度,所用的燃料是氢或经纯化及重整的富含氢的燃料气。

2) 中温燃料电池

中温燃料电池的工作温度为 200～750℃。中温固态燃料电池兼有高温固态氧化物燃料电池和低温质子交换膜燃料电池的优点,同时摒弃了它们的某些缺点。中温燃料电池可大幅提高贵金属催化剂的一氧化碳耐受能力,并且使金属和合成树脂等材料用作电池(堆)的连接和密封材料成为可能,从而降低了燃料电池的成本,延长了燃料电池的使用寿命。

3) 高温燃料电池

高温燃料电池的工作温度高于 750℃,燃料电池须采用熔融盐或固体氧化物电解质,可以在不采用特殊催化剂的情况下获得实用性的高电压及高电流密度。燃料除氢外,还可采用煤制气、天然气、甲烷、沼气等。

2. 按燃料电池的燃料来源分类

按燃料电池的燃料来源可将燃料电池分为直接式、间接式、再生式和微生物 4 种。

1) 直接式燃料电池

直接式燃料电池的燃料是液态或气态纯氢,因而不需要复杂的汽化产生氢气的过程,但需要铂、金、银等贵重金属作催化剂。直接甲醇燃料电池也无需预先重整,可直接用甲醇在阳极转换成二氧化碳和氢,但需要比纯氢燃料消耗更多的铂催化剂。

2) 间接式燃料电池

间接式燃料电池可用天然气、甲烷、汽油、液化石油气(LPG)、二甲醚等为燃料,经过重整和纯化后转变为氢或富含氢的燃料气再供给燃料电池本体。

3) 再生式燃料电池

再生式燃料电池可将燃料电池生成的水经适当方法分解成氢和氧,再重新输送给燃料电池进行发电。

4) 微生物燃料电池

利用生物原料(包括杂木、稻草、麦秆、玉米秆、青草、含能源的植物、动物粪便等)通过反应器转换成燃烧气体(主要是 H_2、CO、CH_4),经加工处理后作为燃料电池的原料,用于建立分散电站,向家庭或城市提供电力,也可转换为 H_2,用于电动汽车。

3. 按燃料电池所采用的电解质分类

按燃料电池所采用的电解质分,可将燃料电池分为碱性燃料电池(Alkaline Fuel Cell,AFC)、磷酸燃料电池(Phosphoric Acid Fuel Cell,PAFC)、质子交换膜燃料电池(Proton exchange Membrane Fuel Cell,PEMFC)、熔融碳酸盐燃料电池(Molten Carbonate Fuel Cell,MCFC)、固态氧化物燃料电池(Solid Oxide Fuel Cell,SOFC)等。

1) 碱性燃料电池

AFC 以石棉网作为电解质的载体,氢氧化钾(KOH)水溶液为电解质,工作温度在

70～200℃。高温（约200℃）时采用高浓度的氢氧化钾（85%）作电解质，在较低温度（小于120℃）时用低浓度的氢氧化钾（35%～50%）作电解质。AFC必须以纯氢作为阳极燃料气体，以纯氧作为阴极氧化剂，催化剂使用铂、金、银等贵重金属，或镍、钴、锰等过渡金属。AFC电解质的腐蚀性较强，因而其寿命较短。与其他燃料电池相比，AFC的优点是启动快，功率密度较高，性能较为可靠，是目前技术较成熟的燃料电池之一。AFC的应用涉及航天、军用、电动汽车、发电等领域。

2) 磷酸燃料电池

PAFC以磷酸水溶液为电解质，其工作温度为150～200℃，电极上也需要加铂作催化剂来加速反应。PAFC在低温时离子电导度较差，而阳极铂易受CO毒化，目前的发电效率仅为40%～45%，燃料必须外重整改质，而且气体燃料中CO浓度必须小于0.5%。由于酸性电解质的腐蚀作用，PAFC的寿命难以超过40000h。PAFC技术已趋成熟，产品也进入商业化。PAFC的缺点之一是启动时间长，因此，不适用于轿车动力，但用作公共汽车的动力则已有成功的实例。PAFC较适合于用作特殊用户的分散式电源，现场可移动电源及备用电源等。

3) 质子交换膜燃料电池

PEMFC的电解质为固态聚合物膜，膜只允许质子通过，故称为质子交换膜。PEMFC的工作温度约为80℃。在这样的低温下，需要通过电极上的一层薄的铂进行催化，以确保电化学反应能正常缓慢进行。PEMFC内唯一的液体为水，因此腐蚀程度较低，使用寿命较长。PEMFC即使在低温状态下也具有启动时间短的特性，可以在几分内达到满载运行，电流密度和功率密度较高，发电效率在45%～50%，并且运行可靠，因而是电动汽车动力电源的首选。此外，PEMFC也可用作移动电源、军用野外小型电力装置、便携式电器不间断电源等，但不适合用于大容量集中型电厂。

4) 熔融碳酸盐燃料电池

MCFC的电解质为分布在多孔陶瓷材料中的碱性碳酸盐，其工作温度为600～800℃。碱性碳酸盐电解质在高温下呈熔融状态，其离子传导度极佳，在高温下电极反应不需要贵重金属（如铂）催化剂，可以采用镍与氧化镍分别作为阳极与阴极的触媒，且具有内重整改质能力，天然气和石油的碳氢化合物等均可以直接作为燃料，发电效率较高。如果余热可以回收或与燃气轮机结合组成联合发电系统，则可使发电容量和发电效率进一步提高。由于MCFC在高温下工作，需要较长的时间才能达到工作温度，因此不能用于电动汽车，而其电解质的温度和腐蚀特性也不适用于移动电源和便携式电器的不间断电源。由于其所具有的技术特点及较高的发电效率，MCFC成为用于分散型电站和集中型电厂的大规模发电的较理想的选择之一。

5) 固体氧化物燃料电池

SOFC的电解质是固态非多孔金属氧化物，工作温度为650～1000℃。SOFC电极也无需铂等贵重金属作催化剂，且无电解质蒸发和电池材料的腐蚀问题，电池的寿命较长，目前SOFC可以连续工作达70000h。SOFC也可用天然气和石油的碳氢化合物等作为燃料，燃料在内部可进行重整改质。由于SOFC工作温度很高，金属与陶瓷材料间不易密封，启动时间较长，不适合用作紧急电源，但较适合替代石油和煤等火电厂发电，既可用作中小容量的分散型电源（500kW～50MW），也可用作大容量的集中型电厂（大于100MW）。

上述5种燃料电池的特点总结见表9-1。

表 9-1　各种燃料电池的特点比较

特点	碱性燃料电池	磷酸燃料电池	质子交换膜燃料电池	熔融碳酸盐燃料电池	固体氧化物燃料电池
电解质	氢氧化钾水溶液	磷酸水溶液	质子交换膜	碱性碳酸盐	氧化锆陶瓷
工作温度/℃	70～200	150～200	50～100	600～800	650～1000
燃料	H_2	H_2	H_2、甲醇、天然气等	CO、H_2	CO、H_2
氧化剂	O_2	空气	空气或O_2	空气	空气
起动时间	几分钟	2～4h	几分钟	>10h	>10h
主要优点	启动快，效率高，可室温下工作	对CO不敏感	启动快，比功率高，工作温度低，寿命长	效率高，无需贵重金属作催化剂	效率高，无需贵重金属作催化剂
主要缺点	需用纯氧作氧化剂，有腐蚀	效率较低，有腐蚀	对CO敏感，成本较高	工作温度较高，控制复杂，有腐蚀	工作温度高，控制复杂，有腐蚀
主要应用领域	航天、军事、电动汽车	大客车、中小电厂	航天、军事、电动汽车	大型电厂	大型电厂

由于PEMFC工作温度低，启动时间短，效率较高，因此，是电动汽车用燃料电池的最佳选择。

9.1.4　燃料电池的发电原理

1. 燃料电池的基本工作原理

燃料电池的核心部分是燃料（阳极）、电解质、氧化剂（阴极），可应用于电动汽车的几种燃料电池（PEMFC、PAFC、AFC），其基本工作原理如图 9.4 所示。工作时，向阳极供给燃料氢，向阴极供给氧化剂空气，电池内部产生电化学反应，将化学能直接转换为电能输出。

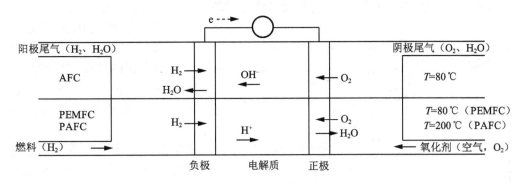

图 9.4　燃料电池的基本工作原理

1）阳极进行氧化反应

进入阳极的氢（燃料）在催化剂的作用下分解成H^+和电子。H^+进入电解质中，其电

化学反应为

$$H_2 \rightarrow 2H^+ + 2e^-$$

2) 阴极进行还原反应

在阴极，进入的空气（氧化剂）进行还原反应，空气中的氧与电解质中的 H^+ 吸收抵达阴极的电子而生成水。这正是水的电解反应的逆过程，其电化学反应为

$$\frac{1}{2}O_2 + 2H^+ + 2e^- \rightarrow H_2O$$

3) 外电路电子运动形成电流

当在正负极之间连接外电路后，电子就沿外电路移向正极，形成电流，并向连接在外部电路中的电气负载提供电能。

燃料电池总反应为

$$H_2 + \frac{1}{2}O_2 \rightarrow H_2O$$

2．燃料电池的电动势及工作电压

1) 燃料电池的电动势

燃料电池内部阳极和阴极的电化学反应，使正极电位和负极电位发生改变，正负电极之间产生电位差（电动势 E），即

$$E = \varphi_e^+ - \varphi_e^-$$

式中，φ_e^+ 为正极平衡电极电位；φ_e^- 为负极平衡电极电位。

无论是哪种电解质，氢氧燃料电池的电动势 $E=1.229V$；如果反应产物水为气态，则 $E=1.18V$。

2) 燃料电池的工作电压

工作时，燃料电池通过外电路形成放电电流，这时燃料电池正负极之间的电位差（工作电压 U）为

$$U = E - \Delta\varphi^+ - \Delta\varphi^- - IR$$

式中，$\Delta\varphi^+$ 为正极极化电位差；$\Delta\varphi^-$ 为负极极化电位差；IR 为电池内电阻电压降。

电极产生的极化包括活化能极化和浓差极化。活化能极化是由于电极反应所必需的活化能所产生的极化；浓差极化是指反应物的供应速度或生成物的排出速度缓慢所产生的极化。

燃料电池工作时，随着放电电流 I 的增大，正负电极的极化电位差会加剧，电池内阻上的电压降也随之增加。燃料电池的放电特性如图 9.5 所示。

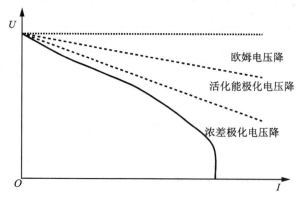

图 9.5　燃料电池放电特性曲线

9.2 质子交换膜燃料电池

9.2.1 质子交换膜燃料电池基本组成与工作原理

PEMFC 主要由膜电极和集流板组成，其工作原理如图 9.6 所示。

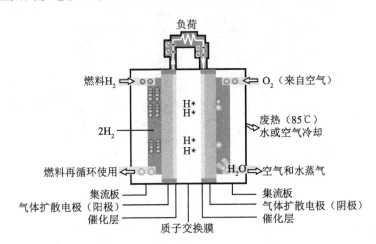

图 9.6 PEMFC 工作原理示意图

增湿后的 H_2 和 O_2 分别进入阳极室和阴极室，经电极扩散层扩散到达催化层和质子交换膜的界面，在催化剂的作用下分别产生氧化反应和还原反应。阴极反应生成的质子（H^+）通过质子交换膜的传导到达阳极，阳极反应产生的电子则经外电路到达阴极，形成放电电流；生成的 H_2O 以水蒸气或冷凝水的形式随过剩的阴极反应气体从阴极室排出。

9.2.2 质子交换膜燃料电池单体的组成部件

PEMFC 单体的主要组成部件如图 9.7 所示。

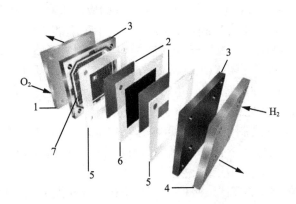

图 9.7 PEMFC 单体组成部件

1、4—端板；2—气体扩散层；3—双极板；5—密封垫片；6—质子交换膜；7—气体通道

1. 膜电极

膜电极（Membrane Electrode Assembly, MEA）是质子交换膜与两侧的气体扩散层（阴、阳电极）通过热压而成的三合一组件，膜与电极之间还有一层催化剂。MEA 是 PEMFC 的核心部件，其结构如图 9.8 所示。

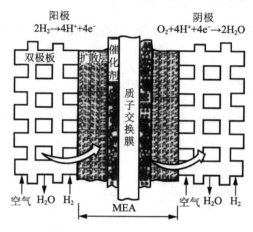

图 9.8　MEA 的结构示意图

1）质子交换膜

质子交换膜是一种厚度仅为 50～180μm 的极薄膜片，是电极活性物质（催化剂）的基底。质子交换膜的特点是在一定的温度和湿度下，可使 H^+（质子）通过，而不允许 H_2 及其他离子通过。质子交换膜是 PEMFC 的核心技术，其化学、物理性质对 PEMFC 性能的影响极大，对质子交换膜的要求如下：

（1）具有良好的离子导电性能。

（2）应有适度的含水率。

（3）在电池工作时具有良好的化学稳定性。

（4）在极薄结构尺寸下仍具有足够的机械强度。

（5）膜表面与催化剂有良好的结合性能。

由于结构、工艺和生产批量等原因，质子交换膜的成本很高。1962 年美国杜邦（Dupont）公司研制成功全氟磺酸型质子交换膜，1964 年开始用于氯碱工业，1966 年首次用于燃料电池，为研制长寿命、高比功率的质子交换膜燃料电池创造了坚实的基础。至今各国研制 PEMFC 电池所用的质子交换膜仍以 Dupont 公司的全氟磺酸型质子交换膜为主，其商品型号为 Nafion。但由于 Nafion 膜售价高，达每平方米 500～800 美元，为降低 PEMFC 成本，各国科学家正在研究部分氟化或非氟化质子交换膜。

Dupont 公司的 Nafion 膜制备采用聚四氟乙烯作原料，合成全氟磺酰氟烯醚单体，该单体与四氟乙烯共聚，获得不溶性的全氟磺酰氟树脂。该树脂热塑成膜，再水解并用 H^+ 交换 Na^+，最终获得 Nafion 系列质子交换膜。

Nafion 在低的相对湿度或高温条件下，其离子的传导性变差。因此，用 Nafion 做成的 PEMFC，其工作温度限定在 100℃以下，一般不超过 80℃，否则膜会脱水。由于现有的 Nafion 对高湿度和低工作温度的要求，使得 PEMFC 必须配备复杂的水管理系统。

由于在低温下工作，燃料电池的动力学反应较缓慢，又由于与环境的温度差较小，PEMFC 需要复杂的热管理系统和体积较大的散热器。作为在电动汽车上使用的 PEMFC，美国通用汽车公司曾提出如下建议：膜的工作温度提高到 120～150℃；在此温度下，膜应能在 25% 的相对湿度下工作。使用高温膜还有一个好处是可使用 CO 含量较高的氢气。

2) 催化剂

催化剂是 PEMFC 的另一项核心技术，为加速正极氢的氧化反应和负极氧的还原反应，在质子交换膜两侧的气体扩散电极表面都含有一定量的催化剂。对催化剂的要求是活性高、选择性好、耐腐蚀、寿命长、电子导电性良好，而且成本低。

目前催化剂采用金属铂（Pt），一般用量为 $0.2mg/cm^2$。铂是价格昂贵的稀缺资源，早期的膜电极是将铂直接热压到电解质膜的两侧，这种方法使铂的载量较高，导致燃料电池的成本过高。后采用碳载铂技术，并先后开发出涂膏法、浇注法、滚压法、电化学催化法等制备工艺，使铂的利用率提高，单位面积铂的使用量下降，这使燃料电池的成本得到了有效控制。

3) 气体扩散电极

气体扩散电极包括气体扩散层和催化层（图 9.9），是膜电极的重要组成部分。性能良好的气体扩散电极应同时具有适度的亲水性和憎水性，以确保催化剂发生作用的最佳湿化环境，同时又能让反应生成的水及时排出，以避免电极被水淹没。

图 9.9　电极结构示意图

扩散层具有支撑催化层、提供气体通道、提供电子通道并收集电流、提供排水通道等作用。扩散层一般由炭纸（碳纤维纸）或炭布制成，炭纸更为多见。碳纤维纸是以短的聚丙烯脂碳纤维丝和有机树脂为原料，在惰性气氛中烧结而成的外观类似硬纸质的多孔材料。原则上扩散层越薄越有利于传质和减小电阻，但考虑到对催化层的支撑与强度的要求，一般其厚度选在 100～300μm。目前广泛采用的是日本东丽（Toray）公司生产的 TGP 系列炭纸。图 9.10 所示为 TGP 炭纸的扫描电镜（SEM）照片，显示了炭纸的细微结构。

电极扩散层的制备方法是将炭纸或炭布多次浸入聚四氟乙烯乳液中，并对其作疏水处理，用

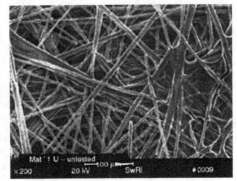

图 9.10　TGP 炭纸的扫描电镜照片

称重法确定聚四氟乙烯的含量。再将浸好聚四氟乙烯的炭纸置于温度为 330～340℃ 的烘箱内焙烧，以除掉浸渍在炭纸或炭布中的聚四氟乙烯乳液所含的表面活性剂，同时使聚四氟乙烯热熔烧结并均匀分散在炭纸或炭布的纤维上，从而达到良好的憎水效果。焙烧后的炭纸中聚四氟乙烯的含量（质量分数）约为 50%。由于炭纸或炭布表面凹凸不平，对制备催化层有影响，因此需要对其进行整平处理。

催化层是电化学反应发生的场所,也是电极的核心部分。早期的催化层是由纯铂黑与聚四氟乙烯乳液制备的,电极中的铂担载量为 $4mg/cm^2$。现在通常使用炭担载铂催化剂,使铂担载量减少。

炭担载铂催化剂是将铂附着在细小的活性炭表面,制成铂/炭催化剂,再与聚四氟乙烯乳液及质子导体聚合物(如 Nafion 溶液)按一定比例分散在水和乙醇的混合溶剂中,搅拌、超声混合均匀,然后采用丝网印刷、涂布和喷涂等方法,在扩散层上制备 30~50μm 厚的催化层。采用铂/炭电催化剂的铂质量分数一般在 10%~60%,通常采用 20%(质量分数)的铂/炭电催化剂。氧电极和氢电极铂担载量分别控制在 $0.3~0.5mg/cm^2$ 和 $0.1~0.3\ mg/cm^2$。聚四氟乙烯在催化层中的质量分数一般控制在 10%~50%。

为了克服厚层憎水催化层离子电导率低和催化层与膜之间树脂变化梯度大的缺点,美国 Las-Alamos 国家实验室提出一种厚度小于 5μm 的薄亲水催化层制备方法。该方法的主要特点是催化层内不加憎水剂聚四氟乙烯,而用 Nafion 树脂作黏结剂和 H^+ 的导体。具体制备方法是将质量分数为 5% 的 Nafion 溶液与铂/炭催化剂混合(质量比为 3:1 左右)再加入水和醇,超声振荡混合均匀,然后采用印刷、喷涂或压延技术,将催化剂涂布在扩散层或质子交换膜上。

在经典的疏水电极催化层中,气体在聚四氟乙烯的憎水网络所形成的气体通道中传递,而在薄层亲水电极催化层中,气体是通过在水或 Nafion 类树脂中的溶解扩散进行传递的。薄的催化层可减少催化层内气体传输和质子扩散产生的电势损失,这种薄层亲水催化层与上述憎水厚层催化剂相比,铂担载量可大幅度降低,一般在 $0.1~0.5mg/cm^2$。

采用物理方法(如真空溅射)可制备超薄催化层电极,将铂溅射到扩散层上或特制的具有纳米结构的碳须扩散层上,铂催化层的厚度可小于 1μm,一般为几十纳米。

2. 双极板

双极板又称集流板,放置在膜电极的两侧,可将各单体电池串联起来。双极板的两侧分别与相邻两单体电池的阳极和阴极接触,这样,无需导线就可将各单体电池串联起来。双极板除了用作导电和串联各电池单体外,其表面的导流槽还起导流燃料、氧气及冷却水的作用。双极板的作用示意图如图 9.11 所示。

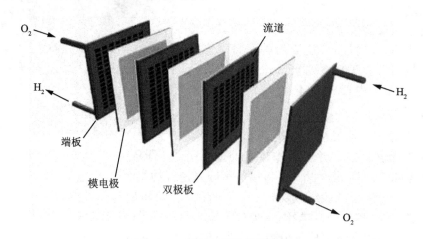

图 9.11 双极板的作用示意图

双极板的表面结构如图9.12所示。双极板面向膜电极一侧的表面刻有沟槽（称为流道），用于导流燃料和氧气（空气），而双极板中间的沟槽则是冷却水的通道，用于带走反应生成的富余热量。双极板的材质和结构设计主要考虑其有良好的导电性和密封性，反应气体能均匀分布于电极各处，水与热的排除顺畅。

双极板也是燃料电池中的一个关键组件，它对燃料电池的总体尺寸和质量、成本、性能、效率等均有极大的影响。对设计构思好的双极板有如下要求：

图9.12 双极板的表面结构

(1) 双极板本身应有极好的导电性能，并且与电极之间接触良好，应有尽可能多的接触面积。
(2) 组装后确保反应气体相互隔离，没有泄漏。
(3) 反应气体流动阻力要小，以减少功率消耗。
(4) 能将流态复杂的反应气体、水蒸气均匀地分布在电极的表面。
(5) 易使空气从膜电极上带走反应产生的水和使水蒸发。
(6) 必须确保燃料电池电堆有良好的冷却。
(7) 体积小，容易大批量制造，对生产加工的精度要求低。

目前制作双极板的材料主要有石墨、表面改性的金属、炭黑－聚合物合成材料等，通过精密铣床加工或直接模压成型制成双极板的沟槽网（流场）。有的双极板则由网状结构的流场板与极板组合而成。

流场的功能是引导反应气体流动方向，确保反应气体均匀分散到电极的各处，经电极扩散层达到催化层参与电化学反应，气体流场直接关系到膜电极的运行状况。至今已开发出点状、网状、多孔体、平行沟槽、蛇形和交指状等流场。一些双极板流场结构示意图如图9.13所示。

 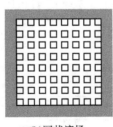  

(a)点状流场　　(b)网状流场　　(c)栅形流场　　(d)螺旋蛇形流场

图9.13 双极板流场结构示意图

PEMFC广泛采用的流场以平行沟槽流场和蛇形流场为主。对于平行沟槽流场双极板（图9.14），可通过改变沟与脊的宽度比和平行沟槽的长度来改变流经流场沟槽反应气体的线速度，并将液态水排出电池。对于蛇形流场，可通过改变沟与脊的宽度比、通道的多少和蛇形沟槽总长度来调整反应气体在流场中的流动线速度，确保将液态水排出电池。

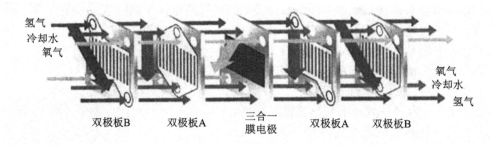

图 9.14　平行沟槽流场双极板

图 9.15　电池组的安装方式

　　PEMFC 电池组一般按压滤机方式组装，而且大多数采用内共用管道形式。电池组的主体为模电极、双极板及相应的密封件单元的重叠（图 9.11），一端为氧电极板，可兼作电流导出板，为电池组的正极；另一端为氢电极板，可兼作电流导出板，为电池组的负极。与这两块导流板相邻的是电池组端板，也称夹板，在其上除布有反应气体和冷却液进出通道外，周边还均布了一定数目的圆孔。在组装电池组时，圆孔内穿入螺杆，可将电池组夹紧（图 9.15）。若两块端板用金属（如不锈钢、铁板、超硬铝等）制作，还需在导流板与端板之间加入用工程塑料制备的绝缘板。

9.2.3　质子交换膜燃料电池系统

　　由燃料电池单体通过串联的方式组成电池组（称为燃料电池电堆）必须持续地供给燃料和氧化剂，并及时处理电化学反应产生的水和热才能使其正常工作。因此，一个能持续向外供电的燃料电池必须配备燃料供给与循环系统、氧化剂供给系统、水/热管理系统及协调各系统工作的电子控制系统。典型的 PEMFC 系统如图 9.16 所示。

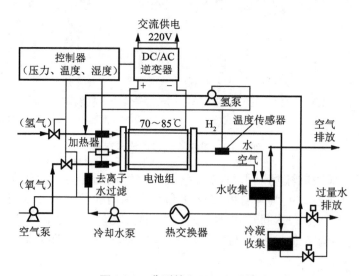

图 9.16　典型的 PEMFC 系统

1. 燃料电池电堆

燃料电池电堆由多个单体电池以串联方式层叠组合而成。将双极板与膜电极交替叠合，各单体之间嵌入密封件，经前、后端板压紧后用螺杆紧固拴牢，即构成 PEMFC 电堆。燃料电池电堆的构成如图 9.17 所示。

电堆工作时，氢气和氧气分别由进口引入，经电堆气体主通道分配至各单电池的双极板，经双极板流道的导流均匀分配至电极，通过电极支撑体与催化剂接触进行电化学反应。

图 9.17 燃料电池电堆结构示意图

2. 燃料及其循环系统

PEMFC 用纯氢作燃料，也可用甲醇、天然气等碳氢化合物作燃料。以纯氢为燃料的循环系统由氢源、稳压阀和循环回路组成，其氢源可采用压缩氢气、液氢或金属氢化物储氢；稳压阀的作用是控制燃料氢气的压力；循环回路用以循环利用过量的燃料气，通常用一个循环泵或喷射泵将过量的氢气送回到电池燃料气的入口处，因此，氢源所提供的氢几乎 100% 被用来发电。

如果 PEMFC 以碳氢化合物为燃料，则其燃料循环系统至少应包括一个燃料处理器，用来将燃料或燃料与水的混合物转换成蒸气。由燃料转换而来的气体中，包括大部分 H_2、CO_2、H_2O 和微量的 CO。转换气中的惰性气体和其他气体都将在不同程度上影响燃料电池的性能，而低温下 CO 很容易吸附在铂催化剂上，引起催化剂中毒，导致电池性能下降。为防止 CO 中毒，必须将转换气中的 CO 浓度控制在 100×10^{-6} 以下，通常用一个转换器或一个选择氧化器来完成 CO 的净化。

3. 氧化剂及其循环系统

PEMFC 的氧化剂采用纯氧或空气，如果用纯氧作氧化剂，其系统组成及控制与纯氢燃料循环系统类似。实际运用的 PEMFC 通常采用空气作氧化剂，根据不同的应用需要，有常压空气和压缩空气两种。

采用常压空气作氧化剂，其燃料电池系统的结构较为简单。由于燃料电池性能随氧压力的增大而提高，因而在获得同等电池性能的前提下，采用常压空气作氧化剂的 PEMFC 系统的结构尺寸较大，制造成本也相对较高。此外，采用常压空气的循环系统增加了燃料电池系统水/热管理的难度。

采用压缩空气作氧化剂的循环系统则要复杂一些，通常包含一个由 PEMFC 驱动的压缩机和一个可以从排放气中回收部分能量的涡轮热膨胀器。

采用何种形式的氧化剂，需要综合权衡特定应用场合下系统的效率、燃料电池的质量及制造成本。

4. 水/热管理系统

水/热管理系统也是 PEMFC 系统的重要组成部分。以压缩空气为氧化剂的 PEMFC 所采用的典型的水/热管理系统参见图 9.16，大部分反应物中的水随着过量的空气流从阴极排出。通常，氧化剂的流量是 PEMFC 发生反应所需化学计量流量的 2 倍。由于

PEMFC 的最佳工作温度为 70～90℃，反应产物均以液态形式存在，易收集，因而其水管理系统相对较简单。其他类型的燃料电池，反应产物水也可由阳极排出。

在多数 PEMFC 系统中，反应产物水被用于系统的冷却和部分用来加湿燃料气和氧化剂。反应产物水首先通过燃料电池堆的反应区冷却电堆本身，在冷却过程中水蒸气被加热至燃料电池的工作温度，被加热的水再与反应气体接触，起到增湿的效果。除了在增湿过程中部分热量被反应气体带走外，还需要通过进一步的热交换过程，以将水中多余的热量带走，防止 PEMFC 系统热量逐渐累积而造成电池温度上升，性能下降。这个热交换过程是通过水/空气热交换器来完成的。对于一些特殊的 PEMFC 系统，这部分过多的热量也可用作空调（加热）和饮用热水使用。

5．控制系统

从图 9.16 可知，PEMFC 系统由众多子系统组成，每个子系统既相互独立又相互联系，因此，任何一个子系统工作失常都将直接影响燃料电池的性能。为确保整个系统可靠运行，需要由控制系统对各子系统进行协调控制。控制系统由各种传感器、电子控制器及控制执行器（阀、泵、调节装置等）组成。随着燃料电池电堆技术的日趋成熟，控制系统已成为决定燃料电池系统性能和制造成本的关键因素之一。

9.2.4 质子交换膜燃料电池的工作特性及影响因素

反映 PEMFC 工作性能好坏的重要参数有工作电压、输出电流及输出功率等。在燃料电池工作过程中，影响其工作特性的因素主要有燃料电池电堆本身的技术状况、燃料电池的工作条件及燃料电池系统的水/热管理。

1．燃料电池电堆本身技术状况的影响

燃料电池电堆的技术状况对 PEMFC 工作性能起着关键作用，而影响电堆性能的主要因素如下：

（1）膜电极的结构、制备方式和条件。

（2）质子交换膜的类型、厚度、预处理情况、传导质子的能力、机械强度、化学和热稳定性。

（3）催化剂的含量和制备方法。

（4）双极板的结构形式和流场的结构与布置。

2．燃料电池工作条件的影响

1）工作电压、功率及能量效率与输出电流的关系

PEMFC 的工作电压、功率与输出电流之间的关系如图 9.18 所示。从图中可知，燃料电池的工作电压随输出电流的增大而下降，但其功率增大。由于燃料电池的效率主要与其工作电压有关，因而当燃料电池电压高而能量效率高时，其功率却较低。最优化的燃料电池电堆设计是：电堆在较大的输出电流时能有较高的工作电压，以使电堆既有高的功率输出，又有高的能量效率。对于电动汽车用燃料电池，要求燃料电池有高的功率密度和较低的成本，而这只在大电流输出的状态下才能实现。

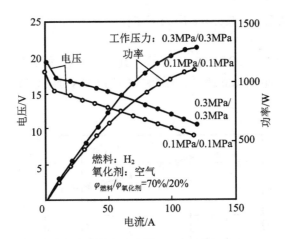

图 9.18　PEMFC 的工作电压、功率与输出电流之间的关系

2) 工作压力的影响

(1) 工作压力。从图 9.18 可知，H_2 与空气压力的比值为 0.3MPa/0.3MPa 时的工作电压及输出功率要高于 0.1MPa/0.1MPa 时的工作电压和输出功率。显然，PEMFC 的反应气体的压力越高，其性能越好，阴极的反应物（氧气或空气）压力对燃料电池性能的影响尤为明显。

(2) 阴阳极压差。为了减少 H_2 通过交换膜互相扩散，以避免产生氢氧混合物而引发危险，应尽可能减少膜两侧的压力差。

3) 工作温度的影响

PEMFC 的工作温度对其工作电压的影响如图 9.19 所示。从图中可知，PEMFC 的工作温度高时，在各种电流密度下的工作电压也高，这说明工作温度高时，燃料电池的输出功率也大，效率也有所提高。这主要是因为随着温度的升高，反应气体向催化剂层的扩散速度及质子从阳极向阴极的运动速度均提高了。

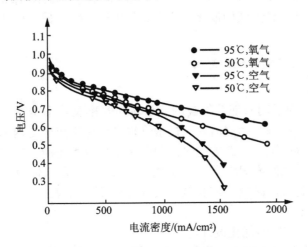

图 9.19　PEMFC 的温度特性曲线

PEMFC 在工作时，其质子交换膜必须保持适当的湿润状态，以确保质子交换膜具有良好的质子传导性，这需要反应生成的水尽量为液态。因此，在常压下，PEMFC 的工作

温度不能超过 80℃，在 0.4～0.5MPa 压力下工作温度不高于 102℃。

4）燃料气中杂质的影响

燃料气中的杂质主要有 CO、CO_2、N_2 等，其中 CO 对燃料电池性能的影响极大。CO 对燃料电池电压的影响如图 9.20 所示，燃料气中的 CO_2、N_2 等气体对燃料电池性能的影响见表 9-2。

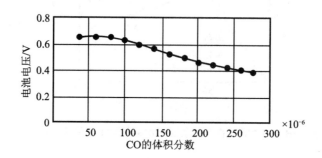

图 9.20　燃料气中的 CO 对燃料电池性能的影响

表 9-2　燃料气中 CO_2、N_2 等气体对燃料电池性能的影响

燃料气组成	纯 H_2	75%H_2 和 25%CO_2	75%H_2 和 25%N_2	98%H_2 和 2%CO_2
单体电池电压 /V	0.6	0.31	0.58	0.51

注：电流密度为 1000mA/cm^2。

从表 9-2 中可知，高含量的 CO_2 对燃料电池性能的影响很大，这是因为在阳极的催化剂铂上吸附的 H_2 和 CO_2 互相作用会引起 CO 中毒。

5）空气对燃料电池的影响

从图 9.19 中可以看出，用空气作氧化剂时，燃料电池的工作电压下降了，并在低电流密度时出现电压-电流线性区的偏离。这主要是由于"氮障碍层效应"和空气中氧分压较低造成的。

3．燃料电池系统水/热管理的影响

1）水管理的影响

PEMFC 工作时，为了同时能获得高的能量转换效率及功率密度，就必须使质子交换膜的导电性保持在最佳状态，而这需要通过水管理来维持燃料电池内部的水平衡，使质子交换膜始终保持在适宜的湿润状态的同时，阴极又不会被水淹渍。影响水管理的主要因素有电流密度、进入燃料气的增湿程度、工作温度、气室压力及气体流速等。

为实现最佳的水管理，国内外均开展了大量的研究与试验工作，并提出了实现有效水管理的各种途径，例如：

（1）膜电极和电堆结构的优化设计。

（2）对 PEMFC 的电流密度、反应气体相对湿度、反应气体流速及压力、工作温度等工作参数进行综合调控。

（3）选择合适的质子交换膜及炭纸或炭布。

2) 热管理的影响

热管理的作用是控制燃料电池的工作温度。PEMFC 是低温型燃料电池,但其工作温度仍然高于环境温度,燃料电池工作时会产生大量的热,需要采取适当的冷却措施,并通过适当的控制使燃料电池保持在适宜的温度。PEMFC 的工作温度不能高于 80～100℃(温度的上限由质子交换膜的特性决定),工作温度过高,会影响质子交换膜的热稳定性和其他性能;温度过低,会使各种极化增大,导致燃料电池性能恶化。

9.3 碱性燃料电池

9.3.1 碱性燃料电池概述

1. 碱性燃料电池概况

AFC 是最先研究、开发并得到成功应用的燃料电池。20 世纪 50 年代英国人 Bacon 研制出的 5kW AFC 系统,是 AFC 技术发展过程中的里程碑。对 AFC 最初的应用是在航天领域,其中最成功的应用实例是阿波罗登月飞船的动力源及向宇航员提供饮用水。60 年代以后,AFC 陆续在装载机械和交通工具及移动军事装备上得到应用,例如,用于叉车、小型货车、公共汽车、轿车和潜艇时,通常以燃料电池-蓄电池组合成混合动力电源。

AFC 以 KOH 水溶液为电解质,其他部件与 PEMFC 一样,工作温度为 50～80℃,工作压力为常压。KOH 水溶液的质量分数一般为 30%～45%,最高可达 85%。在碱性电解质中,氧化还原反应要比在酸性电解质中容易。因此,AFC 具有高的比功率和比能量。

近年来,AFC 的研究不如 PEMFC,在电动汽车上的应用几乎已被 PEMFC 取代,其中一个主要原因是用空气作氧化剂时,空气中的 CO_2 会与 AFC 内电解质反应。解决的办法是通过净化装置除去空气中的 CO_2,但这会增加设备的体积和造价。

2. 碱性燃料电池工作原理

AFC 的电解质可循环使用,电池堆多为单极结构。AFC 的组成与工作原理如图 9.21 所示。AFC 的 KOH 电解质的导电离子为 OH^-。在阳极,氢气与碱中的 OH^- 在催化剂的作用下,发生氧化反应生成水和电子。

$$H_2 + 2OH^- \rightarrow 2H_2O + 2e^- \quad \varphi_1 = -0.828V$$

电子通过外电路到达阴极,并在阴极催化剂的作用下参与氧的还原反应。

$$\frac{1}{2}O_2 + H_2O + 2e^- \rightarrow 2OH^- \quad \varphi_2 = 0.401V$$

生成的 OH^- 通过电解液迁移到氢电极。电池的总反应为

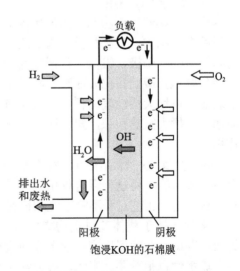

图 9.21 AFC 组成与工作原理

$$H_2 + \frac{1}{2}O_2 \rightarrow H_2O + 电能 + 热量 \qquad E_0 = \varphi_2 - \varphi_1 = 1.229V$$

工作时，需要等速供应电池所消耗的氢气和氧气，并需连续且等速地在阳极排出电池反应所生成的水，以维持电解液浓度的恒定。此外，还要排出电池反应的废热以维持电池正常的工作温度，这可由蒸发和 KOH 的循环来实现。

AFC 单电池的工作电压为 $0.6 \sim 1.0V$，也需要将多节单电池组合起来，构成一个电池组，以满足用户供电电压的需要。AFC 同样需要以电池组为核心，构建燃料（如氢）和氧化剂（如氧）供给的分系统、水/热管理分系统，以及输出直流电升压/稳压分系统。如果用户需要交流电，还需加入直流-交流逆变部分，构成总的 AFC 系统。

9.3.2 碱性燃料电池部件

1. 电极及催化剂

电极作为电化学反应进行的场所，对反应起到高效催化的作用，是 AFC 体系的关键部件之一。对电极的基本要求如下：

(1) 具有良好的导电能力，以降低欧姆电阻，提高输出电压。
(2) 有较强的机械强度和适当的孔积率。
(3) 在碱性电解质中有良好的化学稳定性。
(4) 电池具有长期的电化学稳定性，包括催化剂的稳定性及与电极组成一体后的稳定性。

阳极和阴极的类型及制作方式是与所选择的催化剂相关的。催化剂的效能决定了整个体系的性能。对于碱性电池，强碱的阴离子为 OH^-，它既是氧电化学还原反应的产物，又是导电离子。因此，在电化学反应过程中，不存在酸性电池中出现的阴离子特殊吸附对电催化剂活性和电极过程动力学的不利影响。碱的腐蚀性比酸低得多，所以 AFC 中的催化剂选择比较灵活，不仅贵金属（铂、铑、金、银等）及其合金适用，其他的一些非贵金属（钴、镍、锰等）也适用。

催化剂载体的主要功能是作为活性组分的基体，增大催化剂比表面积，分散活性组分，因而采用多孔结构。它有两类结构形式：一类是高比表面积的雷尼（Raney）金属，通常以镍为基体材料作阳极，银基催化剂粉为阴极；另一类是高分散的担载型催化剂，将铂类催化剂高分散地担载到高比表面积、高导电性的担体（如炭）上。铂类催化剂分散在活性炭颗粒表面，可增大活性表面积，降低对有毒物质的敏感性，同时活性炭还为反应产物提供传质通道，增大散热面积，提高铂催化剂的热稳定性。此外，活性炭本身也具有良好的催化作用。

Raney 金属是一种活泼的金属（如镍）和一种不活泼的金属（通常是铝）混合得到类似合金的混合物，将这种混合物用强碱处理，把铝溶化掉，就可以得到一种表面积很大的多孔材料。这个工艺过程不需要烧结镍粉，可以通过改变两种金属的量来改变孔的大小。

催化剂分散于载体基材上构成电极，AFC 工作时，整个电极要工作于气、液、固三相界面，因此，要确保反应高效平稳地进行，对电极除了上述基本要求外，电极材料的亲水性和疏水性也很重要。亲水电极通常是金属电极，由于碳基电极通常有聚四氟乙烯，电极只是部分润湿，以含聚四氟乙烯催化层的适当构造来维持其足够的疏水性，对于保持疏水电极的寿命是很重要的。此外,还要求电极具有合理的结构模式。在 AFC 的发展过程中,先后开发成功了两种不同的气体扩散电极,双孔结构电极和黏结型憎水电极。

1) 双孔结构电极

双孔结构的电极是由 Bacon 发明的,并在阿波罗登月飞船上所用的燃料电池中得到了应用。双孔结构电极分为粗孔层与细孔层两层。粗孔层面向气室,细孔层与电解质接触,电极结构示意图如图 9.22 所示。

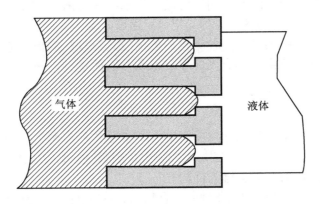

图 9.22 双孔电极结构示意图

AFC 工作时,控制适宜的反应气体压力,让电极粗孔层内充满反应气体。细孔层内充满电解液,具有一定的阻气能力并可传导导电离子。细孔层的电解液浸润粗孔层并形成弯月面,这个弯月面形状的电解液浸润层薄膜,越靠近气室侧越薄,厚度可达微米级,极大地提高了反应气体的传质速度和极限电流密度。粗孔层中的反应气体先溶解到电解液薄膜内,再扩散至反应点并发生电化学反应。

在双孔结构的电极中,电子依靠构成粗孔层和细孔层二者的 Raney 骨架进行传导,离子与水在电解液薄膜与细孔层内的电解液中进行传递。因此,这种电极结构满足了多孔气体扩散电极的要求,并能使反应界面保持稳定。

为了确保在粗孔层内获得较大的浸润面积(三相界面,即电极活性面积),除提高电极粗孔层孔隙外,电极还应有一定的厚度(一般为零点几毫米厚),高活性的催化剂担载在粗孔层内。

Shell 塑料电极属于薄的催化层双孔结构电极。这种电极结构中的细孔层用微孔塑料膜,充满电解液后起传导离子和阻气作用。微孔塑料膜涂催化层的一侧镀有 1μm 厚的金层,起集流作用。再在镀金层上利用黏结剂(如聚四氟乙烯)和催化剂(如铂黑与炭)制备出几微米厚的催化剂。由于这种电极在催化层与反应气体之间没有起集流和支撑作用的扩散层,消除了在扩散层内由传质引起的浓差极化,因而这种电极特别适于用空气和粗氢作反应剂。但是,采用这种电极,电流从电极周边导出受到限制,所以,用这种电极难以构成大功率燃料电池组。

2) 黏结型憎水电极

在水溶性电解质中,各种导电的催化剂(如 Pt/C)可被电解液浸润,能提供电子通道,也可以提供液相(如 H_2O)和导电离子的通道,但它不能为气体气相传质提供通道。对于掺有聚四氟乙烯等憎水剂的黏结型电极,由于憎水剂的加入,除了能提供反应气体气相扩散的通道外，还具有一定的黏合作用，能将电催化剂黏合到一起构成黏结型多孔气体扩散电极。

黏结型憎水电极是由亲水且具有电子传导能力的催化剂（如 Pt/C）与具有憎水作用和一定黏合能力的防水剂（如聚四氟乙烯乳液）按一定比例混合，采用特殊的工艺（如滚压、喷涂等）制成的。这种具有一定厚度的电极在微观尺度上可简单地视为相互交错的两相体系。由防水剂构成的憎水网络为反应气体的进入提供了电极内部的扩散通道；由电催化剂构成的能被电解液完全浸润的亲水网络为其提供水与导电离子（OH^-）的通道。同时，由于催化剂是电的良导体，它也为电子传导提供了通道。

由于催化剂浸润液膜很薄，这种结构的电极应具有较高的极限电流密度。此外，由于催化剂是一种高分散体系，具有高的比表面积，因而这种电极具有较高的反应区（三相界面）。

2. 隔膜

在石棉膜型碱性燃料电池中，饱浸碱液的石棉膜的作用有两个：一是利用其阻气功能，分隔氧化剂（氧气）和还原剂（氢气）；二是允许电解质通过，为 OH^- 的传递提供通道。因此，隔膜也是隔膜型 AFC 的关键部件。

石棉的主要成分为氧化镁和氧化硅的水合物（$3MgO \cdot 2SiO_2 \cdot 2H_2O$），是电的绝缘体。长期在强碱性（如 KOH）水溶液中，其酸性组分（SiO_2）会与碱反应生成微溶物（K_2SiO_3），影响膜的通透性，而且会最终导致隔膜的解体。为了避免这种情况，可以在制膜之前将石棉预先用浓碱处理，或在碱溶液中加入少量硅酸盐以抑制平衡向不利方向移动。

因为石棉对人体有害，而且会在浓碱中缓慢腐蚀，为改进 AFC 的寿命和性能，人们已经成功地开发出钛酸钾微孔隔膜，这种隔膜已在美国航天飞机用 AFC 中得到了应用。

3. 电解质

对 AFC 电解质的要求如下：

（1）相对于反应气体具有良好的化学稳定性，即在电池工作状态下不发生氧化与还原反应，不降解。

（2）具有较高的电导率，以减少电池的欧姆极化。

（3）阴离子不在催化剂上产生强特殊吸附，防止覆盖催化剂的活性中心，影响氧还原动力学。

（4）对反应试剂（如氧、氢）有高的溶解度。

（5）对于用聚四氟乙烯等防水剂制备的多孔气体扩散电极，电解质不能湿润聚四氟乙烯，以免降低聚四氟乙烯等防水剂的憎水性，阻滞反应气体在电极憎水孔的气相扩散传质过程。

AFC 的首选碱性电解质是 KOH，KOH 水溶液电解质已在低温 AFC 中得到了广泛应用。AFC 之所以选择 KOH 作电解质，是因为 KOH 的使用寿命比 NaOH 的使用寿命长，不易形成溶解度小的杂质，而且溶液蒸气压低，可以在高温下使用。此外，在高温和高浓度下，可以获得高的电流密度。

虽然 NaOH 的价格便宜，但 NaOH 水溶液电解质的性能不如 KOH 溶液。如果 AFC 采用 NaOH 水溶液作电解质，当有 CO_2 进入电池内部时，NaOH 与之反应生成 Na_2CO_3，

Na_2CO_3 的溶解度较小且导电性较差，容易堵塞电池系统的孔隙，使电池效率降低。加之 NaOH 使用寿命短，因而目前 AFC 都采用 KOH 水溶液作电解质，不采用 NaOH。

AFC 所用的 KOH 电解液按其流动方式可分为循环和静止两种类型。

1) 循环电解质

(1) 循环电解质的优点。电解质采用循环系统，可使 KOH 溶液在电池内部循环，主要有以下优点：

① 循环的电解质可以为电池提供一个冷却系统。

② 电解质被不断地搅拌和混合，很好地解决了由于阳极产生水、阴极消耗水而导致的电极周围电解质浓度的变化和不均匀问题。

③ 电解质循环可以使产生的水进入循环，而无需在阳极蒸发。

④ 如果电解质与 CO_2 反应过多，可以由新的溶液来替换。

(2) 循环电解质系统的构成。循环电解质系统在 20 世纪 50 年代就被 Bacon 用在其研制的燃料电池中。循环电解质燃料电池的基本构成如图 9.23 所示。

由于阳极在反应过程中会产生水，因此要循环 H_2，使 H_2 中的水蒸气蒸发，然后在冷却系统中冷却。H_2 被储存在一个压力气罐中，通过射流泵使其进行循环。

AFC 系统通常使用空气而不是纯氧，空气中的 CO_2 会与 KOH 反应，生成碳酸钾。而随着 OH^- 的减少和 CO_3^{2-} 的增加，电池的性能也将随之下降。解决的方法之一就是减少空气中 CO_2 的含量，即在阴极系统中设一个 CO_2 洗涤器。

(3) 循环电解质的缺点。采用循环电解质的缺点是必须增加一些附加设施，如泵、管道等，由于 KOH 具有强腐蚀性，管道越多，泄漏的可能性就越大。同时要使 KOH 在所有方向上分布均匀，因此加大了燃料电池系统的设计难度。

图 9.23 只显示了单体电池的情况，循环系统是一个细长的流通路径，在每一个单电池之间最好是独立的。如果把一些单体电池的循环系统连起来，就容易产生电池内部的"短路"。

2) 静止电解质

(1) 静止电解质系统的构成。静止电解质燃料电池的基本结构如图 9.24 所示。KOH 溶液放在一种基体材料中，基体材料通常使用石棉，这种材料有很好的孔隙度、强度和耐蚀性。

在图 9.24 所示的系统中，阴极输入的是纯氧，H_2 与前面的系统一样也需进行循环，用以去除产生的水。在宇宙飞船中，AFC 产生的这种水可用来饮用、做饭和舱内的加湿。冷却系统也是必需的，因而需要水或其他冷却介质，通常采用乙二醇和水的混合物作冷却介质。

(2) 静止电解质的优缺点。这种基体中包含电解质的系统很像 PEMFC，其主要优点是电解质不需要循环或处理，同时也就不存在内部"短路"问题。但是，另一个问题是如何处理产生的水、补充蒸发掉的水，而水又是阴极所需要的。

水的问题与 PEMFC 非常相似，设计电池时必须使阳极的水扩散，使阴极水的含量足够多。通常这种电池的水问题不像 PEMFC 电池那么严重。原因之一是随着温度的升高，KOH 溶液的蒸气压不像纯水升得那么快，也就是说蒸气含量是很少的。

由于这种电池的设备相对较简单，因而在宇宙飞船等设备中应用较多。然而，在陆地上使用的各种装置中，由于 CO_2 会污染电解质，需要更新电解质，这对于电解质包含于基体中的燃料电池来说，无异于重新制造。此外，石棉对人体有害，在一些国家是被禁止使用的。尽管已有新材料来替代，但由于 PEMFC 等其他类型燃料电池的崛起，对 AFC 更深入的研究逐渐减少。

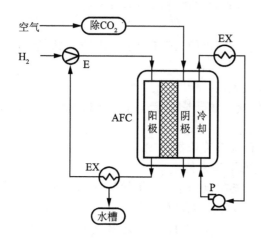

图 9.23　循环电解质燃料电池的基本结构　　　图 9.24　静止电解质燃料电池的基本结构

E—射流泵；EX—换热器；P—循环泵　　　　　E—射流泵；EX—换热器；P—循环泵

同电池体系中所用的燃料气一样，电解质溶液也需要高度的纯净，以避免其中的杂质引起催化剂中毒。

4．双极板与流场

AFC 中的双极板起集流、分隔氧化剂和还原剂并引导氧化剂及还原剂在电池内电极表面流动的作用，同时用于将相邻两单体电池串联起来，构成电池组，以输出所需的电压。因此，对双极板的功能要求如下：

（1）双极板应具有阻气功能，不能采用多孔透气材料制备。如果采用多层复合材料，至少有一层必须无孔。

（2）双极板具有集流作用，因此双极板材料必须是电的良导体。

（3）双极板必须是热的良导体，以确保电池工作时温度分布均匀并使电池的废热顺利排出。

图 9.25　AFC 燃料电池的双极板

（4）双极板必须具有耐腐蚀能力。

（5）双极板两侧应加入或置入能使反应气体均匀分布的通道（流场），以确保反应气体在整个电极各处分布均匀。

AFC 燃料电池双极板（实例）如图 9.25 所示。

与 PEMFC 的双极板一样，AFC 燃料电池双极板的流场也是由其两面的沟槽所形成的，有点状、网状、多孔体、平行槽、蛇形等多种形式。不同形式的流场各具优缺点，需根据电池类型及反应气体的纯度进行选择。

石墨和镍是比较廉价的材料，在 AFC 工作条件下这两种材料均较为稳定，因此，通常用无孔石墨或镍板作 AFC 的双极板材料。由于石墨板材质脆，用作双极板时厚度需要大于 3mm，这会影响电池的体积比功率。对于中温氢氧燃料电池，可采用镍板作双极材料；

用于航天飞行的燃料电池，为提高电池的质量比功率，通常采用镁、铝等密度低的金属作双极板材料；为防止腐蚀，可在加工双极板流场后镀镍、镀金等，这样还可减小接触电阻，有利于减小电池的欧姆极化。

9.3.3 碱性燃料电池的优点与不足

1. 碱性燃料电池的优点

相比于 PEMFC 和其他类型燃料电池，AFC 的优点如下：

(1) 能量转换效率高。这是 AFC 最突出的优点，AFC 的输出电压选定在 0.80～0.95V 时，其能量转换效率可高达 60%～70%。这是因为在碱性介质中，氧的还原反应在相同催化剂上的反应速度比其他类型的燃料电池都要高。

(2) 可使用非铂催化剂。AFC 可使用 Raney 镍、硼化镍等材料作催化剂，这不但可降低成本（AFC 是 PEMFC 成本的 1/5），还可使燃料电池的发展不受铂资源的制约。

(3) 化学稳定性好。AFC 中的镍在碱性介质和电池的工作温度下化学性质稳定，因此，可采用镍板或镀镍金属板作双电极。

2. 碱性燃料电池的不足

(1) 空气中的 CO_2 影响 AFC 的性能。无论是从安全性还是从成本角度考虑，AFC 都是采用空气作氧化剂，而空气中的 CO_2 与电解液中的 KOH 反应生成碳酸盐，沉积在多孔状电极附近，影响电池性能。

(2) 对 CO_2 净化增加了 AFC 的成本。无论是空气（氧化剂）中的 CO_2，还是以各种烃类的重整燃料气中的 CO_2，均需要有专门的 CO_2 净化系统，这使得 AFC 系统变得复杂，因此成本也会有所增加。

(3) 排水方法及控制复杂。由于 AFC 用 KOH 水溶液作电解质，工作温度低于 100℃，需要采用专门的方法排出电池电化学反应所生成的水和解决回路中的散热问题，以维持热平衡。在这样的条件下，其排水方法及控制较复杂。

(4) 使用寿命短且有污染。对于静止电解质系统，由于 KOH 水溶液浸润在隔膜中，当电解质被空气中的 CO_2 污染后，就需要更换电池，因而 AFC 的使用寿命较短。当使用石棉作隔膜基体材料时，石棉对环境有污染。

AFC 的上述不足严重限制了其在电动汽车及地面上的其他应用，因此，从 20 世纪 80 年代后期以来，AFC 的研究与开发工作相对于其他类型的燃料电池要少得多。

9.4 磷酸燃料电池

9.4.1 磷酸燃料电池概述

1. 磷酸燃料电池概况

AFC 在载人航天飞行中的成功应用，证明了燃料电池的高效和可靠性。但是，将 AFC 应用于地面以空气作氧化剂时，必须要消除空气中的 CO_2；当采用各种富氢气体（如天然气重整气等）作燃料时，也必须除去其中的 CO_2，这使得电池系统的结构变得复杂，成本增加。而不能除尽的 CO_2 还会污染电解质，导致 AFC 的性能下降、使用寿命缩短。

从 20 世纪 70 年代开始，世界各国开始致力于酸性燃料电池的研究与开发，以磷酸为电解质的 PAFC 首先取得突破，并且技术得到了迅速提高。

PAFC 是以磷酸为电解质的燃料电池，可使用含有 CO_2 的重整气体，阴极通以空气，对 CO_2 的承受力是 PAFC 的特征之一；而高效、紧凑、无污染是其主要特征。

PAFC 作为发电装置提供电力是最为成功的应用，PAFC 适合安装在居民区或用户密集区。由于磷酸易得，反应温和，因此是目前最成熟和商业化程度最高的燃料电池。美、日、西欧等发达国家建造了许多试验电厂，功率从数千到数兆瓦，发电效率达 40%～50%，可实现热电联供，热电联供时的燃料利用率可提高到 70%～80%。这种电站在世界各地的运行试验表明，PAFC 电站可长期运行（几万小时），高度可靠。PAFC 也可用作不间断电源，但在汽车上的应用不多，主要原因是 PAFC 的启动较慢，到目前为止，只是在公共汽车上有应用实例。

与 AFC 相比，在酸性电池中，由于酸的阴离子特殊吸附等原因，导致氧的电化学还原速度比碱性电池中慢得多。为减少阴极极化、提高氧的电化学还原速度，不但必须采用贵金属（如铂）作催化剂，而且还需提高反应温度。从已开发成功的 PAFC 来看，PAFC 工作温度一般在 190～210℃。此外，由于酸的腐蚀性比碱强得多，因而在材料的选择上受到了很大限制。乙炔炭黑作电催化剂的担体和石墨化炭材作双极板材料的研制成功，为酸性燃料电池的研制与开发提供了物质基础。

2．磷酸燃料电池的工作原理

PAFC 的工作原理如图 9.26 所示。阳极和阴极均以负载炭上的铂作催化剂，阳极通以富氢并含有 CO_2 的重整气体，阴极通以空气，H_2 和 O_2 在各自多孔气体扩散电极的气（反应气体）-液（磷酸）-固（Pt 催化剂）三相界面上发生电化学反应，分别生成 H^+ 和 H_2O，工作温度在 200℃ 左右。电化学反应为

阳极：$H_2 \rightarrow 2H^+ + 2e^-$

阴极：$\frac{1}{2} O_2 + 2H^+ + 2e^- \rightarrow H_2O$

电池反应：$H_2 + \frac{1}{2} O_2 \rightarrow H_2O$

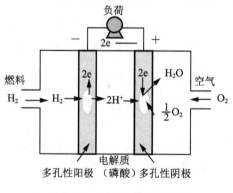

图 9.26 PAFC 的工作原理

9.4.2 磷酸燃料电池的结构与材料

PAFC 的主要构件有电极、电解质基质（隔膜）、双极板（隔板）、冷却板、管路系统等。图 9.27 为水冷型 PAFC 电堆基本组成。在单体燃料电池中，其结构形式是将含有磷酸电解质的基质材料置于阴阳极板之间。隔膜材料的作用有两方面：一是作为电池结构在主体承载磷酸，二是防止反应气体进入相对的电极中。

1. 电极及催化剂

多孔气体扩散电极由载体和催化剂层构成。用化学附着法将催化剂沉积在载体表面，电池工作时，在催化剂层上进行电化学反应。PAFC的阴阳极均使用铂为电化学反应催化剂。载体的主要作用是分散催化剂，并为电极提供大量微孔，同时增加催化层的导电性能。PAFC电极普遍使用的是炭载体，其优点是导电性好、耐酸腐蚀、比表面积高、密度及成本低。这种电极可提高铂的分散度和利用率，可使电催化剂贵金属铂的用量大幅度降低，但铂的用量与炭载体的工艺处理有着直接的关系。

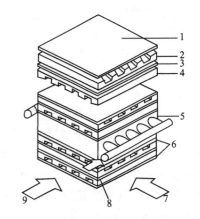

图9.27 水冷型PAFC电堆基本组成

1—隔板；2—阴极；3—基质（隔膜）；4—阳极；5—冷却板；6—单体电池；7—空气；8—水；9—燃料

由于电化学反应发生在电极表面的三相界面上，即气相（反应气体 H_2、O_2）—液相（磷酸）—固相（铂催化剂），因此，为了增大电流密度，电极必须采取如下措施：

(1) 尽可能提高反应物接触点的数量，增加反应气体分压，缩短扩散路径。

(2) 催化层需有较高的导电性，以减小电极的欧姆损失。

(3) 电极的亲水性必须适当，以获得最大的气体扩散速度及控制电极的湿润性。

采用多层结构的PAFC电极结构如图9.28所示，它由炭纸层、气体扩散层和催化层3层结构组成。这种结构设计能够使气体从大孔径的一侧可控制地在电极板中扩散，从而使催化剂表面对电化学反应进行催化达到最高的效率。电池工作时，在阴极生成的 H_2O 可通过多孔电极自然蒸发，随尾气带出电极。

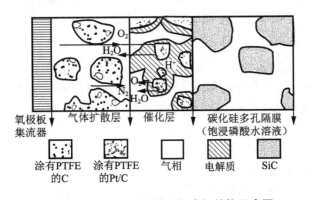

图9.28 三层多孔气体扩散电极结构示意图

2. 基质（隔膜）和电解质

磷酸是盛装在基质（隔膜）中的，基质的作用是靠毛细作用将磷酸吸附在其内部。基质的厚度一般为0.1～0.2mm，对基质的基本要求如下：

(1) 对磷酸有良好的毛细作用，能可靠吸附磷酸。

(2) 有良好的电绝缘性，以防止正负极漏电。

(3) 有足够的气密性,防止电池内反应气体交叉渗透。
(4) 有良好的导热能力。
(5) 在高温工作条件下性能稳定。
(6) 有足够的机械强度。

最早的 PAFC 的隔膜沿用了 AFC 所采用的石棉隔膜,但其中的碱性氧化物会缓慢地与磷酸反应,从而影响电池的性能,甚至最终导致隔膜解体。此后 PAFC 采用了化学性质极稳定的 SiC 和聚四氟乙烯制备的微孔结构隔膜,饱浸浓磷酸作电解质。这种 SiC-PTFE 隔膜有直径极小的微孔,兼顾了分隔效果和电解质的传输。隔膜与电极紧贴组装后,电解质就会透过微孔进入氢氧多孔气体扩散电极的催化层形成稳定的三相界面。

PAFC 的电解质是浓磷酸溶液,而磷酸是无色、黏稠,有吸水性的液体,在水溶液中容易离解出电池工作的导电离子 (H^+)。由于磷酸在常温下的导电性小,只在高温下才有良好的离子导电性,因而 PAFC 的工作温度是在 200℃左右。

磷酸的固化温度与其质量分数有很大关系,PAFC 使用的是质量分数为 100% 的磷酸(含 72.43% 的 P_2O_5,20℃时密度为 $1.863g/cm^3$),这种磷酸具有较高的凝固点(42℃)。若电池堆在环境温度下使用,电解质会发生固化,体积也随之增加。磷酸质量分数降低时,其固化温度也迅速下降,通常为避免固化,从工厂到电厂之间的运输采用低质量分数的磷酸,在输入电池前再将其转化为高质量分数磷酸。

电解质固化会对电极产生不可逆的损伤,导致电池性能降低,所以燃料电池电堆一旦启动,就必须保持温度,包括在无负载时。PAFC 即使不工作,体系也要维持在 45℃以上,因此,PAFC 系统必须装备适当的加热设备,这也是 PAFC 的不足之处。

磷酸电解质被封装在电池隔膜围成的腔内,由聚四氟乙烯黏合的 SiC 等保持材料吸附。虽然磷酸本身蒸气压低,但在高工作温度和长时间运行时,电解质还是有较大的损耗。通常是在多孔极板内储存一定量的磷酸,靠毛细作用可以迁移到隔膜内来补充因蒸发等原因而造成的损耗,这样可延长 PAFC 的使用寿命。

3. 双极板

双极板的作用是分隔 H_2 和 O_2(故也将其称为隔板),并传导电流。双极板两面加工的流场将反应气体均匀分配至电极各处。PAFC 对隔板的要求如下:

(1) 有足够的气密性,以防止反应气体的渗透。
(2) 在高温、高压及磷酸中化学性能稳定。
(3) 有良好的导电、导热能力。
(4) 有足够的机械强度。

由于酸的腐蚀性,PAFC 的双极板不能采用一般的金属材料。20 世纪 80 年代初,采用石墨粉和酚醛树脂材料,通过铸模工艺制备带流场的双极板,而为了提高耐腐蚀能力和延长电池寿命,一些 PAFC 的双极板用纯石墨材料制成。

双极板通常使用玻璃态的炭板,而厚度应尽可能薄,其表面应平整光滑,以利于与电池的其他部件均匀接触,增强导电和导热能力。具有隔离和集流双重功能的复合双极板,中间一层为无孔薄板,两侧带气体分配孔道的多孔炭板作流场板(内部可储存一定容量的磷酸)。

4. 冷却系统

为能提供所需的电压,PAFC 也需要多个单体电池按压滤机方式组装成电池组。PAFC

的工作温度一般在200℃左右，为保证电池组的工作稳定，必须连续不断地排出电池工作时所产生的废热。通常在每2～5节电池间加入一片冷却板，并在冷却板内通水、空气或绝缘油用以电池的冷却。水冷是最常用的冷却方法，采用水冷方法，为降低水的腐蚀性，对水质要求颇高。

水冷又分为沸水冷却和加压水冷却。采用沸水冷却时，燃料电池的废热利用水的汽化潜热被带出电池。由于水的汽化潜热很大，所以冷却水的用量较小，而采用加压水冷却时，则要求水的流量较大，因而水的用量较大。

5．供气系统

供气系统向燃料电池电堆供应两种反应气体，分为内部管路和外部管路两种结构类型。在内部管路系统中，供气管路由垂直于电池平面的、贯穿电池堆元件的孔穴构成；外部管路通常是将管路箱接在电池堆的侧面。对供气管路的要求如下：

(1) 尽可能小的压力降。
(2) 绝缘性好。
(3) 较好的化学稳定性。
(4) 足够的机械强度。
(5) 管线的焊接处在任何情况（包括突发事故）下都必须牢固，并且具有较低的热膨胀系数。

9.5 直接甲醇燃料电池

9.5.1 直接甲醇燃料电池概述

1．直接甲醇燃料电池概况

(1) 直接甲醇燃料电池（Direct Methanol Fuel Cell，DMFC）的发展背景。20世纪90年代，PEMFC的关键技术取得了突破性的进展，但在向商业化迈进的过程中，氢源问题异常突出，氢供应设施建设投资巨大，氢的储存与运输技术及氢的现场制备技术等还远落后于PEMFC本身的发展。因此，氢源问题成了阻碍PEMFC广泛应用和商业化的重要原因之一。为此，在20世纪末，直接以醇类为燃料的燃料电池，尤其是DMFC成为研究与开发的热点，并取得了长足的进展。

(2) DMFC的结构特点及优点。DMFC是将甲醇与氧反应的化学能直接转换为电能的一种发电装置。由于它的电解质是质子交换膜，通常将DMFC归类于PEMFC。随着DMFC技术的发展，已逐渐将DMFC看成一种独立的燃料电池。

与其他类型的燃料电池相比，DMFC的显著特点是直接使用液态甲醇作阳极燃料。相对于H_2，甲醇储存安全方便，DMFC体积小、质量轻，因而DMFC是一种极有发展前途的清洁能源产品，尤其适用于便携式电源和电动汽车。甲醇是最简单的液体有机化合物，可由石油、天然气、煤等制得，有较完整的生产销售网。对于DMFC电动汽车，可以利用现有遍布各处的加油站实现燃料的补充。

(3) DMFC 发展概况。最早的 DMFC 研究始于 20 世纪 60 年代。那时的 DMFC 采用酸性或碱性液体电解质，常压，在 60℃下运行，电极性能很差。

20 世纪 90 年代初，采用全氟磺酸膜（如 Du Pont 公司的 Nafion 膜）作为电解质，工作温度为室温至 100℃，电池的性能有了显著提高。

此后，全世界兴起了 DMFC 的研究开发热潮，DMFC 的性能也有了明显提高，作为便携式移动电源，DMFC 得到了较为广泛的应用，例如，便携式手机充电电源、手机或个人无线设备电源、笔记本电脑电源、士兵便携式电源、移动设备和机器电源、医院检查机器和维持生命机器电源等。此外，作为电动汽车动力源，DMFC 也是值得期待的。

我国 DMFC 的研究始于 20 世纪 90 年代末期，起步较晚，目前仍处于基础研究阶段。

(4) DMFC 的不足与需要克服的难题。尽管 DMFC 的优势明显，但其发展比其他类型燃料电池缓慢，其主要原因是目前 DMFC 的效率低。甲醇的电化学活性比氢至少低 3 个数量级。此外，甲醇的催化重整反应温度比其他有机物低，因而在短期内，无论是从技术方面还是从效益方面考虑，使用甲醇重整燃料电池更合适。但从长远的发展来看，理想的燃料电池将是直接应用甲醇为燃料。

目前 DMFC 的研究开发依然面临严重的挑战。常温下燃料甲醇的电催化氧化速率较慢，贵金属电催化剂易被 CO 类中间产物毒化，电流密度较低，电池工作时甲醇从阳极至阴极的渗透率较高等。DMFC 发展尚需解决的难题如下：

① 开发活性高、稳定性好、使用寿命长、成本低、抗 CO 等中间体毒化的阳极催化剂和耐甲醇阴极催化剂材料。

② 开发质子电导率高、甲醇渗透率低、化学稳定性好、机械强度适中、价格易被市场接受的电解质膜材料。

③ 开发高性能、长寿命电极，以及膜电极和电池堆制备技术，运行千小时电压降少于 10mV。

④ 系统集成与微型化技术的突破。

2. 直接甲醇燃料电池工作原理

DMFC 是基于质子交换膜技术，与标准的 PEMFC 不同的是，DMFC 直接以气态或液态甲醇为燃料。燃料甲醇先在阳极转换成二氧化碳和氢，氢和氧再进行氧化还原反应。DMFC 的工作原理如图 9.29 所示。

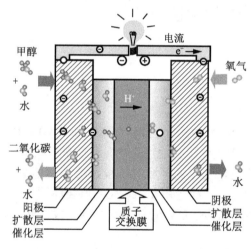

图 9.29 DMFC 工作原理

电极及电池反应为

阳极：$CH_3OH + H_2O \rightarrow CO_2\uparrow + 6H^+ + 6e^-$　　　$\varphi = 0.045V$

阴极：$\frac{3}{2}O_2 + 6H^+ + 6e^- \rightarrow 3H_2O$　　　$\varphi = 1.229V$

电池反应：$CH_3OH + \frac{3}{2}O_2 \rightarrow CO_2\uparrow + 2H_2O$　　　$E = 1.183V$

总反应相当于甲醇燃烧生成 CO_2 和 H_2O，反应的可逆电动势为 1.183V，与氢氧反应的可逆电动势（1.229V）相近。

由 CH_3OH 阳极电化学氧化方程可知，每消耗 1mol 的甲醇，同时需 1mol 的水参与反应。依据甲醇与水的阳极进料方式不同，DMFC 可分为液相（甲醇水溶液）和气相（甲醇蒸气）两种供给方式。

(1) 气相 DMFC。以气态甲醇和水蒸气为燃料的 DMFC，由于水的汽化温度在常压下为 100℃，因而 DMFC 的工作温度必须高于 100℃。至今，实用的质子交换膜（如 Nafion 膜）传导质子 H^+ 均需有液态水存在，于是，当电池工作温度超过 100℃时，反应气体的工作压力必须要高于大气压。这样，不但导致了电池系统结构的复杂化，而且当以空气为氧化剂时，会增加空气压缩机的功耗，从而降低电池系统的能量转化效率。因此，采用气态 CH_3OH 和水蒸气为燃料的 DMFC 实际应用很少见。

(2) 液相 DMFC。以不同浓度甲醇水溶液为燃料的 DMFC，电池工作温度在室温至 100℃时，可采用常压进料系统。但是，当电池工作温度高于 100℃时，为防止水汽化蒸发导致膜失水，也必须采用加压系统。

由甲醇阳极电化学氧化方程可知，甲醇完全氧化成 CO_2 涉及 6 个电子向电极转移的过程，因此，选择性能优良的催化剂和迅速排除 CO_2，对于 DMFC 来说非常重要。其次，在低铂催化剂担载量（$0.05 \sim 0.1 mg/cm^2$）时，PEMFC 中氢的电氧化反应是快速反应，但甲醇的电氧化反应速率即使在高担载量 Pt-Ru 电催化剂（$2mg/cm^2$）时，仍然比氢的电氧化速率低 3～4 个数量级。

甲醇氧化过程的可能反应路径和产物如图 9.30 所示。图中的每一步代表一个电子转移过程，稳定的物种位于斜边上，从左到右发生的是脱氢反应，而沿着垂线方向上通过吸附 OH^- 发生的是氧化反应。

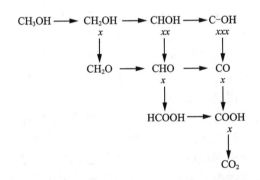

图 9.30　甲醇氧化过程的可能反应路径和产物

甲醇阳极电化学氧化过程中生成类 CO 的中间物，致使铂电催化剂中毒，这会极大地降低甲醇的电化学氧化速度，由此所导致的阳极极化达百毫伏数量级。

电池工作过程中，甲醇通过浓差扩散和电迁移由膜的阳极侧迁移至阴极侧，在阴极电势与 Pt/C 或 Pt 催化剂作用下发生电化学氧化，并与氧的电化学还原构成短路电池，在阴极产生混合电势。甲醇经膜的这一渗透，不但导致氧电极产生混合电势，使 DMFC 的开路电压降低，还会增加氧阴极极化，降低电池的电流效率。

虽然甲醇氧化可逆电势只比氢电极的可逆电势差 40mV，但是在相近的氧分压和电池温度下，DMFC 的开路电压比 PEMFC 低 150～200mV。在 90～130℃时，DMFC 的开路电压为 0.7～0.9V，而其单位面积的输出功率仅为 PEMFC 的 1/10～1/5。

9.5.2 直接甲醇燃料电池的结构与性能改善

DMFC 是在 PEMFC 的基础上研究与发展的，DMFC 的中心部位是质子交换膜，两侧是微孔性催化电极。DMFC 的结构如图 9.31 所示。

1. 直接甲醇燃料电池电极催化剂

DMFC 电极的催化剂仍是 Pt/C、Pt-Ru/C 或 Pt 黑、纯 Pt-Ru 黑，广泛应用的是 Pt-Ru/C 或 Pt-Ru 黑，Pt 与 Ru 的原子比为 1∶1。

甲醇氧化反应取决于阳极表面上适当的 OH 与 CO 类似物种的覆盖度，与 Pt 成键的 CO 类似物种和吸附在 Ru 上 OH 之间的表面反应成了反应的控制步骤，须合理搭配 Pt 和 Ru 的活性中心才能满足吸附中间物之间的化学反应。在制备 Pt-Ru 或 Pt-Ru/C 催化剂时应尽量扩大纳米级 Pt 与 RuO_xH_y 的接触界面，而不是实现 Pt-Ru 的合金化，这样才能获得高活性催化剂。向 Pt 催化剂中添加 Re、Os、Rh、Mo、Bi 和 Sn 等元素也能够提高甲醇氧化反应的催化活性，其原因是可以在低的电势下吸附形成含氧物种，而含氧物种是氧化反应所必经的中间态吸附物质。

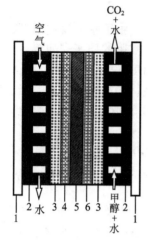

图 9.31　DMFC 的结构示意图

1—集流板；2—石墨板板；3—扩散层；4—阴极铂催化层；5—Nafion 膜；6—阳极 Pt-Ru 催化层

DMFC 的阴极催化剂与 PEMFC 一样，至今仍采用纳米级纯 Pt 黑和 Pt/C 作氧电化学还原的催化剂。PtM/C 催化剂（M 为过渡金属，如 Co、Fe、Cr、Mn 等）可提高氧电化学还原的交换电流密度，增加氧电极的活性。另外，过渡金属的大环化合物（如 Co、Fe 的酞菁和卟啉络合物）对氧电化学还原也具有活性，而且经高温热解后，作为氧电化学还原催化剂的活性与稳定性均有所提高。这些在降低铂等贵金属的担载量、提高氧电极的活性等方面均具有实际意义，值得进一步研究。

DMFC 采用的质子交换膜会有一定量的甲醇经膜渗透到阴极。由于到达阴极的甲醇会产生电化学氧化并与氧还原构成短路电池，形成阴极混合电势，不但大幅度降低了电池的开路电压，甲醇电氧化过程中形成的类 CO 物种毒化 Pt/C 催化剂，导致氧还原极化增大。因此，DMFC 未来发展迫切需要开发一类具有选择催化氧电化学还原，并阻滞甲醇电化学氧化的催化剂。

近年来，人们开始研究 Chevrel-Phase 材料，并将其作为这类氧电化学还原催化剂，这种材料是八面体金属簇化合物，通式为 M_6X_8（图 9.32），M 为高价过渡金属（如 Mo 等），X 代表硫族元素（如 S、Se、Te 等），在这一金属簇内，由于电子的退定位化，使其具有高的电子导电能力。采用其他过渡金属取代中心原子的方法还可优化其电催化性能。

2. 直接甲醇燃料电池电极

DMFC 电极均为多孔气体扩散电极，也是 PEMFC 中广泛采用的厚层憎水电极或薄层亲水电极。采用甲醇水溶液作燃料的 DMFC，CH_3OH 是以液体传递的方式到达反应区的，依靠亲水通道传递。因此，用于 DMFC 的阳极催化层组分中应增加 Nafion 含量，这有利于传导 H^+ 和传递 CH_3OH，并增强电极与膜的结合能力；但也应含有少量的聚四氟乙烯，以利于 CO_2 的析出。

由于采用甲醇水溶液作燃料，水的电迁移与浓差扩散均由膜的阳极侧迁移到阴极侧，所以 DMFC 阴极侧的排水量远大于电化学反应所生成的水。若渗透到阴极的甲醇经短路电流也氧化至水和 CO_2，则阴极排水量更大。鉴于 DMFC 的这一特点，在选择 DMFC 操作条件时，一般氧化剂（如氧或空气）压力要高于甲醇水溶液压力，以减少水由阳极向阴极的迁移。

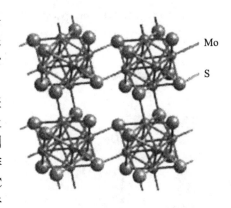

图 9.32 Chevrel-Phase 材料 M_6X_8

3. 直接甲醇燃料电池电解质

DMFC 要求电解质具有高的离子导电性和低的甲醇透过性。Nafion 系列的全氟磺酸膜用于 DMPC 的一个主要缺点是：醇类（如甲醇）经电迁移和扩散会从膜的阳极侧迁移至阴极侧，导致在阴极产生混合电势，降低 DMFC 的开路电压，增加阴极极化和燃料的消耗，降低 DMFC 的能量转换效率。

要提高 DMFC 的性能，就必须克服全氟磺酸膜的上述缺点。与此相关的研究是：开发各种低透醇膜，并研发可在高于 100℃ 的条件下稳定工作的质子交换膜，其中主要的技术措施举例如下。

(1) 采用丝网印刷法在 Nafion 117 膜表面植入一层薄的聚苯并咪唑（PBI）阻挡层来减少甲醇的渗透，同时保持质子电导率不降低。

(2) 通过低剂量电子束辐射来改变膜的表面结构，形成一层甲醇阻挡层。

(3) 在全氟磺酸树脂中掺杂 SiO_2，虽然不能从根本上解决甲醇渗透问题，但掺杂物提高了膜的耐热温度，可使电池的工作温度在 100℃ 以上。这样高的温度下甲醇的反应活性提高，甲醇渗透比例随之降低。

磷酸掺杂的 PBI 膜的突出优点是可在低水蒸气分压下传导质子、水的电曳力系数接近于零、耐热温度高（可在 150～200℃ 工作）等。PBI 膜的机械强度较差，可通过共混加以改进，但是在电池运行中磷酸的流失和 PBI 在电池工作条件下的稳定性等是这种膜进入实际应用的主要技术难点，必须加以解决。

4. 直接甲醇燃料电池单电池结构

DMFC 单电池的基本组成与 PEMFC 相似，如图 9.33 所示。

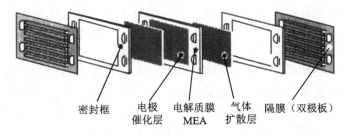

图 9.33 DMFC 单电池的组成部件

DMFC 一般采用 Pb-Ru/C 或 Pb-Ru 黑作阳极催化剂，Pt/C 或 Pt 黑作阴极电催化剂，与 Nafion 树脂（有时加入一定量的聚四氟乙烯）制备催化层。以聚四氟乙烯处理的炭布或炭纸作扩散层组合成电极，DMFC 的贵金属担载量在 $2 \sim 5 mg/cm^2$，这要比 PEMFC 高约一个数量级，并与 Nafion 类全氟磺酸膜经热压制备 MEA。双极板材料用石墨或金属板制备，流场以蛇形流场或平行沟槽流场为主。

将 DMFC 按压滤机方式组装成电池组（图 9.34），与 PEMFC 相比，由于排热可由循环的燃料——甲醇水溶液担任，无需构造排热腔，所以双极板厚度一般仅为 2mm 左右，这样有利于提高电池组的功率密度。

在设计 DMFC 电池组时，一般取单电池的平均工作电压为 0.5V，比 PEMFC 低 200mV 左右，工作电流密度取 $100 \sim 300 mA/cm^2$，仅为 PEMPC 的 $1/3 \sim 1/2$。为减少 CH_3OH 由阳极向阴极的渗透，甲醇水溶液浓度一般约为 1mol/L。在上述工作条件下，DMFC 电池组的法拉第效率可达 80%。

图 9.34 DMFC 电池组

压滤机式结构的 DMFC 电池组必须与氧化剂（如空气、纯氧）和燃料供给等系统组合，形成一个 DMFC 系统才能为用户提供电力。DMFC 电池组可提供中等功率（如几百瓦到千瓦级）和大功率（如几十千瓦）输出。小功率输出（几瓦至几十瓦）的 DMFC 电池组（笔记本电脑电源、单兵电源等），要求其微型化以方便携带，人们开发了集成式或携带式 DMFC。这种结构的 DMFC 采用储入电池内的甲醇水溶液作燃料，通常由大气供氧，采用自然散热方式。

9.6 燃料电池电动汽车概述

9.6.1 燃料电池电动汽车的发展概况

1. 国外燃料电池电动汽车发展情况

国外最早出现燃料电池电动汽车的时间可追溯到 20 世纪 60 年代，美国通用汽车公司在 1966 年生产出世界上第一辆以燃料电池为电源的电动汽车（图 9.35）。该燃料电池电动汽车由厢式货车改装而成，装载了最大功率为 150kW 的燃料电池系统，燃料采用低温冷藏的液氢，汽车的续驶里程达 240km。由于复杂的燃料电池结构庞大，几乎占车内所有的空间，加上当时人们的环境意识远不如现在深刻，能源供需矛盾也不像现在那样突出，因而并未继续进行该燃料电池电动汽车的后续开发工作。

20 世纪 90 年代，由于燃料电池电动汽车的低排放和高效的燃料利用率，对解决汽车环境污染问题和缓解能源短缺十分有效，因而燃料电池电动汽车技术开始受到人们空前的关注。世界上主要汽车生产大国的政府和各大汽车制造商纷纷制定相关政策，投入大量的人力和物力研究和开发燃料电池电动汽车，并取得了一系列成果。

1993年，加拿大Ballard公司研制出了以PEMFC为动力的燃料电池公共汽车（图9.36），其燃料电池功率为105kW，可载客20人。

图9.35　通用汽车公司的第一辆燃料电池电动汽车Electrovan　　图9.36　Ballard公司的燃料电池公共汽车

1994年，戴姆勒·克莱斯勒公司推出了NECAR 1(New Electric Car 1)燃料电池电动轿车，该车采用Ballard公司生产的PEMFC组，功率达50kW，所用燃料为压缩氢气。戴姆勒·克莱斯勒公司在1999年研制出了第4代燃料电池（NECAR 4）车，这种5座轿车最高时速可达145km/h。戴姆勒·克莱斯勒公司推出的第5代FEV(NECAR 5)如图9.37所示，该车以甲醇为燃料，是全球第一辆达到实用阶段的甲醇重整燃料电池电动汽车。

图9.37　戴姆勒·克莱斯勒公司的第5代FEV(NECAR5)

美国通用汽车公司于2000年成功推出了"氢动一号"(Hydro Gen 1)氢燃料电动汽车（图9.38）。该车采用液态氢为燃料，最高车速可达140km/h，一次加氢续驶里程为400km。"氢动一号"的诞生标志着燃料电池电动汽车已经从研制向批量化生产迈出了重要一步。

2001年，日本丰田汽车公司推出了FCHV-3运动型多功能汽车（SUV），该车采用"燃料电池＋蓄电池"的混合动力驱动形式，燃料电池为丰田公司自己开发，其功率为90 kW，蓄电池采用镍氢电池。2001年6月，丰田汽车公司又推出了FCHV-4型燃料电池电动汽车，动力驱动形式与FCHV-3一样，采用高压氢为燃料，电动机为80kW的永磁同步电动机，一次充氢可行驶250 km以上。图9.39所示为丰田汽车公司的现代版燃料电池SUV。

2002年，美国通用汽车公司推出了Hy-wire燃料电池电动汽车（图9.40），该车燃料电池功率为94 kW（连续）和129 kW（峰值），燃料电池工作电压为125～200V，最高车速达160 km/h。

图 9.38　美国通用"氢动一号"氢燃料电动汽车

图 9.39　丰田汽车公司的现代版燃料电池 SUV

图 9.40　通用公司的 Hy-wire 燃料电池电动汽车

2013 年，韩国现代 ix35 氢燃料电池汽车正式量产（图 9.41），这预示着氢燃料电池汽车进入千家万户将不再是一个梦想。该车最高功率为 73kW，最高时速为 151km/h，0～100km/h 的加速时间为 12.5s。其驱动过程为：将电量储存到 24kW·h 锂电池组，然后用电动机驱动车辆，续驶里程达 594km。

如今，燃料电池电动汽车的研究与开发已成为世界性的热点，为了在未来的汽车市场占有一席之地，各大汽车公司均研发自己的燃料电池电动汽车。国外近年来新研发的几款燃料电池电动汽车如图 9.42～图 9.48 所示。

图 9.41　现代 ix35 氢燃料电池汽车

图 9.42　奥迪 Q5HFC 燃料电池电动汽车

图 9.43　本田汽车公司的燃料电池电动汽车 FCX

图 9.44　铃木汽车公司的燃料电池电动汽车 SX4

图 9.45 本田公司 2015 年推出的燃料电池电动汽车

图 9.46 美国未来的燃料电池电动轿车

2. 国内燃料电池电动汽车发展情况

在燃料电池电动汽车领域，我国也早已开展了富有成效的燃料电池及燃料电池电动汽车的研究。因此，我国燃料电池电动汽车的技术水平与国外的差距并不大。

1998 年，清华大学与北京世纪富原燃料电池公司合作研制出我国第一辆 PEM-FC 8 座小型电动车，该车装用 5kW 燃料电池，车速达 20km/h，一次加氢可行驶 80km。

图 9.47 丰田在 2015 年推出的燃料电池电动汽车

2008 年奥运会期间，我国自主研发的 20 辆氢燃料电池轿车完成了首次规模化示范运行，用我们自己的燃料电池电动汽车组成的绿色环保车队接送参赛人员。图 9.49 所示为清华大学联合清能华通公司、北京客车厂等单位自主开发的燃料电池电动客车。

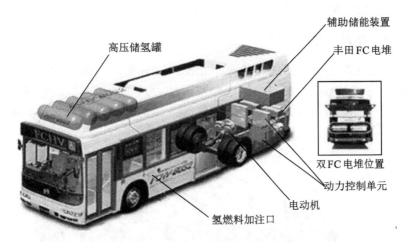
图 9.48 丰田燃料电池公共汽车

上海汽车集团股份有限公司（简称"上汽"）、同济大学等研究开发了三代"超越"系列燃料电池轿车动力系统平台和示范样车（图 9.50）。北京清华能通公司与清华大学等共同研发出了"清能 1 号"燃料电池城市客车（图 9.51），一汽、东风、长安、奇瑞等汽车公司竞相开发出混合动力汽车性能样车。这些均表明我国同样十分关注燃料电池电动汽车，燃料电池电动汽车技术水平也已接近或达到国外先进水平。

图 9.49　燃料电池电动客车

图 9.50　上海世界博览会用燃料电池电动轿车　　图 9.51　"清能 1 号"燃料电池城市客车

由于燃料电池电动汽车的价格高，而且其在安全、高效的储氢、运氢等方面还存在着问题，因而燃料电池电动汽车的产业化尚需时日。

9.6.2　燃料电池电动汽车的构成

燃料电池电动汽车与普通的燃油汽车相比，其外形和内部空间几乎没有什么区别，不同之处在于其动力系统。燃料电池电动汽车动力系统的基本构成包括燃料电池系统、电子控制系统、辅助储能装置及驱动电动机等。燃料电池电动汽车动力系统的布置一例如图 9.52 所示。

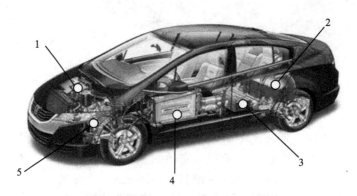

图 9.52　燃料电池电动汽车动力系统的布置

1—电子控制器；2—燃料储存装置；3—辅助储能装置；4—燃料电池电堆；5—驱动电动机

目前，进行着实用化研究的燃料电池电动汽车主要有直接燃料电池电动汽车和重整燃料电池电动汽车两种。

1. 直接燃料电池电动汽车

典型的直接燃料电池电动汽车动力系统的基本构成如图 9.53 所示。

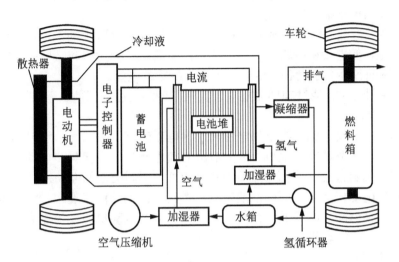

图 9.53 直接燃料电池电动汽车动力系统基本构成

1) 燃料电池系统

燃料电池系统的核心是燃料电池电堆，此外，还配备了氢气供给、氧气供给、气体加湿、水循环及反应物生成处理等系统，用以确保燃料电池电堆正常工作。

(1) 氢气供给系统。氢气供给系统的功能包括氢的储存、管理和回收。气态氢需要采用高压的方式储存，因此，储氢气瓶必须有较高的品质。储气瓶的容量决定了一次充氢的行驶里程，轿车一般采用 2～4 个高压储气瓶，大客车上通常采用 5～10 个高压储气瓶来储存氢。

液态氢的储存需要比气态氢更高的压力，而且要保持低温，因此，使用液态氢对储氢瓶的要求更高，同时还需要有较复杂的低温保温装置。

不同的储氢压力，需要采用相应的减压阀、调压阀、安全阀、压力表、流量表、热量交换器、传感器及管路等组成氢气供给系统。从燃料电池电堆排出的水中含有少量的氢，可通过氢气循环器将其回收。

(2) 氧气供给系统。采用纯氧供给方式需要用氧气罐，而从空气中获得氧气通常需要用压缩机来提高压力，以确保供氧量，增加燃料电池反应的速度。空气供给系统除了需要有体积小、效率高的空气压缩机外，还需配备相应的空气阀、压力表、流量表及管路，并需对空气进行加湿处理，以确保空气具有一定的湿度。

(3) 水循环系统。燃料电池反应过程中产生水和热量，需要通过水循环系统中的凝缩器加以冷凝和气水分离处理，部分水可用于反应气体的加湿。水循环系统还用于燃料电池的冷却，以使燃料电池保持在正常的工作温度。

2) 辅助储能装置

混合式燃料电池电动汽车还配备辅助储能装置，辅助储能装置可采用蓄电池、超级电容和飞轮电池中的一种，组成双电源的"混合动力"系统，或采用"蓄电池＋超级电容""蓄电池＋飞轮电池"的三电源系统。

燃料电池电动汽车配备的辅助储能装置的作用如下：

（1）在起动时，由辅助储能装置提供电能，带动燃料电池启动或带动车辆起步。

（2）在运行过程中，当燃料电池输出的电能大于车辆驱动所需的能量时，辅助储能装置可用于储存燃料电池剩余的电能。

（3）在燃料电池电动汽车加速和爬坡时，辅助储能装置可协助供电，以弥补燃料电池输出功率的不足，使电动机获得足够的电能，产生满足车辆加速和爬坡所需的电磁转矩。

（4）向车辆的各种电子设备、电器提供工作所需的电能。

（5）车辆在制动时，通过辅助储能装置实现车辆制动能量回收。

3）驱动电动机

驱动电动机用于将电源所提供的电能转换为电磁转矩，并通过传动装置驱动车辆行驶。燃料电池电动汽车用驱动电动机也可采用有刷直流电动机、交流异步电动机、交流同步感应电动机、永磁无刷直流电动机和开关磁阻电动机等不同类型的电动机。

不同类型的电动机具有不同的性能特点，燃料电池电动汽车通常是结合整车的开发目标，综合考虑各种电动机本身的结构与性能特点，以及电动机驱动控制方式与控制器结构特点等，选择适宜的电动机。

4）电子控制系统

直接燃料电池电动汽车的电子控制系统的控制功能包括燃料电池系统控制、DC/DC转换器控制、辅助储能装置能量管理、电动机驱动控制及整车协调控制等，各控制功能模块通过总线连接，如图9.54所示。

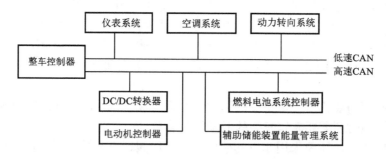

图9.54 燃料电池电动汽车的电子控制系统构成

（1）燃料电池系统控制。燃料电池系统控制器控制燃料电池的燃料供给与循环系统、氧化剂供给系统、水／热管理系统，并协调各系统工作，以使燃料电池能持续向外供电。

（2）DC/DC转换器控制。DC/DC转换器用于改变燃料电池的直流电压，DC/DC转换器由电子控制器控制，电子控制器通过调节DC/DC转换器的输出电压，将燃料电池电堆较低的电压上升至电动机所需的电压。DC/DC转换器的作用不仅仅是升压和稳压，而且可在工作时，通过控制器的实时调节，使其输出电压与蓄电池的电压相匹配，以协调燃料电池和蓄电池负荷，起限制燃料电池最大输出电流和最大功率的作用，从而可避免燃料电池因过载而损坏。

（3）辅助储能装置能量管理。辅助储能装置能量管理系统对蓄电池的充电、放电、存电状态等进行监控，使辅助储能装置能正常地起作用，实现车辆在起动、加速、爬坡等工况下的协助供电，车辆运行时储存燃料电池富余电能和车辆制动时的能量回馈。蓄电池能量管理系统通过对蓄电池电压、电流、温度等参数的监测，还可实现蓄电池的过充电、过放电控制，以及蓄电池荷电状态的估算与显示。

（4）电动机驱动控制。不同类型的电动机，电动机驱动控制系统的电路结构和工作原理也有所不同。总体上，电动机驱动控制系统的主要控制功能有电动机的转速与转矩调节、转换为发电机工作模式控制、电动机过载保护控制等。

（5）整车协调控制。整车协调控制系统基于设定的控制策略对各控制功能模块进行协调控制，通常包括如下两方面的控制内容：

① 控制器根据加速踏板传感器、制动踏板传感器、挡位开关送入的电信号判断驾驶员的驾车意图，并输出控制信号，通过相关控制功能模块实现车辆的行驶工况控制。

② 控制器根据相关传感器和开关输入的电信号，获取车速、电动机转速、是否制动、蓄电池和燃料电池的电压和电流等信息，判断车辆的实际行驶工况和动力系统的状况，并按设定的多电源控制策略输出相应的控制信号，通过相应的功能模块实现能量分配调节控制。

此外，整车协调控制通常还包括整车电控系统故障自诊断功能。

直接燃料电池电动汽车对储氢装置的要求较高，但相比于重整燃料电池电动汽车，直接燃料电池电动汽车的结构简单、质量轻、能量效率高、成本低。因此，目前的燃料电池电动汽车大都以纯氢为车载氢源。

2. 重整燃料电池电动汽车

1）动力系统的构成

与直接燃料电池电动汽车相比，重整燃料电池电动汽车的主要区别在于使用汽油、天然气、甲醇、甲烷、液化石油气等燃料，在汽车上通过重整器产生氢，再将氢提供给燃料电池电堆。重整燃料电池电动汽车动力系统基本构成如图9.55所示。

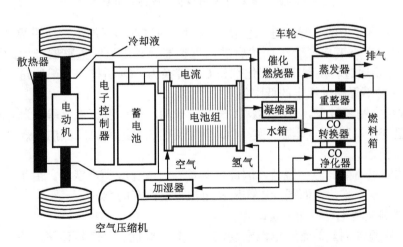

图 9.55 重整燃料电池电动汽车动力系统基本构成

重整燃料电池系统中的氧气供给及管理系统、反应生成的水和热量处理系统及电力管理系统等与直接燃料电池系统基本相同，只是增加了重整器、加热器、CO 转换器与净化器等装置，用以将汽油、天然气、甲醇、甲烷、液化石油气等燃料转换为纯氢。

2) 重整燃料电池氢气产生过程

重整燃料电池电动汽车采用的燃料不同，其制氢过程（重整技术）也会有所不同。

(1) 车载醇类制氢过程。醇类燃料（甲醇、乙醇、二甲醚等）的车载制氢过程大体相同，均需经重整、变换、一氧化碳脱除等几个步骤。以甲醇为燃料的车载制氢过程如图 9.56 所示。

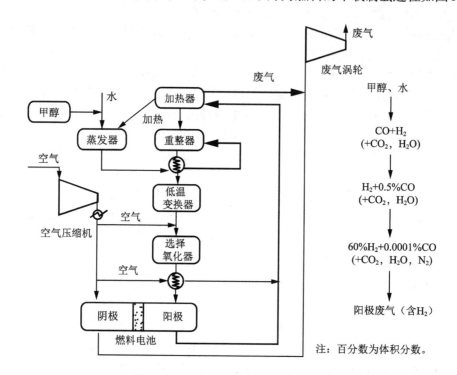

图 9.56　甲醇车载重整制氢系统原理图

储存在普通容器中的甲醇在进入重整器以前，通过加热器加热，使甲醇和纯水的混合物在高温（621℃）下变成混合气，然后进入重整器分离出氢。重整器产生的氢气中含有少量的 CO，需要通过转换器中的催化剂将 CO 转换为 CO_2 后排出。最终进入燃料电池中的 H_2 的 CO 含量不得超过规定的低限值（10×10^{-6}）。

(2) 车载烃类制氢过程。烃类燃料（汽油、柴油、LPG 及天然气等）制氢通常包括氧化重整、高温变换、脱硫、低温变换、CO 净化及燃烧等过程，以汽油为燃料的车载制氢过程如图 9.57 所示。

烃类车载制氢需要高温和脱硫，因此，其重整过程比醇类难度大。由于天然气是气体燃料，车载储运较困难，因而很少用作燃料电池电动汽车的燃料。

3) 重整燃料电池电动汽车的优缺点

使用车载重整器制氢的燃料电池电动汽车，其主要优点是燃料存储方便，只需普通的容器，无需加压或冷藏。但是，重整器制氢也存在着一些问题，主要如下：

(1) 燃料电池系统启动时间较长，动态响应较慢。当然，对于配备辅助储能装置的重整燃料电池电动汽车来说，辅助储能装置可很好地解决这一问题。

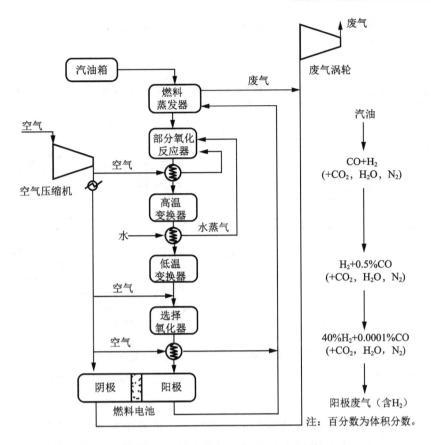

图 9.57 汽油车载重整制氢系统原理图

(2) 重整装置不仅需要复杂的控制,而且其体积和质量会减少车辆可利用的空间,增加更多的能量消耗。

(3) 制取的氢气纯度不高时,可能会使催化剂中毒,并产生一些污染。

鉴于上述不足,现已推出的燃料电池电动汽车中,采用重整技术的相对较少。

9.6.3 燃料电池电动汽车的储氢与工作方式

1. 燃料电池的储氢方式

目前的燃料电池电动汽车大都以纯氢为燃料,为使燃料电池电动汽车能达到所需的续驶里程,在车上就需要有一定储量的氢。车载储氢主要有压缩氢气、液态氢和金属储氢 3 种形式。

1) 压缩氢气形式储存

氢气的密度低,需要通过压缩来增加其储存量。压缩氢气的压力一般在 20～30MPa 或更高,因而要求储氢气瓶能承受高压,且质量轻、使用寿命长。高压储氢气瓶的材料用铝或石墨材料,通常制成环形压力容器,这有助于提高容积效率,满足续驶里程要求,而且便于在车上安装。

不同类型的燃料电池电动汽车,高压氢气瓶的布置形式也有所不同。燃料电池电动轿车的高压氢气瓶通常安装在后座椅下或行李箱下,而大客车的氢气瓶通常安装在车辆的顶部或裙部。图 9.58 所示为某种燃料电池大客车氢气瓶的布置方式。

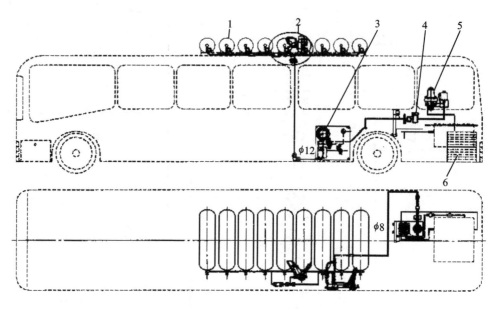

图 9.58　燃料电池大客车氢气瓶的布置方式

1—储氢气瓶；2—车顶控制气路；3—压力表；4—滤清器；5—减压阀；6—燃料电池

2）液态形式储存

相对于气态氢，液态氢具有较高的能量密度，可显著提高单位容积氢的质量，有利于降低运输成本，提高燃料电池电动汽车的续驶里程。但是，液态氢需要将气态氢冷却到 -253℃才能得到，氢气的液化过程时间较长，而且需要消耗大量的能量；液态氢难以较长时间储存，只能储存在供应站，而在运输时也需要专用运输车辆。

车载液态氢储存罐结构如图 9.59 所示。液态氢储存罐需要有良好的绝热性能，因此，液态氢储存罐外壳通常用绝热材料包裹，而内部设有液位计和压力调节（控制）装置。

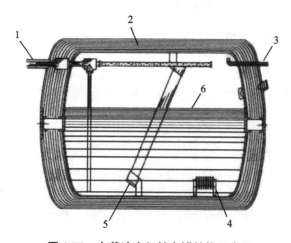

图 9.59　车载液态氢储存罐结构示意图

1—液氢进出口；2—绝热材料；3—安全排气口；4—压力仪表；5—液位计；6—液态氢

液态氢需要转换为氢气才能提供给燃料电池，而液态氢的气化过程需要吸收热量，因而供氢系统中还需要设置热交换器和压力调节系统。

3) 金属储存氢气

利用金属氢化物储氢，就是将氢气加压至 3～6MPa，使进入容器的氢在高压下附在金属小颗粒上，完成氢与金属的结合，同时放出热量。从金属小颗粒中释放出氢时，需要吸收外部的热量，因此，金属储氢容器不仅需要有一定的耐压强度，还要有足够的换热面积，以满足充氢和放氢时的热量传递。为了尽可能多地储存氢，需要储氢合金表面呈小颗粒状，并在适当的温度范围和压力范围内能够储存或释放氢气。

金属储氢通常被认为是最安全的储氢方式，相比于高压储氢罐储氢方式，金属储氢的特点如下：

(1) 单位体积的储氢容量有所提高，但单位质量的储氢量并不高。金属储氢罐包括容器和储氢材料，其单位质量的储氢量要低于高性能材料制成的高压氢气瓶。

(2) 储氢的压力较低（1～2MPa），远低于压缩氢气瓶的压力，因而其安全性较高，降低了充氢设备的要求，充氢的能耗也较小。

(3) 金属氢化物对氢气中的少量杂质（如 O_2、H_2O、CO 等）的敏感度高于燃料电池电极催化剂的敏感度，因此，对氢的纯度要求更高。

(4) 金属氢化物的机械强度较低，反复充放氢后会出现粉碎现象，目前金属储氢装置的金属氢化物反复充放的次数不多，而且价格较高。

总体来看，燃料电池电动汽车采用金属储氢方式的运行成本很高，因此，目前采用这种车载储氢方式的燃料电池电动汽车很少。

2. 燃料电池电动汽车的工作方式

目前燃料电池电动汽车多采用"燃料电池＋蓄电池"的混合动力模式，当燃料电池电动汽车运行在起步、加速、匀速、滑行、减速、制动等不同的工况时，燃料电池电动汽车动力系统的工作方式也会有所不同，大致可分为燃料电池模式、混合动力模式、蓄电池模式、能量回馈模式等，如图9.60所示。

1) 燃料电池模式

燃料电池电动汽车工作在燃料电池模式时，电动机的电力全由燃料电池提供，当蓄电池在非充足电状态（SOC<1）且燃料电池的电能供给电动机后尚有富余时，燃料电池除了向电动机输出电能外，还可向蓄电池充电 [图9.60(a)]。当燃料电池电动汽车处在低负荷、匀速、滑行等行驶工况时，通常工作在燃料电池模式。

2) 混合动力模式

混合动力模式指燃料电池和蓄电池共同提供电动机所需电力的工作方式 [图9.60(b)]。燃料电池电动汽车在加速、高速、上坡、超车等行驶工况或重载的情况下，燃料电池输出的电功率已不能满足驱动车辆所需的功率时，控制器就会控制蓄电池提供瞬时能量，以弥补燃料电池输出功率的不足，满足电动汽车加速、上坡瞬时动力需要，或由蓄电池持续地协助燃料电池供电，确保燃料电池电动汽车在高速或重载下对电源持续电功率输出的需求。

3) 蓄电池模式

蓄电池模式指燃料电池停止输出电能，车辆单独由蓄电池提供电力 [图9.60(c)]。燃料电池还未启动，蓄电池的荷电状态值大于最小临界状态时，由蓄电池提供电动汽车起步时所需的全部电能。还有一种使用蓄电池模式的情况是，燃料耗尽或燃料电池电堆发生故障，而蓄电池的荷电状态值又大于最小临界值时，则也可由蓄电池短时间内独立供电。能在蓄电池模式下工作的燃料电池电动汽车，对蓄电池容量和输出功率的要求相对较高。

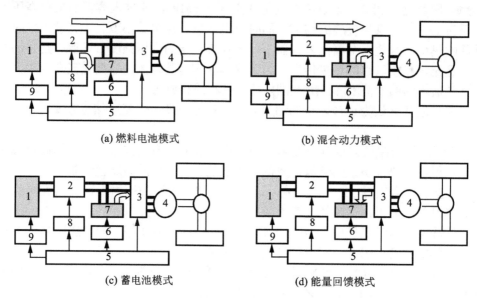

图 9.60 燃料电池电动汽车的工作模式

1—燃料电池；2—DC/DC 转换器；3—电动机控制器；4—电动机；5—整车控制器；
6—蓄电池能量管理；7—蓄电池；8—DC/DC 电子控制器；9—燃料电池控制器

4）能量回馈模式

能量回馈模式指车辆在减速制动时，使电动机工作在发电机状态，通过发电将车辆的动能转换为电能，并向蓄电池充电的工作方式 [图 9.60(d)]。当燃料电池电动汽车在下坡、遇红灯减速及其他非紧急制动等情况下，蓄电池又处于非充足电状态（荷电状态值在最大临界值以下）时，控制器就控制电动机转换为发电机工作方式，将车辆的动能转换为电能，通过向蓄电池充电实现能量回馈。

9.6.4 燃料电池电动汽车的性能与存在的问题

1. 燃料电池电动汽车的性能与关键技术

对于燃料电池电动汽车而言，最被关注的性能指标主要有续驶里程、最高车速、最大爬坡度、最大转矩、功率及最大功率等。而这些性能指标的高低，除了燃料电池的性能这一关键因素外，还与车载储氢技术、辅助储能装置、电动机及其控制技术、动力系统的构成与整车的布置、整车的控制技术等密切相关。

1）燃料电池电动汽车的主要性能

目前，燃料电池电动汽车的部分性能指标还达不到普通燃油汽车的水平。表 9-3 列出了典型燃料电池电动汽车的性能指标，从中可大体了解燃料电池电动汽车的性能状况。表 9-4 是采用不同燃料的燃料电池电动汽车的性能比较。

表 9-3 燃料电池电动汽车的性能指标

性能		TOYOTA FCHV	HONDA FCX	FCHV-BUS2
长×宽×高 /mm×mm×mm		4735×1815×1685	4165×1760×1645	10515×2490×3360
车辆质量 /kg		1860	1680	—
乘坐人数		5	4	60
续驶里程 /km		300	355	250
最高车速 /(km/h)		155	150	80
燃料电池	种类	PEMFC	PEMFC	PEMFC
	功率 /kW	90	78	90×2
电动机	种类	永磁同步电动机	永磁同步电动机	永磁同步电动机
	最大转矩 /N·m	260	272	—
	最大功率 /kW	80	60	80×2
燃料	种类	纯氢	纯氢	纯氢
	储存方式	压缩氢气	压缩氢气	压缩氢气
	储气压力 /MPa	35	34.4	35
辅助储能装置		镍氢电池	超级电容	镍氢电池

表 9-4 采用不同燃料的燃料电池电动汽车性能比较

燃料	制造厂	车名	FC 功率 /kW	最高车速 /(km/h)	续驶里程 /km	辅助储能装置
氢气 25MPa	丰田公司	FCHV-4	90	>150	>250	蓄电池
	丰田公司	FCHV-BUS1	90	>80	>300	蓄电池
	本田公司	FCX-V3	60	130	180	超级电容
	大发公司	Move FCV-K-II	30	105	120	蓄电池
	福特公司	Focus FCV	67（电动机）	>128	160	蓄电池
氢气 30 MPa	戴姆勒·克莱斯勒公司	NeCar 1	50	90	130	无
氢气 35 MPa	丰田公司	FCHV	90	>155	300	蓄电池
	本田公司	FCX-V4	78	140	315	超级电容
	本田公司	FCX	85	150	355	超级电容
	戴姆勒·克莱斯勒公司	Citaro	>200	80	>200	无
	戴姆勒·克莱斯勒公司	F-Cell（A 级）	85	140	145	蓄电池
氢气 70 MPa	铃木公司	MR WAGON-FCV	38	110	200	—

续表

燃料	制造厂	车名	FC功率/kW	最高车速/(km/h)	续驶里程/km	辅助储能装置
液态氢	通用公司	HydroGen 1	80	140	400	蓄电池
	通用公司	HydroGen 3	94	150	400	无
	大众公司	Hymotion	75	140	350	无
	戴姆勒·克莱斯勒公司	NeCar 4	70	145	450	无
金属氢化物	马自达公司	Demio	20	90	170	超级电容
	戴姆勒·克莱斯勒公司	Natrium	40	129	483	蓄电池
	丰田公司	FCHV-3	90	150	300	蓄电池
甲醇	戴姆勒·克莱斯勒公司	NeCar 5	85	150	450	无
	马自达公司	PREMACY FC-EV	65（电动机）	124	—	无
汽油	丰田公司	FCHV-5	90	—	—	蓄电池
	通用公司	Chevrolet 5-10	25	102	386	蓄电池

2）燃料电池电动汽车的关键技术

（1）燃料电池系统。燃料电池是燃料电池电动汽车最关键的技术之一，燃料电池电堆的净输出功率、耐久性、低温起动性及成本等，直接影响着燃料电池电动汽车的性能和发展。目前，降低燃料电池的成本是燃料电池电动汽车研究的最重要目标，而控制燃料电池成本最有效的手段是减少燃料电池关键材料（电催化剂、电解质膜及双电极等）的成本，降低加工（膜电极制作、双电极加工和系统装配等）的费用。在降低燃料电池成本的同时，进一步提高燃料电池的性能，是目前燃料电池电动汽车技术研究的重点。此外，燃料电池系统还有许多需要攻克的工程技术问题，例如，系统的启动与关闭时间、系统的能量管理与变换操作、电堆水热管理模式及低成本高性能的辅助装置（空气压缩机、传感器及控制模块）等。

（2）车载储氢装置。车载储氢装置对燃料电池电动汽车的动力性及续驶里程影响很大。如前所述，常见的车载储氢装置有高压氢气瓶、低温液氢瓶及金属氢化物储氢装置3种，除液态储氢方式，目前的车载储氢装置的质量储氢密度和体积储氢密度均较低，而液态储氢需要很低的温度条件，其成本和能耗都很高。如何有效地提高体积密度和质量密度，是车载储氢装置研究的关键问题。

储氢瓶采用质量轻、机械强度大的材料，通过降低储氢瓶的质量和提高储氢气体的压力来提高储氢装置的体积密度和质量密度，这是通常的研究方案。另一个比较理想的方案是，采用储氢材料与高压储氢复合的车载储氢新模式，即在高压储氢容器中装填质量较轻的储氢材料，这种储氢装置与纯高压（大于40MPa）储氢方式相比，既可以降低储氢压力（约10MPa），又可提高储氢的能力。复合式储氢装置的技术难点是开发出吸放性能好、成型加工工艺好、质量轻的储氢材料。

(3) 辅助储能装置。对于混合式燃料电池电动汽车而言，辅助储能装置性能的好坏、能量控制策略的优劣等对燃料电池电动汽车的动力性和经济性都影响很大，因此研究与开发高性能的辅助储能装置，也是燃料电池电动汽车发展所必需的。

目前燃料电池电动汽车用辅助储能装置主要有蓄电池、超级电容和飞轮电池 3 种。用于燃料电池电动汽车的蓄电池，具备功率密度高、短时间大电流的充放电能力强等特点尤为重要。目前燃料电池电动汽车采用镍氢电池较多，由于锂离子电池具有比能量大、比功率高、自放电少、无记忆效应、循环特性好、可快速放电等特点，已被一些燃料电池电动汽车用作辅助储能装置。相比于蓄电池，超级电容具有短时间内大电流充放性能好（可达蓄电池的 10 倍）、充放电效率高、循环寿命长等许多优点，其作为唯一的辅助储能装置（FC + C）或辅助储能装置之一（FC + B + C），在燃料电池电动汽车上的应用将会逐渐增多。

(4) 电动机及其控制技术。电动机产生驱动车轮转动的电磁转矩，其性能对燃料电池电动汽车的动力性和经济性影响极大。与工业用电动机相比，燃料电池电动汽车用驱动电动机在最大功率、最高转矩、工作效率、调速性能等方面均有更高的要求。目前燃料电池电动汽车上使用较多的主要是永磁无刷直流电动机、交流异步电动机、交流同步感应电动机及开关磁阻电动机等。研究与开发出功率更大、更加高效且体积小、质量轻的电动机，并配以更加先进可靠的电动机控制技术，也是燃料电池电动汽车发展所要解决的关键技术之一。

(5) 系统管理策略与电子控制技术。显而易见，整车动力系统的优化设计、能量管理策略、整车热管理及整车电子控制（动力控制、能量管理、热管理及制动能量回馈等自动协调控制）等，对燃料电池电动汽车的动力性、经济性起关键作用。因此，整车动力系统参数的选择与最优化设计、多动力源的能量管理策略与最优化控制、整车热管理的最优化控制、整车各控制系统的协调控制等，均是燃料电池电动汽车发展必须面对的关键课题。

2. 燃料电池电动汽车的主要问题

燃料电池电动汽车有燃油汽车无法比拟的优势，但是，由于燃料电池电动汽车的性能、成本及燃料的供给配套设施等问题还尚待解决，因而完全替代燃油汽车尚需时日。

1) 燃料电池电动汽车的性能有待提高

与燃油汽车相比，燃料电池电动汽车的动力性、耐久性、起动性能（起动时间及低温起动）、续驶里程等均需要提高。

燃料电池是燃料电池电动汽车的核心部件，必须解决的问题是提高其功率密度、耐久性和起动性能。

重整器是燃料电池电动汽车能使用纯氢以外燃料的关键部件，提高重整器的工作可靠性和循环寿命、起动性和负荷响应性，以及小型化和轻量化，是重整燃料电池电动汽车必须解决的问题。此外，开发实用型的汽油重整器具有极为重要的意义，因为汽油重整器在燃料电池电动汽车大规模使用时，燃料电池电动汽车的燃料供给的基础设施可与燃油汽车共用。

氢储存技术的提高是解决以纯氢为燃料的燃料电池电动汽车续驶里程问题的关键，目标是一次加氢的续驶里程应能达到 500km 以上。

2) 制造成本和运行成本过高

制造成本和运行成本过高是制约燃料电池电动汽车商用化的最大障碍，而燃料电池电动汽车制造成本居高不下的最主要原因是价格昂贵的燃料电池。

在燃料电池中,无孔石墨双极板的成本(包括石墨板材料价格和流场加工费用)占了整个燃料电池系统成本的50%以上。石墨板的优点是导电性好、质量轻、耐腐蚀;缺点是机械强度低、不易加工且难以薄片化。如今世界上正在研究改用金属板或复合板作双电极,这不仅可降低材料的费用,而且可减薄双极板,降低流场加工的难度,实现大批量生产,从而可较大幅度地降低燃料电池的成本,提高燃料电池比功率。

质子交换膜的费用也较高,其成本排在燃料电池系统的第二位。目前广泛采用的质子交换膜的工作温度极限是85℃,为确保燃料电池正常工作,就必须消耗燃料电池51%的能量来移走燃料电池工作所产生的热量,这就大大降低了燃料电池的比能量。提高质子交换膜材料的工作温度极限、降低膜的厚度,是提高燃料电池的比能量、降低成本的有效途径。

催化剂铂是昂贵的金属,减少其用量可有效降低燃料电池的成本。但现在的燃料电池催化剂铂的用量已减至很低的水平,因此,单纯通过减少铂的用量来降低燃料电池成本已较困难。提高铂的回收技术或寻求铂的替代品,成为降低燃料电池成本的最有效措施。

目前的燃料电池制造成本已降至每千瓦数百美元,但距离商用化还很远。据比较分析,只有当燃料电池的生产成本降至每千瓦50美元的水平时,燃料电池电动汽车的价格才能与燃油汽车相抗衡。

对于氢燃料电池电动汽车而言,氢气的制备、储藏和运输成本要远高于汽油和柴油,因而燃料电池电动汽车的运行成本也较高。降低氢燃料的成本,或研究与开发高效的汽油重整器是燃料电池电动汽车能被市场接受所要努力的方向。

3) 燃料供给体系的建立尚需时日

目前,燃料电池电动汽车的燃料供给体系尚未建立,加氢站、加甲醇站等基础网络设施建设几乎为零,目前全球范围内投入使用的加氢站仅有100多家,并且大都不是商业用途的。燃料电池电动汽车要想实现商用化,氢燃料的供应及燃料供给基础设施建设则必须同步进行。

当大规模地使用燃料电池电动汽车时,如何较为经济地获取氢,就成为燃料电池电动汽车应用必须解决的首要问题。虽然通过重整技术可将天然气、汽油等转化为燃料电池所需的氢燃料,但这要消耗大量的能量,而且未能摆脱对有限资源的依赖,也不能完全消除对环境的污染。通过热分解或电解的方法可从水中获取氢,这虽然是一种取之不尽的制氢方法,但需要消耗较多的能源,不具备实用性。利用太阳能制氢是较有前途的制氢方法,通过太阳能发电后电解水制氢,或利用太阳能直接分解水制氢等技术均处于研究与开发之中。此外,生物制氢技术也是获取氢源的有效途径。只有能以太阳能或其他再生性的能源获取廉价氢燃料时,燃料电池电动汽车的燃料问题才能算从根本上解决。

由于气态氢密度很低,需要通过高压储藏,液态氢又需要低温存储,因此,氢燃料生产基地的储存设备、运输装备和充氢站等,比汽油和柴油均要复杂得多。加氢站的技术要求和费用要比加油站高得多,这需要国家给予政策扶持。美国及欧洲一些国家,加氢站建设的法规早已成型,我国也正积极做相关的工作。

只有当燃料电池电动汽车的性能及成本能与燃油汽车相抗衡,又有完备的燃料供给体系,燃料电池电动汽车才能真正实现商用化。

本章小结

本章介绍了燃料电池的发展历史，并总结了燃料电池的特点及结构类型。在分析燃料电池基本组成原理的基础上，着重介绍了 PEMFC 的组成、原理及特点，并对 AFC、PAFC 及 DMFC 做了简要的介绍，以使读者对燃料电池的构成、原理及特点有较为全面的了解。本章还介绍了燃料电池电动汽车的特点、类型及工作方式等，并总结了燃料电池电动汽车的性能和存在的问题，使读者认识到发展燃料电池电动汽车的意义及需要解决的关键问题。

思 考 题

1. 燃料电池是一种储能装置还是发电装置？燃料电池可应用于哪些领域？
2. 燃料电池与蓄电池有何异同？燃料电池与 APU 又有何异同？
3. 作为消耗燃料，燃料电池提供电力的装置具有哪些特点？
4. 按工作温度不同分类，燃料电池有哪几种类型？
5. 按燃料的来源不同分类，燃料电池可分为哪几类？
6. 按电解质的不同分类，燃料电池有哪几种类型？不同类型的燃料电池各有何特点？
7. 氢氧燃料电池是如何发电的？其正负极各有何反应？
8. 质子交换膜具有哪些特性？对质子交换膜有哪些要求？
9. PEMFC 膜电极的构成有哪些？其双极板起何作用？
10. PEMFC 为什么要用催化剂？其催化剂通常采用什么材料？
11. PEMFC 为什么要匹配燃料电池系统？
12. 影响 PEMFC 工作特性的因素有哪些？
13. AFC 与 PEMFC 有何不同？AFC 的性能有何特点？
14. AFC 对电解质有何要求？根据工作方式不同分类，AFC 的电解质有哪几种类型？
15. AFC 双极板的作用是什么？对双极板的要求有哪些？
16. PAFC 的结构特点是什么？与 AFC 相比，PAFC 的工作条件有何不同？
17. PAFC 对隔膜和电解质有何要求？
18. PAFC 电池堆为什么要加装冷却板？水冷通常采用哪两种方式？
19. DMFC 与 PEMFC 有何异同？
20. DMFC 有何优势？发展缓慢的原因又是什么？
21. 燃料电池电动汽车大体发展到何种程度？
22. 直接燃料电池电动汽车有哪些组成部分？
23. 重整燃料电池电动汽车如何在车上产生氢气？
24. 混合型燃料电池电动汽车的工作方式有哪几种？
25. 燃料电池电动汽车的储氢方式有哪几种？各种储氢方式有何特点？
26. 燃料电池电动汽车发展所面临的问题有哪些？

参考文献

[1] 陈军,陶占良,苟兴龙.化学电源:原理、技术与应用[M].北京:化学工业出版社,2006.
[2] 陈全世.先进电动汽车技术[M].2版.北京:化学工业出版社,2007.
[3] 崔胜民.新能源汽车技术[M].北京:北京大学出版社,2009.
[4] 麻友良,严运兵.电动汽车概论[M].北京:机械工业出版社,2012.
[5] 桂长清.动力电池[M].2版.北京:机械工业出版社,2012.
[6] 李相哲,苏芳,林道勇.电动汽车动力电源系统[M].北京:化学工业出版社,2011.
[7] 边耀璋.汽车新能源技术[M].北京:人民交通出版社,2003.
[8] 朱松然.蓄电池手册[M].天津:天津大学出版社,1998.
[9] 朱松然.铅蓄电池技术[M].2版.北京:机械工业出版社,2004.
[10] 陈全世,仇斌,谢起成,等.燃料电池电动汽车[M].北京:清华大学出版社,2005.
[11] 胡信国.动力电池技术与应用[M].北京:化学工业出版社,2013.
[12] 胡信国,王殿龙,戴长松,等.动力电池材料[M].北京:化学工业出版社,2013.
[13] 曾新一,刘军.动力电池技术:电动汽车核心技术[M].天津:天津大学出版社,2013.
[14] 李红辉.新能源汽车及锂离子动力电池产业研究[M].北京:中国经济出版社,2013.
[15] 郭炳焜,李新海,杨松青.化学电源:电池原理及制造技术[M].长沙:中南工业大学出版社,2000.
[16] 其鲁.电动汽车用锂离子二次电池[M].北京:科学出版社,2013.
[17] 吴宇平,万春荣,姜长印.锂离子二次电池[M].北京:化学工业出版社,2002.
[18] 陈军,陶占良.镍氢二次电池[M].2版.北京:化学工业出版社,2006.
[19] 王林山,李瑛.燃料电池[M].2版.北京:冶金工业出版社,2005.
[20] 陈启宏,全书海.燃料电池混合电源检测与控制[M].北京:科学出版社,2014.
[21] 李连成,叶学海,李星玥.锂离子二次电池电解液研究进展[J].无机盐工业,2014,46(9):7-12.
[22] 陈涛,耿利群,任岳,等.全固态薄膜锂离子二次电池的制备及性能分析[J].电源技术,2014,38(4):618-620.
[23] 张庭芳,郭伟春,付艳恕,等.车载动力电池组温升特性仿真及实验研究[J].电源技术,2015,39(1):49-52.
[24] 麻友良,陈全世.铅酸电池的不一致性与均衡充电的研究[J].武汉科技大学学报(自然科学版),2001,24(1):48-51.
[25] 蔡信,李波,汪宏华,等.基于神经网络模型的动力电池SOC估计研究[J].机电工程,2015,32(1):128-132.
[26] 麻友良,罗明胜,陈全世,等.电动汽车用电池智能化快速充电研究[J].武汉科技大学学报,2010,33(2):218-221.
[27] 麻友良,陈全世,齐占宁.硅盐电池快速充电的试验与研究[J].武汉科技大学学报(自然科学版),2003,26(2):126-128.
[28] 麻友良,陈全世,齐占宁.电动汽车用电池SOC定义与检测方法[J].清华大学学报(自然科学版),2001,41(11):95-97,105.
[29] 朱智超,罗马吉,张超.基于卡尔曼增益动态修正的动力电池SOC估算[J].电源技术,2015,39(1):101-104.